KB085989

조선시대 국왕
리더십 관(觀)

김석근 · 김문식 · 신명호

도서출판
역사산책

목 차

국왕의 국가 경영과 리더십

서언

국왕의 국가 경영과 리더십

　본 연구의 제 1책 〈조선시대 국왕 리더십 관〉은 전체적으로 4부로 구성되어 있다. 조선시대 국왕에 대해서는 이미 많은 연구가 나와 있지만, 이 책에서는 특별히 국왕의 리더십이라는 주제에 주목하고자 했다. '리더십'(leadership)이라는 그야말로 현대적인 관점에서 조선시대 국왕의 존재와 위상을 재조명해보려는 시도라 해도 좋겠다. 동시에 조선시대 역사와 국왕에 대해서 현재적인 시각으로 재해석해보려는 시도이기도 하다.

　사전적인 의미에서 리더십이란 원하는 목표를 달성하기 위해 개인 및 집단을 조정하며 나아가게 하는 기술이라 할 수 있다. 다시 말해서 그 구성원으로 하여금 원하는 방향으로 자발적으로 협조하도록 하는 기술 및 영향력을 말한다. 때문에 리더십은 조직의 공식적 구조와 설계의 미비점을 보완하고, 변화하는 환경에 조직이 효율적으로 적응하도록 하며, 조직 내부의 조화를 유지시키고, 조직 구성원의 동기를 유발하고 재사회화하는 기능 등을 수행한다.

　종래 리더십 연구에서는 일차적으로 지도자로서의 능력이나 지도력, 통솔력, 자질 등에 주목해왔다. 넓은 의미에서는 집단의 특성 전반에 대한 영향을 포함시키는 경우도 있다. 리더십은 리더(leader)를 전제하고 있으며, 리더에게 요구되는 자질과 능력 등의 덕목이라 할 수 있다. 그래서 흔히 리더의 유형을 권위형, 민주형, 자유방임형으론 나누기도 한다.

또한 이론적으로 자질론資質論(Traits Theory), 행동유형론行動類型論(Styles of Leader Behavior), 상황론狀況論(Situation Theory)으로 나누어보기도 한다.

일본의 사회심리학자 미스미 지후지三隅二不二(1924-2002)에 의하면, 리더의 기능을 P기능(Performance: 목표달성)과 M기능(Maintenance: 집단유지)으로 나누어 유형화할 수 있다고 했다(1966년). 이들을 기초로 리더십의 형태를 유형화하면 P와 M이 모두 큰 PM형, P는 크지만 M은 작은 Pm형, M은 크지만 P는 작은 pM형, P와 M이 모두 작은 pm형이라는 네 가지의 기본 유형을 설정해볼 수 있다. 이른바 리더십의 'PM이론'이다. 그에 의하면 PM형 리더 아래에서 집단의 생산성이나 구성원의 만족도가 가장 높은데 그것은 P기능과 M기능의 상승효과에 의한 것이라 한다. P도 M도 약한 pm형은 목표를 달성할 수 있는 힘도 약하고, 집단을 유지해갈 수 있는 힘도 약하다. 그야말로 리더로서는 실격失格인 셈이다.[1]

1970년대 이후 리더십 연구는 활발해지고 있으며, 한층 더 진화하고 있는 듯하다. 그래서 다양한 개념과 용어를 등장시키기도 했다. 로버트 하우스(Robert J. House)는 〈통로-목표 리더십 이론通路目標理論〉(Path-Goal Theory of Leadership)에서 네 가지 유형의 리더십을 제시하고 있다[①지시적 리더십[directive leadership], ②지원적 리더십[supportive leadership], ③참여적 리더십[participative leadership], ④성취지향적 리더십[achievement oriented leadership]].[2] 이들 외에도 전통적인 리더십['거래적 리더십'(Transactional Leadership)]에 대비되는 형태로서의 '변혁적 리더십'(Transformational Leadership)[3], 개인이 가진 카리스마를 바탕으로 하는 '카리스마적 리더십'

---

1) ja.wikipedia.org/wiki/三隅二不二; kotobank.jp/word/PM理論-169281 참조.
2) R. J., & Mitchell, T. R. (1975). Path-goal theory of leadership (No. TR-75-67). University of Washington Department of Psychology. 그리고 이상의 리더십 서술에 대해서는 『21세기 정치학대사전』『행정학사전』『사회복지학사전』 등을 참조.
3) 변혁적인 리더십은 리더가 구성원들에게 비전(vision)을 제시하고 그 비전 달성을 위해 함께 힘쓸 것을 호소하여 부하들의 가치관과 태도의 변화를 통해 성과를 이

(Charismatic Leadership Theory)[4], 자기 스스로가 자신의 리더가 되어 스스로 통제하고 행동하는 리더십으로서의 '셀프리더십'[Self-Leadership, 자율적 리더십, 자기 리더십] 등이 있다. 그리고 다른 사람을 섬기는 사람이 리더가 될 수 있다는 '서번트 리더십'까지도 나왔다.[5] '봉사적 리더십' 또는 '섬김의 리더십'(내지 '섬기는 리더십')이라 한다. 핵심적인 명제는 '다른 사람의 요구에 귀를 기울이는 하인(Servant)이 결국은 모두를 이끄는 리더가 된다'는 것이다.[6] 그야말로 전통적인 리더십 개념 자체를 뒤흔들어 놓을 만하다고 하겠다.

이론적인 진화가 아무리 앞서간다 하더라도, 당연한 사실이지만 리더는 혼자 존재할 수가 없다. 리더는 일차적으로 구성원들[팔로워(Follower)]을 이끌어가는 존재인 것이다. 구성원들[팔로워]에게는 자발적으로 그 리더를 따르는 자세와 행동[팔로워십(Followership)]이 요청된다. 구성원들이 따라주지 않는 리더가 과연 제대로 된 리더가 될 수 있을까. 더 나아가 구성원들이 리더의 리더십을 인정하지 않을 때, 어떻게 할 것인가. 진정한 리더십 연구에서는 리더뿐만 아니라 팔로워, 그리고 리더와 팔로워의 관계까지 포괄할 수 있어야 할 것이다.

이 책에서 시도한 조선시대 국왕 리더십 연구는, 최근의 리더십 연구에 대해서도 상당한 의미를 지닐 수 있을 것으로 생각한다. 다른 각도에서 보자면 활발하게 이루어지는 리더십 이론 역시 조선시대 국왕 리더십을 바라보는 시선의 변화를 요청하고 있는 셈이다. 그런 의미에서도 이 책은

끌어내려는 지도력에 관한 이론이라 할 수 있다. 이 이론은 종래의 모든 리더십 이론을 거래적 리더십이론이라 비판하면서 등장했다.

4) 카리스마에 대한 관심은 독일 사회학자 베버(M. Weber)가 권위의 유형 중 하나로 '카리스마적 권위'를 거론하면서 시작되었다. 카리스마는 개인이 가진 타고난 영향력, 매력이라 할 수 있으며, 이에 대해 맹목적인 추종과 무조건적 헌신을 불러오는 것으로 이해되었다. 그런 카리스마를 리더십과 연결시키게 된 것이다.

5) 로버트 그린리프(Robert K. Greenleaf)에 의해 처음으로 제시되었다(1977년). 하지만 새로운 리더십 모델로 관심을 모으기 시작한 것은 경영관련 전문출판사 조세이 바스(Jossey-Bass)가 On Becoming a Servant Leader(1996년)라는 책을 출간하면서부터다.

6) 『위키백과』, 『이해하기 쉽게 쓴 행정학용어사전』 등 참조.

일종의 지적인 실험이자 연구의 모험인 셈이다.

　시대와 상황이 다른 만큼 역사적인 현상에 대해서 기계적으로 리더십 이론을 그대로 적용시킬 수는 없을 것이다. 하지만 오백년 동안의 조선시대 왕실 역사와 사료는 무궁무진한 자료라 하지 않을 수 없다. 조선시대에 국왕의 개인적인 능력이나 자질이 얼마나 중요했는지 새삼 말하지 않아도 될 것이다. 왕마다 달랐다. 권위적인 왕이 있는가 하면 나름 민주적인 혹은 신하들의 말에 귀 기울이는 왕도 있었다. 또한 법적, 제도적 차원에서의 국왕의 위상이 어느 정도 정해진 것이었다면, 개별적인 국왕들이 보여주는 리더십이 획일적인 것은 아니었다. 그럴 수가 없었다. 국왕의 자리에 안주하는 전통적인 리더십 유형에 가까운 왕이 있었는가 하면, 세종이나 정조처럼 적극적이고 변혁적인 리더십을 보여주는 왕도 있었다.

　유교에 바탕을 둔 신분제 사회와 사농공상士農工商의 구분이 엄연했던 조선시대의 경우, 서번트 리더십 내지 섬김의 리더십을 찾아보기는 거의 불가능했을 것이다. 예컨대 백성民은 섬겨야 할 대상은 결코 아니었다. 당연히 백성들이 왕과 양반 계급을 섬겨야만 했다. 그것이 그들의 직분이었다. 하지만 조금 다른 각도에서 보자면, 왕정王政하에서도 백성들의 존재와 삶은 아주 중요했다. 그들은 왕정을 떠받쳐주는 물적 기반을 제공해주었을 뿐만 아니라 든든한 인적 기반이기도 했기 때문이다. 때문에 눈밝은 왕들은 그들의 삶을 살피고자 했으며, 그들의 목소리를 하늘[天]의 목소리로 듣고자 했다. 백성이 나라의 근본[민유방본民惟邦本]이라는 명제와 민본 사상과 일맥상통하는 부분도 없지 않았다. 그들을 어여삐 여기고 마치 자식들처럼 보살펴야 한다는 생각을 가지고 있었다. 이런 생각과 보살핌은 '서번트 리더십' 내지 '섬김의 리더십'과 일맥상통하는 부분이 없지 않다고 하겠다.

　전체 4부로 되어 있는 이 책은 크게 두 파트, 다시 말해서 제1부-제3부의 첫 번째 파트, 그리고 제 4부의 두 번째 파트로 나누어볼 수 있다. 제1부는 〈국왕·상왕·대비의 리더십관觀〉, 제2부는 〈양반의 국왕 리더십관〉, 제3부는 〈민의 국왕 리더십관〉을 다루고 있다. 그러니까 '군君-신臣-

민民'이라는 정치체제의 핵심 변수들(내지 주체들)에 대해서 살펴보고 있는 셈이다. 군君이 리더(leader)라면 신臣과 민民은 팔로워(follower)에 해당한다. 다만 신臣의 경우 군을 도와주는 서브리더(subleader)라 할 수 있다. 또한 조금 들여다보면, 왕[군君]이라 해도 아무런 제약 없는 절대적인 존재는 아니었다. 왕위와 왕권 자체를 근거지워주고 정당화시켜주는 기제로서의 유교적인 담론[유덕자군주론有德者君主論], 일종의 절대적 권위로서의 '천天'과 '천명天命', 그리고 중국의 황제[천자天子]로부터 받는 '책봉册封' 등의 기제가 있었기 때문이다. 그렇게 본다면 이 책의 첫 번째 파트는 유교적인 세계관 내지 정치론을 구성하는 '천天-군君-신臣-민民'에 주목해서 조선 국왕의 리더십 실체에 접근해가고 있다고 할 수도 있겠다.

한편 두 번째 파트에 해당하는 제4부에서는 〈한·중·일의 국왕 리더십 비교 및 유형〉화 작업을 시도하고 있다. 첫 번째 파트가 조선 국왕의 리더십 자체에 대한 일정한 틀 안에서의 탐구라면, 두 번째 파트는 그 틀을 벗어나 약간의 거리를 두고서 바라보는 것이라 하겠다. 또한 비교와 더불어 유형화를 해보자는 것이다. 과연 조선 국왕의 리더십은 같은 유교 문화권에 속하면서도 구분되는 중국과 일본의 군주[천자天子, 황제皇帝와 천황天皇] 리더십에 대비해서 어떠한 특성을 갖는가. 그 공통점과 차이점은 무엇인가 하는 것이다. 중국과 일본과의 대비와 비교는 조선 국왕의 위상과 리더십을 좀 더 객관적으로 바라볼 수 있게 해줄 것으로 기대한다.

이하에서는 이 책의 본론 각부에서 다루어지게 될 내용에 대해 간략하게 스케치해두고자 한다. 그런 다음 조선시대 국왕의 리더십 이후는 또 어떻게 읽어야 할 것인지, 거시적으로 조선시대 국왕의 리더십을 되돌아볼 수 있게 해주는 참고 포인트를 두엇 덧붙이는 것으로 '서언'을 마무리하고자 한다.

우선 제1부 〈국왕·상왕·대비의 리더십관觀〉에서는 조선시대 왕위와 왕권의 근거와 정당성 문제로부터 출발한다. 왕의 리더십에 깔려 있는 정치철학적 기초라 해도 좋겠다. 조선의 건국은 '천명天命'에 따른 것이었다! 이른바 유교적인 정치변동론, 역성혁명易姓革命에 따랐다는 것이다. 덕이 있는 사람이 군주가 되어야 한다는 논리[有德者君主論]가 깔려 있다. 왕의 묘호를 정하는 조공종덕祖功宗德론 역시 그렇다. 아울러 중국 황제의 '책봉冊封'을 받았다는 것이다. 이는 중국적 세계질서 내에서 '공인'받았다는 것이다. 그 같은 토대 위에 국왕은 제왕학 교재를 통해서 끊임없이 교육받았다. 하지만 국왕의 리더십은 시국과 상황에 따라서 큰 차이가 있었다. 평상시에는 국왕의 통적인 리더십으로 충분했지만, 더러 국왕을 대신해서 다른 사람이 정사를 처리하는 경우가 있었다. '대리청정代理聽政'이 그것이다. 반면 비상시에는 시국이 그런 만큼 국왕의 리더십에도 다양한 조치가 취해졌다. 상왕上王이 영향력을 미치기도 하고, 국왕과 세자世子가 적절하게 역할을 나누어 정사를 운영하기도 했다. 조선 왕조에서는 세습의 원리에 따르다 보니 미성년 국왕이 등극하기도 했다. 그럴 경우 '수렴청정垂簾聽政'과 '섭정攝政'이 행해졌다. 수렴청정은 왕실의 어른인 대왕대비나 왕대비가 발을 드리우고 국왕과 함께 정사를 담당하는 것을 말한다. 섭정은 국왕을 대신해서 정사를 담당하거나 담당하는 사람을 말한다. 현실적으로 어린 국왕을 곁에서 보좌해주어 국왕의 리더십이 제대로 온전하게 작동할 수 있게 한 장치라 할 수도 있다.

제2부 〈양반의 국왕 리더십관〉에서는 국왕을 보좌하는 신하[臣]로서의 양반들이 국왕과 리더십에 대해서 어떻게 생각했는가 하는 측면에 초점을 맞추고 있다. 제1부의 천명天命과 관련해 선양禪讓과 방벌放伐이라는 유교의 정치변동론부터 출발한다. '내성외왕內聖外王', 성왕聖王의 이념이 좋지만, 현실에서는 폭군暴君과 폭정暴政도 나타난다. 걸왕桀王과 주왕紂王이 대표적이다. 그들을 몰아내고 새로운 왕조(은, 주)가 들어섰다. 은주혁명론이다. 군주와 신하의 관계는 고정된 것이라기보다는 상황에 따라 달라질 수 있다. 그렇기 때문에 신하, 양반 관료들이 국왕의 리더십을 어떻게 바라보는가 하는 것이 중요해진다. 국왕과 양반 관료들은 이른바 지배층을 형성하기 때문이다. 왕과 신하가 같이 다스린다는 생각, 즉 '군신공치君臣共治' 관념도 있었다. 아주 리얼하게 권력구조라는 측면에서 말한다면, 국왕과 양반 관료는 권력핵심(Machtkern)과 권력장치(Apparat)에 해

당한다. 상황에 따라서 양반 관료는 반항자층(Countermass)의 지도부(Counterelite)가 될 수도 있었다. 동아시아 역사에서 순수한 민民에 의한 혁명은 없다시피 했기 때문이다. 양반 관료들의 국왕의 리더십에 대한 인식 역시 한결같지는 않았다. 역시 인식과 행동 패턴에 따라서 몇 가지 유형[백이형, 이윤형, 공자형] 가능해진다. 때문에 양반 관료 내지 신하들은 더러 정치변동을 불러오는 주체가 되기도 했다. 국왕의 리더십에 대한 불만의 표현이자 동시에 적극적인 행동에 나섰던 것이다. 그들은 사대부로서의 지식과 더불어 병력을 동원할 수 있었기 때문이다. 이른바 '역모逆謀'사건[난역亂逆, 모반謀叛, 반역反逆, 난亂, 역변逆變, 역적逆賊, 역적모의, 반란 등]이 그것이다. 실패로 끝난 역모사건과는 달리 양반 관료들이 실제로 왕을 내쫓은 사례도 두 건 있었다. 반정反正이 그것이다[중종반정, 인조반정]. 그들은 반정공신反正功臣으로 불렸다. 국왕의 리더십을 교체 혹은 대체한 것이라 할 수도 있겠다.

　제3부에서는 〈민의 국왕 리더십관〉을 다루고 있다. 백성들은 국왕의 리더십에 대해서 어떻게 생각하고 무엇을 기대했으며, 그 기대가 충족되지 못했을 때는 또 어떻게 행동했는가 하는 측면에 주목하고 있다. 주제가 백성인 만큼, 문헌 자료를 기초로 하면서 속담, 전설, 민화 등의 다양한 자료를 종합적으로 활용하고 있다. 조선시대 백성은 기본적으로 '군사부일체론君師父一體論'적인 생각을 지니고 있었다. 중요한 것은 그 현실성 여부가 아니라 표방하는 이념적인 지향성이었다. 왕권에 대해서 먹여주고 가르쳐준다는 것이 중시되었지만, 백성들에게는 역시 먹여준다는 것, 다시 말해 군부君父라는 것에 있었다. 정도전은 민유방본民惟邦本을 넘어서 백성은 '임금의 하늘君之天'이라고까지 했다. 그런데 백성은 항산恒産이 있어야 항심恒心이 있다고 여겨졌다[『맹자』]. 백성들이 국왕의 리더십에 원하고 기대하는 것들은, 일차적으로 합법적인 정치행위, 예컨대 신문고, 상언, 격쟁 등을 통해서 이루어졌다. 문서에 의한 것으로는 일차적으로 상소, 상언, 원정 등이 있었다. 다음으로 국왕의 대리인이라 할 수 있는 관료들에게 제출한 문서로는 소지, 등장, 원정, 상서, 의송, 고음侤音, 진고

장陳告狀 등이 있었다. 이런 행위를 통해서 원하는 바가 이루어질 때 백성들의 국왕의 리더십에 대한 인식은 온전하게 유지될 수 있었다. 하지만 그 통로가 작동하지 않을 때, 더 이상 기대할 수 없을 때 '저항'으로 나아가게 된다. 기존의 국왕 리더십에 대한 불만이 터져나오는 것이다. 그런 저항에는 '비폭력적 저항'과 '폭력적 저항'이 있었다. 비폭력적 저항에는 투서, 괘서, 비기, 도참, 유언비어 등이 있었으며, 폭력적 저항에는 민란, 폭동 등이 있었다. 이 같은 저항 형태와 내역에는 당연히 백성들이 생각하는 바람직한 국왕 리더십관이 담겨 있었다. 그 같은 생각이 끝간 데에 이르게 되면 도탄에 빠진 백성과 현실을 구해줄 뿐만 아니라 새로운 세상을 과감하게 열어줄 진인, 정도령 등의 메시아의 도래를 간절히 바라는 것으로 이어져갔다.

제4부 〈한·중·일의 국왕 리더십 비교 및 유형〉에서는 '유교 문화권'으로서의 동아시아라는 측면에서 조선시대의 국왕 리더십을 중국 및 일본과 비교하면서 바라보고자 했다. 한자와 유교, 그리고 국가들 사이의 일정한 질서라는 나름의 공통분모를 가지면서도 세 나라는 각각 다른 정체성과 논리를 가질 수밖에 없었다. 기본적으로 중국 중심의 세계질서는 중화中華와 이적夷狄, 그리고 사대事大와 교린交隣 같은 관념적 범주에서 차별과 상하 관계를 상정하고 있었기 때문이었다. 주나라 봉건제에서 원형을 찾아볼 수 있는 천자와 제후의 관계, 즉 천자가 제후를 분봉해준다는 식의 논리를 외형상으로 인정하지만, 그것은 어디까지나 관념 속에서의 상정에 지나지 않았다. 또한 중화와 이적의 분별에 따르면, 조선과 일본은 어쩔 수 없이 동이東夷가 되기 때문이다. 자아중심 인식에 장애가 되지 않을 수 없다. 이에 대해서 '사대'와 '중화'를 구분해 문화적인 측면이야말로 '중화'의 본래적인 측면이며 '사대'는 힘에 의한 군사적, 정치적 관계에 지나지 않는다는 식으로 볼 수도 있었다. 조선은 그 길을 걸었으며, '소중화小中華' 내지 '조선 중화주의' 등이 증거 자료가 된다. 일본에서는 건국신화에서 연원하는 '神國'(카미노쿠니: 신의 나라)이라는 의식을 통해서 중화적 질서를 상대화시키고 거기서 벗어나고자 했다. 그러다 19세

기 후반 서구 열강의 도래와 더불어 조선을 둘러싼 국제 환경은 급격하게 변하게 된다. 마침내 조선도 '대한제국'으로 우뚝 서게 되었다(1897). 조선도 제국, 그러니까 황제의 나라가 된 것이다. 중화사상 및 소중화사상의 완전한 해체라 해도 좋겠다. 그런 의미에서 원구단은 상징적인 존재라 하겠다.

　마찬가지로 한국, 중국, 일본의 국왕 리더십 역시 각각 조금씩 다른 양상을 보여주었다. 국왕의 리더십은 권력구조와 밀접한 관련을 갖는데, 그것은 「실질적인 권력」과 그 권력을 뒷받침해주는 「정치적 상징」으로 나누어 볼 수 있다. 수시로 일어나는 이민족의 침략과 작은 왕조교체로 특징 지워지는 중국의 천자(황제)는 그 자체로 「실질적인 권력」이 훨씬 강한 편이었다. 게다가 진한시대 이후 줄곧 군현제를 채택하고 있었다. 이민족에게 '정치적 상징'의 의미는 있을 수 없었다. 적나라한 힘의 세계가 있을 뿐이었다. 베이징의 자금성紫禁城이 웅변적으로 말해준다. 에도시대 일본에서 '천황天皇'은 현실에서는 아주 무기력한 존재로서 문화, 종교적인 측면을 담당하는 '정치적 상징'에 머물러 있었다. '실질적인 권력'은 에도 바쿠후幕府의 쇼군將軍이 지니고 있었기 때문이다. 한편 조선의 국왕은, 지정학적인 위치가 그러하듯이, 중국의 천자와 일본의 천황 사이에 해당하는 위상을 보여주었다고 생각한다. 한편으로 「실질적인 권력」을 지니기도 하면서 동시에 '정치적 상징'이라는 측면도 아울러 지니고 있었다. 임진왜란과 병자호란 같은 전란이 있었음에도 불구하고, 국왕의 리더십은 건재했으며, 오히려 한층 더 강해지는 측면마저 없지 않았다. 또한 실패한 국왕 리더십을 새로운 국왕 리더십으로 교체하는 반정反正의 정치동학(Dynamics)을 보여주었다. 이 같은 특성은 500여 년에 걸쳐 조선왕조가 장기 지속될 수 있었던 것과도 무관하지 않은 것으로 여겨진다. (그에 대한 평가는 별개의 사안이라 해야 할 것이다.)

　이미 앞에서 밝혔듯이, 이 책은 조선시대의 국왕 리더십이라는 주제에 초점을 맞추어 검토하고 있다. '리더십'(Leadership)이라는 현대적인 관점에 입각해서 조선시대 국왕의 존재와 위상을 재조명해보려고 시도한 것이다. 이제 오랜 시간에 걸친 연찬硏鑽의 공이 담긴 개별 연구(논문)와 직접 대면해야 할 시점에 이르렀다. 각 연구가 이끄는대로 조선시대 국왕의 리더십 장면을 즐겁게 감상하는 것이 좋겠다. 조금 더 바란다면, 그 이후(혹은 그 무렵) 등장했던 중요한 시대적 과제를 같이 비판적으로 생각해보는 것도 그리 나쁘지는 않을 듯하다.

무엇보다 시대가 크게 변하고 있었다. 오랫동안 독자성을 유지해온 동아시아 세계는 전 지구적 규모의 근대세계시스템에 편입되지 않을 수 없었다. 밀려오는 서양 세력의 제국주의적 압력에 맞서 밖으로는 '독립'을 유지하고, 안으로는 구성원들 사이의 '통합'을 근간으로 하는 이른바 '국민'(Nation)의 형성과 '국민국가'(Nation State)로의 변신, 이른바 '내셔널리즘'(Nationalism)이 요구되던 시대였다. 대외적인 독립과 대내적인 통합이라는 양면을 가진 중차대한 과제가 기다리고 있었다. 일종의 도약이 필요했다. 그리로 나아가기 위해서 조선 국왕의 리더십은 어떤 능력을 어떻게 발휘해야 했을까. 그러지 못했다면 그 원인은 또 어디에 있었을까.

국왕의 존재와 위상 그 자체에 초점을 맞춘다면, 바야흐로 근대적인 의미에서의 '입헌주의立憲主義'(Constitutionalism)에 입각한 '입헌군주제立憲君主制'(Constitutional Monarchy)가 요청되고 있었다. 군주의 권력도 이제 헌법에 의해서 일정한 제약을 받아야 하는 정치체제가 그것이다. 최초의 일본 및 미국 유학생이었던 개화기 지식인 유길준은 자신의 체험을 담아서 쓴 『서유견문』에서 '군민君民이 공치共治하는 체제'에 긍정적인 시선을 던지고 있다. 그 역시 입헌군주제에 동조하는 입장인 듯하다. 그렇다면 조선시대의 국왕과 입헌군주제 사이에 놓여 있는 것은 무엇일까. 입헌군주제로 나아가기 위해서는 누가 어떻게 해야 할까, 아니 어떻게 했었어야 할까.

2019년 2월
집필책임 **김석근**

1부

국왕 · 상왕 · 대비의 리더십관

I

천명(天命)과 책봉(册封): 왕권의 근거와 정당성

조선시대에 왕권의 근거를 이야기할 때 가장 중요한 것은 천명天命, 즉 하늘의 명령이었다. 1392년 7월 16일 배극렴과 조준 등은 신료들과 함께 태조의 사저를 방문하여 태조에게 국새國璽를 바치며 왕위에 오를 것을 요청하였다. 고려의 마지막 국왕이던 공양왕은 이미 7월 12일에 왕위에서 물러났고, 7월 13일에 왕대비는 교지를 통해 태조 이성계를 감록국사監錄國事로 임명해 놓은 상황이었다. 그러나 태조는 이 요청을 거절하면서 다음과 같이 말하였다.

> 예로부터 제왕帝王의 일어날 때에는 천명天命이 있지 않으면 되지 않는다.
> 나는 실로 덕德이 없는 사람인데 어찌 감히 이를 감당하겠는가?"

태조는 왕위에 오르려면 반드시 천명이 있어야 하며, 자신은 덕이 없는 사람이므로 국왕이란 막중한 자리를 감당할 수 없다고 하였다. 그러나 태조는 결국 다음 날인 7월 17일에 수창궁壽昌宮에 들어와 왕위에 올랐다. 조선이 건국되는 날이었다.

그러면 태조가 왕권의 근거로 강조하였던 천명은 무엇을 말하는 것일까?[1]

---

1) 天命의 개념에 대해서는 池田知久 등 著, 김석근 등 譯, 「天」『中國思想文化事典』, 민족문화문고, 2003, 27~41쪽 참조.

천(天)은 중국사상사에서 모든 시대를 통해 가장 중요한 키워드였다. 고대부터 인간은 머리 위에 펼쳐진 거대한 공간에 무언가 초월적인 힘이 있다고 믿었다. 중국 민족은 황하 유역에 정착하여 농경문화를 형성하였으므로 기후는 농사에 직접적인 영향을 미쳤고, 천은 '끝없이 푸르고 푸른 창공'을 넘어 인간의 길흉화복을 좌우하는 신령스러운 모습으로 보였다.

은殷나라 사람들은 '제帝' 또는 '상제上帝'라 불리는 지상신이 존재하며, 그 지상신은 기후, 재앙, 농작물의 풍흉과 같은 자연계와 전쟁, 제사, 관리의 임면과 같은 인간계의 현상들을 주관한다고 믿었다. 따라서 은의 군주와 '정인貞人'이라 불리는 점술사는 거북점을 통해 상제의 의지를 물었고, 재앙이 닥치는 시기와 전쟁 결과를 미리 알아보거나 각종 주술을 통해 그 피해를 방지하려 하였다.

주周나라 사람들은 천이 유덕자有德者 군주에게 행운을 주고 덕이 없는 군주에게 재앙을 내리는 선한 의지를 가진 인격신으로 이해하였다. 군주는 천명天命을 받아 천하를 통치하는 천의 아들 즉 '천자天子'로 이해되었고, 천자는 일식, 지진, 한발, 수해 등으로 나타나는 천의 경고를 두려워하며 삼가야 한다는 천견설天譴說이 형성되었다.

> 황천皇天이 이미 중국의 백성과 강토를 선왕先王에게 주셨으니, 왕께서 아름다운 덕으로 밝히어 미혹한 사람을 기쁘게 화합하고 이끌며 돌보아 선왕이 받은 천명을 완성해야 한다.[2]

이를 보면 천은 자연과 사회질서를 안배하고 제정하는 존재로 군주의 토지와 백성, 인간의 총명과 지혜, 수명을 모두 주관하였다. 이때에 와서 천의 의지는 복점卜占이 아니라도 추측할 수 있고, 주술을 행하지 않아도 덕을 닦으면 재앙을 피할 수 있다고 생각하였다.

춘추시대 말기에 탄생한 유가儒家는 『시경』와 『서경』에 사상의 기초를

---

2) 『書經』「梓材」.

두고 주周의 인격신적 천을 받아들여 한층 도덕화해 나갔다. 공자는 "나에게 올바르지 못함이 있으면 천이 나를 버릴 것이다."라고 하였고,[3] 맹자는 "천이 중대한 임무를 어떤 사람에게 부여하려고 하면 반드시 그 사람의 정신을 고통스럽게 한다."라고 하여 천을 도덕적 인격신으로 보았다.[4]

한漢나라 동중서董仲舒는 천인상관론天人相關論을 주장하였다. 동중서는 "국가에 도를 벗어난 실정失政이 있으면 천은 먼저 재해災害를 내려 견고譴告한다. 그런데도 반성하지 않으면 다시 괴이怪異를 내려 두렵게 한다. 그런데도 개선하지 않으면 마침내 파멸이 찾아온다. 이런 점에서 볼 때 천의 마음은 군주를 사랑하여 그의 혼란을 방지하려는 것임을 알 수 있다."[5]고 하여 천자의 주체성과 재해를 발생시키는 천의 주재적 성격을 강조하였다. 이러한 동중서의 견해는 한나라를 통해 널리 받아들여졌다.

북송 대에 들어와 구양수歐陽脩, 왕안석王安石, 정이程頤 등은 하나의 재변이 특정한 어느 사건에 대응하여 발생하는 것이라는 천인상관론을 비판하였다. 그러나 재이사상 자체는 긍정하여 재변이 일어나는 것을 인간이 마음을 정성스럽게 하여 하늘의 뜻을 읽어내는 계기로 이해하였다. 남송의 주희는 천을 천리天理로 파악하는 사상체계를 수립하였다. 주희에게 '천을 안다[知天]'는 것은 격물格物과 치지致知의 일이었고, 이는 인간을 알고 부모를 섬기며 자신을 닦기 위한 기본이었다.

이렇게 보면 천명은 인간 세계의 현상을 일정 부분 반영하며, 천명이 어떻게 움직이는가를 살피는 것은 국왕의 중요한 임무였다. 왕권의 근거는 천명에 있었고, 천명이 움직이면 왕권도 움직였기 때문이었다.

왕권의 근거에는 천명과 함께 책봉이 있었다. 새 국왕은 책봉이라는 절차를 통해 왕권이 옮겨갔음을 대외적으로 공식화하였기 때문이다. 중국에서 군주의 계승에 책명이라는 절차가 나타난 것은 주나라 성왕成王에

---

3) 『論語』 「雍也」.
4) 『孟子』 「告子下」.
5) 『漢書』 권56, 「董仲舒傳」.
　"國家將有失道之敗, 而天乃先出災害以譴告之. 不知自省, 又出怪異以警懼之. 尙不知變, 而傷敗乃至. 以此見天心之仁愛人君而欲止其亂也."

서 강왕康王으로 승계될 때였다. 주나라에서 주공周公은 부자父子 세습의 전통을 확립하였다. 주공은 형 무왕武王이 죽고 그의 아들인 성왕이 어린 나이에 천자가 되자 7년 동안 섭정攝政을 하면서 제후들의 반란을 진압한 후 성왕에게 천자의 지위를 돌려주었다. 성왕이 죽고 그의 아들 강왕이 뒤를 이으면서 주나라는 성강지치成康之治라 불리는 태평성대를 이어갔다. 성왕에서 강왕으로 승계되는 과정은 『서경』에 잘 나타난다.

> 성왕은 병이 위중해지자 몸을 씻고 면복冕服을 입은 뒤 옥궤玉几에 기대어 육경六卿 이하의 신하들을 불러 대명大命을 내렸다. 원자(元子, 태자인 강왕)를 잘 보필하고, 주변의 크고 작은 여러 나라들을 잘 다스리고 권면할 것을 당부하고 운명하였다. (중략) 강왕이 마면麻冕과 보상黼裳을 입고 빈전殯殿의 서쪽 계단으로 당에 올라가 자리에 나아가서 '주周의 군주가 되어 문왕 무왕의 가르침을 따라 천하를 다스리라'는 성왕의 마지막 명령이 적힌 책册을 받았다.[6]

이를 보면 강왕은 죽은 성왕의 유명遺命을 받아 왕위에 오르는 책명册命 의식을 거쳤다. 강왕의 즉위식에서 가장 핵심적인 절차는 선조인 문왕과 무왕의 가르침을 따라 덕치德治를 실현하라는 선왕의 뜻이 담긴 책문册文을 전달받는 절차였다.

강왕은 즉위한 후 신하들의 조회를 통해서도 덕치에 힘쓸 것을 요구받 았다. 신하들은 강왕에게 주나라가 천명을 받아 나라를 세운 이유가 문왕 무왕이 백성들을 구휼한데 있고, 죽은 성왕이 형벌을 신중히 하여 덕치를

---

6) 『書經』, 「顧命」24.
　"惟四月哉生魄, 王不懌. 甲子, 王乃洮頮水, 相被冕服, 憑玉几. 乃同召太保奭, 芮伯彤伯畢公衛侯毛公, 師氏虎臣百尹御事. 王曰, '嗚呼. 疾大漸, 惟幾. 病日臻, 旣彌留, 恐不獲誓言嗣, 茲予審訓命汝. 昔君文王武王宣重光, 奠麗陳敎則肄. 肄不違, 用克達殷集大命. 在後之侗敬迓天威, 嗣守文武大訓, 無敢昏逾. 今天降疾, 殆弗興弗悟. 爾尙明時朕言, 用敬保元子釗, 弘濟于艱難. 柔遠能邇, 安勸小大庶邦. 思夫人自亂于威儀, 爾無以釗冒貢于非幾.' 茲旣受命還, 出綴衣于庭. 越翼日乙丑, 王崩. (중략) 王麻冕黼裳, 由賓階隮. 卿士邦君, 麻冕蟻裳入卽位. 太保太史太宗, 皆麻冕彤裳. 太保承介圭, 上宗奉同瑁, 由阼階隮. 太史秉書, 由賓階隮, 御王册命. 曰, '皇后憑玉几, 道揚末命. 命汝嗣訓, 臨君周邦, 率循大卞, 燮和天下, 用答揚文武之光訓.'"

이루었음을 인식하라고 경계하였다.[7]

다음의 시를 보면 신하들은 상왕에게 천명天命을 보전할 것을 권면하였다.

공경하고 공경할 지어다. 천명이 밝은 지라.
천명을 보전하기 쉽지 않으니, 높고 높아 저 위에 있다 말하지 말라.
그 일에 오르내리어, 날로 살펴보심이 이에 계시니라.[8]

국왕이란 지위를 유지하려면 덕치를 하여 천명을 보전할 때만 가능하
였고, 국왕을 책봉할 때에는 이러한 사실이 반복해서 강조되었다.

조선의 국왕은 즉위한 이후에도 중국 황제의 책봉 절차를 거쳐야 온전
한 국왕으로 인정받았다. 황제의 책봉 절차는 은, 주 시대의 책봉 제도에
뿌리를 두었다. 은, 주 시대의 책봉冊封이란 책명冊命과 봉작封爵을 의미하였
다. 여기서 책명을 책冊으로 임명한다는 뜻이고, 봉작은 제후에게 토지를
분봉分封하고, 제후 등급에 맞는 작위爵位를 수여한다는 의미였다. 그러나
중국 황제가 조선 국왕에게 토지를 분봉하는 것은 현실적으로 불가능하
였다. 따라서 황제가 조선 국왕을 책봉하는 절차는 책봉 문서인 고명誥命
과 왕권을 상징하는 금인金印을 전달하는 것으로 이뤄졌다.

중국의 황제가 주변에 있는 제후국의 국왕을 책봉하는 절차에는 일정
한 격식이 있었다. 명나라의 경우 조선, 안남, 유구 세 나라에는 책봉
사신을 직접 파견하여 문서와 도장을 전달하였고, 나머지 국가에는 그
나라 사신에게 문서와 도장을 주어 가져가게 하였다. 중국 황제가 내리는
고명은 황제가 고위 관리를 임명하거나 작위를 줄 때 내리는 문서였다.
황제가 공公, 후侯, 백伯이나 1품에서 5품까지의 관리를 임명할 때에는
고명을 내렸고, 6품에서 9품의 관리를 임명할 때에는 칙명勅命을 내렸
다.[9] 황제가 국왕에게 내리는 인장에는 금인, 도금은인, 은인 등 세 가지

---

7) 박례경, 「德治의 상징체계로서 유교국가의 卽位儀禮」, 『韓國實學研究』 21, 2011,
   168~171쪽.
8) 『詩經』 周頌, 「敬之」.
9) 金曛錄, 「明代 公文制度와 行移體系」, 『明淸史研究』 26, 2006, 126~129쪽.

가 있었다. 조선과 일본에는 거북 뉴鈕의 금인이, 유구나 안남에는 낙타 뉴의 도금은인이 주어졌다. 제후국의 국왕들은 황제에게 보내는 문서에서 스스로 신하라 일컫는 칭신稱臣을 하였고, 황제가 국왕에게 하사한 도장을 찍어야 공식 문서로 인정을 받았다.[10]

조선에서 새 국왕을 선정할 때 중국 황제의 압력은 개입되지 않았다. 조선 내부의 사정에 따라 국왕이 자신의 후계자를 왕세자王世子나 왕세손王世孫, 왕세제王世弟로 임명하고, 국왕이 선위하거나 승하하면 후계자로 정해진 사람이 새 국왕으로 즉위하였다. 그러나 조선에서 국왕의 후계자를 결정하면 중국에 알려 황제의 승인을 받는 책봉 절차를 진행하였다. 조선에서는 사신을 파견하여 후계자를 책봉해 줄 것을 요청하였고, 명이나 청 정부에서 이를 인정하기로 결정하면, 책봉 문서인 고명顧命을 가진 칙사勅使가 조선에 와서 전달하였다. 조선에서 새 국왕이 즉위할 때에도 이 사실을 중국에 알렸고, 황제의 책봉을 통해 공인 받는 절차를 진행하였다.

중국과 조선의 책봉 관계에서 새 국왕이 황제의 책봉을 받지 못하면 공식적인 외교 활동을 할 수가 없었다. 조선 국왕은 국내에서 즉위식을 거행하였더라도 황제의 책봉을 받기 전까지는 자신의 직위를 '권서국사權署國事'라 표시하였다. 국왕은 중국 황제의 책봉을 받아야 외교문서에서 '왕王'이란 명칭을 사용할 수 있었다.[11]

이상에서 보듯 조선 국왕이 왕권을 확보하려면 민심에 따라 움직이는 천명을 받아야 하였고, 중국 황제가 조선 국왕으로 책봉하는 절차를 거쳐야 하였다.

---

10) 권선홍, 「유교문명권의 국제관계: 책봉제도를 중심으로」, 『한국정치외교사논총』 31(2), 2010, 114쪽.
11) 英祖의 국왕 책봉에 대한 사례 연구로 김문식, 「英祖의 國王册封에 나타나는 韓中 관계」, 『韓國實學研究』 23, 2012 참조.

1. 유덕자수권(有德者受權) 사상

『시경』과 『서경』에 나타나는 덕德은 군주가 백성에게 베푸는 은택을 말하고, 천天은 군주의 덕에 비례해서 화복禍福을 내리는 주재자로 인식하였다. 덕을 가진 군주에게는 천명이 주어지지만 군주가 덕을 잃으면 천명을 철회한다는 유덕자수권有德者受權 사상은 여기에서 유래한다.

유덕자수권 사상의 기원은 요堯 순舜 시대로 올라간다. 『서경』「요전堯典」편에 따르면, 요는 중국 민족의 시조로 받들어지는 황제黃帝의 후손으로 공손하고 겸양한 덕을 가진 완벽한 인품의 소유자였다. 그는 모든 친족을 화목하게 다스리고 관리들을 화합하게 하여 백성이 편안하고 스스로의 덕을 밝히며 살아갈 수 있는 정치를 펼쳤다. 요는 해와 달, 별과 별자리를 잘 관찰하여 백성들이 절기에 맞게 농사를 지을 수 있게 하였다. 또한 사방으로 관리를 파견하여 사계절의 변화에 맞는 민정民政을 펼쳤으며, 곤鯤에게 산과 언덕에 넘실대는 대홍수를 다스리게 하였다. 요가 재위한 지 70년이 되자 사방 관리를 총괄하던 사악四岳에게 제위帝位를 물려받을 인물을 천거하게 하였다. 이 때 천거를 받은 인물이 바로 순이다.

순은 아내도 없이 미천한 지위에 있었지만 제위에 천거된 것은 그가 유덕자有德者였기 때문이다. 순은 소경이면서 미련하고 악한 아버지와 어리석은 계모에게 효도하였고, 오만한 이복동생을 우애로 화합하게 하여 더 이상 나쁜 길로 이르지 않게 하였다. 요는 순에게 자신의 두 딸을 시집보내 집안을 다스리는 덕을 살펴보았고, 도덕을 관장하거나 백관을 총괄하고 빈객을 맞이하는 직책을 맡겨보았다. 그 결과 요는 순의 집안이 화목하고 백성이 순종하며 백관의 직무가 때에 맞게 시행되는 것을 보았다. 요는 3년 동안 순의 공적을 살펴본 후 제위에 오를 것을 명하였다. 당시 요에게는 단주丹朱란 영리한 맏아들이 있었지만 요는 자기 아들이 충신忠信이 없고 다투기를 좋아한다고 판단하였다. 그래서 덕을 갖춘 순에게 제위를 물려주었다. 이로부터 유덕자에게 왕위를 물려주는 선양禪讓이 시작되었다. 요가 유덕자인 순에게 제위를 물려준 방식은 순이 하夏 씨족의 우禹에게 제위를 물려줄 때에도 사용되었다.[12]

이처럼 요, 순, 우로 제위가 계승된 것은 그들이 유덕자였기 때문이다. 그들의 덕은 각자의 도덕적 성품 내지 인품에서 출발하여 친족의 화목, 관리들의 화합, 민생의 안정, 백성들 덕성의 발전으로까지 가시화되었다. 요와 순은 유덕자인 순과 우에게 제위를 물려주었지만, 천명이 순과 우에게 있었다는 표현은 나타나지 않았다.

유덕자 천명에 의해 권력을 잡는다는 사상은 주周나라 때 정립되었다. 은殷나라는 천에 대해 수동적 입장을 취하였지만, 주나라는 인간의 능동적 의지와 자각적 정신을 강조하였다. 주나라 사람들은 천명을 받는 천자는 천과 대등한 지위에 있는 백성의 의사를 중시해야 하며, 천의 의사가 일정하지 않듯이 민의民意도 일정하지 않다고 보았다. 이들은 은왕殷王의 부덕不德은 결국 은민殷民의 이반을 가져왔고, 주周가 은을 정벌한 것은 천의 뜻을 드러낸 것이라고 정벌을 정당화하였다.

상제上帝께서 이미 명하시어 주周에 복종시켰다. 주周에 복종하게 하심은 천명天命이 일정하지 않아서이다.[13]

---

12) 박례경, 앞논문, 『韓國實學硏究』 21, 2011, 156~161쪽.
13) 『詩經』 大雅 「文王」.

그러나 주나라에 주어진 천명도 고정불변의 것은 아니었다. 천은 누구에게도 영원히 왕위에 군림하게 하지 않았고, 때때로 새로운 천명을 내려 이를 받은 사람을 왕으로 삼았다. 천이 명령을 내릴 때에는 인간의 수덕修德을 요구하였고, 천명을 받은 사람은 덕을 닦는 일에 정진하여 미래의 뜻을 정해야 하였다. 유덕자수권 사상은 『대학』에서는 신민新民의 이념으로 반영되어 후세 군주를 계몽하는 지침이 되었다.[14]

요, 순, 우처럼 선양禪讓을 하면 계속해서 유덕자가 왕위를 차지할 수 있었다. 유덕자는 천명에 순응하는 존재이므로, 유덕한 군주는 신민의 도덕적 완성을 가져오고, 신민은 자신들의 도덕적 본성에 순응하여 군주에 복종하고 순응하게 된다. 맹자는 요가 순에게 선양한 것은 순이 정치를 잘하여 백성이 편안하게 되었으므로 천명과 민의가 순에게 천하를 준 것이라 하였다.

> (요 임금이 순에게) 제사를 주재하게 하자 모든 신들이 흠향하였으니 이는 천天이 받아들인 것이다. 정사를 맡기자 정사가 잘 되어 백성이 편안하니 이는 백성이 받아들인 것이다. 천이 주고 사람이 주었기 때문에 천자는 천하를 남에게 줄 수 없다고 한 것이다. 순이 요를 보좌한 것이 이십 팔년인데, 사람의 힘으로 할 수 있는 것이 아니요 천의 뜻이었다.[15]

그런데 유덕자가 아닌 사람이 왕위에 있으면 어떻게 하는가? 맹자는 부덕한 군주를 제거하는 것을 천명이라고 정당화하였다. 맹자는 부덕한 군주를 잔적殘賊이라 규정하고, 이들은 천명과 민의에서 일탈한 자들이므로 방벌放伐하는 것을 정당화하였다. 천명은 가변적인 것이라 군주에 대한 백성의 복종과 순응은 언제든 대상을 바꿀 수가 있었고, 부덕한 군주를 무력으로 제거하고 유덕한 새 군주로 교체하는 방벌은 정당한 것이었다. 이러한 맹자의 방벌론은 군주에게 정치적 의무를 부과하며 이행하도록

---

14) 김명하, 「유교의 천과 천명사상: 그 정치사상적 함의」, 『한국정치학회 추계학술회의 자료집』, 2000, 4~9쪽.
15) 『孟子』 「萬章上」.

강제하였고, 신민에게는 부덕한 군주에게 저항하고 복종하지 않을 수 있는 근거를 제공하였다.[16]

> 걸桀과 주紂가 천하를 잃은 것은 그 백성을 잃었기 때문이고, 그 백성을 잃은 것은 그들의 마음을 잃었기 때문이다. 천하를 얻는 데는 방법이 있으니 그 백성을 얻으면 천하를 얻게 된다. 그 백성을 얻는 데는 방법이 있으니, 그들의 마음을 얻으면 그 백성을 얻게 된다. 그들의 마음을 얻는 데는 방법이 있으니 그들이 바라는 것을 주고 그들이 싫어하는 것을 하지 않는다.[17]

조선의 건국이념을 제시한 정도전은 맹자의 방벌론을 바탕으로 혁명론을 주장하였다. 정도전은 백성이 나라의 근본이므로 통치자는 백성을 사랑하고 보호해야 한다. 그런데 만약 통치자가 백성이 근본이라는 생각을 버리고 악정惡政을 베푼다면 이를 구제하는 수단은 천명을 바꾸는 혁명革命이었다. 정도전에게 있어 혁명은 하늘의 주관적 의지로 이뤄지는 것이 아니라 민심民心이 반영된 것이었다. 민심을 얻으려면 군주는 유덕자有德者여야 하였고, 유덕자만이 민심을 얻고 천명을 받을 수 있다는 논리였다.

> 인군人君의 지위는 존귀한 것이다. (중략) 만일 천하 만민萬民의 민심을 얻지 못하면 크게 우려할 만한 일이 생긴다. (중략) 민심을 얻으면 민은 군주에 복종하지만 민심을 얻지 못하면 민은 군주를 버린다.[18]

정도전은 국왕을 교체하는 방법으로 두 가지를 제시하였다. 하나는 민심을 잃은 군주가 자신의 실덕失德을 자인하고 다른 유덕자에게 왕위를 물려준 방법이었다. 요堯가 순舜에게 선양한 것이 대표적인 사례였다. 다른 하나는 민심의 추대를 받은 유덕자가 실덕한 군주를 폭력으로 몰아내

---

16) 윤대식, 「맹자의 천명관이 지닌 정치적 함의: 정치적 의무에 기초한 권력의 정당성 기제」, 『韓國政治學會報』 36-4, 2002, 37~40쪽.
17) 『孟子』 「離婁上」.
18) 鄭道傳, 『朝鮮經國典』 上, 「正寶位」.

고 왕위에 오르는 것이다. 은殷의 탕湯이 하夏의 걸桀을 몰아낸 것이나 주周의 무왕武王이 은의 주紂를 몰아낸 것이 이에 해당하였다.

정도전은 조선의 건국은 태조가 왕위를 찬탈한 것이 아니라 민심의 추대와 천명의 허락을 받은 것으로 해석하였다. 태조에게 천명과 민심이 따랐다는 증거는 여러 가지가 있었다. 태조가 위화도 회군을 하였을 때 군민君民의 광범위한 지지를 받았고, 태조를 국왕으로 추대할 때 50여 명의 전적 현직 관리가 참여하였으며, 당시 최고의 의사결정기구였던 도평의사사都評議使司에서 이성계를 새 국왕으로 모시기로 합의하였다는 것이 그것이었다. 이에 비해 고려가 천명과 민심을 잃었다는 것은 공양왕 대에 재이가 계속해서 발생하였던 것을 근거로 들었다. 정도전에 의하면 이성계의 건국은 정당한 혁명을 이룬 것이며, 혁명의 방법은 공양왕의 선양禪讓으로 이루어진 평화로운 것이었다.[19]

2. 조공종덕(祖功宗德) 사상

조선의 국왕이 승하하면 시호諡號, 묘호廟號, 능호陵號, 전호殿號와 같은 이름들을 받았다. 사람이 세상을 떠나면 생전의 행적과 공덕을 이름으로 드러내야 한다는 유교사상을 따라 국왕은 이처럼 많은 이름을 받았다. 시호는 국왕의 생전 언행을 참조하여 결정하였지만 중국의 황제가 내리는 시호가 있고, 신하들이 올리는 시호가 있었다. 묘호는 국왕의 공덕功德에 관한 평가로, 신하들은 세 가지 후보를 올려 새 국왕이 결정하였다. 가령 정조가 승하한 후 대신들은 그의 묘호로 정종正宗 순종純宗 선종宣宗 세 가지를 정하여 올렸고, 그중에서 정종이 묘호로 결정되었다.[20] 능호는 국왕의 시신을 모신 능陵의 이름이고, 전호는 국왕의 삼년상을 지내는 동안 국왕의 신주를 모시는 혼전魂殿의 이름을 말한다.

'조공종덕祖功宗德'이란 승하한 국왕이 받는 묘호廟號에서 공功이 있는 자

---

19) 韓永愚, 『鄭道傳思想의 研究』, 서울대학교 출판부, 1973, 103~110쪽.
20) 『正祖實錄』 권54, 正祖 24년 7월 丙戌(6일).

는 조祖를 받고 덕德이 있는 자는 종宗을 받는 원리를 의미한다. 조종공덕이란 표현은 『예기禮記』에 나타난다. 『예기』 「상복소기喪服小記」편을 보면 "별자別子는 조祖가 되고, 별자를 계승하는 자는 종宗이 된다."고 하여,[21] 각 나라에 봉해진 별자가 그 나라의 시조로 조祖가 되고, 그 시조를 계승하는 사람들은 종宗이 된다는 의미였다. 또한 『예기』 「제법祭法」편에서는 '공功이 있으면 조祖, 덕德이 있으면 종宗'이라 하여 조공종덕의 원리를 설명하였다.

> 제법祭法에서 유우씨有虞氏는 황제黃帝에게 체禘 제사를 지내고, 곡嚳에게 교郊 제사를 지내며, 전욱顓頊을 조祖로 삼고 요堯를 종宗으로 삼았다. [주석] 조祖는 시작이다. 도덕道德이 처음 시작하는 것을 말하기 때문에 조라 하였다. 종宗은 높이는 것이다. 덕德을 높일 만하므로 종이라 한다. (중략) 왕숙王肅은 또 '조종祖宗에서 조는 공功이 있고 종은 덕德이 있으므로 그 묘를 허물지 않는다.'고 하였다.[22]

이를 보면 「상복소기」의 내용은 각 나라의 시조가 조祖가 되고 그 후계자는 종宗이 된다는 의미이며, 「제법」의 내용은 공功이 있으면 조祖, 덕德이 있으면 종宗이라 부른다는 의미이다. 그러나 조와 종이 모두 해당자의 덕德을 표현한다는 점에서는 차이가 없었다.

조선 국왕의 묘호를 정할 때에도 조종공덕의 원리가 적용되었다. 다음은 1857년(철종 8)에 순조의 묘호를 순종純宗에서 순조純祖로 바꿀 것을 의논하는 자리에서 있었던 발언이다. 이를 보면 조선에서도 조종공덕의 원리가 적용되고 있었다.

---

21) 『禮記集說大全』 권15, 「喪服小記」.
"別子爲祖, 繼別爲宗. [注] 爲祖者, 別與後世爲始祖也. 繼別爲宗者, 別子之後, 世世以嫡長子."
22) 『禮記注疏』 권46, 「祭法」 23.
"祭法, 有虞氏, 禘黃帝而郊嚳, 祖顓頊而宗堯. [疏] 祖始也, 言爲道德之初始, 故云祖也. 宗尊也, 以有德可尊, 故云宗. …… 肅又以祖宗, 爲祖有功宗有德, 其廟不毁."

덕德이 있으면 종宗이라 부르고 공功이 있으면 조祖라고 부르는 것은 떳떳한 도리요 공통된 의논입니다. 두 가지는 성대하고 아름다워 처음부터 차등이 없었습니다. 그러나 후왕後王이 공적을 드러내어 찬양하는 정성에 있어서는 특별히 뚜렷하게 드러난 것을 표현하여 그 칭호를 더하는 것입니다.[23]

조선 국왕의 묘호에서 조祖나 종宗을 사용하는 것은 중국과 책봉 관계를 맺은 제후국으로서는 예법에 맞지 않는 참칭僭稱에 해당하였다. 황제만이 묘호에 조나 종을 사용할 수 있었기 때문이다. 그래서인지 삼국시대 국왕의 묘호에서 조나 종을 사용한 것은 태종太宗 무열왕武烈王이 유일하다. 무열왕의 경우에는 삼국통일의 공덕을 기리기 위해 태종이란 묘호를 올렸다. 이를 제외하면 삼국시대의 국왕들은 묘호에 왕칭王稱을 사용하였다.

고려시대에는 국왕의 묘호에 조나 종을 사용함으로써 독자적인 예적 질서를 운영하였다. 왕건은 묘호를 태조라 하여 조祖를 사용하였고, 이후 의 국왕들은 모두 묘호에 종宗을 붙였다. 이는 시조는 조가 되고 그 후계자 는 종이 된다는 해석을 따른 것이다. 원나라 간섭기에 묘호 제도는 크게 바뀌었다. 충렬왕 때부터 원나라 황제가 내린 시호를 사용하였기 때문이 다. 이후 이제현과 이색은 충렬왕 이전 국왕들의 묘호를 모두 종宗에서 왕王으로 바꾸어 기록하였고, 정도전도 고려 국왕의 묘호를 왕으로 바꾸 어 기록하였다. 혜종惠宗을 혜왕惠王, 정종定宗을 정왕定王으로 기록하는 방 식이었다.[24]

조선시대에는 태종 때부터 국왕의 묘호에 조나 종을 사용하기 시작하 였다. 그런데 세종 초년에 정종이 사망하자 조선에서 독자적 묘호를 사용 할 것인가가 논란이 되었다. 세종은 명나라 황제가 하사하는 시호諡號만 쓸 수 있다는 입장이었고, 허조許稠도 여기에 동조하였다.[25] 이에 따라

23) 『哲宗實錄』 권9, 哲宗 8년 8월 戊午(10일).
   "而德則稱宗, 功則稱祖, 即常經也, 通誼也. 兩隆并美, 初無差等. 然在後王揚顯之 誠, 特表其彰著者而加其號也."
24) 任敏赫, 「조선시대의 廟號와 事大意識」, 『朝鮮時代史學報』 19, 2001, 149~ 154쪽.
25) 『世宗實錄』 권6, 世宗 1년 11월 己巳(29일).

정종은 명나라 황제가 내려준 시호만 사용하여 '공정왕恭靖王'이라 불렸고, 숙종 대에 와서야 정종이란 묘호를 추가로 올리게 되었다.[26] 국왕의 묘호를 정하는 것은 세종의 발언처럼 제후국인 조선의 위상에 맞추는 일이지만, 숙종의 조치처럼 왕위 계승상의 정통을 확립하는 조치이기도 하였다.

조선 국왕의 묘호를 놓고 국왕과 신하가 대립을 보이는 경우가 있었다. 세조가 승하하자 의정부 당상과 대신들은 신종神宗, 예종睿宗, 성종聖宗을 묘호의 후보로 추천하였다. 예종이 이 중 하나에 낙점落點하면 되었지만 예종은 세 가지를 모두 거부하였다. 예종은 대행대왕大行大王(세조)이 국가를 다시 일으킨 재조再造의 공이 있으므로 세조世祖라 불렀으면 하였다. 정인지 등은 이미 세종世宗이 계시기 때문에 의논할 수 없다고 거부하였다. 그러나 예종은 한나라 때 세조와 세종이 함께 있었다는 것을 근거로 들었고 결국 세조로 결정되었다. 세조라는 묘호는 재조의 공덕을 표현한 이름이었다.[27]

기왕에 정해진 묘호를 후대의 평가에 따라 고치는 경우도 있었다. 조선의 국왕으로 묘호가 달라진 경우는 선조, 영조, 정조, 순조이다. 이들의 처음 묘호는 선종宣宗, 영종英宗, 정종正宗, 순종純宗이었지만 모두 종宗이 조祖로 바뀌었다. 조선에서 국왕의 행적을 평가할 때에는 종宗보다 조祖를 선호하는 경향이 있었다. 그런데 국왕의 묘호를 바꾸려면 기왕의 묘호에 대한 재평가가 필요하였다. 국왕이나 신하 중 누군가가 묘호를 바꾸자고 요구하면, 국왕과 대신들이 가부를 의논하여 타당하다고 판단되었을 때 묘호를 바꾸었다.

1899년(고종 26)에 김상현金尙鉉은 영종을 영조로 바꿀 것을 요청하는 상소를 올렸다.

종묘의 예에 공功이 있으면 조祖라 하고 덕德이 있으면 종宗이라 하니 칭호를

---

26) 『肅宗實錄』 권12, 肅宗 7년 9월 丁卯(18일).
27) 任敏赫, 「朝鮮時代 宗法制下의 祖·宗과 廟號 論議」, 『동서사학』 8, 2001, 61~82쪽.

매우 중시한 것입니다. 바로 여러 임금이 전해온 큰 전례典禮이며 만세토록 변하지 않을 큰 의리이자 공론입니다. 우리나라는 전례를 더욱 중시하는데, 우리 태조太祖, 세조世祖, 선조宣祖, 인조仁祖, 순조純祖 다섯 성조聖祖의 묘호廟號가 융성함은 그 중에서도 성대합니다. '조'라 하고 '종'이라 하는 것은 높이는 것은 같습니다. 그러나 공이 있으면 반드시 '조'라고 칭하는 것은 보통과 다른 것을 구별해서입니다.

우리 영종 대왕英宗大王은 세상에 드문 임금으로 매우 어려운 때를 당하여 여러 흉악한 자들을 소탕하고 종묘사직을 다시 편안하게 안정시켰습니다. 임금 자리에 52년간 있었는데 천덕天德과 왕도王道가 순전히 바른 데서 나와 삼황오제三皇五帝처럼 우뚝하게 공을 이루었습니다. (중략) 대성인의 덕과 공에 아직 '조'라 부르는 전례가 빠졌으니, 어찌 사람들의 마음에 유감이 없겠으며, 어찌 성상의 효성에 만족스럽지 않음이 없겠습니까?[28]

이를 보면 김상현은 영조의 행적은 공적이 크므로 종宗보다 조祖로 불러야 한다고 주장하였다. 고종과 대신들이 논의한 끝에 영종에서 영조로 묘호를 바꾸었고 성대한 의식이 뒤따랐다.[29]

조선의 국왕이 승하한 후 묘호를 결정하는 것은 국가의 대사大事로 간주되었다. 새로 즉위하는 국왕과 대신들은 승하한 국왕의 생애를 종합적으로 평가하고 심판한 결과가 묘호로 나타난다고 생각하였기 때문이다. 국왕의 묘호를 결정하는 것은 그의 평생 행적을 종합적으로 평가하는 것이었고, 이때 국왕이 보여준 덕德은 묘호를 결정하는 중요한 평가 요소였다.

28) 『高宗實錄』 권26, 高宗 26년 11월 己巳(27일).
29) 신명호, 「조선시대 국왕호칭의 종류와 의미」, 『역사와경계』 52, 2004, 56~63쪽.

III

정치상황에 따른 왕권의 유형

1. 평상시의 정치상황과 국왕

조선의 국왕은 국가의 수장으로 그에 수반되는 지위와 권한을 가지고 있었다. 조선은 입법 행정 사법이 모두 국왕을 통해 실현되는 국가체제였다. 그러나 국왕이 가진 권한은 그 혼자만의 능력으로 수행되는 것은 아니고, 양반 관료의 정책 입안과 토의 과정을 거쳐야 실현될 수 있었다. 조선 왕조를 '중앙집권적 양반관료 국가'라 규정하는 것도 조선의 정치가 국왕과 양반 관료의 협력을 통해 수행되었기 때문이다.

국왕은 종묘와 사직으로 대표되는 국가제례의 주재자로서 제사권을 가지고 있었다. 국왕의 제사권은 대사大祀로 분류되는 국가제례의 초헌관初獻官을 담당하는 것으로 가장 분명하게 드러났다. 종묘와 영녕전 제례는 왕실 조상에 대한 제사이므로 종법에 의해 왕위를 계승한 국왕이 당연히 제사권을 가졌다. 사직 제례는 농업신인 사社와 토지신인 직稷에 대한 제사였으므로, 국왕이 강역 내의 토지와 농민을 지배한다는 의미에서 제사권을 가졌다. 국왕은 가뭄이나 홍수와 같은 자연재해가 발생하면 기우제祈雨祭나 기청제祈晴祭를 지냈다. 유교에서 천재지변은 국왕의 부덕 때문이라 여겼고, 이런 경우 국왕은 음식을 줄이거나 죄수를 석방하거나 구언교서를 내려 해결책을 구하였다. 그러나 조선의 국왕은 제천례祭天禮를 거행하지는 못하였다. 중국의 황제에 대해 조선의 국왕은 제후諸侯의 지위에 있었으므로 하늘에 대한 제사를 지내지 못하였다.

조선의 국왕은 국가를 대표하여 타국과의 외교를 수행하였다. 조선시대의 외교는 사대事大와 교린交隣으로 구분되었고, 명과 청에 대해서는 사대 외교를 하였다. 새 국왕이 즉위하였을 때 명·청 황제의 책봉을 받는 절차를 둔 것은 중국 황제와 조선 국왕이 형식적으로 군신君臣 관계에 있었음을 상징적으로 보여주었다. 또한 모든 입법은 국왕을 통해서만 가능하였고, 중대한 형벌은 반드시 국왕의 허가를 받아야 집행될 수 있었다.

국왕은 모든 관료를 임면하는 인사권을 가졌다. 이조나 병조에서 관리 후보자를 골라 국왕에게 올리면, 국왕은 그 가운데 한 사람을 낙점하여 선정하였다. 국왕은 이조나 병조의 추천이 없더라도 꼭 임명하고 싶은 사람이 있으면 특지特旨를 내려 임명할 수 있었다. 당상관은 반드시 국왕의 허락을 받아야 하였기에 국왕의 인사권은 절대적이었다. 또한 국왕은 각 지방의 수령을 선정하여 파견하였고, 수령은 국왕을 대신하여 군현을 통치하였다.

국왕은 국군의 총수이기도 하였다. 그러나 국왕이 직접 군사를 지휘하지는 않고 재상이나 장수에게 지휘권을 위임하였다. 조선시대의 병법에는 발명發命, 발병發兵, 장병掌兵이라는 구분이 있었다. 여기서 발명자는 재상이고, 발병자는 오위도총부 도총관인 총제였으며, 장병자는 오위의 상장군이나 대장군이었다. 그러나 발명자는 국왕의 허락이 있어야 군사를 움직일 수 있었고, 장병자는 발병자의 명령이 있어야 군대를 거느리고 이동할 수 있었다.

국왕은 '모든 토지와 인민은 국왕의 것'이라는 왕토王土 사상과 왕민王民 사상에 입각하여 백성에게 부역賦役을 부과하였다. 국왕은 토지 생산량의 십분의 일을 수취하고, 신분에 따라 국역國役을 부과하였으며, 지방의 특산물을 바치게 하였다. 국왕이 부과하는 국역에는 직역職役, 군역, 요역이 있었고, 16세에서 60세에 이르는 성인 남성은 병농일치兵農一致 사상에 입각하여 농사를 짓다가 중앙군으로 선발되어 왔다.

국왕은 왕실의 권위와 안락한 생활을 위해 사적 재산이 필요하였다. 조선시대에는 내수사가 관할하는 궁방전과 노비가 있었고, 왕실의 경비는 여기서 나오는 전곡이나 노비의 신공身貢, 장리長利로 충당하였다. 그러나 국왕이라도 국가 재정을 마음대로 쓰지는 못하였다. 국왕이 소유하는 토지와 노비의 규모도 관료들에 의해 제한을 받았다.

조선의 국왕은 국가의 전권을 가지는 최고 권력자였지만 실제로는 양반관료들의 간섭과 제동으로 권한의 행사가 제한될 수 있었다. 국왕은 양반관료에 의해 어린 나이에 국왕으로 옹립되기도 하고, 관료들의 마음에 들지 않으면 반정反正을 통해 왕위에서 쫓겨날 수도 있었다. 평상시의 정치상황에서 국왕은 국가의 최고 권력자였지만, 양반층의 이익을 대변하는 양반관료 국가의 수장에 해당하였다.[30]

평상시의 국왕은 국가의 수장이자 최고 권력자로서 막강한 권력을 행사하지만, 국왕을 대신하여 다른 사람이 정사를 처리하는 경우가 있었다. 이를 대리청정代理聽政이라 한다. 국왕이 나이가 많거나 중병이 들어 국정을 전담하기 어려울 때 그 후계자인 왕세자王世子나 왕세손王世孫, 왕세제王世弟가 국왕을 대신하여 정사를 처리하는 것을 말한다. 대리청정은 국왕의 후계자에게 미리 국왕의 업무를 실습할 수 있는 기회를 제공하였다. 대리청정이 시작되면 국왕을 '대조大朝'라 하고 대리청정의 주인공을 '소조小朝'라 하였다. 그리고 대리청정이 이뤄지는 공간을 '소조'라 부르기도 하였다.

1) 문종의 대리청정

조선에서 최초의 대리청정을 경험한 세자는 세종의 맏아들인 문종이었다. 이보다 앞서 태종은 왕자의 난을 일으킨 후 그에 대한 반발을 무마할 시간을 벌기 위해 형 정종을 국왕으로 추대하고 자신이 국정을 담당하였

---

30) 이성무, 「朝鮮時代의 王權」『東洋 三國의 王權과 官僚制』, 경인문화사, 1999 ; 「조선시대의 왕권」, 『조선의 사회와 사상』, 일조각, 2004 재수록, 20~51쪽.

다. 이 역시 세자가 국왕을 대신하여 국사를 처리한 것이지만, 태종은 대리청정을 시행한다는 절차를 거치지 않았으므로 '섭정攝政'의 한 형태로 보는 것이 타당하다.

세종은 22세의 나이로 세자에 책봉되고 불과 2개월 만에 국왕이 되었다. 국왕교육을 전혀 받지 못하고 왕위에 오른 세종은 자신이 세자에게 왕위를 물려줄 때에는 상당한 시간을 두고 권력을 이양하는 방법을 생각하였다. 대리청정은 세종이 세자에게 순차적으로 국왕권을 이양하기 위해 고안한 방안이었다.

1442년(세종 24) 7월 28일, 세종은 동궁에 첨사원詹事院을 설치하여 세자에게 서무庶務를 처리하라고 명령하였다.[31] 이때 문종의 나이는 29세였다. 세종은 당나라의 태자첨사부太子詹事府를 거론하며 중국에서는 황태자에게 강관講官 외에 첨사부가 있어 서무를 처리하였는데 조선에서는 서연관이 강의와 서무를 겸하여 옛 제도에 부합하지 않는다고 하였다. 이 무렵 세종은 안질이 있어 문서를 읽고 처리하는데 어려움을 느끼고 있었다. 세종의 의지를 따라 첨사원과 소속 관리에 대한 규정이 제정되었다. 첨사詹事 1인은 종3품으로 하고, 동첨사同詹事 2인은 정4품으로 하였으며, 집현전과 예문관의 직제학으로 있던 유의손柳義孫, 이선제李先齊, 이사철李思哲이 첨사원 관리로 임명되었다.[32]

1443년 4월 17일, 세종은 세자에게 승화당承華堂에서 남면南面하고 조회를 받은 후 정사를 섭행攝行하라는 명령을 내렸다. 조선에서 대리청정이 탄생하는 순간이었다. 이 날 세종은 관리의 임용, 형벌, 군대를 움직이는 것 등 세 가지는 국왕이 직접 결단하고, 나머지 정사는 모두 세자에게 결재를 받으라고 명령하였다. 그런데 세자가 남면하고 신하들의 조회를 받는 것에 대해서는 논란이 있었다. 남면은 국왕에게만 허용되므로 세자에게 허용할 수 없다는 반대 때문이었다. 세종은 결국 이를 받아들여 세자는 서면西面하는 것으로 수정하였다. 그리고 세자가 조회를 받는 계조

---

31) 『世宗實錄』 권97, 世宗 24년 7월 丙戌(28일).
32) 『世宗實錄』 권97, 世宗 24년 9월 庚申(3일) ; 乙亥(18일).

당繼照堂 건물을 서향으로 지었다. 다음으로 세자가 대리청정을 할 때 사용하는 문서 용어도 정비하여, 계본啓本을 신본申本으로, 계목啓目을 신목申目으로, 경봉교지敬奉教旨를 지봉휘지祗奉徽旨로 정하였다. 그리고 대리청정하는 세자에게 공무를 보고할 때는 첨사원이 승정원과 협의한 다음 세자에게 진달進達하여 결재를 받도록 하였다.

1447년(세종 29) 12월 5일, 세자 문종이 계조당에서 조회를 받고 승화당에서 정사를 보기 시작하였다. 세자는 승화당의 동쪽 벽에 놓인 교의에 앉아 서면하였고, 신하들은 승화당 서벽에 차례로 엎드렸다. 이때부터 문종은 국왕의 역할을 완전히 대신하게 되었다. 문종은 3품 이하 모든 관리들의 임명을 주관하였다. 종전에는 이들을 임명할 때 교지敎旨에 국왕의 대보大寶를 찍었지만 이제는 휘지徽旨에 세자의 인印을 찍었다.

문종이 대리청정을 시작하면서 세종은 자신이 처리하는 정사는 다음 세 가지로 제한하였다.

1) 사대事大와 제향에서 따로 의논할 일
2) 군대를 움직이는 일
3) 당상관을 임명하거나 벌을 주는 일

세종은 세자의 위상을 높이고 권력을 이양하는 일을 계속해 나갔다. 세종은 조회에서 세자에게 재배再拜하던 것을 사배례四拜禮로 격상시켰다. 또한 관찰사를 임명하는 교서는 모두 세자의 휘지로 시행하도록 하였고, 당상관을 임명하는 일도 세자에게 돌리려 하였다. 이는 모든 관리의 임명권을 세자에게 넘기는 것을 의미하였다. 하지만 신하들의 반대로 무산되었다.

1450년(세종 32) 2월 17일, 세종은 아들 영응대군의 집에서 사망하였다. 대리청정을 하던 문종이 왕위에 올랐다. 그러나 문종은 이미 오래전부터 국왕의 역할을 대신하고 있었다. 문종이 국왕이 되면서 달라진 점은 내전으로 거처를 옮기고, 정사를 볼 때 남면하였으며, 2품 이상 관리의

인사권을 가지는 정도였다. 그 외의 권한들은 세종 생전에 이미 세자에게로 옮겨져 있었다.[33)

2) 경종의 대리청정

숙종의 맏아들 경종은 숙종 말년에 대리청정을 경험하였다. 1717년(숙종 43) 7월 19일 숙종은 세자의 대리청정을 명령하였다. 당시 세자의 나이는 30세였다. 이 때 숙종은 안질 때문에 왼쪽 눈은 거의 보지 못하였고, 오른쪽 눈도 물체를 희미하게만 보는 정도였다. 당시 숙종은 국왕으로서의 업무를 정상적으로 처리하기가 어려웠다.

> 지금 왼쪽 눈은 질병이 더욱 심해져 전혀 물체를 볼 수가 없고, 오른쪽 눈은 물체를 보면 희미하여 분명하지 않다. 소장疏章의 작은 글씨는 전혀 글자 모양이 없어 백지를 보는 것 같고, 비망기의 큰 글자도 가까이서 보면 겨우 판별하지만 분명하게 보이지는 않는다. 지금 만일 눈을 조리한다면 장님까지 되지는 않을 것 같지만 달리 할 만한 일이 없다. 대단히 변통하는 방도가 있은 다음에야 나의 한 몸이 조금 편안해지고 국사도 걱정이 없겠기에 여러 대신들을 만나 이 일을 의논하려고 한다.[34)

숙종은 세자의 대리청정을 명령하면서 기왕의 사례를 조사하여 대리청정 절목을 만들라고 명령하였다. 사례 조사는 두 가지 방향으로 진행되었다. 하나는 세종 대의 고사를 조사하는 것으로 춘추관의 관리가 강화도 사고를 방문하여 『세종실록』을 조사하였다. 다른 하나는 당나라 사례를 조사하는 것으로 홍문관의 관리가 『자치통감강목資治通鑑綱目』을 비롯한 기록을 검토하였다.

7월 25일 숙종은 영의정 이이명李頤命과 예조판서 민진후閔鎭厚를 만나 절목을 의논하였다.[35) 이이명이 항목별로 당나라 고사와 세종 대의 사례

---

33) 김문식, 「세종의 국왕권 이양 방안, 대리청정」, 『문헌과해석』 31, 2005, 44~59쪽.
34) 『肅宗實錄』 권60, 肅宗 43년 7월 辛未(19일).

를 말하면 숙종이 결정하는 방식이었다. 세자가 대리청정을 하는 장소는 동궁의 외당外堂인 시민당으로 하고, 청정과 조참을 할 때 세자는 서면하며, 종묘와 산릉, 태학(성균관)에서 거행하는 제례는 국왕 대신에 세자가 섭행攝行하는 것으로 하였다. 가장 중요한 것은 정무의 처리였다. 숙종은 세종 대의 고사를 따라 인재 등용, 형벌, 군대 동원은 국왕이 처리하고 나머지는 세자가 처리하게 하였다. 또한 상장上章, 삼사三司에서 올리는 차계箚啓, 지방 장수가 올리는 장문狀聞, 각급 관청의 계사啓辭는 모두 세자에게 올리며, 세자가 스스로 결정하기 어려운 것은 국왕에게 아뢰어 결정하도록 하였다.

다음날에도 대리청정 절목에 대한 논의가 계속되었다.[36] 2품 이상의 관원은 대리청정을 하는 세자에게 조참할 때 뜰에서 예를 거행하였다. 그러나 세자의 스승인 빈객賓客이 세자를 가르치는 서연에서는 서로 배례를 하는 것으로 결정하여 빈객을 우대하였고, 5품 이상 관리의 임면은 국왕이 전결하는 것으로 하였다. 앞서 문종이 대리청청을 할 때 세자는 3품 이하의 관리에 대한 임명권을 가졌던 것에 비하면 그 권한이 축소되었다.

세자 경종의 대리청정은 3년 동안 계속되었다. 그러나 경종으로서는 대리청정이 조심스러울 수밖에 없었다. 생모 희빈 장씨가 사망한 이후 세자의 지위는 불안해졌고, 숙종과 숙빈 최씨 사이에 태어난 연잉군延礽君 (영조)과 숙종과 명빈 박씨 사이에 태어난 연령군延齡君도 이미 성인으로 성장한 상황이었다. 경종은 살얼음 위를 걷듯이 신중하게 움직였고, 숙종의 의사를 충분히 고려하며 정사를 처리하였다. 실록에서는 대리청정을 하는 경종을 다음과 같이 기록하였다.

> 정유년(1717)에 숙종께서 5년 동안 병이 낫지 않아 신하들을 상대하기가
> 점점 어려워지자, 국조國朝의 고사에 의거하여 왕(경종)에게 대리청정을 하

---

35) 『肅宗實錄』 권60, 肅宗 43년 7월 丁丑(25일).
36) 『肅宗實錄』 권60, 肅宗 43년 7월 戊寅(26일).

라고 명령하셨다. 왕께서 다시 간절히 사양하였지만 허락을 받지 못하였고,
노고를 대신하라는 뜻으로 힘써 명령을 받았다. 여러 신하들이 조정에 들어
와 축하하자 특별히 고취鼓吹를 정지하도록 하였고, 서무를 처리하시는 것
이 모두 의리에 합당하였다. 그러나 일일이 국왕에게 계품啓稟한 뒤 시행하
였고, 사관史官에게 전하는 비답도 승정원에 물었다. 감히 독단하지 않음을
보인 것이다.[37]

  숙종이 승하하자 경종이 왕위에 올랐다. 세자로서 대리청정을 했던
경종의 즉위는 당연한 결과였다. 그러나 경종은 얼마 후 영조의 대리청정
을 둘러싸고 다시 논쟁에 휘말렸다. 경종에게 대리청정은 국왕 실습보다
는 위기로 작용하였다. 그러나 경종의 대리청정 때 제정된 절목은 이후
대리청정의 범례가 되었다.[38]

3) 영조의 대리청정

  경종이 즉위한 후 왕세제王世弟 영조의 대리청정이 논의되었다. 영조는
9세의 나이로 서종제徐宗悌의 딸과 결혼하였고, 19세가 되던 1712년(숙종
38)에 궁궐 밖으로 나갔다. 결혼한 왕자는 궁궐 밖에서 살림을 차리는
것이 왕실의 법도였다. 영조는 1721년(경종 1)에 왕세제王世弟로 책봉되면
서 다시 궁궐로 돌아왔다. 그때까지 경종은 후사가 없었고, 영조는 경종
의 유일한 동생으로 왕세제로 책봉되었다. 영조는 왕세제로 책봉된 이후
그를 지지하던 노론계가 세력을 상실하였기 때문에 지위가 매우 불안하
였다. 왕세제 영조는 대리청정을 하면서 본인의 능력을 발휘하기보다
처신을 극도로 조심하며 불안한 시간을 보냈다.
  1721년 10월 10일, 집의 조성복趙聖復이 왕세제의 대리청정을 요청하
였다. 그가 근거로 든 것은 1674년에 신료들이 숙종에게 왕세자 경종의
대리청정을 요청한 사실이었다. 그 때 경종은 불과 10세였는데 지금의

---

37) 『景宗實錄』 附錄, 「誌文」.
38) 김문식, 「왕세자 경종의 대리청정」, 『문헌과해석』 38, 2007, 48~57쪽.

왕세제는 28세나 되므로 서정庶政을 익히는 것이 급선무라는 주장이었다. 그러나 경종은 즉위한지 겨우 1년을 넘겼고 왕세제는 책봉된 지 20일도 되지 않은 시점이었다. 어떻게 보아도 정치적 의도가 강한 요청이었다.

경종은 대리청정을 시행하라고 명령하였다. 경종의 명령과 이를 반대하는 왕세제와 신료들의 논의가 계속되었다. 경종은 10월 16일에 내린 비망기備忘記에서 자신의 건강이 정사를 계속할 수 없는 지경인데 좌우의 신하가 대신할지 왕세제가 대신할지를 물었다.

> 근래에 화증火症은 점점 오르는데 깨닫거나 살피지 못하며, 하루에도 자주 나타나 좌우에게 전례를 살펴 거행하게 하는 지경에 이르렀다. 사정이 이러한데 어떻게 나라를 다스릴 수 있겠는가? 이것은 내가 지성至誠으로 하는 말이다. 좌우가 하는 것이 옳겠는가? 세제世弟가 하는 것이 옳겠는가? 경들은 깊이 생각해 보라. 이전에 내린 비망기대로 거행하여 우리 형제가 고통을 나누어 한편으로는 나의 병을 조리하기 편리하게 하고, 한편으로는 장차 망하려는 나라를 부지하게 하라.[39]

경종의 이 발언을 보고 김창집金昌集을 대표로 하는 노론계 신료들은 국왕의 결심이 확고하다고 판단하였다. 이에 1717년에 작성된 왕세자 경종의 대리청정 절목을 참고하여 절목을 갖추자고 건의하였다. 그러나 이날 우의정 조태구趙泰耉가 갑자기 궁궐 안으로 들어와 대리청정의 중단을 요청하였고, 경종이 조태구의 요청을 받아들였다.

1722년 3월 27일 목호룡睦虎龍이 역모 사건을 고변하였다. 그는 숙종이 사망할 무렵 노론 명문가 자제들이 경종을 시해하려는 음모가 있었다는 이른바 '삼급수설三急手說'[40]을 주장하였다. 목호룡의 고변이 있자 김일경金一鏡은 노론이 왕세제에게 대리청정을 하도록 하는 것도 평지수의 한

---

39) 『景宗實錄』 권5, 景宗 1년 10월 癸酉(16일).
40) 삼급수란 왕위에 오를 경종을 시해하는 세 가지 방법을 말한다. 대급수(大急手)는 자객을 침투시켜 검으로 살해하는 것이고, 소급수(小急手)는 상궁을 통해 약으로 독살하는 것이며, 평지수(平地手)는 숙종의 유명(遺命)을 빙자하여 폐출시키는 방법을 말한다.

방법이라 주장하였다. 이 사건으로 60여 명의 노론계 인사가 처벌되었고, 대리청정 절목을 갖추자고 건의한 노론 사대신(김창집, 이이명, 이건명, 조태채)은 유배지에서 처형되었다.

사정이 이렇게 되자 영조는 왕세제 자리에서 물러나겠다고 나섰다. 역모설에 연루된 사람들이 자신의 측근 신하인데다 자신의 이름도 계속 거명되었기 때문이다. 목호룡의 고변으로 발생한 소용돌이는 1722년 9월에 가서야 잦아들었고, 이후 영조의 지위도 점차 안정되었다.

왕세제 영조는 성균관에 가서 입학식을 거행하고, 왕세제빈은 종묘를 방문하여 묘현례廟見禮를 거행하였다. 이후 왕세제는 왕대비나 국왕, 왕비의 탄신일에 신하들과 함께 축하하였고, 경종이 종묘, 영희전永禧殿, 사직단, 선농단 등을 방문하면 경종을 수행하였다. 영조는 병을 앓는 국왕을 대신하여 청나라 사신을 접견하기도 하였다. 영조의 대리청정은 국정에 직접 참여하기보다 국왕을 대신하여 국가 전례를 집행하는 역할을 담당하였다.

영조가 대리청정을 한 기간은 1721년 10월부터 1724년 8월까지이다. 4년이라는 시간이었지만 후계자가 국정을 미리 익힌다는 대리청정의 본래 목적은 제대로 실현되지 못하였다. 영조가 왕세제로 책봉된 이후 경종과 왕세제를 둘러싼 세력들 사이에 갈등이 발생하였고, 대리청정의 시행과 환수가 반복되었기 때문이다. 이런 상황에서 영조의 처신은 불안하고 조심스러울 수밖에 없었다.[41]

4) 사도세자의 대리청정

영조가 즉위한 후 사도세자의 대리청정이 논의되었다. 사도세자는 영조와 영빈暎嬪 이씨의 소생으로 영조의 둘째 아들이다. 영조로서는 맏아들인 효장세자孝章世子가 사망하고 7년 만에 얻은 아들이기에 후계자를 제대로 양성하기 위해 일찍부터 교육을 서둘렀다. 사도세자가 태어난 직후

---

41) 김문식, 「왕세제 영조의 대리청정」, 『문헌과해석』 39, 2007, 51~59쪽.

원자元子란 칭호를 정하고, 2세 때 세자로 책봉하였다. 세자는 3세부터 서연 교육을 시작하였고, 10세에 혜경궁 홍씨와 혼인하였다.

1749년(영조 25) 1월 23일, 영조는 세자의 대리청정을 명령하였다. 처음에 영조는 세자에게 왕위를 물려준다는 선양禪讓 명령을 내렸다. 세자의 나이가 15세가 되었고, 자신은 남면하기를 좋아하지 않으며, 갑자년(1744) 이후 병이 더하여 요양을 하겠다는 것이 이유였다. 신료들이 이를 거두어 줄 것을 요청하자, 영조는 자신의 나이가 많고 병이 심해지는 것을 견딜 수 없다고 하였다. 그리고 사도세자가 국왕이 되면 복잡한 정치 상황을 제대로 처리할 수 있을지 걱정이라며, 자신이 살아있을 때 직접 지도하려는 생각을 하였다. 영조는 사도세자가 대리청정을 통해 탕평정치를 완성하려는 자신의 뜻을 실현해 주기를 기대하였다.

> 내가 본심을 반드시 이루려고 하는 것은 다섯 가지가 있다. 첫째, 『상훈常訓』 술편述編에서 "스스로를 한사寒士 포의布衣에 견주었기 때문에 시를 지으면서 부운浮雲(뜬구름)이란 글자를 썼다."고 하였는데 바로 나의 마음을 말한 것이다. 나에게 형제가 있었다면 아우에게 왕위를 물려주려고 도망친 중옹仲雍이나 백이伯夷 같은 사람이 어찌 되지 않았겠는가? 둘째, 세제 책봉을 받고 나서 갑자년(1724)에 즉위하기에 이르렀다. 금일의 괴로운 마음을 끝낸 다음에야 죽어서 황형皇兄(경종)의 얼굴을 볼 수가 있다. 셋째, 마음속의 병이 해가 갈수록 심해져서 온갖 정무를 살필 수가 없다. 넷째, 세자는 기품이 뛰어나지만 뒷날 과연 어떻게 행동할지 알 수가 없다. 따라서 내가 살아있을 때 보려고 한다. 다섯째, 보통 사람도 부형이 있으면 다른 사람이 그 자제를 업신여기지 못하는데, 하물며 원량이 어찌 시상時象의 편벽된 논의가 담긴 상소를 알 수 있겠는가? 오늘에 이르러 그 기반을 세우려는 것이다. 이상의 다섯 가지는 모두 내가 국가를 위하는 고심苦心에서 나온 것인데, 나이가 들고 병이 심해지는 것을 제일 견딜 수가 없다.[42]

세자와 신료들의 반대가 거듭되자 영조는 양위를 대리청정으로 바꾸었

---

42) 『英祖實錄』 권69, 英祖 25년 1월 壬申(23일).

다. 그러나 세자에게 정치 교육이 필요하다는 생각에는 변화가 없었다. 사도세자의 대리청정은 단지 국왕의 정무를 대신할 뿐만 아니라 정치 세력을 조정해야 하는 민감한 문제를 안고 있었다.

1월 27일, 영조는 종묘에 대리청정이 시행됨을 보고하면서 '숙종이 경종에게, 경종이 자신에게 대리청정을 명령한 것과 같은 뜻을 가지고 있다'고 하였다. 그리고 정사를 의논하는 자리에 세자를 불러 자신이 작성한 『정훈政訓』을 읽게 하고 다시 한 번 자신의 결심을 밝혔다.

> 나는 25년 동안 왕위에 있었고 56세의 수명을 누렸으니 나에게는 과분하다. 네가 나의 뒤를 잘 잇는다면 25년 동안의 허물을 덮을 수 있을 것이다. 그렇지 못하면 25년 동안 조금이나마 편안하였던 일이 너로 인해 그르치게 될 것이다.[43]

영조는 대리청정이 성공하기를 기대하였고, 세자의 사소한 잘못에도 나무라는 일이 잦았다. 1752년 연말에 영조는 왕위를 물려주겠다고 했다가 다시 거둬들이는 소동을 벌였다. 그 사이 세자와 대신을 비롯하여 지방 관리, 무반, 도성에 사는 백성까지 결심을 돌리라고 요청하는 상소를 올렸다. 대왕대비인 인원왕후는 국왕이 궁궐로 돌아오지 않으면 자신이 영조가 있는 것으로 가겠다는 한글 편지를 보냈다.

대리청정을 하던 사도세자에게 몇 가지 병이 있었다. 혜경궁이 『한중록』에서 밝힌 병은 세 가지였다. 사람을 두려워하는 경패증, 천둥이나 벼락이 치면 공포에 질리는 뇌벽증, 옷차림에 대한 꾸중이 거듭되면서 옷 입기를 두려워하는 의대증이었다. 사도세자는 이런 질병이 나타날 때마다 이성을 잃었고, 근처에 있던 내시와 궁녀가 폭행을 당해 사망하는 경우도 많았다.

1761년(영조 37) 4월 사헌부 장령으로 있던 이보관李普觀은 사도세자에게 유람을 중단할 것을 요청하는 상소를 올렸다. 세자의 움직임에 국가의

---

43) 『英祖實錄』 권69, 英祖 25년 1월 丙子(27일).

안위가 달려있다며 자중하기를 바라는 상소였다.

> 이보관 : "요즈음 저하께서 유희를 일삼으며 세자궁을 자주 벗어난다는 시
> 끄러운 말이 있는데 모두 들을 수가 없습니다. 신은 떠도는 말을 가지고
> 그것을 모두 믿을 만하다고 할 수는 없습니다. 그러나 모두 근거 없는 말로
> 돌려버리지도 못하겠습니다. 아, 저하 한 몸에 관계되고 부담한 것이 어떻
> 습니까? 세자의 지위에 있으면서 국사를 대리代理하는 책임을 맡았으니,
> 3백 년 이어온 큰 기업基業을 부탁받고 억만 백성들이 우러러 의지하는 것으
> 로 운명을 삼아야 합니다. 한 번 움직이고 말하는 것의 득실得失에서 안위安
> 危와 존망存亡의 기틀이 생기니, 저하께서 비록 스스로 경솔히 하고 걱정하
> 지 않으려 한들 그렇게 되겠습니까?"
> 사도세자 : "나의 고질병으로 인해 성후聖侯에 문안도 드리지 못하고 나라의
> 경사에도 참석하지 못한다. 마음이 매우 초조하고 민망스러워 밤낮으로
> 게을리 하지 않고 있다."[44]

　　1762년(영조 38) 5월 22일, 나경언羅景彦이 영조에게 사도세자의 비행
을 조목조목 알리고 처형되는 사건이 발생하였다. 영조는 나경언을 심문
한 후 사도세자를 데려오게 하였다. 다음은 영조가 사도세자에게 한
말이다.

> 네가 왕손王孫(사도세자의 아들인 은언군과 은신군)의 어미를 때려죽이고,
> 여승女僧을 궁 안으로 들였으며, 서로西路(평양)에 가고 북한산성에 나가 유
> 람하였다. 이것이 세자로서 할 일이냐? 사모紗帽를 쓴 놈들이 모두 나를
> 속였으니, 나경언이 없었다면 내가 어찌 알았겠느냐? 네가 왕손의 어미를
> 처음에는 무척 사랑하여 우물에 빠진 듯하였는데, 어찌하여 끝내 죽였느냐?
> 그 사람이 아주 강직하였으니 반드시 너의 행실과 일을 간하다가 그로 인해
> 죽임을 당하였을 것이다. 또 장래에는 반드시 여승의 아들을 왕손이라 하면
> 서 데리고 들어와 문안할 것이다. 이렇게 하고도 나라가 망하지 않겠는
> 가?[45]

---

44) 『英祖實錄』 권97, 英祖 37년 4월 丁酉(28일).

이 사건이 발생한 후 영조는 대리청정을 거두고 국왕이 직접 다스리는 친정親政 체제로 가고 있었다. 사도세자는 시민당에서 근신하며 영조의 처분을 기다리고 있었다. 윤5월 13일, 영조는 사도세자를 폐하여 서인庶人으로 하고 뒤주 안에 가두었다. 세자는 8일 만에 세상을 떠났다. 영조는 세자를 복권시키고 '사도思悼'란 시호를 주었으며, 묘소의 이름을 수은묘垂恩墓라 하였다. 윤5월 15일 영조는 복정復政을 선언하였다.[46] 사도세자의 죽음은 대리청정을 하던 세자가 국왕과의 갈등으로 죽임을 당한 최초의 사건이었다.

5) 정조의 대리청정

정조는 사도세자와 혜경궁 홍씨의 둘째 아들로 태어났다. 그에게는 두 살 많은 형 의소세손懿昭世孫이 있었다. 그는 1752년 3월 병으로 사망하였다. 그로부터 6개월 후 정조가 태어나자 왕실의 가족들은 크게 기뻐하였다. 정조는 태어난 날 원손元孫이 되었고, 1759년에 왕세손에 책봉되었다. 1762년 사도세자가 사망하자 세손의 몸으로 동궁東宮이 되었다.

1775년(영조 51) 11월 20일 영조는 동궁에게 대리청정을 시키겠다고 하였다. 자신의 건강이 악화되어 정사를 돌볼 수 없으므로 왕위를 물려주고 싶지만, 이는 왕세손에게 너무 부담이 되는 일이므로 대리청정을 하겠다는 발언이었다. 이 때 영조 나이는 82세, 정조는 24세였으므로 자연스런 발언이었다. 그런데 좌의정 홍인한이 삼불필지설三不必知說을 거론하며 영조의 말을 막았다.

영조 : "신기神氣가 더욱 피곤하여 한 가지 공사公事도 응답하기 어려운데 만기萬幾를 어떻게 하겠는가? 국가 일을 생각하느라 밤에 잠을 이루지 못한 지 오래되었다. 어린 손자가 노론을 알겠는가? 소론을 알겠는가? 남인을 알겠는가? 소북小北을 알겠는가? 국가의 일을 알겠는가? 조정의 일을 알겠는

---

45) 『英祖實錄』 권99, 英祖 38년 5월 乙卯(22일).
46) 김문식, 「사도세자의 대리청정」, 『문헌과해석』 45, 2008, 52~63쪽.

가? 병조판서는 누가 할 만하고, 이조판서는 누가 할 만한지를 알겠는가?
사정이 이런데 종묘사직을 어디에 두겠는가? 나는 어린 손자에게 그 일을
맡게 하고 그것을 보고 싶다."
홍인한 : "동궁은 노론과 소론을 알 필요가 없고, 이조판서와 병조판서를
알 필요가 없습니다. 더욱이 조정의 일은 알 필요가 없습니다."[47]

영조는 대리청정을 명령하였지만 대신들은 따르지 않았다. 언론을 담
당하던 삼사三司는 이런 대신들의 처신을 비판해야 하였지만 아무 반응이
없었다. 동궁의 신변이 위험해지자 서명선徐命善이 나섰다. 그는 영조에게
상소를 올려 영의정 한익모韓翼謨와 좌의정 홍인한의 무책임한 발언을 거
론하며 이들의 죄를 다스려야 한다고 요청하였다.

12월 7일, 영조는 신하들의 장문狀聞에서 품지稟旨를 청할 것이 있으면
동궁에게 그 일부를 보내어 처리하라 하였다. 다음날 의정부에서 대리청
정 절목을 마련하였다. 이는 경종의 대리청정 절목을 바탕으로 하고, 한
달에 6번 있는 차대次對에서 앞의 3번은 영조가 담당하고 뒤의 3번은
동궁이 담당한다는 항목을 추가하였다. 12월 10일 정조의 대리청정이
시작되었다.

1776년 초에 영조는 동궁의 계통을 분명히 하는 조치를 취하였다.
영조는 효장세자에게 존호를 올리고 옥인과 죽책을 만들라고 명령하였
다. 효장세자가 종통을 계승함을 강조하는 조치였다. 정조는 효장세자의
양자로서 부모님의 사당을 방문하여 옥인과 죽책을 올렸다.

정조는 영조의 의도를 수용하며 자기 입지를 분명히 하는 조치를 요청
하였다. 『승정원일기承政院日記』에 있는 사도세자에게 불리한 기록을 삭제
하는 일이었다. 정조는 『승정원일기』가 관리들이 쉽게 열람하는 책이므
로, 그 기록을 그대로 두는 한 자신이 죄인의 아들이란 딱지를 떼기가
어렵다고 판단하였다. 2월 4일 사도세자의 사당 수은묘垂恩廟를 참배하고
온 동궁은 영조에게 『승정원일기』에서 '차마 들을 수 없고 차마 볼 수

---

47) 『英祖實錄』 권125, 英祖 51년 11월 癸巳(20일).

없는 말을 없애 달라'고 요청하는 상소를 올렸다. 동궁의 상소는 영조의 마음을 움직여 해당 기록이 삭제되었다.

영조는 동궁의 명분을 살리는 조치를 계속하였다. 2월 7일 영조는 어필로 '효손孝孫'이라 써 주며 동궁에서 하사할 은인銀印을 제작하라고 명령하였다. 2월 9일에 영조는 동궁에게 이 은인과 유서諭書를 내리면서 '이 인은 세손을 따라야 하므로 동궁이 거동할 때 이 인이 앞에서 인도하게 하라.'고 하였다. 이로 인해 정조의 입지는 더욱 확고해졌다.

3월 3일 영조가 승하하였다. 영조의 병세가 위독해지자 동궁은 국왕을 부축하고 온 몸을 주무르며 간호하였고, 대신들을 들어오게 하여 국왕이 사망하는 순간을 목격하게 하였다. 왕위 계승에서 어떤 의문점도 남기지 않겠다는 의도에서였다. 정조가 대리청정을 한 기간은 3개월 정도이지만 왕위 계승자로서의 위상을 확고히 하는 기회가 되었다.

6) 효명세자의 대리청정

효명세자는 순조와 순원왕후의 맏아들이다. 숙종 이후 왕비 소생의 맏아들이 태어난 것은 처음이었다. 이 때 순조는 20세였으며, 가례를 거행한 지 5년 만에 본 아들이었다. 효명세자는 3세에 왕세자에 책봉되고, 11세에 조만영趙萬永의 맏딸을 세자빈으로 맞아들였다. 이 세자빈이 바로 신정왕후神貞王后이다.

1827년(순조 27) 2월 9일 순조는 왕세자에게 대리청정을 명령하였다. 자신의 몸이 불편하여 세자에게 정사를 분담시키겠다는 것이 이유였다. 이 때 순조는 38세, 세자는 19세였다.

나는 신미년(1811) 이후로 몸을 조리할 때가 많았고, 조금 편안하다 해도 기무機務가 정체되는 일이 많았다. 이는 나라 사람들이 걱정하고 나 스스로도 걱정하는 것이다. 세자는 총명하고 영리한데 나이가 점차 장성하였고, 최근 옆에서 보좌하거나 제사를 대신 지내게 한 것은 뜻이 있어서이다. 멀리 당나라를 상고하고 가까이 선대 국왕들이 대리청정한 일을 본받아

나의 마음은 이미 정해졌다. 수고로움을 나누어 조섭하는데 편하게 하며, 밝게 익혀 치도治道를 통달하게 하려는 것이니 이는 종묘사직과 백성들의 복이다. 조정에 나와 있는 사람들에게 대계大計를 알린다. 왕세자의 청정聽政 은 모두 을미년(1775)의 절목을 따라 거행하라.[48]

신료들은 순조의 명령을 선뜻 받아들였다. 사전에 김조순金祖淳, 이상황 李相璜, 심상규沈象奎, 정원용鄭元容 같은 대신들이 만나 의견을 조율하였기 때문이다. 효명세자는 대리청정을 철회해 달라고 요청하였다. 하지만 순 조는 선례가 많음을 상기시키며 하늘을 공경하고 백성을 사랑하라고 당 부하였다.

2월 18일 효명세자의 대리청정이 시작되었다. 순조는 세자에게 '군대 와 형벌의 긴요한 일이 아니면 안팎의 서무庶務를 모두 재결裁決하라'고 당부하였다. 세자는 정사를 부지런히 하라는 대신들의 충언을 듣고 명심 하여 따르겠다고 대답하였다.

7월 18일 세자빈이 원손元孫(헌종)을 낳았다. 효명세자는 대리청정이 있고 원손까지 보는 경사가 있자 순조에게 존호를 올릴 것을 요청하였다. 순조는 30년 동안 국왕으로 있으면서 백성들이 곤궁해지고 법도가 실추 되었으며, 자신의 병을 요양하느라 세자에게 대리청정을 시킨다며 이를 거절하였다. 세자의 요청이 다섯 차례나 거듭되자 결국 순조는 허락하였 다. 9월 9일 세자는 순조 부부에게 존호를 올렸으며 이튿날 자경전慈慶殿 에서 진작례進爵禮가 거행되었다.

1828년은 순원왕후가 40세가 되는 해였으므로, 세자는 자경전에서 순조 부부에게 진작례를 올렸다. 1829년은 순조가 40세가 되고 왕위에 즉위한 지 30주년이 되는 해였기에, 세자는 순조에게 진하례陳賀禮를 올렸 다. 효명세자는 1827년부터 1829년까지 매년 순조 부부를 위한 행사를 기획하였고, 행사에서 사용하는 치사致詞와 전문箋文, 악장樂章을 직접 지었 다. 세자의 예술적 소양이 잘 드러나는 행사였다.

---

[48] 『純祖實錄』 권28, 純祖 27년 2월 乙卯 (9일).

효명세자는 대리청정을 하면서 정국을 주도하려 하였고, 새로운 권력 집단을 구성하기에 이르렀다. 자신의 외조부이자 당대의 세도를 장악한 김조순 계열에 대응할 정치세력이었다. 효명세자가 조성한 세력의 중심은 김로金鏴였다. 그는 대리청정이 진행되는 동안 대사성, 병조판서, 이조판서를 역임하였고, 세자가 사망하자 '세자의 정사와 명령이 모두 그의 뜻인 양 하였으며, 세자의 뜻을 가장하여 다른 사람을 위협하였다'는 공격을 받았다. 김로와 함께 이인부李寅溥, 홍기섭洪起燮, 김노경金魯敬이 행동을 함께 하였고, 세자의 처가였던 풍양 조씨의 진출도 두드려졌다. 이 시기에 진출한 풍양 조씨에는 조만영趙萬永, 조종영趙鐘永, 조인영趙寅永이 있었다.

효명세자의 친위세력은 주로 호조를 장악하고 호조와 선혜청을 통해 정치자금을 조달한 것으로 보인다. 대리청정을 하는 동안 호조판서는 김노경, 김로, 조만영이 담당하였다. 세자가 사망한 이후 이들은 호조와 선혜청의 재정을 이용하여 사리私利를 취하였다는 공격을 받았다.

1830년 효명세자는 국정을 완전히 장악하였다. 이 때 세자는 대부분의 국가 전례를 거행하였고, 순조는 자기 사친私親이나 왕실 선조들의 제사를 거행하는 정도였다. 새해 초 세자는 관리들에게 형벌의 시행을 공정히 하고, 관북 지역 백성들을 구제하라고 명령하였다. 이 때 효명세자는 완연한 국왕의 모습이었다.

효명세자의 활동은 윤4월 22일 각혈을 하며 중단되었다. 이후 실록에서는 세자가 복용한 약 이름만 나타나며, 5월 6일 세자는 사망하고 말았다. 세자의 지문誌文은 김조순이 작성하였는데, 세자의 업적을 다음과 같이 정리하였다.

(세자는) 대리청정을 하라는 명령을 받은 이후 정성을 다해 다스리기에 힘쓰느라 잠자고 식사할 겨를이 없었다. 조야에서는 목을 빼고 눈을 닦고 보았다. 야순夜巡하는 법금이나 좌아坐衙하는 규정을 정비하고, 감독하는 법을 엄하게 하여 과거장의 폐단을 금지시켰다. 이는 도성 백성들의 안전에

관계되었기 때문이다. 전조銓曹(이조와 병조)에 경계하여 형조와 한성부의 관원을 가려 뽑게 하였다. 감사, 곤수閫帥(절도사), 수령으로 하직인사를 하는 자에게는 모두 힘쓰라고 유시하여 보냈고, 복명復命하는 날 모두 만나 폐단이 있고 없음을 물었다. 문신, 무신, 한학유생의 강독과 제술, 윤대輪對하는 관리를 매일 만나보았고, 궁궐을 경호하는 위사衛士의 시험과 훈련도 모두 직접 나가서 보았다. 중앙 및 지방의 옥안獄案과 사민士民들의 상언上言이 아무리 많아도 반드시 먼저 열람하고 해당 관사에 회부시켰으며, 더러는 바로 판결하여 내리는 것을 일상으로 하였다.[49]

효명세자가 사망하자 그의 친위세력에 대한 공격이 시작되었다. 이들은 세자가 대리청정을 하는 동안 빠르게 형성되었다가 그가 사망하면서 일시에 와해되었다. 효명세자는 대리청정을 하는 동안 훌륭한 국왕으로서의 자질과 능력을 보여주었지만 그의 건강이 이를 허락하지 않았다.

대리청정은 국왕이 나이가 많거나 중병이 들어 국정을 처리하기 어려울 때 그 후계자가 정사를 대신 처리하는 것으로, 국왕으로서는 과중한 업무의 부담을 덜고 후계자는 국왕의 업무를 실습하는 기회가 되었다. 그러나 대리청정의 순기능이 제대로 작동한 경우는 문종, 정조, 효명세자의 경우에 불과하였다. 경종, 영조, 사도세자는 당대의 정국을 장악한 정치 세력의 갈등에 휘말려 국왕을 대리하는 역할을 제대로 하지 못하였다. 사도세자는 국왕과의 갈등으로 인해 죽음에 이르렀다.

조선의 국왕은 평상시에 후계자를 제대로 양성하기 위해 대리청정 제도를 활용하였다. 그러나 국왕의 자의적인 의사에 따라 왕권의 일부를 양도하거나 회수하기도 하였다. 따라서 대리청정을 수행하는 후계자로서는 국왕과의 관계를 원만하게 유지하는 데 극도의 집중력을 발휘해야 하였다.

---

49) 『純祖實錄』 권31, 純祖 30년 7월 庚午(15일).

2. 비상시의 정치상황과 국왕·상왕·세자

1) 상왕의 존재

상왕上王이란 '현재의 국왕보다 위에 있는 왕'이란 뜻으로 현 국왕에 앞서는 전왕前王이 살아있을 경우에 부르는 호칭이다. 전 국왕보다도 앞서는 국왕이 살아있으면 한 등급을 높여 태상왕太上王이라 불렀다.

새로운 국왕이 즉위하면 사망할 때까지 군림하는 것이 일반적이었고 원칙적으로 국왕은 한 명만 존재하였다. 그런데 두 명의 국왕이 동시에 존재하면 권력이나 국론國論이 양분되기 쉬웠고, 신하들은 전왕과 현왕 사이에서 갈등을 겪었다. 그러나 현 국왕을 능가하는 실력자가 나타나 왕위를 찬탈하거나 국왕이 후계자의 정치 경험을 위해 왕위를 물려주는 선양禪讓을 하면 상왕이 존재할 수 있었다.

조선시대에는 태조, 정종, 태종, 단종, 세조, 고종 등 6명이 상왕을 경험하였다.[50] 이 중 단종과 고종은 외부의 압력으로 강제로 왕위에서 밀려났고, 세조는 예종에게 선양한 지 하루 만에 사망하고 말았다. 이는 비상시의 정치 상황이었다. 태조, 정종, 태종이 상왕이 된 것은 어느 정도 자신의 의사가 반영되었다고 할 수 있다. 그러나 태조와 정종은 태종에게 왕권을 빼앗기다시피 하였고, 태종만이 온전히 자신의 의사에 따라 세종에게 양위하였다.[51] 그러나 어느 경우든 비상시의 정치 상황임은 마찬가지였다.

국왕이 왕위에서 물러나 상왕이 되면 국사에서 손을 떼고 조용히 지내는 것이 일반적이었다. 그러나 태종처럼 온전히 자신의 의사를 따라 물러난 경우라면 어느 정도 국정에 관여할 수 있었다. 이하에서는 상왕이 되어 어느 정도의 권력을 가졌던 태조와 태종의 경우를 살펴본다.

---

50) 연산군은 중종반정 이후 죽임을 당하였지만 대외적으로는 상왕으로 존재하는 특수한 경우였다.
51) 태종의 傳位는 堯·舜의 禪讓과 같은 것으로 미화되었다.

(1) 상왕 태조와 정종 · 태종

1398년(태조 7) 8월 26일, 제1차 왕자의 난이 일어나 정도전鄭道傳, 남은南誾, 심효생沈孝生 등이 참형을 받았다. 이 날 태조의 여덟 번째 아들로 조선이 건국된 직후 세자로 책봉되었던 의안대군宜安大君(이방석)은 폐위 되었다. 태조는 정안군靖安君(태종)의 요청을 받고 영안군永安君(정종)을 세 자로 책봉하였으며, 왕위를 물려주는 내선內禪까지 하였다.

> 정안군 : "적장자嫡長子를 세우는 것은 만세의 상도常道입니다. 전하殿下께서 장자를 버리고 유자幼子를 세웠고, 정도전 등이 세자(이방석)를 끼고 여러 왕자들을 해치고자 하니 화禍를 헤아릴 수 없는 처지에 있었습니다. 다행히 천지와 종사宗社의 신령에 힘입게 난신亂臣이 복주伏誅되었습니다. 전하께서 는 적장자인 영안군永安君(정종)을 세워 세자로 삼으소서."
> 태조 : "지금 장남 방과芳果(정종)는 성품과 행실이 순수하고 근신하며 뜻은 충효에 있으므로 세자가 될 만하다. 또 대소 신료臣僚들은 모두 말을 올려 청한다. 홍무 31년 8월 27일에 종묘에 고하고 세워서 후사後嗣로 삼는다. 아! 군친君親은 반역할 수 없어 죄인이 복죄伏罪되고 적사嫡嗣가 정해져서 사직이 안녕하게 되었다."[52]

정종은 태조의 내선을 받아 국왕이 되었지만 왕위에 오래 있지는 못하 였다. 정종이 재위하는 동안 아우 정안군이 정국을 주도하였고, 병권도 그가 장악하였다.

1400년(정종 2) 1월 20일, 제2차 왕자의 난이 발생하여 회안공懷安公 (이방간)이 유배가고 그와 가까웠던 박포朴苞가 처형되었다. 이 사건을 계기로 정안군은 세자로 책봉되었다. 세자가 된 정안군의 권력은 더욱 강해졌고, 그 해 11월 11일 정종은 세자에게 선위禪位하고 말았다. 좌승지 이원李原이 태조에게 정종이 선위하였다는 사실을 알리자, 태조는 "하라 고 할 수도 없고 하지 말라고 할 수도 없다. 지금 이미 선위하였으니

---

52) 『太祖實錄』 권14, 太祖 7년 8월 己巳(26일).

다시 무슨 말을 하겠는가?"라고 대답하였다.[53] 태조나 정종의 양위가 본인의 의사를 따라 이뤄진 것이 아니었기에 하는 말이었다. 실록에서는 정종의 선위를 "정종이 풍질風疾이 있어 태종에게 선위禪位하고 별궁으로 물러났다. 태종이 울면서 사양하였지만 되지 않아서 수창궁壽昌宮에서 즉위하였다."고 기록하였다.[54]

1400년 태종이 즉위하였을 때 태상왕太上王 태조와 상왕 정종이 공존하였다. 태상왕, 상왕, 국왕이 공존하는 상황은 태조가 승하한 1408년(태종 8)까지 계속되었다. 상왕 정종은 1419년(태종 19)에 승하하였다.

1401년 새해가 되자 태종은 신년 인사를 하려고 태조를 찾았다. 그러나 태조는 신암사神巖寺로 거동할 준비를 하느라 태종의 하례를 받지 않았다. 태조와 태종의 관계가 좋지 않았음을 보여주는 장면이다. 태조는 태종이 세자로 책봉되거나 왕위에 오를 때 반대하거나 개입하지 않았다. 그러나 1402년 11월 조사의趙思義의 군대가 반란을 일으켰을 때는 분명히 개입되어 있었다. 이런 상황에서 태종은 후계자에게 왕위를 물려주겠다는 말을 자주 하였다. 태종이 말하는 전위傳位란 국왕의 모든 권한을 넘겨주는 것이 아니라 군대에 관한 일이나 인재 등용에 관한 업무는 자신이 직접 담당하는 조건이었다.[55]

태조와 정종은 상왕이 되었지만 그 권력이 강하였다고 보기는 어렵다. 이들의 전위는 사실상 태종에 의해 이뤄졌기 때문이다. 왕위 계승을 둘러싸고 태조와 태종 사이에 있었던 갈등은 끝내 해소되지 않았다.

(2) 상왕 태종과 세종

1418년(태종 18) 8월 8일 태종이 전위를 하였다. 태종의 나이는 52세, 세종은 22세였다. 직접적인 계기는 세자로 있던 양녕대군讓寧大君의 실행失行 때문이었다. 태종은 양녕대군을 폐하는 대신 충녕대군忠寧大君(세종)을

---

53) 『定宗實錄』 권6, 定宗 2년 11월 辛未(11일).
54) 『太宗實錄』 권1, 總序.
55) 김윤주, 「조선 초기 上王의 정치적 위상」, 『이화사학연구』 50, 2015, 210~213쪽.

세자로 책봉하였다. 세종이 적장자는 아니었지만 어진 사람을 선택한다
는 택현擇賢의 명분으로 선발하였다.

　　태종은 새로 책봉된 세자를 위해 실질적인 조치들을 단행하였다. 여러
차례 인사이동을 통해 권력 관계를 재편하고, 의용위義勇衛와 세자익위사世
子翊衛司를 설치한 후 공신과 대신의 자제들을 여기에 소속시켜 세자가
정사를 처리할 수 있는 인적 기반을 마련하였다. 2개월 뒤 태종은 전위를
단행하였다. 거듭되는 재변과 오랜 질병 때문에 물러난다고 하였고, 자신
과 태조의 관계가 원만히 회복되지 못한 것을 아쉽게 여겼다.

> 내가 재위한 지 지금 이미 18년이다. 비록 덕망은 없지만 불의不義한 일도
> 없었다. 그러나 위로 하늘의 뜻에 보답하지 못해 여러 번의 수재와 한재,
> 충황蟲蝗의 재앙이 있었다. 또한 묵은 병이 있어 근래에는 더욱 심하니 이에
> 세자에게 전위傳位하려 한다. 아비가 아들에게 전위하는 것은 천하 고금의
> 떳떳한 일이니 신하들이 의논하여 간쟁諫諍할 수 없는 것이다. 임신년(1392,
> 조선 건국)과 무인년(1398, 제1차 왕자의 난)의 일은 모두 경들이 아는 바이
> 다. 무인년의 일은 죽음을 면하고 살려고 한 것이다. 이제 돌이켜 생각해
> 보면 사직을 정하는 것이 어찌 사람의 힘으로 되었겠는가, 실로 하늘이
> 정한 것이다. 나의 상像과 모양은 임금의 상이 아니요, 위의威儀와 동정動靜
> 도 모두 임금에 적합하지 않다. 무일無逸 편을 살펴보면 재위한 것이 10년이
> 기도 하고 20년이기도 하다. 20년이면 나라를 누린 것이 장구한 임금이니
> 내가 나라를 누린 것이 오래되었다. 그 사이 태조께서 아끼던 두 아들을
> 잃고 상심하시던 것을 생각하면 비록 내 몸은 영예롭게 나라의 임금이 되었
> 지만 어버이를 뵙지 못한다. 혹 백관을 거느리고 전殿에 나아갔지만 뵙지도
> 못하고 돌아올 때는 왕위를 헌신짝을 버리듯이 버리고 필마匹馬를 타고 관
> 원 하나를 거느리고 혼정신성昏定晨省을 하여 나의 마음을 표시하려고 생각
> 하였다.[56]

　　세종이 즉위하자 왕실에는 노상왕老上王 정종과 상왕 태종이 공존하였

─────────────────────────
56) 『太宗實錄』 권36, 太宗 18년 8월 乙酉(8일).

다. 그러나 정종은 이듬해에 승하하였으므로 이런 상황이 오래가지는 않았다. 이후 태종은 1422년(세종 4) 승하하기까지 4년 동안 상왕으로 있었다.

상왕 태종은 상왕 태조와 정종과는 다른 위상을 구축하였다. 온전히 자신의 의사에 따라 왕위에서 물러나 권력을 장악하고 있었기 때문이다. 태종이 가장 주안점을 둔 것은 군국軍國의 중대사였다. 태종은 왕위를 물려주던 날 국왕이 장년이 될 때까지 군사軍事를 직접 판단하고 나라에서 중요한 일은 자신이 처리하겠다고 선언하였다. 여기서 장년이란 30세를 의미하였다.

> 주상主上(세종)이 장년壯年이 되기 전에 군사軍事는 내가 직접 듣고 판단할 것이다. 또 나라에서 결단하기 어려운 일은 의정부와 육조에서 각각 가부可否를 진달陳達하여 시행하게 하며, 나도 마땅히 가부可否에 한 사람으로 참여하는 것이 좋겠다.[57]

태종이 상왕으로 있던 4년간 태종은 국가의 중대사를 관장하고, 세종은 일반 국정을 처리하였다. 이는 두 명의 국왕이 동시에 존재하면서 함께 왕권을 행사하였다는 점에서 '양왕체제兩王體制'라 규정할 수 있다. 태종은 상왕이 실질적인 군사지휘권을 갖도록 병조를 중심으로 하는 별도의 행정 체계를 정비하였다. 상왕은 군사권을 장악하고 병조를 통해 군사 문제를 중심으로 국가의 중대사를 결정하는 통치 방식이었다.[58]

세종은 상왕 태종의 군사권 장악을 수용하였다. 태종은 왕위에서 물러나면서도 병권을 장악하는 이유를 '주상을 위해서'라 하였고, 세종은 '상왕의 뜻을 따르는 것이 효孝'라며 상왕의 뜻을 거스르지 않았다. 세종은 태종이 거처를 옮겨 다니는 동안 일상적인 문안을 소홀히 하지 않았다. 앞서 상왕 태조와 태종의 관계를 생각하면 상왕 태종과 세종의 관계는

---

57) 『太宗實錄』 권36, 太宗 18년 8월 丁亥(10일).
58) 민현구, 「조선 世宗代 초엽의 兩王體制와 國政運營」, 『역사민속학』 22, 2006, 63~67쪽.

매우 원만하였다.

상왕 태종은 세종에게 전위함으로써 자신이 무력으로 왕위에 올랐던 취약한 명분을 해소하려 하였고, 국왕으로 있을 때 못지않게 강력한 권력을 행사하였다. 세종은 상왕 태종의 활동에 순응하면서 '효제孝悌하고 온인溫仁한 현군賢君'으로서의 입지를 다져나갔다.[59] 상왕 태종은 세종의 후견인으로 새 국왕의 지위를 굳히고 왕조의 안정을 가져오는 데 기여하였다.

2) 국왕과 세자의 분조

조선시대에 비상사태가 발생하면 국왕과 세자가 조정을 나누어 각각의 조정을 운영하는 제도가 있었다. 조선 정부는 전란이 발생하면 국왕이 이끄는 조정과 세자가 이끄는 조정으로 구분하여 대처하였다. 이때 국왕이 이끄는 조정을 '원조정元朝廷'이라 하고, 세자가 이끄는 조정을 '분조分朝'라 하였다. 국가 비상시에 분조를 두는 이유는 두 조정이 이동 경로를 달리하면서 조정의 업무를 분담하고, 한쪽 조정이 무너지거나 외국으로 망명해도 다른 조정이 국내에 남아 항전을 계속하기 위해서였다. 조선시대의 분조는 임진왜란 때 세자였던 광해군이 이끈 분조와 병자호란 때 세자였던 효명세자가 이끈 분조가 있었다.

(1) 광해군의 분조

1592년(선조 25) 4월 13일, 부산에 상륙한 일본군이 파죽지세로 올라왔다. 4월 28일에는 신립 장군이 충주의 탄금대에서 참패하고 자살하였다는 소식이 서울로 전해졌다. 서울에서는 피난 보따리를 싸느라 어수선하였고, 우부승지 신잡이 종묘사직의 장래와 민심을 수습하기 위해 왕세자를 책봉할 것을 건의하였다.[60] 광해군의 나이는 18세였고, 세자 책봉

---

59) 김윤주, 윗논문, 『이화사학연구』 50, 2015, 222~227쪽.
60) 『宣祖實錄』 권26, 宣祖 25년 4월 丁巳(28일).

을 건의한 신잡은 탄금대에서 사망한 신립 장군의 형이었다. 선조는 대신을 소집하여 세자 적임자를 의논하게 하였고, 대신들은 광해군을 후계자로 생각하는 선조의 견해에 동의하였다. 4월 29일, 이현梨峴에 있던 광해군 저택에 호위병이 파견되었고, 광해군이 세자로 결정되었다는 소식이 발표되었다.

5월 1일, 선조는 광해군을 세자로 책봉하는 교서를 반포하고 대사령을 내렸다. 광해군이 뛰어난 자질을 타고나 선왕의 기업을 계승할 만하므로 세자로 책봉하고 군국軍國의 사무까지 담당하게 한다는 내용이었다.

> 둘째 아들 광해군光海君 혼琿은 타고난 자질이 영명英明하고 학문이 정밀하며 어질고 효성스러움이 일찍부터 드러나 오래 전부터 많은 백성이 기대하여 귀의할 것을 생각하였으니 선왕의 기업을 계승할 만하다. 이에 세자로 책봉하고 인하여 군국軍國을 무마하고 감독하게 하니, 비록 갑작스럽게 거행하는 일이지만 계획은 실로 예전에 정한 것이다.[61]

6월 1일, 선조는 영변부에 머물면서 왕세자에게 분조하라고 명령하였다. 자신은 요동 땅으로 건너가 구원병을 청할 것이니, 왕세자가 군국軍國을 다스리는 권한을 가지고 전쟁을 수행하라는 명령이었다. 이때 선조는 분조를 이끄는 왕세자에게 국왕이 가진 권한을 대부분 넘겨주겠다고 결심하였다.

> 세자 혼琿은 훤칠하고 숙성하며 어질고 효성스러움이 자못 알려졌다. (중략) 왕위를 물려줄 계획은 오래전에 결정하였거니와 군국軍國의 대권을 총괄하도록 하려고 한다. 이에 혼으로 하여금 임시로 국사를 다스리게 하니, 관직을 내리고 상벌을 시행하는 일을 편의에 따라 스스로 결단해서 하게 하라.[62]

---

[61] 『宣祖修正實錄』 권26, 宣祖 25년 5월 庚申(1일).
[62] 『宣祖修正實錄』 권26, 宣祖 25년 6월 己丑(1일).

광해군의 분조 활동은 1592년 6월부터 1593년 2월까지 계속되었다.
광해군의 분조는 선조가 지휘하는 원조정과 별도로 활동하였고, 분조에
는 영의정 최흥원崔興源을 비롯하여 이덕형, 이항복, 한준, 정창연, 김우옹,
심충겸, 황신, 유몽인, 이정구 등이 소속되었다. 광해군은 분조를 이끌고
국가의 실지失地를 회복하기 위해 다방면으로 활동하였으며, 특히 평안도
황해도 강원도 일대를 돌며 전란으로 흩어진 민심을 수습하였다.

1593년 2월, 전쟁이 소강상태에 들어가자 본조를 해체하자는 논의가
나왔다. 급작스런 전란으로 세자가 분조를 이끌고 군국을 다스리는 비상
조치를 하였지만 전란이 진정되면 세자는 부왕을 기쁘게 하고 문안을
올리는 원래의 자리로 돌아가야 한다는 주장이었다.

> 대개 분조分朝의 일은 국가가 극도로 비운否運한 날을 당하여 부득이 이런
> 비상조치를 하는 것입니다. 한 번 할 수는 있지만 두 번 할 수는 없으며,
> 잠시 할 수는 있지만 오래 할 수는 없습니다. 오늘 세자의 직임은 오직
> 문안드리고, 찬선饌膳을 보살피고, 학문을 강론하고, 선善을 기르는 것뿐입
> 니다. 전후의 형세가 다르고 경중에 차이가 있습니다. 국가가 위급한 시기
> 를 당해서는 비록 군국軍國을 무마하고 감독하는 것을 급선무로 삼지만,
> 사변이 조금 진정된 뒤에는 부왕을 기쁘게 해드리고 문안을 여쭈는 것을
> 중하게 여겨야 합니다. 요점은 때에 따라 조처하되 각각의 마땅함을 다하는
> 데 있습니다.[63]

광해군이 선조를 대신하여 권력을 행사한 것은 분조 활동으로 끝나지
않았다. 1593년 윤11월 광해군은 무군사撫軍司를 이끌고 전라도, 충청도
일대를 돌며 병력을 모집하여 훈련시키고 군량을 수집하여 명나라 군대
로 공급하였다. 이 때 왕세자가 이끄는 무군사에는 좌의정 윤두수尹斗壽를
비롯하여 분병조판서分兵曹判書 이항복李恒福, 분호조판서分戶曹判書 한준韓準
등이 활동하였고, 국난을 극복하는 데 결정적으로 기여하였다.[64] 임진왜

---

63) 『宣祖修正實錄』 권35, 宣祖 26년 2월 丁亥(2일).
64) 『宣祖實錄』 권46, 宣祖 26년 12월 辛未(22일) ; 권53, 宣祖 27년 7월 丁酉(21일).

란 때 광해군은 왕세자로서 분조와 무군사를 이끌고 거의 전국을 돌며 활동하였고, 이러한 공적은 훗날 국왕에 즉위하는 기반이 되었다.

임진왜란 중에 선조는 광해군에게 대리청정을 명령하기도 하였다. 1594년부터 1596년까지 매년 선조는 광해군에게 왕위를 물려주거나 대리청정을 하겠다고 주장하였다. 조선이 건국된 후 최대의 국난을 초래한 국왕으로서 책임을 져야 하였기 때문이다. 당시 명나라에서는 선조가 주색酒色에 빠지고 정사를 소홀히 하여 전쟁을 초래하였고, 세자의 능력이 국왕보다 낫다고 판단하는 가운데 선조의 국왕권을 침해하는 경우까지 나타났다. 명 황제가 선조에게 '세자에게 전라도와 경상도를 총독總督하게 하라'고 지시한 것은 명백한 국왕권 침해였다.

선조는 명나라와 미묘한 문제가 발생하면 세자에게 왕위를 물려주거나 대리청정을 하겠다고 대응하였다. 이러한 발언이 국왕의 진심인지 신하들의 충성도를 파악하려고 일부러 그러는 것인지 판단하기 어려웠다. 선조는 국왕권에 위기가 닥치면 전위나 섭정을 선언하고, 세자나 신하들이 힘을 합하여 이를 반대하는 목소리를 들음으로써 국왕권이 공고함을 과시하였다.[65]

(2) 소현세자의 분조

소현세자는 인조와 인열왕후의 맏아들로 태어나 14세에 세자로 책봉되었다. 소현세자의 분조 논의는 그가 원자元子로 있던 1624년(인조 2) 2월에 시작되었다. 이 때 이괄이 영변에서 난을 일으켜 서울을 압박했다. 조정의 대신들은 피난 계획을 세우며 원자를 세자를 책봉하여 국본國本을 세우고 분조를 해야 한다고 주장하였다. 그러나 인조는 '아직 원자의 나이가 어리니 천천히 하는 것이 좋겠다.'고 대답하였다.[66] 이괄의 난은 며칠 후 진압되어 분조 논의는 더 진행되지 않았다. 원자가 세자로 책봉된 것은 그 이듬해인 1625년 1월이었다.

---

65) 김문식, 「선조대의 대리청정 논의」, 『문헌과해석』 33, 2005, 49~51쪽.
66) 『仁祖實錄』 권4, 仁祖 2년 2월 辛卯(7일).

1627년(인조 5) 1월 13일 후금군이 의주를 침략하는 정묘호란이 발생하였다. 이 소식이 조정에 알려진 것은 1월 17일이고, 이내 세자의 분조가 논의되었다. 다음은 삼사에서 인조에게 건의한 내용이다.

> 분조分朝의 거사는 한漢 당唐 이래로 시행한 예가 있습니다. 더구나 강화도는 해도海島에 치우쳐 있는데, 대가大駕(인조)가 한번 들어간 후 조정의 명령이 시행되지 않고 각도의 조운漕運이 통하지 않는다면 어찌 크게 걱정스럽지 않겠습니까? 세자는 비록 어리지만 평소에 신하와 백성들이 이미 사랑하여 받드는 마음이 있었는데, 난리가 닥쳤으니 감독하고 보살펴 주기를 간절히 바라고 있을 것입니다. 고사古事에 따라 즉시 분조를 명하시고 원로대신들에게 당부하여 내외를 조절하고 국가를 회복시킬 계책으로 삼아야 합니다.[67]

국왕은 강화도로 피난하고 세자는 본토에서 분조를 이끌며 국가를 회복시킬 계책을 세워야 한다는 논리였다. 인조는 역시 세자가 어리다는 핑계를 대면서 조정의 대신들이 남방으로 가서 민심을 수습하는 것이 좋겠다고 하였다. 그러나 조정의 대세는 세자가 분조를 이끄는 쪽으로 기울었다.

1627년 1월 24일, 소현세자는 분조를 이끌고 서울을 출발하였다. 분조에 소속된 관리는 신흠, 한준겸, 심열, 최관, 이명준, 이성구, 이식, 유비, 정홍명 등이었다. 세자가 분조를 이끌고 남쪽으로 가자 인조는 원조정을 이끌고 강화도로 피난하였다. 소현세자는 수원, 직산, 공주, 여산을 거쳐 2월 6일 전주에 도착하였고, 3월 13일까지 전주에 머물면서 분조를 이끌었다.

소현세자는 전주에서 무군사撫軍司를 설치하여 군량과 의병義兵을 모집하였고, 무사를 선발하여 전장으로 보냈다. 세자의 분조 활동은 그때그때 문서로 작성되어 인조에게 보고되었다. 훗날 이식은 세자의 분조 활동을

---

67) 『仁祖實錄』 권15, 仁祖 5년 1월 丁亥(19일).

다음과 같이 기록하였다.

어린 나이에 군대를 이끌 때 스스로 영지令旨를 내려 지휘하면서, 대조大朝
(인조)의 명령과 경계를 따랐다. 자신에게 바치는 물품을 절감하고, 따르는
사람을 엄격하게 단속하였으며, 오직 폐단을 줄이고 백성들을 여유롭게
해주기에 힘썼다. 주현州縣에 명령하여 농사철을 놓치지 않게 하였고, 길을
가다가 진창길에 깔아놓은 볏짚을 보고 "이것은 군사를 일으킬 때 말먹이로
쓰는 것이니 절대로 헤프게 쓰지 말라."고 명령하셨다. 또 주방에서는 쇠고
기를 금하고, 수락酥酪(우유)도 진공하는 것을 허락하지 않았고, 농우農牛를
잡지 말라고 경계하셨다. 따르는 신하가 가교駕轎를 타라고 하였지만 허락
하지 않았으며, 중도에 다시 청하자 세자는 "오늘 내일이 바로 대가大駕가
도성을 떠나시는 날인데 어찌 감히 가교를 타고 앉을 수 있겠는가?" 하고
끝내 허락하지 않았다.
호남과 호서의 수신帥臣들이 세 읍의 군사 수천 명을 나누어 세자의 호위에
대비하자, 세자는 "나는 적을 피해 남쪽으로 내려왔으니, 어찌 군사들을
쓰겠는가? 속히 도성으로 들여보내 구원해야 한다."고 하였다. 전주에 주둔
할 때 서쪽 경보警報가 또 위급해지자 대신들은 영해嶺海로 옮겨갈 것을 의논
하였으나 세자는 그것도 받아들이지 않았고, 호남 지방에 소요가 일어날
뻔하다가 다시 진정되었다. 세자가 철수하여 돌아오던 날 호남 백성의 부로
父老와 남녀들이 연도에 나와 송축頌祝하였고 지금까지 세자를 칭송하고 있
다.[68]

파죽지세로 내려오던 후금군은 평산에서 진격을 멈추었고, 3월 3일
조선과 화약和約을 맺고 철군하였다. 각지에서 일어난 의병들의 저항이
거세졌고, 명나라 군대가 후금군의 본토를 공격할 것이라는 우려도 있었
다. 후금군이 물러가자 소현세자의 분조도 끝이 났다. 세자는 전주를
출발하여 강화도로 갔고, 5월 5일 왕대비와 왕비를 모시고 서울로 돌아
왔다.
소현세자는 병자호란 후 심양관에 인질이 되어 조선과 청의 외교를

---

[68] 『仁祖實錄』 권46, 仁祖 23년 6월 辛酉(10일).

중개하는 활동을 하였다. 이 역시 비상시의 정치 상황이었다. 1636년(인조 15) 12월 8일 청나라 군대가 압록강을 넘어왔고, 불과 6일 만에 서울 근교의 양철리(지금의 불광동)에 이르렀다. 사태가 급박해지자 인조는 다시 강화도로 들어가려 하였지만 적군에게 길목을 차단당하였고, 세자와 함께 남한산성으로 들어갔다. 정묘호란 때처럼 세자의 분조를 구성할 시간적 여유가 없었다. 1637년(인조 15) 1월 30일, 인조는 남한산성에서 삼전도로 나와 청 태종에게 항복하였다. 소현세자는 인조와 동석하였다가 청의 인질이 되었다.

소현세자는 4월 10일 심양에 도착하였고, 이후 1644년 1월 서울로 돌아오기까지 7년간 심양과 북경에서 생활하였다. 소현세자가 거처하는 심양관에는 세자와 봉림대군 부부를 비롯하여 재신宰臣, 세자 교육을 담당하는 시강원 관리, 세자를 호위하는 익위사 관리, 통역, 선전관, 의관이 있었다. 통역에는 다시 중국어, 만주어, 몽고어 통역이 있었고, 의관에는 침의針醫, 약의藥醫, 마의馬醫가 있었으며, 세자빈의 치료를 전담하는 의녀가 있었다. 이들을 합하면 200명에 가까운 대가족이었다. 소현세자는 심양관에 호방戶房, 예방禮房, 병방兵房, 공방工房을 두어 업무를 분장하게 하였다. 심양관은 하나의 작은 정부였다.

소현세자는 각종 의식을 거행하고 서연에서 공부하는 것이 대부분이었다. 그러나 세자가 심양에 있는 동안 조선과 청의 외교는 심양관을 통해 이뤄졌다. 청 정부에서 긴급한 사안이 있으면 직접 조선으로 사신을 파견하기도 하였다. 그러나 일상적인 업무는 대부분 심양관을 거쳐 처리하였다. 따라서 소현세자가 있는 심양관은 조선과 청의 외교를 담당하는 외교대표부로 기능하였고, 세자는 조선을 대표하는 외교관으로 활동하였다.

소현세자가 담당한 현안 중 제일 심각한 것은 청이 조선의 군병과 식량을 요청하는 경우였다. 당시 청은 요동 일대를 장악하고 명나라 본토를 공격하는 상황이라 조선의 군병과 식량을 지원받음으로써 조선과 명을 분리시키고 전세를 유리하게 이끌려 하였다. 외교 현안에는 조선인 포로를 고국으로 속환贖還시키는 문제도 있었다. 전쟁을 전후하여 청과 몽고의 군대는 조선인 수십만 명을 포로로 잡아갔고, 그 중 일부는 무상으로 돌려보냈지만 대부분은 몸값을 지불해야 풀려날 수 있었다. 비슷한 현안으로 조선인이 포로가 되었다가 도망친 주회인走回人, 한인漢人으로 조선에 귀화한 향화인向化人을 청으로 쇄환하는 일도 있었다.

소현세자는 명과 청이 벌이는 전쟁터에 종군하였다. 1641년 세자는 금주위錦州衛와 송산보松山堡 전투에 참가하여 명나라 대포의 위력을 처음 보았다. 1644년 세자는 산해관 전투에 참가하여 오삼계吳三桂가 구왕九王에게 항복하는 것을 보았고, 청나라 군대와 함께 북경으로 입성하였다. 1644년 9월 19일 청이 도읍을 북경으로 옮기자 세자는 청 황제와 함께 북경으로 이동하였고, 이곳에서 60여 일을 머물다가 귀국하였다. 소현세자는 북경에 머무는 동안 독일인 선교사 아담 샬(Adam Schall)湯若望을 만나 서학 서적과 지구의, 천주상 등을 선물 받았다. 소현세자는 명과 청이 교체되는 역사적 장면을 현장에서 목격하였다.[69]

전쟁과 같은 국가적 비상상황이 발생하면 세자는 분조를 구성하여 지방을 다니며 전쟁을 수행할 수 있는 물자와 인원을 선발하였다. 이는 비상상황에 대처하는 데 매우 효과적인 방식이었다. 그러나 국왕과 세자가 권력을 나누는 것은 두 사람 사이에 정치적 갈등이 발생할 가능성이 있었다. 광해군은 이러한 고비를 무사히 넘기고 국왕이 되었지만, 소현세자는 그 고비를 넘기지 못하고 일가의 죽음을 맞았다.

3. 미성년 국왕과 수렴청정·섭정

미성년 국왕이 즉위하면 왕실의 어른이나 국왕의 생부가 국왕을 보좌하여 정치에 참여하는 수렴청정과 섭정이 있었다.

수렴청정垂簾聽政이란 미성년 국왕이 즉위하여 국정을 수행하기 어려울 때 왕실의 어른인 대왕대비나 왕대비가 발을 드리우고 국왕과 함께 정사

---

69) 김문식, 「소현세자의 분조와 외교활동」, 『문헌과해석』 37, 2006, 53~68쪽.

를 담당하는 제도였다. 발을 친 것은 유교문화의 산물이었다. 대왕대비나 왕대비가 국왕과 왕실을 보호하기 위해 정치에 참여하지만, 남녀 동석同席이라는 혐의를 피하기 위해 발을 쳐서 남성 신료와 직접적인 대면을 피한 것이다. 수렴청정이라는 정치 방식은 송나라에서 시작되었고,[70] 조선에서는 이를 참고하여 제도화하였다.

대비가 수렴청정을 하면 정국에 큰 변수가 되었다. 어린 국왕이 국정을 자의로 처리할 수 없는 상황에서 대비의 의사를 따라 정국의 변화가 일어나거나 대비의 친정 가족인 외척이 중요한 정치세력으로 등장하여 권력을 행사하기도 하였다. 수렴청정은 국왕이 성인이 되면 발을 거두어들인다는 뜻의 '철렴撤簾'으로 끝이 났고 국왕이 친정親政하는 체제로 돌아갔다. 조선시대의 수렴청정은 짧게는 8개월, 많으면 8년에 이르러 당대의 정국에 큰 영향을 미쳤고, 이 기간 동안 국왕의 권한은 극도로 위축되었다. 조선시대에 수렴청정은 총 7차례가 있었다.[71]

1) 정희왕후의 수렴청정

조선 왕실의 수렴청정은 성종이 즉위하였을 때 세조의 비였던 정희왕후貞熹王后가 시작하였다. 이때 성종의 나이는 13세였고, 정희왕후는 52세였다. 세조의 아들인 예종이 즉위한 지 14개월 만에 승하하자 왕대비였던 정희왕후는 성종을 후계자로 지목하였다. 이 때 예종에게는 네 살짜리 원자인 제안대군齊安大君이 있었다. 그러나 정희왕후는 "원자는 포대기 속에 있고 월산군月山君(성종의 형)은 질병이 있다. 자산군自山君(성종)은 비록 나이가 어리지만 세조께서 그의 기상과 도량을 태조에게 견주기까지 하셨다."며 자산군을 후계자로 결정하였다.[72]

---

70) 한나라 呂太后의 臨朝稱制나 당나라 則天武后의 황제 등극은 태후가 전면에 나서서 황제의 권력을 대신하는 체제였다. 그러나 송나라의 섭정은 태후가 황제와 함께 정국을 운영하는 수렴청정의 형식으로 바뀌었다(林惠蓮, 「19세기 垂簾聽政 연구」, 숙명여자대학교 박사학위논문, 2008, 17~38쪽).
71) 林惠蓮, 「朝鮮時代 垂簾聽政의 정비과정」, 『朝鮮時代史學報』 27, 2003, 36~41쪽.
72) 『成宗實錄』 권1, 成宗 즉위년 11월 戊申(28일).

성종이 즉위하자 신하들은 정희왕후에게 정사를 맡아줄 것을 요청하였다. 그러나 정희왕후는 이를 거절하였다.

나는 문자를 알지 못하며 정사를 듣기도 어렵다. 사군嗣君의 어머니인 수빈粹嬪은 문자를 알고 사리도 아니 감당할 수가 있다.[73]

수빈은 덕종의 부인이자 성종의 모친인 소혜왕후昭惠王后를 가리킨다. 정희왕후는 자신이 왕실의 최고 어른임에도 불구하고 소혜왕후가 문자를 안다는 것을 내세워 수렴청정을 양보하였다. 그러나 신하들의 요청이 거듭되자 결국 수락하였다. 정희왕후가 수렴청정을 하는 도중에 자연재해가 거듭되고 직전職田과 부세 제도의 폐단이 나타났다. 그러자 정희왕후는 다시 소혜왕후가 대리청정을 할 것을 희망하였다. '소혜왕후가 명달明達하여 사체를 잘 아니 대사大事를 부탁할 수 있다'는 것이 이유였다.

정희왕후의 수렴청정은 대비가 발을 드리우고 정치를 하는 것이 아니라 대비가 원상院相이나 승지들과 정무를 의논한 다음 전지傳敎나 의지懿旨를 내리는 방식으로 운영되었다. 성종은 수렴청정 기간에 모든 정무를 직접 처리하였으며, 자신의 판단으로 전교를 내렸지만 정희왕후의 의견을 물어서 처리하는 경우가 많았다. 따라서 정희왕후는 실질적으로 국정을 운영하면서 성종을 통해 간접적으로 처리하는 방식을 사용하였다.

1476년(성종 7) 1월 13일 정희왕후는 원상院相과 의정부로 편지를 보내 철렴 의사를 밝혔다. 성종이 장성하여 정무를 제대로 처리할 수 있고, 자연재해가 있을 때마다 자신의 잘못 때문인가 두렵다는 것이 이유였다.

나는 본래 지식이 없는데 여러 대신들이 굳이 청하고 주상主上께서 나이가 어렸기 때문에 부득이 힘써 같이 정사를 청단聽斷하였다. 지금 주상은 나이가 많아지고 학문이 성취되어 정무를 처리하는 것이 모두 적당함을 얻게 되었다. 게다가 밖으로는 정승, 육조六曹, 대간臺諫이 있음에랴. 내가 일찍이

---

73) 『成宗實錄』 권1, 成宗 즉위년 11월 戊申(28일).

사사辭謝하려 하였으나 뜻밖에 중궁中宮이 훙서薨逝하여 궁중의 일을 처리하지 못한 것이 많았다. 이 때문에 시일을 미루어 오늘에 이른 것이다. (중략) 수재와 한재를 만나면 나 때문인가 두려워 잠을 자지 못한 것이 한두 날이 아니었다. 몇 해 전에는 일기가 더욱 불순하여 내가 정치에 참여하는 것은 더욱 싫어하는 바이다. 이에 사사辭謝하는 사정을 감추어 경들에게 알린다. (중략)

지금 임금의 나이가 장성하고 학문도 성취되어 만기萬幾를 처리함이 규정과 법도에 합당하니, 나 같이 늙은 부인이 다시 간섭할 바가 아니다. 이 때문에 지금부터 국가의 모든 정무에 참여하여 아는 바가 없을 것이다. 백성들은 모두 임금의 정치를 우러러보게 하고, 나는 다만 한가롭게 여년餘年을 노닐며 영원히 태평을 바라볼 뿐이다. 너의 의정부에서는 이 뜻을 잘 알아 중앙과 지방에 알리도록 하라.[74]

성종과 신하들은 몇 차례 철렴을 만류하였지만 정희왕후는 받아들이지 않았다. 이에 성종은 '지금부터 국가의 모든 정사를 내 뜻으로 결단하고 다시는 대왕대비에게 아뢰어 처리하지 않을 것이라'고 친정을 선언하였다. 그 때 성종의 나이는 20세였다.

2) 문정왕후의 수렴청정

명종이 국왕이 되었을 때 중종의 비였던 문정왕후文定王后가 수렴청정을 하였다. 국왕 명종의 나이는 12세, 문정왕후는 45세였다. 1545년(인종 1) 7월 1일 인종이 승하하였다. 즉위한 지 1년도 되지 않은 시점이었다. 그러자 중종의 둘째 아들이자 인종의 아우인 명종이 즉위하였다. 인종에게 후사가 없어 자연스러운 승계였다. 인종이 사망한 그 날 문정왕후는 정희왕후의 전례를 따라 수렴청정을 하겠다고 나섰다. 문정왕후는 명종의 생모로 '자전慈殿'으로 표현되었다.

대비(문정왕후)가 영의정과 좌의정에게 전교하였다. "대군이 즉위하지만

---

74) 『成宗實錄』 권63, 成宗 7년 1월 戊午(13일).

나이가 어리니 정희왕후가 성종을 섭정할 때의 사례와 같이 하라. 모든 공사公事는 원상院相이 함께 의논하여 처결하라."[75]

이보다 앞서 정희왕후가 어린 성종을 대신하여 청정을 하였고, 중국에서도 태황후가 청정을 한 사례가 있으므로 이내 수렴청정의 의절儀節을 논의하였다.[76] 정희왕후는 발을 드리우고 청정을 한 것은 아니므로 수렴청정의 의절은 이 때 처음으로 마련되었다. 발을 드리우는 장소는 편전便殿으로 결정되었고, 국왕과 자리를 함께 할 때 대비는 발 안쪽에서 남면南面하고 국왕은 발 바깥에서 남면하였다. 문정왕후는 명종의 경연 자리에도 참석하였다. 이 때 명종은 동쪽에서 서향하고 대비는 서쪽에서 동향하여 마주보았으며, 두 사람 모두 발 안쪽에 앉았다.[77]

문정왕후가 수렴청정을 하는 동안 정국에는 큰 변화가 있었다.[78] 수렴청정 초기에 을사사화가 발생하여 사림 세력을 탄압하였다. 문정왕후는 수렴청정을 통해 국정을 총괄했으며, 그녀의 후원을 받는 훈척들은 원상제院相制를 통하여 국정 운영을 주도하였다. 문정왕후는 수렴청정을 하는 동안 '여주女主'로 인식될 정도로 막강한 영향력을 행사하였고 상대적으로 왕권은 극도로 약화되었다.

문정왕후는 명종의 나이가 20세가 되었을 때 철렴을 하였다. 다음은 수렴청정을 마무리하는 문정왕후의 발언이다.

나는 본래 불민不敏한 사람이다. 일찍이 역사책을 보니 부인으로 국정에 참여하는 것은 매우 아름답지 못한 일이라 하였다. 우리나라가 불행하게도 두 대왕(중종, 인종)이 연이어 승하하여, 주상이 어린 나이에 보위를 이어 국정을 맡길 수 없었다. 이 때문에 부득이 섭정하였지만 미안한 마음을 하루도 잊은 적이 없었다. 더구나 재변이 연이어지고 여러 변고가 함께

75) 『仁宗實錄』 권2, 仁宗 1년 7월 辛酉(1일).
76) 『明宗實錄』 권1, 明宗 즉위년 7월 己巳(9일).
77) 林惠蓮, 윗논문, 2008, 80~85쪽.
78) 문정왕후의 수렴청정에 대해서는 韓春順, 「明宗代 垂簾聽政期(1545년~1553년)의 '勳戚政治'成立과 運營構造」, 『韓國史研究』 106, 1999 참조.

발생하는 것이 지금과 같은 적이 없으니, 항상 나의 부덕한 소치 때문인가 하여 주야로 걱정하고 염려하였다. 2~3년 이래로 매양 성상께 귀정歸政하려 하였지만 주상의 학문이 성취되지 못하고 만기萬機를 홀로 결단할 수 없다고 고사하였기 때문에 지금에 이르렀다. 이제 주상의 춘추가 장성하고 학문이 고명하여 군국軍國의 정사를 처리할 수 있다. 따라서 지금부터 귀정하고 다시는 정사에 참여하지 않을 것이다.[79]

문정왕후는 명종의 학문이 성취되지 못하고 국정을 홀로 처리할 수 없었기에 8년 동안 수렴청정을 하였다. 그리고 명종이 장성하고 학문이 고명하며 국정을 혼자 처리할 수 있기 때문에 철렴을 하였다. 결국 문정왕후의 수렴청정과 철렴의 명분은 명종의 성숙도에 달려 있었다.

3) 인순왕후의 수렴청정

선조가 즉위하자 명종의 비였던 인순왕후仁順王后가 수렴청정을 하였다. 명종이 후사가 없이 승하하자 중종의 손자인 하성군河城君(선조)이 후계자가 되었다. 이는 명종의 유명遺命을 따른 것이었다. 이때 선조의 나이는 16세였고, 인순왕후는 36세였다. 선조는 즉위할 때 이미 성년이었기 때문에 인순왕후의 수렴청정은 8개월에 불과하였다.

인순왕후는 명종의 병이 깊어지면서 적극적으로 정치에 관여하기 시작하였다.[80] 당시 왕실의 최고 어른은 인종의 왕비였던 인성왕후仁聖王后지만 인순왕후가 전면에 나섰고, 영의정 이준경李浚慶을 비롯한 신료들이 인순왕후를 지지하였다. 하성군이 후계자로 결정되자 이준경 등은 사자嗣子의 나이가 어리고 여염에서 자랐기 때문에 군국軍國의 일을 혼자 결단하지 못하니 수렴청정을 해야 한다고 주장하였다. 선조의 나이는 성년이지만 국왕교육을 제대로 받지 못하였기 때문에 수렴청정이 필요하다는 논리였다. 인순왕후는 하성군이 성년이고 대신들이 보좌하면 친정親政을 할

---

79) 『明宗實錄』 권15, 明宗 8년 7월 丙辰(12일).
80) 인순왕후의 수렴청정에 대해서는 金宇基, 「16세기 중엽 仁順王后의 정치참여와 垂簾聽政」, 『歷史敎育』 88, 2003 참조.

수 있다고 주장하였으나 결국에는 수렴청정을 받아들였다. 다음은 인순왕후와 신료들의 대화를 정리한 것이다.

> 이준경 등 : "사자嗣子(선조)가 처음 들어오고 나이가 어리니 모든 정무政務는 수렴垂簾하고 임시로 함께 처분하지 않을 수가 없습니다."
> 인순왕후 : "내가 본래 문자를 모르니 어떻게 국정에 참여하겠는가? 사자가 이미 성동成童을 지났으니 친정親政할 수 있을 것이다."
> 이준경 등 : "사자의 나이는 비록 자랐으나 동궁東宮에서 자란 것에 비할 수 없습니다. 여염에서 자라 정사의 체모를 알지 못하는데 군국軍國의 큰일을 어찌 홀로 결단할 수 있겠습니까? 군국의 일이 많아 사양하는 덕만 고집할 수 없습니다. 옛일을 따라 수렴하여 임시로 다스리소서."
> 인순왕후 : "대신의 보도輔導가 있으니 직접 정사를 보는 것이 옳다."
> 이준경 등 : "수렴한다는 뜻을 이미 다 아뢰었습니다. 옛일을 따르소서."[81]

인순왕후는 수렴청정을 시작하면서 원상院相을 설치하였다. 원상이란 미성년 국왕이 정사를 제대로 처리하지 못하는 것을 보좌하라고 두는 것으로 주로 대신들로 구성되었다. 수렴청정을 하는 대비는 원상의 도움을 받아 정국을 운영하지만, 인순왕후는 원상을 설치한지 5개월 만에 폐지하였다. 인순왕후는 원상을 폐지한 후에도 모든 국사를 처리하였지만 인사권은 선조에게 넘겼다. 선조가 인사권을 독자적으로 행사한 것은 국왕이 친정할 날짜가 가까워짐을 의미하였다.

> 영의정과 좌의정이 궁궐로 나아가 원상院相을 파하기를 요청하니 상이 그대로 따랐다. 이때 다른 공사公事의 처분은 모두 자전慈殿(인순왕후)께 사양하고 관직을 제수할 때만은 상이 친히 낙점落點하였다.[82]

인순왕후는 1568년(선조 1) 2월에 수렴청정을 마쳤다. 2월 23일 흰

---

81) 『明宗實錄』 권34, 明宗 22년 6월 辛亥(28일).
82) 『宣祖實錄』 권1, 宣祖 즉위년 11월 乙卯(4일).

무지개가 해를 꿰뚫는 재변이 나타나자 다음날 철렴을 선언하였다. 인순왕후는 수렴청정을 하면서 뚜렷한 성과를 남기지 못하였고, 거듭되는 재변을 만나자 은퇴를 선언하였다.

> 내가 부인으로 수렴 섭정垂簾攝政을 하며 국사에 마음을 다하였지만 큰 강령을 바로잡지는 못하였다. 저번에 황해도에 일변日變이 있다는 보고로 인하여 곧 물려나려 하였는데, 지금 또 이런 변괴를 당하니 오늘 환정還政을 한다. 그전에 『안씨가훈顔氏家訓』을 읽었을 때 '부인은 음식을 주관할 뿐이다. 국가에서는 정사에 간여시킬 수 없고, 가정에서는 부친의 가업을 주관시킬 수 없다.'고 하였다. 또 송나라 조 태후曹太后는 기한보다 먼저 정사를 돌려주니 사관이 아름답게 여겼다. 나의 뜻은 결정되었다."83)

인순왕후는 철렴의 명분으로 재변 현상을 들었지만 이면에는 백인걸白仁傑로 대표되는 신료들의 의사 표명이 있었기 때문이다. 백인걸이 인순왕후에게 철렴을 건의한 정황은 『선조수정실록』에 나타난다.

> 대비가 상에게 환정還政하였다.[몇 달 전에 백인걸白仁傑이 대비가 환정해야 한다는 뜻을 이준경李浚慶에게 말하였다. 이준경은 "임금의 대권大權은 경솔하게 의논할 수 없다. 우선 몇 달을 연기하더라도 늦지 않다."고 하였다. 백인걸이 어느 날 입시하여 고사古事를 말하면서 환정의 뜻을 슬쩍 언급하자 대비가 그 말을 받아들였다.]84)

인순왕후는 수렴청정을 거두며 을사사화 때 피해를 본 사람들의 재산을 돌려주고, 노비가 된 사람들을 풀어주는 대화합의 정치를 실시하였다. 인순왕후가 수렴청정을 한 기간은 짧았지만 문정왕후가 수렴청정을 하면서 형성된 척신 세력을 제거하는 데 기여하였다.

---

83) 『宣祖實錄』 권2, 宣祖 1년 2월 甲辰(24일).
84) 『宣祖修正實錄』 권2, 宣祖 1년 2월 辛巳(1일).

4) 정순왕후의 수렴청정

순조가 즉위하자 영조의 비였던 정순왕후貞純王后가 수렴청정을 하였다. 국왕 순조의 나이는 11세였고, 정순왕후는 56세였다. 1800년 6월 29일, 정조가 승하하자 대신과 백관들은 순조의 나이가 어리다며 정순왕후의 수렴청정을 요청하였다. 이들이 근거로 든 것은 성종 초의 정희왕후와 송나라 선인태후宣仁太后의 사례였다. 정순왕후는 7월 3일 수렴청정을 수락하였다. 국왕인 순조를 보호하여 의리를 잡고, 조정을 화합시키며, 백성들을 보호하고 구제하는 대책을 내야한다는 것이 그 명분이었다.

7월 4일 순조는 수렴청정에 대한 반교문頒敎文을 발표하였다. 자신은 무작舞勺(13세)의 나이를 넘기지 못해 만기萬機를 총재할 수 없고, 한창 학문을 익히느라 국정을 직접 맡을 수 없다고 하면서, 송나라 선인왕후와 조선의 정희왕후 전례를 따라 대왕대비에게 수렴청정을 요청하여 허락받았음을 알리는 내용이었다.[85]

정순왕후의 수렴청정은 정조 대의 정국을 뒤집는 결과를 가져왔다. 정순왕후는 영조와 밀접한 관련이 있는 신임의리와 임오의리를 강조하였고, 정조 대에 처벌을 받았던 벽파계 인물들을 신원시켰다. 이와 함께 정순왕후의 친정이었던 경주 김씨의 진출도 두드러졌다. 이에 비해 정조의 측근으로 활동하였던 인물들은 대거 처벌을 받았다. 정조의 동생이었던 은언군恩彦君 인裀, 혜경궁의 친정 동생이었던 홍낙임洪樂任, 남인 청류였던 채제공蔡濟恭, 정약용丁若鏞, 이가환李家煥 등이 그 대상이었다.[86]

정순왕후가 수렴청정을 거둔 것은 1803년 연말이었다. 정순왕후는 자신의 지식이 부족한데다 고질까지 앓고 있으며, 큰 재변까지 일어났다고 하였다. 이에 비해 순조는 학문이 날로 진보하고 국정을 직접 다스릴 정도로 성장하였다. 정순왕후는 원래 순조가 15세가 되는 1804년 새해에 철렴하려고 하였다. 그러나 중간에 큰 재변이 생겨 1804년 새해를

---

85) 『純祖實錄』 권1, 純祖 즉위년 7월 甲申(4일).
86) 林惠蓮, 윗논문, 2008, 127~160쪽.

며칠 앞두고 전격적으로 순조에게 환정還政하였다. 국왕이 14세 때 수렴
청정을 거둔 것은 이때가 처음이었다.

> 내가 본래 다른 사람보다 지식이 뛰어나지 않은데다 또 여러 해 고질痼疾을
> 앓아 보통 사람의 일도 책임지지 못하는 것이 오래되었다. 불행하게도 망극
> 한 때를 당하여 부득이 종국宗國을 위해 감당할 수 없는 자리를 감당하여
> 온 지 3년이다. 가례嘉禮가 순조롭게 이루어졌으니 이 마음의 기쁨이 또
> 어떠하겠는가? 나의 처음 뜻은 새해에 수렴청정을 거두려 하였는데, 그 사
> 이에 큰 재이災異를 당하였다. 그 때에 적합하지 않은 사람이 마땅히 있어서
> 는 안 될 자리에 있으니, 이는 비상非常한 일이요, 이런 비상한 재이가 있게
> 되었다. 올해는 주상의 보령寶齡이 아직 15세가 되지 않기 때문에 새해
> 초에 수렴청정을 거두려 하였다. 지금 새해가 며칠 밖에 남지 않았지만
> 이런 하교를 하는 것은 수렴청정이란 이름을 새해까지 늘이려 하지 않기
> 때문이다. 주상의 용모가 일찍 성숙하고 성학聖學이 날로 진보되어 만기萬機
> 를 수응酬應할 수 있고 큰일을 할 수가 있다.[87]

정순왕후는 철렴을 하면서도 순조에게 모든 권한을 넘기지 않았다.
이날 정순왕후는 군국軍國에 관한 대정령大政令과 형상刑賞에 관한 대처분,
의리에 크게 관계되는 일에는 자신이 참여하겠다고 선언하였다.[88] 실제
로 1804년 6월 벽파계 인물들이 순조의 국혼을 막으려 하고 김귀주金龜柱
의 아들인 김노충金魯忠이 여기에 연루되었다는 논란이 일어나자, 정순왕
후는 언서諺書를 통해 조카인 김노충을 변명하기도 하였다.[89] 그러나
1805년 초 정순왕후가 사망하면서 대리청정 기간 동안 정국을 주도하였
던 경주 김씨와 벽파계 세력은 급격히 위축되었다.

---

87) 『純祖實錄』 권5, 純祖 3년 12월 己丑(28일).
88) 윗글.
  "自今日撤簾, 庶政外軍國大政令, 刑賞大處分, 義理大關係等事, 予不得不姑爲參
  論, 以分主上之獨憂."
89) 『純祖實錄』 권6, 純祖 4년 6월 辛巳(24일).

5) 순원왕후의 수렴청정

헌종이 즉위하였을 때 순조의 비였던 순원왕후純元王后가 수렴청정을 하였다. 국왕 헌종의 나이는 8세였고, 순원왕후는 46세였다. 헌종은 가장 어린 나이에 국왕이 되었다.

1834년 11월 13일 순조가 승하하자 대신들은 순원왕후에게 수렴청정을 청하였다. 헌종의 나이가 어려 번거로운 만기萬幾나 민생과 군국軍國에 관한 업무를 혼자서 처리하기가 어려우므로 이전의 사례를 살펴 수렴청정을 하자는 주장이었다.

> 대행 대왕大行大王(순조)께서 갑자기 신민臣民을 버리시니 온 나라가 슬픔을 안고 우리 저궁 저하儲宮邸下(헌종)에게 의뢰하고 있습니다. 타고난 자질이 일찍부터 우뚝하게 드러났고 학문이 일취월장日就月將하고 있으니, 종조宗祧가 의탁할 수 있고 전궁殿宮이 힘입을 수 있습니다. 다만 생각건대 어린 나이에 왕위를 이었고 만기萬幾는 매우 번거롭습니다. 민생民生의 휴척休戚과 군국軍國의 사무는 살펴본 바가 없으니 혼자 처리하지 못할 것입니다. 지나간 사첩史牒을 살펴보면 오늘날 같이 위태로운 적이 없으니, 진실로 전대前代의 성전盛典을 상고하고 우리나라의 고사를 살펴 빨리 즉위하는 의례와 수렴청정하는 거조를 정하지 않으면, 조종祖宗의 오르내리시는 신령을 위로하고 백성들이 우러러보는 정리情理에 답할 수 없을 것입니다.[90]

순원왕후는 세손의 자질이 훌륭하니 대신들이 도와주면 국정 운영이 가능하다고 거절하였다. 헌종은 할머니 순원왕후가 수렴청정을 수락해야 즉위하겠다고 버텼고, 결국 수렴청정이 결정되었다. 11월 18일 헌종이 왕위에 즉위하였고 그날부터 순원왕후의 수렴청정이 시작되었다.

순원왕후의 수렴청정은 주로 차대라는 공식 절차로 정무를 처리하고 신하들을 소견하여 당시 현안을 논의하였다. 순원왕후가 가장 중점을 둔 사안은 민생문제였다. 순원왕후는 자연재해 등으로 고통을 겪는 백성

---

90) 『純祖實錄』 권34, 純祖 34년 11월 乙亥(14일).

들을 구휼하고 조세 부담을 탕감해 주었으며, 수령의 탐학과 과거제 시행의 문란을 시정하려 하였다. 또한 순원왕후는 왕실의 권위를 높이고 선왕인 순조의 유지를 이어가는 조치를 많이 하였다. 순원왕후는 사망한 순조를 세실世室로 정하고, 효명세자를 익종翼宗으로 추존하고 종묘에 모셨다. 의례를 통해 선왕과 왕실의 권위를 높이는 방법이었다.

1840년(헌종 7) 12월 25일 순원왕후는 철렴을 선언하였다. 헌종이 15세가 되는 새해를 맞기 직전이었다. 순원왕후는 자신이 부득이 수렴청정을 맡았지만 7년 동안 이루지 못한 일이 많았으며, 헌종이 성장하여 정사를 직접 담당할 수 있게 되었으므로 수렴청정을 거둔다는 내용이었다.

> 예로부터 후비后妃가 조정에 임하여 다스리는 것은 나라의 큰 불행이다. 미망인이 매우 불행한 사람으로 매우 불행한 처지에 있은 것이 7년이나 되었다. 스스로 생각건대 덕이 없고 식견이 얕은데 어찌 감히 예전의 명철한 후비나 우리 열조의 성모聖母의 일에 방불하겠는가? 천지에 망극한 때를 당하여 신하들이 눈물을 흘리며 요청하고 나도 눈물을 흘리며 윤허하였으니, 실로 만부득이하여 구차하게 유지하려는 생각에서 나온 것이었다. 5, 6년 이래로 흉년이 잇따르고, 근심이 눈앞에 가득하였으며, 폐단이 날로 심해지고, 온갖 법도가 다 어지러웠지만 안팎으로 수습할 수가 없었다. 이는 모두 내가 덕이 없는데도 감당할 수 없는 무거운 임무를 맡았기 때문이었다. 위로 천심天心을 잘 받들지 못하고 아래로 세도世道를 떨칠 수 없어 점점 이 지경이 되었으니, 어찌 떨리고 두렵지 않겠는가? 내가 억지로 따랐던 당초부터 이미 정하였던 것은 이 해를 넘기지 않는 것이었고, 밤낮으로 바랐던 것은 주상이 성취하는 데에 있었을 뿐이다. 이제 춘추가 이미 한창이거니와 훌륭한 자질을 타고나 예지叡智가 날로 성취하니, 만기를 총괄하고 서정庶政을 직접 다스릴 수 있다. 이는 참으로 종묘사직과 신민臣民의 막대한 경사이다.[91]

순원왕후는 철종이 즉위하였을 때에도 수렴청정을 하였다. 순원왕후는

---

91) 『憲宗實錄』 권7, 憲宗 6년 12월 辛巳(25일).

조선 왕실에서 유일하게 두 번의 수렴청정을 한 대비였다. 1849년 6월 6일, 헌종이 후사가 없이 승하하자 순원왕후는 철종을 순조와 자신의 아들로 입후시켰다. 철종은 사도세자의 아들 은언군恩彦君의 손자였으므로, 가통家統 상으로는 헌종보다 항렬이 하나 위였다.

국왕으로 결정될 당시 철종은 19세로 이미 성인이었다. 그러나 강화도로 유배된 은언군의 후손이었던 그는 군호君號도 없고 관례冠禮도 치르지 못한 상황이었다. 순원왕후는 철종을 덕완군德完君으로 봉한 다음 궁궐로 데려와 관례를 치르고 국왕으로 즉위시켰다. 순원왕후의 수렴청정은 불가피하였다.

순원왕후는 헌종이 승하하기 전부터 정치 현장에 나섰다. 신하들을 만나 왕위 계승자를 발표하였고, 헌종의 장례와 철종의 즉위 절차를 지휘하였다. 순원왕후는 신하들이 대리청정을 요청하자 곧바로 받아들였다. 헌종 초에 대리청정을 어렵게 수락한 것과는 대조되는 행동이었다. 그러나 철종이 20세를 넘기면서부터 순원왕후의 국정 참여는 현저히 줄어들었다. 이는 수렴청정이 철종의 국정 운영 능력을 함양하기 위해 실시된 것이므로 본래의 목적에 맞는 행동이었다.

1851년(철종 2) 12월 28일, 순원왕후는 수렴청정을 거두었다. 철종이 22세가 되는 새해를 앞둔 시점이었다.

천지 사이에 어찌 내가 겪은 것 같은 사람이 다시 있겠는가? 이미 지나간 일은 이제 와서 차마 말할 수 없거니와 기유년(1849)에 승하한 변고는 어찌 잠시라도 세상에 살고 싶은 생각이 있었겠는가? 다만 종묘사직을 위하는 계책으로 감정을 누르고 슬픔을 참았다. 우리 주상主上(철종)이 임어臨御하여 종묘사직이 다시 안정되었으니 불행 중 크게 다행한 일이다. 주상은 춘추가 벌써 한창 때라 서정庶政을 총람總攬할 수 있으니 이보다 더 경사스럽고 다행한 일이 있겠는가? 내가 여러 모로 그만둘 수 없는 형세로 인해 이렇게 부당한 일을 감당한 것이 3년이나 되었다. 돌아보니 어찌 하루라도 마음이 편안하였겠는가? 지금은 정력이 미치지 못하여 예사로운 사무라도 검찰檢察할 수가 없다. 비록 정력이 쇠하지 않았더라도 지금은 이런 기무機務

에서 풀려나야 하는데, 더구나 이런 모양으로 어찌 하루라도 억지로 하겠는가? 주상이 직접 총람하는 것은 국가의 큰 경사이니 기쁜 마음이 어찌 끝이 있겠는가? 내가 수렴하고 하유下諭하는 것을 오늘로 마치니 여러 대신들은 반드시 우리 주상을 잘 보필하라.[92]

순원왕후는 자신의 정력이 정사를 돌보기 어렵고, 철종이 장성하여 정무를 총괄할 수 있기 때문에 철렴한다고 선언하였다.

6) 신정왕후의 수렴청정

고종이 즉위하자 익종의 비였던 신정왕후神貞王后가 수렴청정을 하였다. 국왕 고종의 나이는 12세였고, 신정왕후는 56세였다. 신정왕후는 남편인 효명세자가 대리청정 중에 승하하였고, 아들 헌종이 즉위하면서 왕대비가 되었다. 1863년 12월 8일, 철종이 후사가 없이 승하하자 신정왕후는 순원왕후의 선례를 따라 고종을 익종(효명세자)과 자신의 아들로 입후하여 즉위하게 하고 수렴청정을 시행하였다. 국왕으로 결정될 당시 고종은 철종과 마찬가지로 군호君號가 없고 관례도 치르지 못한 상황이었다. 신정왕후는 고종을 익성군翼成君으로 봉한 다음 궁궐로 데려와 관례를 치르고 국왕으로 즉위시켰다.

신정왕후는 수렴청정에 대해 강한 의지를 가지고 있었다. 영의정 김좌근金左根 등이 수렴청정을 요청하자 신정왕후는 그 자리에서 수락하였고, 수렴청정의 절차는 1849년 순원왕후의 전례를 따르라고 명령하였다.

영의정 김좌근 : "주상主上께서 어린 나이에 왕위를 물려받으면 일찍이 수렴청정垂簾聽政하는 전례典禮가 있었습니다. 이번에도 전례에 따라 마련하는 것이 어떻겠습니까?"
대왕대비(신정왕후) : "어떻게 차마 이것을 하겠는가마는 오늘의 나라 형편이 외롭고 위태로워 하루도 보전하지 못할 것 같기에 다른 것을 돌아볼

---

92) 『哲宗實錄』권3, 哲宗 2년 12월 己酉(28일).

겨를이 없다. 힘써 따라야 하겠다."[93]

12월 13일, 고종이 창덕궁 인정문에서 즉위하고, 같은 날 신정왕후의 수렴청정이 시작되었다. 신정왕후는 수렴청정을 하면서 익종의 정책을 계승하였다. 익종은 순조 말년에 대리청정을 하면서 당시 정국을 주도하던 안동 김씨를 견제하고 왕실의 권위를 강화하려는 정책을 펴다가 중도에 사망하였다.

신정왕후는 정국을 주도하던 안동 김씨 세력을 새로운 세력으로 교체하기 위해 종친들을 대거 등용하였다. 신정왕후가 등용한 종친의 대표자는 고종의 사친私親인 흥선대원군興宣大院君이며, 흥선대원군의 셋째 형 홍인군興寅君 이최응李最應, 흥선대원군의 첫째 형에게 입후된 이재원李載元, 흥선대원군의 장남 이재면李載冕 같은 종친들이 활동하였다. 또한 신정왕후는 임진왜란으로 소실된 경복궁景福宮을 중건하고, 조선의 건국을 강조하는 조치를 내렸다. 이 역시 익종의 뜻을 이룬 것으로 국가 기강을 확립하고 왕실의 권위를 강화하기 위해서였다.[94]

1866년(고종 3) 2월 13일, 신정왕후는 대신들을 소집한 자리에서 철렴을 선언하였다. 고종이 성장하여 모든 정사를 직접 처리할 수 있게 되었다는 것이 이유였다. 이 때 고종은 15세였으므로 매우 정상적인 철렴이었다.

내가 오늘을 기다린 것이 오래되었다. 오늘 경들을 소견한 것은 장차 철렴을 하려 하므로 경들에게 포유布諭하지 않을 수 없어서였다. 후비后妃가 수렴청정을 하는 것은 국가의 큰 불행이지만 참으로 부득이한 사정 때문에 한 것이다. 다행히 하늘과 조종祖宗께서 은밀하게 도와주신 덕택으로 주상主上의 춘추가 왕성한 때에 이르러 모든 정사를 도맡아 살필 수 있게 되었다. 어찌 이와 같이 경사스럽고 다행한 일이 있겠는가? 수렴청정하는 교유敎諭도 오늘로 끝이 나니 대신들은 반드시 우리 주상을 보필하라.[95]

---

93) 『高宗實錄』 권1, 高宗 즉위년 12월 庚辰(8일).
94) 林惠蓮, 윗논문, 2008, 237~253쪽.

지금까지 정희왕후, 문정왕후, 인순왕후, 정순왕후, 순원왕후, 신정왕후의 수렴청정을 살펴보았다. 수렴청정은 미성년인 국왕이 즉위하면 그가 성인이 될 때까지 대비가 국왕을 도와 국정을 함께 처리하는 것을 말한다. 실제로 수렴청정은 15세 미만의 어린 국왕이 즉위하였을 때 실시되었고, 초기에는 국왕의 나이가 20세, 후기에는 14~15세가 되면 철렴하는 것이 일반적이었다. 그러나 예외는 있었다. 숙종은 14세로 국왕이 되었지만 수렴청정 없이 바로 친정을 하였다. 숙종의 능력이 가능하다고 보았기 때문이다. 선조와 철종은 15세가 넘어서 국왕이 되었지만 수렴청정을 하였다. 선조 대의 수렴청정은 최단 기간인 8개월 만에 끝났고, 철종은 국왕이 될 준비가 되지 않았기 때문에 수렴청정을 하였다.

수렴청정을 하는 대비의 역할은 크게 두 가지로 나타난다. 하나는 선왕이 후사를 정하지 못하고 승하하였을 때 후사를 결정하는 것이고, 다른 하나는 후계자가 결정되었지만 새 국왕의 나이가 어리면 정무를 함께 담당하는 것이었다. 대비들은 수렴청정을 통해 왕실을 존속시키고, 어린 왕이 성장하여 친정할 수 있는 바탕을 마련하며, 왕위 찬탈과 같은 비상 정국을 예방할 수 있었다. 따라서 수렴청정은 취약한 왕권을 안정시키는 데 기여하는 바가 있었다. 그러나 수렴청정은 외척에게 권한을 집중시켜 왕권을 약화시킬 수 있었다. 왕실 외척이 정국을 주도한 19세기의 세도정치는 수렴청정으로 인해 왕권이 극도로 위축된 상황에서 일어났다.

7) 흥선대원군의 섭정

섭정攝政이란 국왕이 어리거나 여러 사정으로 정사를 제대로 처리할 수 없을 때 국왕을 대신하여 국정을 담당하거나 담당하는 사람을 말한다. 국왕을 대신하여 정치를 하는 것으로 대리청정이나 수렴청정이 있으며, 이 역시 섭정에 해당한다.

고종의 부친이었던 흥선대원군이 섭정을 한 것은 대리청정을 하던 신

---

95) 『高宗實錄』 권3, 高宗 3년 2월 癸卯(13일).

정왕후의 명령에 의해서였다. 조선 왕실에서 국왕의 아버지로 대원군에 봉해진 사람은 선조의 아버지 덕흥대원군, 인조의 아버지 정원대원군, 철종의 아버지 전계대원군, 고종의 아버지 흥선대원군 등 네 사람이었다. 이중에서 국왕이 즉위할 때 살아있었던 사람은 흥선대원군이 유일하였다.

1863년 12월, 고종이 즉위하자 흥선군興宣君은 대원군에 봉작封爵되었다. 흥선대원군의 나이는 44세였다. 대원군에 대한 예우는 일단 대군大君의 예를 따랐다. 그러나 대군은 정사에 참여할 수 있는 관직이 아니었다. 12월 27일 신정왕후는 철종의 국장도감國葬都監에 명령하여 경비를 절감할 대책을 대원군과 상의하라고 지시하였다. 대원군에게 국정을 참여할 수 있는 길을 터주는 조치였다. 1865년(고종 2) 4월 신정왕후는 경복궁을 건설할 영건도감營建都監을 설치하라고 명령하면서, 경복궁의 영건과 관련한 모든 일은 흥선대원군과 의논하라고 하였다. 흥선대원군의 정치 참여가 본격적으로 이뤄지는 조치였다.[96)]

1866년(고종 3) 고종은 15세로 성인이 되었다. 이 해 2월 신정왕후가 철렴을 하고, 3월에 고종의 가례가 거행되었다. 신정왕후가 철렴하면서 대원군의 권한은 더욱 강화되었다. 또한 고종의 가례에서는 국왕의 장인이 존재하지 않았다. 흥선대원군이 아버지를 여읜 여성을 왕비로 결정하였고, 국왕의 가례는 잠저潛邸인 운현궁雲峴宮에서 치르게 하였다. 운현궁의 주인이었던 대원군의 위상을 높이기 위해서였다.

1870년(고종 7)이 되자 조정의 대신과 비슷한 지위에 있던 대원군의 위상이 크게 강화되었다. 고종은 국가의 중대 사안을 대신이나 묘당廟堂과 의논하지 않고 바로 대원군에게 아뢰게 하였다. 얼마 후 의정부의 대신이 대원군을 찾아가 사무를 보고하고 지시를 받는 것을 공식화하였다.

흥선대원군의 권력 행사는 '대원위분부大院位分付'를 통해 이뤄졌다. 그러나 대원군이 권력을 행사하는 것을 공식적으로 승인받은 조치는 없었다. 대원군의 공식 역할은 국왕의 보조자였다. 1871년 경 김규락金奎洛은

---

96) 『高宗實錄』 권2, 高宗 2년 4월 丁卯(3일).

대원군의 치적을 칭송하는 『운하견문록雲下見聞錄』을 작성하면서 대원군의 역할을 '보호성궁輔護聖躬' 즉 국왕을 보호하는 존재임을 부각시켰다.

홍선대원군이 정사를 보는 곳은 대궐이 아니라 운현궁이었다. 대원군이 집정을 하는 동안 운현궁에는 각종 사무가 집중되고 문서가 쌓였으며, 기록의 정리나 출납을 위한 조직 체계도 갖추어졌다. 운현궁으로 오는 사무에는 국내 정세에 관한 것뿐 아니라 대외 관계에 관한 정보도 있었다. 홍선대원군은 국가의 공적인 관료 기구에서 권력을 행사한 것이 아니라 관료 기구 밖의 사적인 영역에서 정치적 영향력을 행사하였다.[97]

1873년(고종 10) 11월 4일 고종은 친정을 선언하였다. 고종은 국왕권을 회복하기 위해 최익현崔益鉉과 반反홍선대원군 세력을 부추겼다. 최익현은 이항로의 문인으로 대원군의 서원 철폐 등에 악감정을 품고 있었다. 다음은 11월 3일 최익현이 호조참판을 사직하면서 올린 상소문이다. 이를 보면 최익현은 대원군의 실정을 조목조목 들면서 만동묘萬東廟의 철폐, 서원 철폐, 경복궁 중건과 같은 사업들을 원상 복구시켜야 한다고 주장하였다.

> 지금 국사를 봄에 폐단이 없는 곳이 없으니, 명분이 바르지 못하고 말이 순하지 못한 것을 글 쓰는 사람을 번갈아 가며 기록해도 다하지 못합니다. 그중 더욱 현저하고 큰 것을 들면 화양동의 만동묘萬東廟를 철거한 것은 군신의 윤리가 무너진 것이요, 서원의 혁파한 것은 사제 간의 의리가 끊어진 것이며, 죽은 자가 양자를 간 것은 부자 간의 윤리가 문란해진 것이요, 국적國賊(목내선과 이현일을 말함)을 신원伸寃한 것은 충신과 역적의 구분이 혼동된 것이며, 호전胡錢(청나라 화폐)을 사용하는 것은 중화와 이적의 구별이 문란해진 것입니다. 이 두세 가지 조건이 한 덩어리가 되어 천리天理와 윤리가 실로 이미 모조리 없어지고 다시 남은 것이 없습니다. 게다가 토목 공사와 원납전願納錢 같은 것이 서로 안팎이 되어 백성의 재앙이 되고 나라의 화를 끼치는 바탕이 된 것이 지금 몇 년이 되었습니다. 이것이 선왕의 옛 법을 변화시키고 천하의 윤리를 무너뜨린 것이 아니고 무엇이겠습니까?

---

97) 연갑수, 『대원군집권기 부국강병정책 연구』, 서울대학교 출판부, 2001, 27~34쪽.

그러므로 신은 생각건대, 전하를 위하여 오늘날의 시급한 일을 거론하겠습니다. 만동묘를 복구하지 않을 수 없고, 중외의 서원들을 거행하지 않을 수 없으며, 죽은 사람이 양자 가는 것을 금하지 않을 수 없고, 국적國賊이 신원된 것을 소급하여 죄주지 않을 수 없으며, 호전胡錢의 사용을 혁파하지 않을 수 없고, 토목이나 원납전 같은 것을 한 시각이라도 그대로 둘 수가 없습니다.[98]

최익현의 상소문은 흥선대원군의 실각에 결정적인 원인이 되었다. 1873년 연말에 고종의 친정이 시작되었고 흥선대원군은 정계에서 물러났다. 그렇지만 그의 퇴진은 전혀 본인의 의사가 아니었다. 친정할 당시 고종의 나이는 22세의 성인이었다.

고종은 즉위 초기에는 대리청정을 하던 신정왕후의 의견을 들었고, 대리청정이 끝난 후에는 섭정을 하던 흥선대원군의 의견을 들어 정사를 처리하였다. 신정왕후의 대리청정이나 흥선대원군의 섭정은 미성년인 고종이 정사를 처리하는 것을 도우려는 목적을 가졌다. 그러나 흥선대원군의 섭정은 고종을 돕기보다 국왕 대신에 권력을 차지하는 형세가 되었다.

국왕·상왕·대비의 리더십관

이하에서는 국왕과 상왕, 대비의 리더십관을 정리하고자 한다. 앞서 보았던 정치상황별 왕권의 유형을 바탕으로 당대의 정치를 주도하였던 인물들의 리더십관을 구체적으로 검토하기 위해서이다. 1절에서는 국왕의 경연에서 교재로 활용된 『정관정요貞觀政要』, 『대학연의大學衍義』, 『성학집요聖學輯要』, 『어제자성편御製自省編』과 국왕의 훈유서訓諭書에 나타나는 리더십관을 검토한다. 2절에서는 상왕으로 있었던 태조와 태종이 표명하였던 리더십관, 3절에서는 수렴청정 기간이 상대적으로 길었던 문정왕후, 정순왕후, 순원왕후가 표명한 리더십관을 정리한다.

1. 국왕의 리더십관

1) 제왕학 교재에 표출된 리더십관

중국에서 경연經筵 제도가 발달한 것은 최고의 권력을 가진 '황제'를 가르쳐 유학이 지향하는 왕도정치王道政治를 구현하기 위해서였다.[99] 경연은 신하들이 최고 통치자 황제에게 공개적으로 유학 경전을 가르치는 것으로, 교육을 통해 최고 통치자를 변화시키거나 권력 행사를 제한할

---

99) 權延雄, 「宋代의 經筵」 『東亞史의 比較硏究』, 일조각, 1987 참조.

수가 있었다. 북송 때 정이程頤는 경연의 필요성을 다음과 같이 말하였다.

> 폐하께서 금일 배우고 안 배우심에 훗날의 다스려짐과 어지러움이 달려
> 있습니다. 배우기를 좋아하시면 천하의 군자君子가 흠모하여 조정에 서기를
> 원할 것이고, 곧은 도리로 폐하를 섬기고 덕업德業을 보좌하여 태평太平에
> 이를 것입니다. 배우지 않으시면 소인小人이 모두 그 마음을 움직이고 간사
> 한 아첨으로 힘써 부귀富貴를 훔칠 것입니다.[100]

조선의 역대 국왕을 교육시키는 경연은 건국 초기부터 매우 주목을
받은 제도였다. 태조는 즉위한 직후 경연 제도를 정비하였고, 세종 대에
는 집현전集賢殿이 경연의 운영을 담당하면서 주목을 받았다. 세종 대에
간행된 『자치통감강목사정전훈의資治通鑑綱目思政殿訓義』는 세종이 경연에서
읽었던 주희朱熹의 『자치통감강목資治通鑑綱目』에 조선 학자들이 주석을 덧
붙인 것이었다. 성종 대에는 경연에서 조강朝講·주강晝講·석강夕講으로 구
성된 삼강三講 제도가 만들어지고 야간에는 별도로 야대夜對를 시행하였다.
성종은 집현전을 계승한 홍문관弘文館을 설치하여 경연에 관한 업무를 전
담하게 하였다.[101]

조선후기의 국왕들이 경연에서 읽은 과목은 『열성조계강책자차제列聖
朝繼講冊子次第』라는 책자에 잘 정리되어 있다. 여기에는 효종에서 순종에
이르는 국왕들이 왕세자 시절과 국왕 시절에 학습한 교재의 종류와 각
교재를 읽은 시기가 기록되어 있다. 이를 바탕으로 조선후기의 국왕들이
학습한 교재를 정리하면 다음의 〈표 1〉과 같다.

---

100) 『宋史』 권337, 「范祖禹傳」.
101) 정재훈, 『영조의 독서와 학문』, 한국학중앙연구원출판부, 2015, 61~65쪽.

〈표 1〉 조선후기 국왕과 왕세자의 교재

국왕	서연 교재	경연 교재
효종	대학, 대학연의, 논어, 맹자, 중용	
현종	소학, 통감, 대학, 논어, 맹자, 계몽, 대학	
숙종	효경, 동몽선습, 소학, 통감, 대학, 논어	논어, 맹자, 중용, 서전, 시전, 심경, 주역, 대학연의, 성학집요, 춘추집전, 예기, 강목, 송감, 황명통기, 명기편년, 동국통감, 당감, 절작통편, 각신주의
경종	효경, 동몽선습, 소학, 통감, 대학, 논어, 맹자, 중용, 시전, 서전, 심경, 대학연의, 근사록, 삼강행실, 사략, 송감, 강목, 주문초선	서전, 강목, 절작통편
영조	소학, 대학, 논어	논어, 맹자, 중용, 서전, 예기, 시전, 주역, 춘추집전, 심경, 주례, 대학, 근사록, 소학, 대학연의, 강목, 송감, 황명통기, 명기편년, 심경, 주자봉사, 동국통감, 성학집요, 당감, 절작통편, 육선공주의, 근사록, 이충정공주의, 좌전, 역대명신주의, 정관정요, 송명신언행록, 송원강목, 대학연의보, 주자어루초, 자치통감, 여사제강, 역대군감, 국조보감, 어제자성편, 숙흥야매잠
진종	효경, 소학, 동몽선습, 조감	
경모궁	소학, 동몽선습, 효경, 대학, 논어, 맹자, 중용, 서전, 주역, 사략, 통감, 자성편, 송감, 강목,	
정조	동몽선습, 소학, 대학, 논어, 맹자, 중용, 서전, 성학집요, 사략, 강목, 역학계몽, 주자봉사, 주서절요	춘추집전, 논어, 대학, 맹자, 예기, 근사록, 국조보감, 주자봉사, 주례, 심경, 송조명신언행록, 절작통편, 정관정요
순조	소학, 사략, 대학, 고경중마방초, 논어, 맹자	맹자, 중용, 서전, 시전, 대학, 논어, 국조보감, 성학집요, 갱장록, 속강목, 서전, 주역, 소학, 역대군감

국왕	서연 교재	경연 교재
익종	천자문, 효경, 소학, 사략, 대학, 통감, 논어, 시전, 서전, 강목, 모훈집요, 송감, 맹자, 어제자성편, 팔자백선, 육주약선, 갱장록, 주서백선, 조감	
헌종	효경, 소학	소학, 논어, 시전, 사략, 대학, 강목, 갱장록, 국조보감
철종		대학, 논어, 맹자, 중용, 시전, 서전, 소학, 사략, 통감, 갱장록, 속강목
고종		소학, 통감, 대학, 논어, 맹자, 중용, 시전, 서전, 효경, 통감, 갱장록, 강목, 국조보감
순종	효경, 소학, 동몽선습, 대학, 논어, 맹자, 중용, 시전	

이중에서 『효경孝經』 『소학小學』 『동몽선습童蒙先習』은 학문을 시작하는 초학자용 교재에 해당하고, 사서삼경四書三經은 유학자의 필수 교재라 할 수 있다. 또한 『통감通鑑』 『사략史略』 『당감唐鑑』 『송감宋鑑』 『송원강목宋元綱目』 『황명통기皇明統紀』 『명기편년明紀編年』은 중국의 역사서이고, 『동국통감東國通鑑』은 조선의 역사서에 해당한다. 이 중에서 제왕학의 교재라 할 수 있는 책자로는 『정관정요貞觀正要』 『대학연의大學衍義』 『성학집요聖學輯要』 『어제자성편御製自省編』 등이 주목된다. 이하에서는 그 내용에 대해 살펴보자.

(1) 『정관정요(貞觀正要)』

『정관정요』(10권)는 당 태종太宗(재위 627~649)이 신하들과 정치에 대해 문답한 내용을 정리한 책으로, 사관史官으로 있던 오긍吳兢(670~749)이 편찬하였다. 오긍이 이 책을 편찬한 이유는 측천무후則天武后(628~705)의 전횡 때문이었다. 측천무후는 14세 때 태종의 후궁이 되었고, 655년(永徽 6)에는 후왕인 고종高宗의 황후를 쫓아내고 스스로 황후가 되었다. 당

고종이 죽자 측천무후는 아들 중종中宗과 예종睿宗을 차례로 황제에 즉위시키면서 권력을 장악하여 이른바 무씨武氏 천하를 만들었다. 오긍은 당을 재건하려면 태종 대의 정치를 살펴볼 필요가 있다고 생각하여 이 책을 편찬하였다. 『정관정요』는 측천무후가 사망한 후 황제 위에 복귀한 중종에게 바쳐졌으나 제대로 사용되지 못하였고, 그 다음 황제인 현종玄宗에게 바쳐졌다.

당 태종은 위징魏徵(580~643), 방현령房玄齡(579~648), 두여회杜如晦(585~630), 왕규王珪(579~630)와 같은 뛰어난 인재들을 발탁하여 '정관지치貞觀之治'라 불리는 당나라 전성기를 이루었다. 오긍은 『정관정요』의 정체政體편에서 태종 대의 사회상을 다음과 같이 기록하였다.

> 관리들은 대부분 스스로 청렴한 생활을 하고 근신謹愼하였다. 왕공王公이나 후비后妃, 공주의 집안, 세력 있는 가문이나 간사한 무리를 통제하였다. 이들은 모두 국법의 위력을 두려워하여 자신들의 행적을 가리고 감히 일반 백성들을 침범하거나 억누르지 못하였다. 상인이나 여행객이 벽지에서 투숙하더라도 강도를 만나지 않았고, 천하가 다스려졌기 때문에 감옥은 항상 텅텅 비었다. 말과 소를 산과 들에서 방목하고, 외출할 때에는 몇 개월씩 문을 걸어 닫지 않았다. 해를 거듭하여 농업이 풍작이었으므로 쌀 한 말이 3, 4전에 불과하였고, 나그네는 장안에서 영남까지, 산동에서 동해까지 모두 입을 것과 먹을 것을 가지고 다닐 필요가 없이 길에서 공급을 받을 수 있었다. 산동마을로 들어서면 나그네는 후한 대우를 받았으며, 나그네가 떠나갈 때에는 길에서 필요한 것들을 주었다. 이러한 다스림은 모두 옛날에 없었던 것이다.[102]

『정관정요』는 태종이 신하들과 대화한 내용을 책문策問, 쟁간諍諫, 의론議論, 주소奏疏로 분류하여 편찬하였으며 10권 40편으로 구성되었다. 『정관정요』 40편의 순서는 군도君道, 정체政體, 임현任賢, 구간求諫, 납간納諫,

---

102) 오긍 지음, 김원중 옮김, 『정관정요 - 리더십의 영원한 고전』, 글항아리, 2010, 70쪽.

군신감계君臣鑑戒, 택관擇官, 봉건封建, 태자제왕정분太子諸王定分, 존경사부尊敬師傅, 교계태자제왕敎誡太子諸王, 규간태자規諫太子, 인의仁義, 논충의論忠義, 효우孝友, 공평公平, 성신誠信, 검약儉約, 겸양謙讓, 인측仁惻, 신소호愼所好, 신언어愼言語, 두참사杜讒邪, 회과悔過, 사종奢縱, 탐비貪鄙, 숭유학崇儒學, 문사文史, 예악禮樂, 무농務農, 형법刑法, 사령赦令, 공부貢賦, 변흥망辯興亡, 정벌征伐, 안변安邊, 행행行幸, 전렵畋獵, 멸상滅祥, 신종愼終이다.

『정관정요』에 나타나는 군주상은 공자의 정치사상을 실현하는 것이었다.[103] 유학에서 말하는 군주의 조건은 도덕성과 통치 능력을 말하며, 도덕성은 후천적인 수양을 통해 도달할 수가 있고, 통치 능력은 인재를 선발하여 적재적소에 배치하는 용인用人 능력에 달려 있었다. 태종은 즉위 초 신하들에게 군주의 수양을 중시하며, 자신은 늘 삼가고 조심하는 자세로 지내고 있다고 말하였다. 이는 군주로서의 마음가짐과 자세를 강조한 말이었다.

천하를 안정되게 다스리려면 먼저 군주 자신이 행동을 올바르게 해야 한다. 몸이 곧은데 그림자가 굽거나 윗사람이 훌륭히 다스리려 힘쓰는데 아랫사람이 혼란스런 경우는 없다. 나는 몸을 상하게 하는 것이 바깥에서 오는 것이 아니라 모두 자신의 욕심에서 비롯된다는 것을 알고 있다.[104]

지금 천하의 안정과 위험은 모두 나에게 달려 있다. 나는 매일매일 근신勤愼하며 산다.[105]

하늘은 높고 땅은 두텁다. 나는 항상 전전긍긍하며 삼가고 하늘과 땅을 두려워한다.[106]

---

103) 조광수, 「당 태종의 군주역할론: 『貞觀政要』를 중심으로」 『21세기 정치학회보』 17-3, 2007, 6~9쪽.
104) 『貞觀政要』 1편, 「君道」.
105) 『貞觀政要』 2편, 「正體」.
106) 『貞觀政要』 26편, 「貪鄙」.

태종은 당대 최고의 인재들을 과거를 불문하고 등용하고, 이들을 적재적소에 배치하여 그들의 재능과 역량을 최대한 활용하였다. 또한 자신에게 비난에 가까운 간언諫言도 기꺼이 받아들이는 마음과 도량을 보였다. 태종은 군주가 유능한 관리의 보좌를 받아 함께 통치해야 할 필요성을 강조하였다.

> 천하는 넓고 할 일은 많다. 하루에 처리해야 하는 일이 수만 건인데, 어떻게 혼자서 다 할 수 있겠는가? 게다가 하루에 열 가지를 처리하였는데 그 중에서 다섯 가지가 잘못 되었다면 어떻게 할 것인가. 이런 식으로 해가 거듭하며 잘못이 쌓여 가면 결국은 나라가 망하는 것 아닌가? 그러니 널리 현능賢能한 인재들을 선발하여 일을 살피도록 해야 한다.[107]

태종이 인재를 선발하는 원칙은 공평함이었고, 재상에게도 훌륭한 인재를 찾는 임무를 부여하였다. 또한 개국공신들을 극진하게 대우하고 쓸모없는 부서의 관리를 줄이는 데 힘썼다.[108] 『정관정요』임현 편에는 태종 대의 훌륭한 신하였던 방현령, 두여회, 위징, 왕규, 이정李靖, 우세남虞世南, 이적李勣, 마주馬周 등 여덟 명의 행적과 인품을 소개하였다.

다음은 이적의 행적에 대한 태종의 평가이다.

> 수양제隋煬帝는 덕과 재능을 겸비한 인물을 가려 뽑아 변방을 진무鎭撫하고, 먼 곳에 살고 있는 백성들을 위로할 줄 몰랐소. 그저 변방에 장성長城을 쌓고 많은 병사를 주둔시켜 돌궐을 방비하였을 뿐이오. 이처럼 여러 상황에서 그가 처리한 것은 애매하였소. 지금 이적李勣에게 병주幷州를 맡기자 돌궐은 그의 위력을 두려워해 멀리 달아났으며 변방의 영토가 안정될 수 있었소. 이것이 어찌 수양제가 천 리에 이르는 장성을 쌓은 것보다 강하지 않겠소?[109]

---

107) 『貞觀政要』 2편, 「政體」.
108) 김명희, 「唐·太宗과 貞觀의 治」 『全南史學』 19, 2002, 863~867쪽.
109) 『貞觀政要』 3편, 「任賢」.

군주의 직무로는 백성의 안전을 지켜주는 보민保民, 백성을 먹여 살리는 양민養民, 백성을 가르치는 교민敎民이 있었다.[110] 태종은 수나라가 멸망한 교훈을 통해 군주의 직무가 백성을 위하는 것이란 사실을 잘 알고 있었다.

군주가 된 자의 도리는 반드시 백성을 먼저 생각하는 것이오. 만일 백성들의 이익을 손상해 가면서 자기 욕심을 채운다면, 이는 자신의 넓적다리를 베어 배를 채우는 것과 같소. 이는 배가 부를지언정 곧 죽게 될 것이오.[111]

태종은 보민保民을 위해 명분 없는 전쟁을 해서는 안 되지만, 부득이한 전쟁에 대비하여 평소에 백성들을 잘 훈련시켜야 한다고 하였다. 또한 백성들을 동원하는 일이 농사에 영향을 끼쳐서는 안 된다고 하였다. 태종은 양민養民을 위해 균전제均田制와 조용조租庸調를 실시하였다. 균전제는 토지의 개척을 독려하는 제도였고, 조용조는 농사철의 시기를 빼앗지 않기 위해서였다. 그리고 태종은 교민敎民을 위해 유학을 통치의 기본으로 삼고 스스로 모범을 보이는 신교身敎를 하려고 하였다.

옛 사람들이 '군주는 그릇이고 백성은 물이다. 물의 모양은 그릇에 의해 결정되는 것이지 물 자체로 결정되는 것이 아니다.'라고 하였다. 요堯 순舜 임금은 인의仁義로 천하를 다스려 백성들이 따랐으며, 걸桀 주紂 임금은 포악함으로 다스려 백성들도 이를 따라 경박하였다. 이렇듯이 아래의 백성들이 하는 것은 위에 있는 군자가 하기 나름이다.[112]

교민을 위해서 군주의 모범이 중요하다면서, 교민의 내용은 도덕 교육이고 특히 효孝를 중시하였다. 태종은 그 자신이 효를 중시하였을 뿐만 아니라, 민간에 있는 스님이나 도사도 자신들의 부모님을 공경하라고 하였다.

---

110) 조광수, 「당 태종의 군주역할론: 『貞觀政要』를 중심으로」, 『21세기 정치학보』 17-3, 21세기 정치학회, 2007, 9~12쪽.
111) 『貞觀政要』 1편, 「君道」.
112) 『貞觀政要』 21편, 「愼所好」.

세간에서는 생일을 즐거운 날로 여기지만 나는 부모님이 그립다. 군주가 되어 천하의 부를 소유하고 있지만, 모시고 싶은 부모님은 이미 계시지 않는다. 옛 시에 '불쌍하신 내 부모님, 나를 낳으시느라 애쓰셨네.'라는 대목이 있다. 내 어찌 부모님이 애쓰신 날에 잔치를 열어 즐길 수 있겠는가?[113]

불교와 도교의 교화는 본래 선행善行을 위한 것이다. 그런데 어째서 스님이나 도사들이 함부로 스스로를 존귀하다고 여겨 앉은 채로 부모의 배례拜禮를 받을 수 있다는 말인가? 이것은 풍속을 해치고 예법禮法을 어지럽히는 것이다. 즉시 금지하고 부모께 배례하도록 하라.[114]

당 태종의 '정관지치'는 훌륭한 군주와 신하가 만나서 함께 만들어낸 작품이었다. 그러나 태종은 후대로 갈수록 초기의 신중했던 태도가 변하게 되었다. 위징은 『정관정요』의 마지막 편에서 태종의 이러한 변화를 지적하였다.

정관 13년(639). 정관 초에는 어진 인재를 구하기를 마치 목마른 자가 물을 구하듯 하셨고, 인재를 믿고 그 장점을 취하셨습니다. 그렇지만 근년에 와서 폐하께서는 좋아하고 미워하심에 따라 사람을 임용하시고, 등용된 사람도 누군가가 비난하면 금방 내쳐 버리십니다. 그 바람에 이제는 바른 도리를 지키는 자는 소원해지고, 관직을 탐내는 자가 승진하는 상황이 되었습니다. (중략) 폐하께서는 처음에 존경하는 마음으로 신하를 대접하셨으나 몇 년 이래로 신하를 소홀히 대하고 계십니다. 지방관이 입조入朝하여 법기를 요청해도 예로 맞이하지 않으시고 돌연히 작은 과실을 허물하십니다.[115]

여기서 주목할 것은 태종이 자신의 단점을 매섭게 지적하는 위징의 말을 받아주고 상까지 내렸다는 점이다. 태종은 위징에게 '그대의 상소문을 받은 후 나는 계속 연구하고 토론하였는데, 말에 힘이 배어 있고 도리

---

113) 『貞觀政要』 29편, 「禮樂」.
114) 윗글.
115) 『貞觀政要』 40편, 「愼終」.

도 정확하다고 느꼈소. 그것을 병풍에 붙여놓고 아침저녁으로 공손한 마음으로 보고 있소. 또 베껴서 사관에게 주어 천 년 이후의 사람들이 군주와 신하 사이에 마땅히 준수해야 할 원칙을 알기 바라오.'라고 답하고, 황금 10근과 궁궐 안의 명마名馬 2필을 하사하였다. 태종의 이러한 포용력은 후대 제왕의 모범이 될 만하였다.

『정관정요』는 중국은 물론이고 한국과 일본에서도 제왕학 교재로 이용되었다.[116] 고려에서는 최승로崔承老가 활동하던 시기에 『정관정요』가 제왕학 교재로 이용되었고,[117] 조선에서는 태조 때부터 경연 교재가 되었다.[118] 영조는 『정관정요』의 서문을 작성하면서 '삼대三代의 다스림을 한漢·당唐 시대와 비교하면 왕도王道와 패도覇道로 구분할 수 있다. 그러나 자신의 능력으로는 한·당과 비교하여도 한참 멀었다'고 평가하였다.[119] 『정관정요』는 우리나라가 성리학을 수용하기 전부터 제왕학 교재로 가장 널리 읽은 책이었다.

당 태종과 인연이 있는 경연 교재로는 『정관정요』 이외에 『제범帝範』이 있다. 이는 648년 태종이 태자로 있던 고종을 가르치기 위해 편찬한 책으로, 제왕이 갖추어야 할 법도를 정리하였다. 『제범』은 군체君體, 건친建親, 구현求賢, 심관審官, 납간納諫, 거참去讒, 계영誡盈, 숭검崇儉, 상벌賞罰, 무농務農, 열무閱武, 숭문崇文 등 12개편으로 구성되었다. 조선의 세조는 이 책에 서문을 붙이고, 세자인 예종에게 지켜야 할 법도를 훈계한 『훈사訓辭』를 덧붙이기도 하였다.[120] 『제범』은 황제가 직접 편찬한 제왕학 교재라는 점에서 훗날 영조가 제왕학 교재를 편찬하는 모범이 되었다.

---

116) 일본에서는 가마쿠라(鎌倉) 시대부터 『정관정요』를 읽은 것으로 알려져 있다. 야마모토 시치헤이(山本七平) 지음, 고경문 옮김, 『帝王學 - 정관정요에서 배우는 리더의 자격』, 페이퍼로드, 2011, 261쪽 참조.
117) 김인호, 「여말선초 군주수신론과 『大學衍義』」 『역사와현실』 29, 1998, 81~88쪽.
118) 『太祖實錄』 권15, 太祖 7년 10월 丁未(5일).
119) 『列聖御製』 권34, 英宗大王 文, 「貞觀政要序」.
120) 『太宗帝範附音註解』, 규중1969.

(2) 『대학연의(大學衍義)』

『대학연의』는 주희朱熹(1130~1200)의 재전再傳 제자인 진덕수眞德秀(1178~1235)가 편찬한 책으로, 국왕에게 치세治世의 지침을 주기 위해 작성되었다. 주희는 『대학大學』을 삼대 성왕聖王의 정치와 교육이 담겨 있는 제왕학 교재로 파악하고, 군주가 이를 학습하여 삼대의 이상적 유교정치를 회복하기를 기대하였다. 주희는 『대학』을 수정하여 경經과 전傳으로 구분하고, 경에서는 명명덕明明德·신민新民·지어지선止於至善으로 구성되는 삼강령三綱領과 격물格物·치지致知·성의誠意·정심正心·수신修身·제가齊家·치국治國·평천하平天下로 구성되는 팔조목八條目을 설정하여 학문의 대체와 학문의 응용을 통해 평천하에 이르는 논리 체계를 제시하였다. 주희는 1174년 『대학장구大學章句』를 완성하였다. 이후에도 그는 개정 작업을 계속하여 『대학혹문大學或問』을 완성하였고, 이를 다시 수정하여 1189년 「대학장구서大學章句序」를 썼다. 진덕수는 주희의 『대학장구』와 『대학혹문』이 『대학』의 본지를 밝힌 책이라 평가하고, 스승인 주희의 작업을 보충하면서 『대학』의 뜻을 해석한다는 의미에서 책의 이름을 '대학연의大學衍義'라 하였다.[121] 그는 1229년(紹定 2)『대학연의』를 완성하고, 1234년(端平元) 송나라 이종理宗에게 책을 바쳤다.[122]

『대학연의』(43권)는 2강綱 4목目으로 구성되어 있다. 강綱에 해당하는 「제왕위치지서帝王爲治之序」와 「제왕위학지본帝王爲學之本」은 제왕이 습득하고 실천해야 하는 정치와 학문의 순서를 담은 것으로, 이 책의 총론에 해당한다. 목目은 『대학』 8조목의 순서를 따라 「격물치지지요格物致知之要」 「성의정심지요誠意正心之要」 「수신지요修身之要」 「제가지요齊家之要」로 구성되었다.

『대학연의』의 내용에 대해서는 조선 초기에 경연을 열자고 주장한 간관諫官의 발언에서 잘 나타난다.

---

121) 『大學衍義』 卷首, 「眞西山讀書記乙集上大學衍義序」.
122) 『四庫全書總目』 권92, 子部 儒家類2, 「大學衍義」

선유先儒 진덕수眞德秀가 『대학연의大學衍義』를 지어 경연에 올렸습니다. 그 책은 맨 처음이 제왕의 정치하는 차례[帝王爲治之序]이고, 다음은 제왕의 학문하는 근본[帝王爲學之本]이어서, 자신의 몸과 마음에서 시작하지 않는 것이 없습니다. 이것이 이른바 강綱입니다.

맨 처음이 도술道術을 밝히고, 인재人材를 변별辨別하며, 정치하는 대체大體를 자세히 살피고, 민정民情을 살피는 일이니, 격물치지格物致知의 요령要領입니다. 다음이 경외敬畏를 숭상하고, 일욕逸欲을 경계하는 것이니, 성의 정심誠意正心의 요령입니다. 다음이 언행言行을 삼가고, 위의威儀를 바르게 하는 것이니, 수신修身의 요령입니다. 다음이 배필配匹을 소중히 여기고, 내치內治를 엄격히 하며, 국본國本을 정하고, 척속戚屬을 가르치는 일이니, 제가齊家의 요령입니다. 이것이 이른바 목目입니다.

맨 처음에 성현聖賢의 훈전訓典으로 시작하고, 다음에는 고금古今의 사실事實로 편차하여, 군주가 마땅히 알아야 하는 이치와 마땅히 해야 하는 일이 여기에 갖추어 나타납니다.[123]

『대학연의』의 본문은 매 조목마다 제일 앞에 성현들의 모훈典訓을 기록하고, 다음에 고금의 사적事迹을 기록하며, 그 다음에 역대 학자들이 경전과 역사서를 논하면서 발명한 것이 있는 것, 마지막에 진덕수 자신의 견해를 첨부하는 방식으로 작성되었다.[124] 이 책에서 참고한 경서經書에는 오경五經 사서四書, 『효경孝經』, 『춘추좌전春秋左傳』 등이 있으며, 역사서에는 『사기史記』『한서漢書』『구당서舊唐書』『신당서新唐書』『자치통감資治通鑑』 등이 있다. 따라서 『대학연의』는 정치서와 역사서, 철학서를 종합한 형태를 보여주며, 이는 경학, 사학, 이학理學이 종합되고 절충되었던 송나라 말기 경사학經史學의 영향을 받은 것으로 보인다.[125] 『대학연의』의 장점은 내용

---

123) 『太祖實錄』 권2, 太祖 1년 11월 辛卯(14일).
　　"先儒眞德秀作 『大學衍義』, 以進經筵. 其書首之以帝王爲治之序, 次之以帝王爲學之本, 莫不自身心始, 此所謂綱也. 首之以明道術·辨人材·審治體·察民情者, 格物致知之要也. 次之以崇敬畏·戒逸欲者, 誠意正心之要也. 次之以謹言行·正威儀者, 修身之要也. 次之以重配匹·嚴內治·定國本·敎戚屬者, 齊家之要也. 此所謂目也. 首之以聖賢之訓典, 次之以古今之事實, 人君所當知之理, 所當爲之事, 備見於此."
124) 『大學衍義』 卷首, 「尙書省箚子」.
125) 李範鶴, 「眞德秀 經世理學의 成立과 그 背景」 『韓國學論叢』 20, 1997, 162~

이 간략한 『대학』을 보완하면서 풍부한 사례를 제시하여 쉽게 참고할 수 있다는 것이었다. 『대학연의』를 읽으면 제왕이 정치를 하는 데 필요한 실제적 사례들을 파악하기에 편리하였기 때문에 이내 제왕학의 교재가 되었다.

진덕수는 『대학연의』 서문에서 '격물치지지요格物致知之要, 성의정심지요誠意正心之要, 수신지요修身之要, 제가지요齊家之要라는 네 가지 도리를 터득하면 치국治國과 평천하平天下는 그 속에 있다'고 하였다.[126] 『대학』의 8조목 가운데 체體에 해당하는 4조목(격물·치지·성의·정심)과 용用에 해당하는 2조목(수신·제가)을 실천하면, 나머지 2조목(치국·평천하)은 자연히 해결되는 것으로 간주한 것이다. 이는 인재를 분변하고, 나라를 다스리며, 언행을 조심하고, 위의威儀를 바르게 하는 등 제왕이 실제로 실천하는 일들을 격물과 수신 사이에 위치시켜 제왕에게 근본에 힘쓸 것을 중시한 발언이었다.[127] 이는 이른바 '화가위국化家爲國'이라는 관점에서 특히 제가齊家 부분에 치국과 평천하의 내용이 포괄될 수 있다고 보는 입장이었다.[128]

『대학연의』는 성리학의 성왕聖王상에 입각하여 제왕을 성인聖人으로 만들겠다는 목표를 가졌다. 종래의 제왕학에서는 제왕이 반드시 성인이 될 것을 요구하지는 않았다. 제왕의 독자적 영역을 인정하면서 일정한 부분에서 책임을 묻고 훌륭한 정치를 할 것을 주문하는 정도였다. 그러나 『대학연의』에서는 제왕을 수신의 주체로 삼아 심성心性을 수양할 것을 강하게 요구하였다. 이는 군주권의 자의적 행사를 방지하는 도덕적 장치로서 군주의 권한을 일정하게 제약하는 요소로 작용하였다.

『대학연의』에는 존군尊君적 요소도 있었다. 『대학연의』는 한漢·당唐의 군주에게 일정한 의의를 부여하였고, 한 광무제光武帝나 당 태종太宗에 대해

164쪽.
126) 『大學衍義』 卷首, 「序」. "四者之道, 得則治國平天下, 在其中矣."
127) 李焯然, 「聖人之學與帝王之學」, 『儒學國際學術討論會論文集』, 齊魯書社, 1987.
128) 趙南旭, 「세종의 정치이념과 『大學衍義』」 『儒教思想研究』 23, 2005, 35~36쪽.

서는 높은 평가를 하였다. 특히 당 태종에 대해서는 여러 대목에서 칭송하였다. 진덕수는 효에 대한 설명에서 태종이 생일날 부모의 노고를 생각하여 잔치를 하지 않은 사례를 극찬하였다. 또한 진秦 한漢 이래로는 당 태종만큼 수신에 힘을 써서 간신奸臣이 그 틈을 엿보지 못한 사례가 없다고 평가하였다. 그러나 조선전기의 국왕들이『대학연의』를 인용하는 것을 보면, 군주의 심성 수양보다는 존군尊君적 요소를 강조하였다. 국왕의 관심은 국왕 자신의 수신보다는 신하들의 존군에 있었던 것으로 이해된다.[129]

『대학연의』는 원나라와 명나라에서 가장 중요한 제왕학의 교재로 사용되었다. 우리나라에서는 고려 말에『대학연의』가 도입되면서 새로운 제왕학 교재로 주목받았고, 조선시대의 경연에서 주요 교재가 되었다. 특히 태조, 태종, 세종, 문종, 중종은『대학연의』를 애독한 국왕이었다.[130]

명대에는 진덕수의『대학연의』를 보완하는 교재도 나타났다. 구준丘濬(1420~1495)이 1487년(성화 23) 편찬한『대학연의보大學衍義補』는 진덕수가『대학연의』에서 빠트렸던 치국과 평천하 부분을 대폭 보강한 책이다.『대학연의보』는 영조와 정조가 경연에서 애독하였다.

조선 성종 대에 이석형李石亨(1415~1477)은『대학연의』를 요약한『대학연의집략大學衍義集略』을 편찬하였다. 이는『대학연의』에서 경서經書를 인용한 부분을 생략하고 사서史書에서 인용한 사실史實을 중심으로 제왕에게 가장 절실한 내용으로 구성하였다.[131]

정조는 1799년(정조 23)『대학유의大學類義』를 편찬하여 제왕학 교재로 사용하였다. 이는『대학』의 원문을 기본으로 하면서『대학연의』와『대학연의보』의 해당 내용을 편집한 책으로,『대학연의』와『대학연의보』의 핵

---

129) 정재훈,『조선전기 유교 정치사상 연구』, 태학사, 2005, 120~123쪽; 142~143
    쪽; 328~329쪽.
130) 池斗煥,「朝鮮前期『大學衍義』이해 과정」『泰東古典研究』10, 1993.
    진덕수 지음, 이한우 옮김,『大學衍義 上』, 해냄, 2014, 16~28쪽.
131) 정재훈, 윗책, 2005, 143~149쪽.

심만 간추려 군주와 신료들이 쉽게 학습할 수 있도록 하였다.[132]

(3) 『성학집요(聖學輯要)』

『성학집요』(8권)는 1575년(선조 8) 이이李珥(1536~1584)가 편찬한
책으로, 선조宣祖에게 성학聖學을 가르치기 위해 작성되었다. 『성학집요』는
『대학연의』를 모범으로 하였다는 점에서 '조선판 『대학연의』'라 할 수
있고, 조선의 유학자가 만든 제왕학 교재라는 점에서 주목된다. 이이는
『대학연의』가 제왕학으로 들어가는 지침이 되지만 권수가 너무 많고 문
장이 산만하다는 점을 지적하였다.

> 서산 진씨西山眞氏(眞德秀)는 『대학』의 요지를 미루어 넓혀 『대학연의』를
> 만들었습니다. 이는 경전을 널리 인용하고 역사책을 두루 끌어들여, 학문의
> 근본과 다스림의 차례가 환하게 체계적으로 드러나면서도 군주의 몸에 중
> 점을 두었으니, 참으로 제왕의 도道에 들어가는 지침입니다. 다만 권수가
> 너무 많고 문장이 산만하여 사건의 경과를 기록한 글과 같고, 참다운 학문의
> 체계는 아닙니다. 참으로 아름답기는 하나 모두 좋지는 않습니다.[133]

『성학집요』는 통설統說, 수기修己, 정가正家, 위정爲政, 성현도통聖賢道統 다
섯 부분으로 구성되며, 본론에 해당하는 수기·정가·위정은 『대학』의 논
리를 그대로 인용하여 정리한 것이다. 수기편은 정가편이나 위정편에
비해 분량이 많고 세부 목차가 자세하며, 군주君主의 수기보다 군자君子의
수기로 설명하였다. 이는 군주의 지위에 있어도 군자가 되어야 훌륭한
군주가 될 수 있다는 입장이었다.[134]

『성학집요』에 나타나는 군주상은 성리학의 보편적 논리를 따르는 존
재였다. 다른 제왕학 교재처럼 군주를 기준으로 하여 군주에게 필요한

---

132) 김문식, 「正祖의 帝王學과 『大學類義』 편찬」, 『奎章閣』 21, 1998 참조.
133) 『栗谷先生全書』 권19, 聖學輯要 1, 「序」.
134) 이이는 『聖學輯要』을 올리는 箚子에서 이 책은 제왕뿐만 아니라 아래 사람에게
　　도 적용된다고 하였다(『栗谷先生全書』 권19, 聖學輯要 1, 「進箚」. "嘗欲裒次一
　　書, 以爲領要之具, 上以達於吾君, 下以訓於後生").

것을 설명하는 것이 아니라, 천자天子에서 서인庶人에 이르는 수기의 방법을 모색하되 군주도 동일한 적용 대상이라는 관점이었다. 그리고 군주상의 모범으로 제시되는 것은 삼대의 이상적 군주였다. 이이는 『대학연의』에서 제시했던 한·당의 제왕을 배제하고 삼대의 정치를 회복할 것을 추구하였다.

위정편은 『대학』의 치국·평천하에 해당하는 것으로 총론總論, 용현用賢, 취선取善, 식시무識時務, 법선왕法先王, 근천계謹天戒, 입기강立紀綱, 안민安民, 명교明敎, 위정공효爲政功效 등 10장으로 구성되었다. 이중에서 핵심은 용현장으로, 위정편의 절반을 차지할 정도로 많은 분량을 차지하였다. 『대학연의』에서는 신하를 선택하는 것을 격물치지의 영역에 포함시켜 제왕의 개인적 일로 보았지만, 『성학집요』에서는 국왕이 정치를 할 때 가장 중요한 일로 파악한 것이다. 이이는 수기편과 정가편에서 제시한 군주의 목표를 어진 인재의 등용으로 귀결시켰고, 군주가 현명한 인재를 등용한 후 그에게 국정을 위임委任하라고 주장하였다.[135]

다음은 용현장의 결론에 해당하는 구절이다.

신이 살피건대, 어진 이는 국가의 기용器用입니다. 나라를 다스리려 하면서 어진 이를 구하지 않은 것은 노를 버리고 강을 건너려는 것과 같습니다. (중략) 군주는 반드시 먼저 이치를 궁구하고 말을 알아서 권도權度가 틀리지 않아야 어진 이를 알아볼 수 있습니다. 아는 것이 매우 밝아 폐부肺腑까지 통찰해야만 서로 믿을 수 있습니다. 믿는 것이 매우 돈독하여 부절符節같이 합하여야 서로 기뻐할 수 있습니다. 기뻐함이 매우 친해져서 부자와 같이 되어야 위임할 수 있습니다. 위임하기를 온전히 하되 의심하지 말고 간섭하지 않은 다음에야 도道가 행해지고 다스림을 이룰 수 있습니다.[136]

---

135) 정재훈, 윗책, 2005, 317~336쪽.
136) 『栗谷先生全書』 권24, 聖學輯要 6, 「爲政上」.
　"臣按, 賢人者, 有國之器用也. 求治而不求賢, 猶捨舟楫而求濟川也. …… 雖然, 人君必先窮理知言, 權度不差, 然後可以識賢矣. 知之甚明, 肺肝洞照, 然後可以相信矣. 信之甚篤, 如合左契, 然後可以相悅矣. 悅之甚親, 恩如父子, 然後可以委任矣. 任之甚專, 不貳不參, 然後可以行道致治."

『성학집요』의 마지막 편 「성현도통」에서는 도통道統이 군상君相에게 있으면 도가 당대에 행해져 그 혜택이 후세에 이르고, 도통이 필부匹夫에게 있으면 도가 세상에 행해지지 않고 후학에게 전해질 뿐이라고 하였다. 이는 군주와 신하를 모두 세상을 구제하는 존재로 본 것으로, 신하는 군주에 의해 일방적으로 선택되는 존재가 아니라 군주가 세상을 다스리는 데 반드시 필요한 동반자였다.[137]

진덕수는 『대학연의』에서 삼대의 이상적 군주를 모델로 상정하고 역사적 현실에서 나타나는 다양한 사례를 통해 『대학』의 논리대로 이뤄가려 하였다. 이에 따라 제왕 중심의 존군尊君적 측면이 부각되었고 한漢·당唐의 제왕도 모범적 사례로 제시되었다. 그러나 이이는 『성학집요』에서 군주를 사대부의 일원으로 위치시키고, 사대부의 입장에서 사대부의 논리를 따라야 하는 존재로 만들었다. 『성학집요』에서 군주는 수기를 통해 성취한 인격으로 훌륭한 신하를 등용할 수 있는 안목을 갖추는 것이 중요하였고, 실제 정치에서 군주는 현명한 신하와 함께 혹은 그 신하에게 권한을 대폭 위임하는 것으로 정리되었다.[138]

(4) 『어제자성편(御製自省編)』

『어제자성편』은 1746년(영조 22) 3월 영조가 직접 편찬한 제왕학 교재이다.[139] 이 책은 유교 경전과 역사서에서 개인의 수양과 국가의 정치에 유익한 항목을 간추려 편집하였다. 책의 편찬과 교정은 영조의 경연관들이 담당하였고, 금속활자인 정유자丁酉字로 인쇄하여 보급하였다.

『어제자성편』은 원래 사도세자思悼世子에게 제왕학을 가르치기 위해 작성한 교재였다. 영조가 이 책을 편찬한 시점은 사도세자의 대리청정을

---

137) 『栗谷先生全書』 권26, 聖學輯要 8, 「聖賢道統」.
   "道統在於君相, 則道行於一時, 澤流於後世. 道統在於匹夫, 則道不能行於一世, 而只傳於後學."
138) 정재훈, 『영조의 독서와 학문』, 한국학중앙연구원출판부, 2015, 115~117쪽.
139) 영조의 『御製自省編』에 대해서는 김문식, 「영조의 제왕학과 『御製自省編』」 『藏書閣』 27, 2012를 참조.

앞두고 있을 때였다. 그는 궁중에서 편안하게 자란 사도세자에게 특별한 교육이 필요하다고 판단하였다. 영조는 자신이 일상생활에서 절실하게 느끼고 국왕으로서 경험한 바를 사도세자에게 전수하려 하였고, 세자가 사망한 후에는 세손이던 정조正祖에게 동일한 기대를 하였다.

『어제자성편』의 체제는 서문序文, 내편內篇, 외편外篇, 발문跋文으로 구성되어 있다. 서문과 발문은 영조가 직접 작성한 것을 우부승지 이철보李喆輔가 필사하여 목판으로 제작하였다. 내편은 개인의 수양에 관한 것으로 유교 경전을 많이 인용하였고, 외편은 국가의 정치에 관한 것으로 주로 역사서를 인용하였다.[140] 내편과 외편의 앞에는 영조가 지은 시가 한 편씩 있다. 내편은 '심心'을 주제로 하였고, 외편은 '기幾'를 주제로 하였다. 그 내용은 다음과 같다.

마음[心]
내 몸의 주인이자 온갖 교화의 근본이다.
천리를 따르면 공公이요, 인욕을 따르면 사私이다.
一身之主, 萬化之本. 順理則公, 縱欲則私.

본연의 착한 성性을 하늘로부터 받았으니,
이를 채우고 배양하면 성현이 될 수 있네.
공부하고 물으며 인욕을 막으려면,
자신을 살펴 다스리기를 반드시 먼저 해야 하네.
本然性善稟於天, 充養可能爲聖賢.
做工若問遏人欲, 省察克治必也先.

기미[幾]
선악이 나눠지는 곳이자 치란이 판별되는 곳이다.
처음을 삼가 해야 마지막의 아름다움을 이룰 수 있다.
善惡之分, 治亂之判. 克愼乎始, 允臧乎終.

---

140) 『御製自省編』, 卷首, 「御製自省編首序」.

덕 있는 가르침과 정치의 계책은 오직 사람에게 달려 있으니,
내 백성의 고락은 바로 나의 몸에 달려 있네.
나라 다스리는 법을 알려면 무엇을 먼저 할까,
기미를 깊이 살펴 어진 신하를 등용하네.
德教政謨惟在人, 吾民苦樂卽余身.
治國欲知何以先, 幾微深察任賢臣.

『어제자성편』은 영조가 생각나는 것을 수시로 기록하였기 때문에 체제가 잘 갖춰지지는 않았다. 영조는 서연과 경연에서 학습하였던 경전과 역사서, 조선 세종世宗과 숙종肅宗을 비롯한 선왕들의 행적, 영조 자신의 정치와 경험을 재료로 사용하였다. 영조는 이 책에서 『소학』의 실천을 강조하고, 『역대군감歷代君鑑』, 『역대신감歷代臣鑑』, 『대학연의보大學衍義補』 같은 서적을 인용하였으며, 『주례周禮』와 주관周官의 제도를 주목하였다.

영조가 『어제자성편』에서 가장 강조한 것은 조선 왕실의 가법家法을 따르라는 것이었다. 그는 조선 초에 편찬된 『국조오례의國朝五禮儀』와 『경제육전經濟六典』이 조선의 『주례』에 해당하는 책이며, 자신은 이를 보완하는 『속오례의續五禮儀』와 『속대전續大典』을 편찬하고 『어제자성편』을 지었다고 하였다. 그는 이 책을 읽는 후계자에게 자신의 행적을 계승하면서 부족한 점을 보완해 달라고 요청하였다. 왕실의 가법을 제대로 계승한 후계자가 되라는 당부였다.

우리나라가 문헌을 크게 갖춘 것은 실로 우리 성조聖朝로부터 말미암은 것이다. 나라의 『국조오례의』와 『경제육전』은 바로 옛날의 『주례』이니 절문節文과 과조科條가 찬연히 구비되었다. 그런데 더러는 추가로 보충하지 않을 수 없는 것이 있어, 겨우 『속오례의』와 『속대전』을 편수하였고, 지금 다시 『어제자성편』을 지었다.
옛사람은 '요순을 본받으려면 조종祖宗을 본받아야 한다.'고 하셨다. 정일精一의 훈계는 바로 우리 가문이 전수한 심법心法이다. 아 원량元良(사도세자)은 이런 뜻을 본받아 정령政令과 시위施爲에서 반드시 조종을 본받으면, 내가

실천하지 못하고 탄식하며 글을 지은 뜻이 너로 인해 보충될 것이다. 마땅히 힘써야 한다.[141]

　영조는 자신이 13세가 되어서야 학문을 처음 배울 정도로 늦었지만 태만하지 않았던 것은 조가朝家의 법이 엄격하였기 때문이라고 하였다. 영조가 받은 가법은 '근신謹愼'이라는 두 글자였다. 그는 만백성의 위에 군림하는 군주가 경외할 대상은 황천皇天과 조종祖宗이지만 '대신을 공경하라' '백성을 두려워하라'는 경서의 가르침을 보면 상하에 경외하지 않을 대상이 없다고 하였다.

　영조는 모범이 되는 국왕으로 세종과 숙종을 거론하였다. 그는 세종이 한글을 만든 공적을 극찬하면서, 세종이 성인聖人이 아니라면 한글과 반절을 만들지 못하였을 것이라고 하였다.

　　한글諺書은 우리나라 방언이므로 사람들이 모두 소홀히 한다. 그런데 이
　　것이 아니면 어떻게 경전을 번역하겠는가? 나는 반절反切에 대해 처음에는
　　그 묘한 것을 알지 못하였다. 나이가 들어 잠들지 못하다가 깨달았으니
　　아 성인聖人이 아니라면 누가 이것을 만들 수 있었겠는가? 우리 영묘英廟(세
　　종)께서 만세를 위해 만드신 것이니 아 성대하도다. 그 속에 지극한 이치가
　　있으므로 보는 사람은 이를 잘 음미하여 스스로 터득해야 할 것이다.[142]

　영조는 부친인 숙종으로부터 많은 영향을 받았다. 그는 숙종에게서 하늘을 공경하고 백성을 사랑하는 것을 배웠고, 군주는 항상 천명의 움직임과 민심民心의 향배를 살펴야 한다고 하였다.

　　내가 얕은 덕德에 무능하지만 오늘까지 잊지 않는 한 가지 생각은 경천敬天

---

141) 『御製自省編』, 卷末, 「御製自省編後跋」.
142) 『御製自省編』「外篇」.
　　"諺書, 我國方語, 故人皆忽也. 而非此, 何以飜解經傳乎? 予於反切, 初未識其妙處
　　矣. 晚後, 因無睡而覺悟, 噫, 非聖人, 雖能制此也? 我英廟, 爲萬世制作, 猗歟盛
　　哉. 其中, 至理存焉. 覽者, 其宜玩味而自得焉."

과 애민愛民이다. 아, 얕은 덕에 어찌 이것을 알 수 있겠는가. 다만 예전에 시탕侍湯하면서 우러러 본 것이 익숙하다. 비록 고요히 휴식하는 중이라도 시어侍御에게 명하여 관상觀象하게 하고, 묘당廟堂에 신칙하여 휼민恤民하게 하셨다. 이는 자교慈敎에 상세히 기록되어 있고『국조보감國朝寶鑑』에도 갖추어 기록되어 있다. 예전에 공경하던 바를 따르고 예전에 사랑한 바를 본받는 것이 바로 자식의 상도常道이다.[143]

영조는 숙종이 공물貢物 중에 살아있는 짐승이 있으면 어원御苑에 놓아주었던 일을 떠올리며, 자신도 이를 본받아 살아있는 생물은 놓아준다고 하였다. 국왕의 성덕聖德이 미물에까지 미침을 보여주는 행동이었다. 영조는 숙종에게 '양성養性'이란 헌명軒名을 받은 것을 언급하며 '성性을 함양하라'는 두 글자를 원량(사도세자)에게도 준다고 하였다. 원량이 숙종과 영조를 계승하여 자신을 수양하고 나라를 잘 다스리라는 당부였다.

영조는『어제자성편』에서 자신이 직접 경험한 일도 언급하였다. 그는 가을철에 능행陵幸을 하는 것은 당연한 일이지만 혹시나 군민軍民이 다치지나 않을까 걱정하는 마음이 있다고 하였고, 인재를 등용할 때 용모나 말하는 것만으로 그 사람의 능력을 파악하기는 어렵다고 하였다. 영조는 자신의 부끄러운 경험도 고백하였다. 간관諫官의 직언에 화가 나서 하마터면 그를 죽일 뻔한 일이 있었다는 이야기였다.

내 비록 덕이 적은 사람이지만 옛 기록을 보면 마음에 경계되는 것이 깊다. 더러는 화가 나서 중도中道를 넘은 것이 많았는데, 측근의 보좌가 아니었으면 간관을 죽였다는 이름을 얻을 뻔하였다. 부끄럽지 않으며 두렵지 않은가? 이를『속대전』에 기록하라고 명령하였다. 아 원량元良은 이를 살펴 본받을지어다.[144]

영조가 세자와 후대 국왕을 위해 편찬한 교재는『어제자성편』만이 아

---

143)『御製自省編』「內篇」.
144)『御製自省編』「外篇」.

니었다. 그가 편찬한『어제대훈御製大訓』,『어제상훈御製常訓』,『어제심감御製心鑑』,『어제정훈御製政訓』,『어제경세문답御製警世問答』은 모두 국왕이 경연에서 학습하였던 교재였다. 1775년(영조 51) 영조는 대리청정을 앞둔 세손 정조에게『어제자성편』과『어제경세문답』을 가르치라고 하였다. 그 이유는 이 두 책에 영조의 심법心法과 사업事業이 담겨있었기 때문이다.[145]

영조는 제왕학 교재를 직접 편찬하여 세자와 후대 국왕에게 배우라고 하였다. 이는 국왕이 경연을 통해 신하에게 제왕학을 배우는 수동적 존재가 아니라, 당대의 학문을 주관하고 정국을 주도적으로 운영하는 군사君師임을 의미하였다.

이상에서 보면 제왕학 교재에 표출된 리더십관은 공자의 정치사상을 실현하려는 것으로, 국왕 교육을 통해 도덕성을 함양하는 수기修己의 차원과 인재를 선발하여 적재적소에 배치하고 백성들을 돌보는 치인治人의 차원이 있었다. 제왕학 교재에서는 국왕이 수기와 치인을 이루어 유학에서 이상시하는 삼대 성왕聖王의 리더십을 갖추는 것을 목적으로 하였다.

2) 국왕의 훈유서(訓諭書)에 표출된 리더십관

국왕의 훈유서訓諭書란 국왕이 세자와 신민臣民에게 내리는 훈서訓書와 유서諭書를 말한다. 국왕의 훈서는 세자와 관리에게 내리는 훈계의 말이고, 유서는 관리와 백성에게 내리는 명령서였다. 국왕은 국가의 최고 지도자이자 세자의 부친으로서 세자가 훌륭한 군주로 성장하기를 기대하며 많은 훈서를 내렸다. 이하에서는 세조와 숙종이 세자에게 내린 훈서를 살펴보자.

1458년(세조 4) 10월에 세조는 세자(예종)에게『어제훈사御製訓辭』를 내렸다.[146] 당시 세자의 나이는 9세였다. 세조는 이 글을 지은 다음에

---

145)『英祖實錄』권125, 英祖 51년 11월 癸巳(20일).
　　"上曰, '子意如此, 卿等不知, 誠慨然矣. 欲授心法於沖子, 『自省編』·『警世問答』, 卽予之事業也.'"

서문까지 직접 써서 세자에게 주었고,[147] 1506년(중종 1) 운각芸閣에서는 이를 목판본으로 간행하였다.

세조가 작성한 『어제훈사』의 서문을 보면, 세조의 부인이던 정희왕후 貞熹王后까지 세자의 장래를 우려하였다. 세조는 세종의 둘째 아들로 태어나 조카인 단종을 밀어내고 어렵게 왕위에 올랐으므로 자식인 예종은 태평한 세상에서 군주가 되기를 바라며 훈계의 글을 내렸다.

> 부모父母가 너를 교육시키려 하였던 것이 한 가지가 아니다. 네가 외로운 몸으로 장차 종사宗社를 부탁받게 되면, 사람과 하늘이 애처롭고 가엾게 여길 것이니 이 뜻을 본받도록 하라. 오늘 아침에 너의 모친이 나와 세상일을 의논하다가 참소讒訴가 두려울 만하다는 데 이르러 말하였다. "참소하는 사람은 반드시 앙화殃禍를 받아야 합니다." 내가 말하기를 "좋은 말씀이오. 그저 참소를 당한 사람을 용서할 뿐이오. 공자孔子의 뜻도 이에 불과하오." 하였다. 너의 모친이 감탄하기를 "참으로 그렇습니다. 모름지기 이 뜻을 알아야 합니다." 하였다.
>
> 내가 곧 마음속으로 감동하고 '나는 어려움을 당하였으나 너는 태평함을 만나야 된다.'라고 생각하였다. 일이란 세태에 따라 변하는 것이다. 만약 네가 나의 선례先例에 구애되어 변통變通할 줄을 모르면, 이는 이른바 '원착 방예圓鑿方枘(둥근 구멍에 네모 난 자루와 같이 사물이 서로 맞지 않는 일)'인 것이다. 이 때문에 간략하게 훈사訓辭를 지어 너에게 주어 평생토록 몸에 지니는 물건으로 삼게 한다. 너는 모름지기 잊지 말아라.

세조의 『어제훈사』는 항덕恒德, 경신敬神, 납간納諫, 두참杜讒, 용인用人, 물치勿侈, 사환使宦, 신형愼刑, 문무文武, 선술善述 등 10장으로 구성되었다. 그 내용을 요약하면 다음과 같다.

---

146) 『世祖實錄』 권14, 世祖 4년 10월 壬戌(8일).
147) 『列聖御製』 권4, 世祖大王, 文, 「賜世子訓辭并序」.
　　 "[臣崔恒『太虛亭集』曰, '訓辭者, 我殿下手製而序之, 而賜世子之書也.' …… 又臣李克堪跋文曰, '殿下一日御製訓辭十章, 親付世子. 命臣跋其尾.']"

항덕恒德, 한결같은 덕을 가져라. 배필配匹을 중重하게 여기고 대신大臣을 공경하며, 어진 신하를 가까이 하고 소인小人을 멀리 하라. 동정動靜을 삼가고 주고받는 것을 자세히 살펴라. 군주가 놀기를 좋아하면 너그러움이 많아지고, 너그러움이 많으면 업신여김을 받게 되어 기강紀綱이 무너진다. 종친宗親과 모이면 아랫사람에게 예禮로 접대하고, 조금이라도 착함이 있으면 상賞을 주고, 조금이라도 허물이 있으면 벌을 주어라.

경신敬神, 신을 공경하여 섬겨라. 눈앞에 보이는 것은 사람이고 눈으로 볼 수 없는 것은 신神이다. 사람을 학대할 수 없는데 신을 어떻게 업신여길 수 있겠는가? 신을 업신여기고 백성을 학대하면, 복록福祿이 저절로 없어질 것이다.

납간納諫, 간언을 받아들여라. 군주가 재능, 덕德, 공功이 있으면 우쭐하여 자신만한 사람이 없다고 생각한다. 그러면 반드시 자기가 옳다 하고 간諫하는 것을 거절하게 되며, 바른 말을 하는 자가 없어지게 된다. 이로 인해 군주는 고립되고 조언하는 자가 없으며, 세상일에 어둡고 폐단도 알 길이 없어 결국은 국가가 망하게 된다.

두참杜讒, 참소讒訴를 막아라. 군주는 항상 너그럽게 용서하고, 죄가 없는데 원통하게 될 것을 걱정하여 항상 하정下情을 살펴야 한다. 그러면 참소가 없어질 것이다.

용인用人, 사람을 쓸 때는 그 마음을 취하고 재주에서 취하지 말라. 마음을 취하는 방법은 부자·형제에게 구할 뿐이니, 육친肉親에게 화목하지 못하면서 임금에게 충성한 자는 없었다. 자상하고 은혜로운 사람은 반드시 아랫사람의 마음을 얻어 많은 세력이 있는 자이니, 여러 사람의 힘이 한 마리의 힘센 곰보다 못할 수 있겠는가?

물치勿侈, 사치하지 말라. 군주가 귀하게 되고 나라가 부유하면, 악공樂工과 재인才人은 그 마음에 들려 하고 반드시 사치한 마음이 생긴다. 어질고 성스러운 군주는 띠로 지붕을 잇고, 통나무 서까래로 집을 지으며, 채소를 먹고

술을 마시지 않으며, 잔치 때에도 진귀한 음식을 구하지 않았다. 백성을 위해 정사政事를 부지런히 할 뿐이다.

사환使官, 군주가 궁중에 있으면 중사中使가 명령을 전하는 것은 불가능하다. 분명한 신념이 없이 구설口舌로만 듣는 것은 온갖 폐단의 원인이 되니, 항상 외신外臣을 만나 정사政事를 들어야 한다. 손으로 써서 보내는 것도 괜찮으며, 명령을 전하는 자를 바꿔가며 맡겨야 한다.

신형愼刑, 형벌을 신중히 하라. 국가에서 가장 신중히 할 일은 사람을 지나치게 형벌함이 없도록 하는 것이다. 형벌을 억울하게 하여 공초供招를 받으면 원한을 품고 죽게 된다.

문무文武, 학문을 일으키고 무예를 익혀라. 술을 좋아하지 말고 대신을 자주 접하며, 사냥을 폐하지 말고 군사 훈련을 엄하게 하라. 항상 학문과 무예를 익히고, 농상農桑을 권하고 비용을 절약하며, 교화敎化에 힘쓰고 금망禁網을 완화하라.

선술善述, 부모의 뜻을 좇아라. 나는 세종世宗 시대에 부모의 마음을 내 마음으로 삼고, 명령에 어긋남이 없이 행동하며, 가르치고 경계하는 것을 기록하지 않은 것이 없다. 말년에 문종文宗과 함께 직접 유교遺敎를 받았는데, 지금까지 한 것은 모두 유교로 받은 것이다. 예로부터 부모의 일을 다 성취한 자는 없으니, 어느 겨를에 자기 일을 이룰 수 있겠는가?[148]

　　세조가 세자인 예종에게 한결같은 덕을 가지고 신을 공경하며 사치하지 말고 학문과 무예를 갖추라고 요구한 것은 수신修身의 차원에 해당하는 가르침이었다. 세조는 세자에게 상벌을 엄격하게 하고, 자신을 낮추어 간언을 받아들이라고 하였으며, 사람을 쓸 때에는 반드시 마음을 살펴 세력이 많은 사람을 쓰라고 하였다. 또한 환관宦官에게 자신의 말을 전하게 할 때에는 사람을 바꾸고, 항상 외신外臣을 만나 정사를 들어야 한다고

---

148) 『世祖實錄』 권14, 世祖 4년 10월 壬戌(8일).

한 것은 치인治人 차원의 가르침으로 바로 제왕학에 해당하였다. 마지막으로 부모의 뜻을 좇으라는 것은 조선 왕실의 가법家法을 잘 따르라는 말이었다. 세조 자신이 부친인 세종의 뜻을 따라 살아왔듯이 세자도 자신의 뜻을 따라 살아간다면, 개인적으로는 효孝를 실천하고 국가적으로는 민생의 안정을 가져올 수 있다는 가르침이었다.

1694년(숙종 20) 1월 숙종은 세자 경종에게 경계하는 10개 잠[儆戒世子十箴]을 지어주고, 이를 세자의 처소에 높이 걸어놓고 가슴에 새기라고 지시하였다. 당시 경종의 나이는 7세였다. 이날 숙종은 주희가 작성한 것으로 알려진 『소학小學』 서문을 작성하고, 세자의 서연書筵이 열리던 시민당時敏堂의 명銘과 서문을 작성하였다. 숙종은 시민당의 명에서 백성들의 장래가 세자에게 달려있다고 전제하고, 세자는 학문을 연마하는데 힘쓰고, 귀와 눈의 노예가 되지 말며, 환관을 가까이 하지 말라고 당부하였다.

> 온 백성이 나라의 원량元良에게 달려있어, 학문을 부지런히 하느냐에 흥망
> 이 결정된다.
> 우리 성조聖祖와 선왕先王께서는 춘궁春宮에서 덕을 닦으며 게으름이 없으
> 셨다.
> 서연과 야대夜對를 하시느라 수라를 들 겨를도 없었다.
> 성의誠意가 부지런하여 서로가 더욱 드러나셨다.
> 지극하고 극진함이 우왕禹王·탕왕湯王을 넘어섰다.
> 아! 너는 이를 본받아 과오를 저지르거나 잊지 말아라.
> 귀와 눈의 노예가 되지 말고, 환관宦官을 가까이하지 마라.
> 방정한 선비를 좌우에 모시고 강직한 인물을 앞뒤에 두어라.
> 날마다 부지런히 힘써서 쉬지 말고 스스로 노력하여라.
> 그 덕이 날로 닦여지면 하늘이 주신 복록이 날로 창성하리라.[149]

---

149) 『肅宗實錄』 권26, 肅宗 20년 1월 乙卯(17일).
"萬民攸繫, 一國元良, 學之勤否, 實判興亡. 粤惟聖祖, 暨我先王, 毓德春宮, 罔有怠荒. 書筵夜對, 玉食未遑, 誠意藹然, 相得益彰. 至矣盡矣, 邁古禹湯, 嗟汝體法, 不愆不忘. 不役耳目, 不邇貂璫, 左右正士, 前後剛方. 惟日孜孜, 無息自强, 厥德日修, 天祿日昌."

숙종이 그 다음에 작성한 잠은 주나라 문왕이 하루에 세 번 문안하는 것을 본받고, 현명한 인사를 가까이 하며, 강학에 힘쓰고, 혼자 있을 때를 조심하며, 안일한 것을 경계하고, 충언忠言을 받아들이며, 참소하는 말을 미워하고, 성내고 기뻐하는 것을 절제하며, 검약을 숭상하고, 상벌을 분명히 하라는 것이었다. 이를 정리하면 다음과 같다.

법삼조잠法三朝箴
백가지 행실이 효도가 아니면 서지 못하네.
천지의 떳떳한 법이요 만고에 변함이 없네.
오직 효孝가 가장 크니 문왕文王이 이를 본받았다.
매일 세 번씩 침실에 문안하니 몸가짐이 신중하고 신실하도다.

친현사잠親賢士箴
분잡하고 어지러워 이 마음을 유지하기 어렵네.
이 때문에 함양하니 반드시 어진 선비를 사귀어야 한다.
전후의 동궁 관료와 좌우의 스승을 통하여
아침저녁으로 잘못을 바로잡고 법에 어긋나는 것을 하지 마라.

권강학잠勤講學箴
아 학문은 이치를 밝히는 것이 귀하네.
장구章句를 익히는 것은 말단이고, 기억하고 암송하는 것은 나머지 일이네.
나는 네가 본받도록 훈계하니 부지런히 경서를 익혀라.
부지런한가 나태한가에 따라 나라의 치란이 갈릴 것이다.

근유독잠謹幽獨箴
혼자 있을 때 함부로 하여 이 마음이 쉽게 방종해지네.
아무도 모른다 말하지 말라 밝은 하늘이 위에 있으니.
생각하고 경건히 하여 반드시 확충을 시켜라.
옥루屋漏(방의 구석진 곳)가 가까이 있으니 반드시 스승으로 삼으라.

계일예잠戒逸豫箴

예부터 지금까지 안일함은 독이 된다네.
원성元聖(문왕)은 간절하여 일곱 번이나 그 단서를 바꾸었지.
언제나 이것을 생각하여 안일함이 없게 해라.
혹시라도 나태함이 없이 경계하고 두려워하라.

납충언잠納忠言箴
약이 쓰지 않으면 그 병이 어찌 나으랴.
마음에 거슬린다 하지 말고 반드시 돌이켜 구해 보아라.
어떻게 구할 것인지는 반드시 그 법이 있으니.
오직 태갑太甲의 일로 반복하여 경계하고 충고한다.

즉참설잠卽讒說箴
참소하는 사람이 재앙이 되니 어찌 그렇지 않겠는가.
임금과 신하가 잘 만남에 더욱 두려워하네.
참소를 미워하고 아첨을 멀리함에 어찌 다른 길이 있겠는가.
언제나 뜻을 정성스럽게 하고 믿음이 돈독해지도록 힘써라.

신희노잠慎喜怒箴
칠정 중에 성냄과 기뻐함 있으니
중도를 지키기는 어렵고 폭발하기는 쉽다네.
이 병통을 없애지 않으면 무슨 일을 할 수 있으리.
중도를 지키려면 어떻게 하나, 반드시 이치에 합당하게 하라.

숭검약잠崇儉約箴
나라가 망하고 흥하는 것은 사치와 검소에 달려있네.
예전의 역사를 살펴보면 조금도 틀림없이 징험된다네.
크게 그 마음을 경계하고 검소의 미덕에 힘쓰라.
나라 위해 복을 아끼고 백성 위해 모범이 되어라.

명상벌잠明賞罰箴
권장하고 징계하는 것은 오직 상과 벌이 있을 뿐.

이 때문에 옛사람은 신중하게 살펴 반드시 시행하였네.
이 두 가지를 밝히려면 한쪽으로 치우치길 경계하라.
지극히 공정하게 처리해야 인심人心을 복종시킬 수 있으리.

숙종이 세자에게 내린 잠은 대부분 수신 차원의 가르침이었다. 그러나
충언을 받아들이고, 참소하는 말을 미워하며, 인심人心을 복종시키려면
상과 벌이 공정해야 한다는 가르침은 미래의 국왕을 위한 제왕학적 가르
침이었다. 숙종은 시민당에서 본격적으로 학문을 연마하기 시작한 경종
에게 이 잠을 내림으로써, 개인의 수양과 함께 국왕으로서의 자질을 갖출
것을 요구하였다.

조선의 국왕들은 신하와 백성들에게도 훈유의 글을 남겼다. 1444년
(세종 26) 윤7월 세종이 반포한 권농윤음勸農綸音은 백성을 다스리는 신하
들에게 국가의 근본인 백성을 살리는 일에 적극적으로 동참할 것을 권유
하는 내용이었다.

나라는 백성을 근본으로 하고, 백성은 먹는 것을 하늘로 삼는다. 농사農事란
옷과 음식의 근원으로 왕정王政에서 먼저 해야 하는 것이다. 오직 백성을
살리는 천명에 관계되므로 천하의 지극한 노고에 복무服務하는 것이다. 위
에 있는 사람이 성심으로 지도하여 인도하지 않는다면, 어떻게 백성들이
부지런히 힘써 농사에 종사하여 생생지락生生之樂을 완수하게 할 수 있겠는
가? (중략) 누구든 나와 함께 착한 정치를 하려는 사람은 내가 위임한 뜻을
본받고, 조종祖宗이 백성에게 두텁게 하신 법을 준수하며, 전현前賢들의 농사
를 권고한 규범을 살피고, 널리 풍토에 적합한 것을 물어라. 농서農書를 참고
하여 시기에 앞서 조치하되, 너무 이르게도 너무 늦게도 하지 말라. 게다가
다른 부역을 일으켜 그들이 농사짓는 시기를 빼앗을 수도 없으니, 각자
그 마음을 다하여 백성들이 농사에 힘쓰도록 인도하라.150)

---

150) 『世宗實錄』 권105, 世宗 26년 윤7월 壬寅(25일).
"國以民爲本, 民以食爲天. 農者, 衣食之源, 而王政之所先也. 惟其關生民之大命,
是以服天下之至勞. 不有上之人誠心迪率, 安能使民勤力趨本, 以遂其生生之樂耶?
…… 凡與我共聖者, 其體予委任之意, 遵祖宗厚民之典, 視前賢課農之規, 廣詢風
土所宜. 參以『農書』所載, 預期措置, 毋太早毋太晚. 尤不可興務以奪其時, 各盡乃

이를 보면 세종은 신하들을 국왕과 함께 백성을 다스리는 존재로 파악하고, 국왕인 자신이 위임한 뜻을 본받아 백성들이 농사에 힘쓰도록 인도하라고 요청하였다. 이 윤음은 당대의 정국을 주도하던 세종이 부국안민富國安民을 이루기 위해 특별히 신하들에게 내린 명령이었다.

1459년(세조 5) 11월 세조는 서북의 변방 상황을 파악하기 위해 도체찰사都體察使로 나가있던 한명회韓明澮에게 다음의 편지를 보내어 유시諭示하였다.

> 경卿이 간 것은 나의 행차를 대신한 것이므로, 내가 서방西方을 돌아보는 근심이 없었다. 뜻하지 않게 경의 아내가 조섭調攝을 조금 잃어 부득이 경卿을 불렀으니, 내 마음이 매우 즐겁지 않았다. 지금은 경의 아내가 차도가 있어 스스로 '임금의 덕택으로 다시 살아났습니다.'라고 하고, 의원醫員도 '근심이 없습니다.'라고 한다. 내가 중국中國을 섬기는 일을 생각하기에 경이 아니면 처리할 수가 없어, 이에 특별히 장려하여 경을 전임前任 자리에 머물게 한다. 경은 빨리 돌아가 나라를 위한 계책을 시행하여 내가 중임重任을 맡긴 것에 보답하라. 오랫동안 서로 보지 못하여 술잔에 먼지가 쌓이는데, 멀리서 서로 웃으며 권하지 못하고 스스로 마실 뿐이다.[151]

이를 보면 세조는 한명회가 자신을 대신하여 서북 지역을 다스리는 것으로 생각하고, 자신이 중임을 맡긴 뜻에 보답하려면 빨리 이전 자리로 돌아가 나라를 위한 계책을 시행하라고 지시하였다. 세조의 편지는 국왕의 의도를 신하에게 직접 전달하는 중요한 수단이었다.

정조는 자신의 의사를 백성들에게 직접 전달하기 위해 한글로 된 윤음綸音을 인쇄하여 배포하였다. 한문으로 된 윤음을 한글로 번역하여 배포한

心, 導民務本.”

151)『世祖實錄』권18, 世祖 5년 11월 丙午(28일).
“卿之往也, 代予之行, 予無西顧之憂. 不意卿妻小失調攝, 不得已而召卿, 予心甚無聊焉. 今卿妻已差, 自言以 '上德更生', 醫亦言 '其無憂', 故予思事大, 非卿莫能辦, 玆特勉留卿前任. 卿速回鉞, 爲國施策, 報予委重. 久不相見, 杯樽累塵, 遙與相笑無勸自飮耳.”

것은 관리뿐 아니라 백성에게도 국왕의 뜻을 알려 민심을 수습하겠다는 의지를 보인 것으로 이해된다. 정조 대에 나온 한글 윤음은 26종이며, 그 내용은 백성들에게 직접 알려졌다. 1782년(정조 6) 8월 정조는 경기도 백성들에게 『유경기대소민인등윤음諭京畿大小民人等綸音』을 반포하였다.[152] 한글 윤음을 바탕으로 그 내용을 정리하면 다음과 같다.

아! 너희 경기 백성들아, 내가 마음으로 말하는 것을 들으라. (중략) 금년의 농사는 경기와 영남, 호서, 호남이 흉년이 들었다고 보고하였는데, 경기도가 가장 심하고 경기 지방에서도 바닷가와 가까운 고을이 더욱 심하다. (중략) 슬프다, 가뭄에는 몸소 빌었고, 해충의 피해에는 포제酺祭로 빌면서, 한 번 바람이 불면 내가 먹기를 늦게 하고, 한 번 비가 오면 밤늦도록 옷을 벗지 않고서, 봄부터 가을에 이르도록 내가 감히 한가히 쉬지 못하였는데도 마침내 나의 백성들로 하여금 이런 기근에 걸리게 하였으니, 조용히 생각하면 잘못이 모두 나 한 사람에게서 말미암은 것이다. 우리나라 수천 리에 백만이나 되는 백성들 중 누가 나의 적자赤子가 아니겠는가마는 이른바 경기 지방 같은 곳은 국가의 근본이 되는 곳이어서, 당나라의 기방畿方(고을 이름), 한나라의 삼보三輔(땅 이름)와 같은 곳이다. 슬프다, 나의 경기 지방의 백성들은 두루 신고辛苦와 괴로움을 겪고 참혹하게 재손災損(흉년든다는 말)을 입어, 이미 가마니에 거둘 것이 없고 또 수병穗秉(이삭 한 묶음)의 남은 이익이 없으니, 어찌 너희들이 부지런히 아니한 것이겠는가? 나의 부덕不德함으로 말미암은 것이다.[153]

정조는 자신이 풍년을 위해 제사를 지내고 근신도 하였지만, 결국 경기도에 심각한 기근이 들었고, 이는 자신의 잘못이자 부덕不德 때문이라고 선언하였다. 정조는 다음 부분에서 재해를 입은 백성들에게 어떤 혜택을 내릴지를 설명하였다. 대체 곡식을 뿌린 곳이나 모내기를 늦게 해서 재해를 입은 곳에는 피해 상황을 파악하여 세금을 감면하고, 환곡은 재해를

---

152) 이 윤음은 『正祖實錄』 권14, 正祖 6년 8월 丁丑(13일)에도 수록되어 있다.
153) 황선엽, 「경기도 백성에게 내리는 윤음」 『정조대의 한글 문헌』, 문헌과해석사, 2000, 34~40쪽.

입은 정도에 따라 1/3에서 1/5까지 감면할 예정이니, 백성들은 살던 곳에 머물고 흩어지지 말라고 당부하였다. 그리고 윤음의 끝부분에서 정조는 자신의 명령을 제대로 수행하지 않는 수령이나 관찰사가 있으면 자신이 직접 처벌하겠다고 명시하였다.

> 능하고 능하지 못한 것은 수재守宰(고을의 원)에게 달려 있고, 살펴서 단속하는 것은 도백道伯(감사)에게 달려 있다. 한 명이라도 부지런히 힘쓰지 않는 사람이 있으면 법령이 대궐에 붙여져 있고, 경기 고을은 지척이라 문과 뜰 사이보다 간격이 없으니, 내가 마땅히 그 부지런함과 게으름을 살피고 실상을 조사하여 상과 벌을 행할 것이다.[154]

이를 보면 1782년의 한글 윤음은 국왕이 재해를 입은 경기도의 백성들에게 직접 말하는 내용이었다. 정조는 국왕인 자신이 경기도 백성들이 당한 고통을 잘 알고 있음을 알리고, 이를 구제하기 위해 어떠한 조치를 취할 것인지를 상세히 설명함으로써 백성들의 이주를 막고 민생을 안정시키려 하였다. 이는 국왕과 백성 사이에 존재하는 사족士族의 사적인 지배를 배제하고, 국왕과 민을 직접 연결시키는 일원적 체제를 만들려고 하였던 정조의 의도가 담긴 소통 방식이었다.

국왕의 훈유서는 세자, 관리, 백성을 대상으로 했다. 국왕이 세자에게 내린 훈유서에서 수신 차원의 훈계가 많고 장차 국왕으로서의 자질을 갖추라 요구한 것은 제왕학 교재와 유사하였다. 그러나 국왕의 훈유서에는 특별히 선왕의 행적을 중시하고 왕실의 가법을 따르라고 요구했다는 점에서 차이가 있었다. 국왕이 관리에게 내린 훈유서에는 관리들이 국왕을 대신하여 백성을 잘 돌볼 것을 요구하였고, 백성에게 내린 훈유서에는 백성들의 고통을 구제하기 위해 어떠한 조치를 할 것인가 설명되었다. 이를 보면 국왕의 훈유서에 표출된 리더십관은 국왕은 최고 지도자로서 백성들의 생명을 보호하고 어려움을 구제하는 데 최선의 노력을 기울여

---

154) 황선엽, 윗글, 45쪽.

야 한다는 것이었다.

2. 상왕의 리더십관

조선시대에는 태조, 정종, 태종, 단종, 세조, 고종 등 6명이 상왕上王으로 있었다. 그러나 대부분의 경우 상왕이 존재한 시기는 비상시였고, 태조, 정종, 태종이 상왕이 된 것은 자신의 의사가 반영되었다. 아래에서는 태조와 태종이 상왕으로 있으면서 어떤 리더십관을 가졌는지 검토한다.

1) 상왕 태조의 리더십관

태조는 1398년 8월 1차 왕자의 난이 일어나자 정종을 세자로 책봉하고, 9월에는 세자에게 왕위를 물려주고 상왕上王이 되었다.[155] 태조는 얼마 후 태상왕太上王이 되었고,[156] 1408년(태종 8) 5월에 사망할 때까지 10년 동안 상왕과 태상왕으로 있었다.

태조는 왕위에서 물러났지만 그에 대한 예우는 변화가 없었다. 정종이 즉위교서에서 태조를 봉양하는 비용은 왕위에 있을 때와 같다고 선포하였기 때문이다.

> 상왕上王(태조)께서 만기萬機가 번거러움을 싫어하셔서 나 소자小子에게 맡겼다. 원컨대 한 나라로 영구히 봉양奉養할 것이니, 각 관사官司의 공상供上과 여러 도에서 진헌進獻하는 것은 왕위에 계시던 날과 똑같이 하라.[157]

---

155) 『太祖實錄』 권15, 太祖 7년 9월 丁丑(5일).
156) 『太祖實錄』에 의하면 태조는 1398년(태조 7) 연말까지는 '上王'으로 표시되지만, 『정종실록』에서는 1399년 새해부터 '太上王'으로 표시된다(『太祖實錄』 권15, 太祖 7년 12월 丙寅(24일) ; 『定宗實錄』 권1, 定宗 1년 1월 壬申(1일)). 1400년(정종 2)에 태조는 자신이 무인년(1398)부터 太上王에 封해졌다고 하였다(『定宗實錄』 권4, 定宗 2년 5월 癸巳(29일). "太上王曰, '寡人自戊寅年, 封太上王, 不建府今已三載矣.'").
157) 『太祖實錄』 권15, 太祖 7년 9월 甲申(12일).
"顧惟上王, 厭煩萬機, 俾付子小子. 願以一國, 奉養惟永, 各司供上, 諸道進獻, 一如在位之日."

태조에 대한 예우를 각별히 하라는 것은 고위 관리들이 당부하는 것이기도 하였다. 태조에게 신임을 받았던 권근權近은 정종에게 '태조는 전하의 하늘이므로 하늘을 섬기는 도리로 섬겨야 한다.'고 하였고, 태종에게는 '태조에게 효도하려면 매일 세 번 신하를 보내 문안인사를 드리고, 열흘에 한 번씩 직접 만나서 뵈라.'고 요구하였다.

임금은 신하의 하늘이고, 아버지는 아들의 하늘이니, 태상왕(태조)은 바로 전하(정종)의 하늘입니다. 근심하며 부지런히 덕德을 쌓았고, 왕업을 창건하여 대통大統을 전하시어, 억만년 무궁한 기업基業을 열어 전하에게 전하였으니, 높은 공功과 성한 덕德이 하늘과 더불어 다함이 없습니다. 그런데 존호를 아직 올리지 않았으니 참으로 궐전闕典이 됩니다. 하늘을 섬기는 도리를 다하려면 어버이를 섬기는 도리를 다하셔야 합니다.[158]

전하(태종)께서 동궁東宮에 계실 적에 태상왕(태조)을 받들어 섬김에 정성과 공경이 모두 지극하였으니 효도라 할 수 있습니다. 그러나 문왕文王이 세 번 조알한 일에 비교하면 미치지 못함이 있습니다. 지금 왕위에 오르셨으니 만기萬機가 지극히 번다하여 매일 직접 조알하기는 참으로 어려운 일입니다. 매일 세 차례씩 신하를 보내어 수라를 드리고 문안하며, 열흘마다 한 번씩 직접 나가서 뵈옵되, 법가法駕를 갖추지 말고 다만 금위禁衛만 거느려 간편함을 좇으십시오. 매사에 반드시 정성과 공경을 다하여 그 마음을 기쁘게 해 드리기에 힘쓰십시오.[159]

실제로 정종과 태종은 조선을 개국한 시조이자 부친이며 선왕인 태조를 각별하게 모셨다. 태조가 왕성에 있으면 정종과 태종은 수시로 찾아가 문안 인사를 드리고 술잔을 나누며 헌수獻壽하였다. 태조가 장거리 여행을 떠나면 사신을 현지로 파견하여 문안을 올리고, 왕성으로 복귀할 때에는 직접 마중을 나갔다. 이런 상황에서 태조가 국왕에게 요구하는 사항은

---

158) 『定宗實錄』 권2, 定宗 1년 10월 甲辰(8일).
159) 『太宗實錄』 권1, 太宗 1년 1월 甲戌(14일).

대부분 관철되는 효과가 있었다.

그러나 상왕 태조의 권력 행사에는 한계가 있었다. 태조는 자신의 의사에 따라 정종에게 왕위를 물려주었지만, 이는 1차 왕자의 난으로 인해 세자로 있던 이방석李芳碩이 죽임을 당한 상황에서의 일이었다. 태조는 태종이 세자로 책봉되거나 왕위에 오를 때 전혀 관여하지 못하였다. 정종이 태조에게 태종을 세자로 책봉하는 일을 알리자, 태조는 "장구한 계책은 집정대신執政大臣과 의논하는 것이 좋다."고 하였다.[160] 또한 태종에게 선위禪位하는 일을 알리자, 태조는 "하라고 할 수도 없고 하지 말라고 할 수도 없다. 지금 이미 선위를 하였으니 다시 무슨 말을 하겠는가?"라고 답하였다.[161] 이런 상황에서 태조가 권력을 행사하는 데에는 상당한 한계가 있었다.

1400년(정종 2) 2월 세자로 책봉된 태종이 태조를 찾아가 사은謝恩을 하였다. 2차 왕자의 난이 일어난 직후였다. 이날 태조는 태종에게 국왕의 도리를 이야기하였다. 선왕이자 부친으로서 가르침인 동시에 태종의 집권을 인정하는 발언이었다.

> 네 몸에 관계되는 것이 매우 중하니 스스로 삼가도록 하라. 지금 방간芳幹(태조의 넷째 아들)이 어리석고 아는 것이 없어 함부로 군사를 일으켜 이 지경이 되었다. 삼한三韓에는 귀가貴家·대족大族들이 많으니 반드시 모두 비웃을 것이다. 나도 부끄럽게 여긴다. 그러나 네가 이미 세자가 되었으니, 마땅히 지극히 공정한 도리를 펴서 나라를 다스리고 백성을 보전해야 할 것이다. 늙은 아비가 말하는 것은 여기에서 그친다.[162]

상왕 태조의 권한 행사는 한계가 있었지만 자신이 의도하는 일은 반드시 관철시켰다. 이날 태조는 이방간을 부추겨 왕자의 난이 일어나게 한

---

160) 『定宗實錄』 권3, 定宗 2년 2월 丙申(1일).
161) 『定宗實錄』 권6, 定宗 2년 11월 辛未(11일).
   "遣左承旨李原, 告太上王以禪位之意. 太上王曰, '爲之不得, 不爲亦不得. 今已禪位, 復何言哉!"
162) 『定宗實錄』 권3, 定宗 2년 2월 己亥(4일).

박포朴苞를 제거하여 뒷일을 징계하라고 하였다. 세자인 태종이 국왕인 정종에게 말하여 처리하라는 지시였다. 다음은 두 사람의 발언이다.

태상왕(태조) : "왜 박포를 주살誅殺하지 않는가?"
세자(태종) : "공신이기 때문에 죄를 감면하는 것입니다."
태상왕 : "박포가 비록 공신이라도 무거운 죄를 범하였기 때문에 주살하지 않을 수 있겠는가?"
세자 : "최근에 대간臺諫에서 주살하기를 청하였기 때문에 신이 왕에게 아뢰어 주살하려고 합니다."
태상왕 : "대간의 청이 참으로 옳다. 나라에 대간이 있는 것이 중요하지 않으냐!"163)

함주咸州에 유배되어 있던 박포는 태조의 요청에 따라 즉시 처형되었다. 태조는 1차 왕자의 난 때 태종에게 가담하여 정사공신定社功臣으로 책봉된 조온趙溫, 이무李茂, 조영무趙英茂의 처벌도 요구하였다. 이들은 원래 태조 편에 있다가 왕자의 난 때 태종에게 옮겨간 사람이었다. 태조는 이들이 신하로서 두 마음을 먹었으며, 대의大義의 차원에서 이들을 처벌하는 것이 후대의 불충한 세력들을 경계할 수 있다고 주장하였다.

조온은 본래 내 휘하의 사람이다. 내가 일찍이 발탁하여 지위가 재보宰輔에 이르렀는데, 내가 왕위에서 물러난 이후 한 번도 와서 보지를 않았다. 사람이 은혜를 배반하는 것이 이보다 더 심할 수가 없다. 무인년(1398) 가을에 갑사甲士를 거느리고 궁궐 안에서 숙위宿衛하고 있다가 밖에서 변이 있다는 말을 듣고 군사를 거느리고 나가 응하였다. 반복反復하고 불충不忠하기가 비할 만한 것이 없다. 너희들은 너희를 따르고 아첨하는 것만 덕德으로 여기고 대의大義는 생각하지 않느냐? 신하로 두 마음이 있는 사람은 예전부터 죄를 용서할 수가 없다.164)

163) 『定宗實錄』 권3, 定宗 2년 2월 庚申(25일).
164) 『定宗實錄』 권5, 定宗 2년 7월 乙丑(2일).

조온과 조영무는 모두 금병禁兵을 맡아 내전內殿에 숙직하였다. 무인년에 과인寡人이 병으로 편하지 못한 때를 당하여, 옛날의 애호愛護한 은혜는 돌아보지 않고 군사를 거느리고 내응하였으니 배은망덕한 것이 비할 데가 없다. (중략) 무인년 변變에도 이리저리 살피면서 중간에 서서 변을 관망하다가 오직 이기는 자를 따랐으니, 마침 너희가 이겼기 때문에 와서 붙은 것이다. 이는 변變을 관망하는 불충한 사람이 아니냐? 그러나 모두 정사공신定社功臣의 열列에 두었으니, 만일 급하고 어려운 일이 있으면 무인년에 과인을 배반하던 일을 본받지 않겠는가? 너희들이 만일 나를 아비로 여긴다면 이 세 사람을 죄주어 사직의 장구한 계책을 도모하고, 후세의 불충한 무리를 경계하라.[165]

태조의 요청은 이번에도 실현되었다. 세 사람은 정종과 태종에게는 충신이었지만 태조에게는 불충한 사람이었기 때문이다. 태조는 이를 만류하러 찾아온 신료들을 만나서도 '이들을 처벌하여 대의大義를 돌보는 것이 사직을 보존하는 길이라'고 주장하였다. 결국 정종과 태종은 태조의 요청을 받아들여 조온을 완산부完山府로, 이무를 강릉부로, 조영무를 곡산부로 유배시켰다.[166]

상왕 태조는 태종의 지위를 안정시키는 일에는 협조하였다. 태조는 조선을 건국한 이후 명과 공식적인 외교 관계를 수립하려 하였지만 실현하지는 못하였다. 명과의 사대 관계에서 조선 국왕으로서의 지위를 인정받지 못하였기 때문이다. 태종이 명과의 교류를 추진하자 태조는 이에 적극적으로 협조하였다. 태종이 즉위한 직후인 1401년 2월 명나라 사신이 조선을 방문하였다. 이때 태조는 사신들의 숙소인 태평관太平館을 방문하거나 자신의 숙소인 덕수궁德壽宮으로 사신들을 초청하여 잔치를 베풀었다.[167] 국왕 및 상왕의 후대厚待를 받았던 명나라 사신 육옹陸顒과 임사영林士英은 조선을 떠나가면서 국왕의 고명誥命이 내려질 것이라 답변하였

---

165) 윗글.
166) 『定宗實錄』 권5, 定宗 2년 7월 乙丑(2일).
167) 『太宗實錄』 권1, 太宗 1년 2월 丙申(7일); 戊戌(9일); 己亥(10일); 丁巳(27일).

다.[168] 실제로 태종은 4개월 후에 명나라 황제의 고명을 받았다.[169] 태조가 명나라 사신을 접대하는 일은 이후에도 계속되었다.

상왕 태조는 국가적 중대사에는 태종에 협조하는 가운데 대의大義라는 명분을 통해 자신의 의지를 관철시켰다. 그러나 태조의 권력 행사는 반드시 국왕을 통해 이뤄지는 간접적 방식이었지, 신하들에게 직접 명령을 내리는 방식은 아니었다.

2) 상왕 태종의 리더십관

태종은 1418년 8월에 세종이 즉위하면서 상왕이 되고, 1421년(세종 3)에는 태상왕이 되어,[170] 1422년(세종 4) 5월에 사망하기까지 4년간을 상왕과 태상왕으로 있었다.

태종은 세종에게 왕위를 물려주었지만 왕권까지 완전히 이양한 것은 아니었다. 앞서 보았듯이 태종은 세종이 장년이 될 때까지 자신이 직접 군사軍事를 판단하고 나라의 중요한 일을 처리하겠다고 선언하였다.

세종이 즉위한 지 6일째 되던 날, 태종은 지신사知申事 하연河演을 불러 다음과 같은 명령을 내렸다. 이를 보면 태종은 상왕으로 물러났지만 여전히 국사를 처리하고 있었다.

> 내가 전일에 건원릉健元陵(태조의 능)에 나아갈 때 길에서 보니 화곡禾穀의 결실이 잘 되지 못하였으니, 필시 기근의 근심이 있을 것이다. 경기의 백성들은 경성京城에 쌓아둔 곡식으로 구휼할 수 있고, 하삼도(전라·경상·충청)는 약간의 저축이 있어 구휼할 수 있다. 함길도는 땅이 적국과 경계가 연접하여 있으며, 거기에 경원부慶源府를 다시 세워 백성들을 옮겨 보냈으니 더욱 걱정이 된다. 정부와 6조로 하여금 구제할 방책을 의논하도록 하라.[171]

---

168) 『太宗實錄』 권1, 太宗 1년 2월 己未(30일).
169) 『太宗實錄』 권1, 太宗 1년 6월 乙亥(18일).
170) 『世宗實錄』 권13, 世宗 3년 9월 壬申(12일).
171) 『世宗實錄』 권1, 世宗 즉위년 8월 癸巳(16일).

1424년(세종 6) 세종이 『태종실록太宗實錄』의 편찬을 논의하면서, '즉위 초 4년간의 국정은 모두 태종의 의사를 따라 시행하였으니, 그동안의 사초史草를 모두 『태종실록』에 싣자'고 한 것은 이러한 사정을 잘 보여 준다.

> 기해년(1419)부터 임인년(1422)까지는 내가 비록 재위하였지만 그동안의 국정은 내가 모두 태종에게 말한 후에 시행하고, 내가 내 마음대로 한 일이 없다. 그 4년 동안의 사초史草를 모두 수납하여 『태종실록』에 기재하는 것이 어떠냐.[172]

이렇게 보면 상왕 태종이 다스린 4년은 태종의 치세에서 세종의 치세로 이행되는 과도기였고, 그동안 세종은 일종의 수습 군주에 해당하였다.

상왕 태종은 외척을 제거하는 차원에서 세종의 장인 심온沈溫을 제거하였다. 태종이 국왕으로 있으면서 자신의 처남인 민무구閔無咎 형제를 제거한 것과 같은 의미를 가진 조치였다. 민무구 형제는 1, 2차 왕자의 난이 일어났을 때 태종을 적극적으로 도와 정사공신과 좌명공신에 올랐던 인물들이었다. 그럼에도 태종은 이들의 세력이 커지는 것을 막기 위해 왕명으로 자진自盡하게 하였다.[173]

세종의 장인이었던 심온도 비슷한 상황이었다. 심온은 태조의 위화도 회군에 참여하였고, 1408년(태종 8)에 충녕대군(세종)을 사위로 맞았으며, 1418년 세종이 즉위하면서 영의정부사領議政府事가 되고 사은사謝恩使로 명나라에 파견된 인물이었다. 그러나 그는 상왕 태종에게 군국軍國의 중대사를 보고하지 않았다는 이유로 대역 죄인이 된 강상인姜尙仁의 옥사獄事에 연루되었다. 그는 명나라에서 돌아오는 길에 체포되어 죽임을 당하였다.

태종이 심온 부자를 제거한 것은 정치적인 판단 때문이었다. 실록을 보면 심온이 명나라로 떠나던 날 그를 전송하러 나온 사람들 때문에 장안

---

172) 『世宗實錄』 권26, 世宗 6년 12월 壬寅(1일).
173) 趙南旭, 「조선초 太宗의 政治哲學 연구」 『東洋學』 27, 1997, 13~17쪽.

이 거의 비게 되었다는 기사가 있다. 태종으로서는 외척 심온 일족이 권력의 중심부에 포진하고 민심도 이쪽으로 쏠린다면, 장차 이들이 세종을 위협하는 세력이 될 수도 있겠다고 판단한 것으로 보인다.

> 상왕(태종)이 환관 황도黃稻를 보내어 심온을 문 밖까지 전송하였다. 임금(세종)은 환관 최용崔龍을, 중궁中宮은 환관 한호련韓瑚璉을 보내어 연서역延曙驛에서 전별하였다. 심온은 임금의 장인으로 나이 오십이 못 되어 수상首相의 지위에 오르니, 영광과 세도가 혁혁하여 이날 전별하는 사람으로 장안이 거의 비게 되었다.[174]

상왕 태종은 육조六曹에서 이뤄지는 주요 정사를 직접 처리하였다. 세종 초의 4년 동안 태종과 세종이 처리한 정사를 보면, 태종은 95건, 세종은 454건에 이른다. 세종이 훨씬 많은 정사를 처리하였다. 그러나 태종이 처리한 정사는 의정議政의 선임, 반록頒祿의 개정, 전위傳位를 중국에 알리는 일, 도성都城의 수축, 강상인 등의 옥사와 같이 중대한 국사였지만, 세종이 처리한 정사는 전례에 따라 처리하는 사소한 일이 대부분이었다. 상왕 태종은 국가의 중대사를 처리하고, 세종은 상왕의 위임을 받아 일상적인 정사를 처리하는 방식이었다.[175]

상왕 태종은 병조를 자신에게 소속시키고 모든 군정軍政을 장악하였다. 이를 바탕으로 태종은 1419년(세종 1) 5월에 있었던 대마도 정벌 사건을 주관하였다. 다음은 대마도를 정벌을 하자는 태종의 발언이다.

> 금일의 의논은 전일의 계책과 다르다. 만일 물리치지 못하고 매번 침략만 받는다면, 한漢나라가 흉노에게 욕을 본 것과 무엇이 다르겠는가? 허술한 틈을 타서 정벌하는 것만 못하다. 그들의 처자식을 잡아 오고 군사를 거제도에 물렸다가, 적이 돌아오는 것을 기다려 공격하여 그 배를 빼앗아 불사른

---

174) 『世宗實錄』 권1, 世宗 즉위년 9월 乙卯(8일).
175) 한충희, 「上王期(세종 즉위, 1418~세종 4, 1422) 太宗研究」 『大丘史學』 58, 1999, 11~14쪽.

다. 장사하러 오는 자와 배에 머물러 있는 자는 모두 구류拘留하고, 명을 어기는 자가 있으면 베어버린다. 구주九州에서 온 왜인은 구류하여 경동驚動하는 일이 없게 하라. 약한 것을 보이면 안 되니 후일의 걱정거리가 어찌 다함이 있으랴.[176]

이날 태종은 대마도를 정벌할 전략을 설명하고, 장천군長川君 이종무李從茂를 삼군도체찰사三軍都體察使로 임명하는 등 출정 장수를 임명하였다. 이틀 후 태종은 세종과 함께 두모포豆毛浦로 가서 대마도를 정벌하려 출정하는 장수와 군관들을 전송하였다.[177]

대마도 정벌이 진행되던 중에 상왕 태종은 도체찰사 이종무에게 선지宣旨를 내려 구체적인 작전 지시를 하였다. 조선을 침략하여 노략질한 사람은 처벌하지만, 우리나라에 살거나 무역을 원하는 사람을 도와주고, 대마도 주민도 항복하면 필요 물자를 제공하라는 내용이었다.

근래에 대마도 왜노倭奴로 은혜와 의리를 저버리고 몰래 우리 경계로 들어와 군사를 노략한 자는 잡는 대로 베어 큰 법을 바르게 하였다. 전일에 의리를 사모하여 우리나라 경계에 살던 자와 지금 이익을 찾아 온 자는 모두 여러 고을에 나누어 배치하고, 옷과 식량을 주어 그들의 생활이 되게 한다. 대마도란 섬은 토지가 척박하여 농사에 적당하지 않으며 생계가 실로 어려우니 내가 매우 민망하게 여긴다. 혹 그 땅의 모든 사람들이 와서 항복하면 거처와 의식을 요구하는 대로 줄 것이다. 경은 나의 지극한 뜻을 도도웅와都都熊瓦(宗貞盛)와 대소 왜인倭人에게 알려주어라.[178]

태종은 대마도 정벌에 성공한 이종무 등이 귀국하자 잔치를 베풀고 상을 주기까지 조선군을 실질적으로 지휘한 최고의 책임자였다.[179]
상왕 태종은 강력한 권한을 행사한 정치가였지만 동기간에는 애틋한

---

176) 『世宗實錄』 권4, 世宗 1년 5월 戊午(14일).
177) 『世宗實錄』 권4, 世宗 1년 5월 壬戌(18일).
178) 『世宗實錄』 권4, 世宗 1년 6월 壬寅(29일).
179) 『世宗實錄』 권5, 世宗 1년 8월 丙子(4일); 8월 壬午(10일).

정을 지닌 사람이었다. 태종의 동기애同氣愛는 친형 이방간李芳幹에 대한
태도에서 잘 나타난다. 이방간은 1400년(정종 2)에 제2차 왕자의 난을
일으켜 역적의 몸으로 토산兎山에 추방되었고, 얼마 후 안산군安山郡으로
옮겨졌다. 이때 이방간에게는 토지와 식읍食邑 50호戶가 지급되었다.[180]

1401년(태종 1) 5월 태상왕 태조는 이방간이 병들어 죽게 되었다는
소식을 들었다. 태조는 태종에게 의자醫者를 보내어 치료해 주라고 당부하
였고, 태종은 그 말을 따라 이방간을 치료하게 하였다.[181] 얼마 후 태조는
태종에게 이방간의 죄가 이미 징계되었으니 서울로 돌아오게 하는 것이
좋겠다고 하였고, 태종은 이를 따르겠다고 대답하였다.[182]

태종은 신료들을 만난 자리에서 이방간을 불러오겠다는 견해를 말하였
다. 그러나 신료들의 강력한 반대에 밀려서 뜻을 이루지 못하였다.

> 이방간의 죄는 실로 가볍지 않다. 그러나 태상왕의 명령을 어길 수가 없고,
> 나도 항상 동기同氣의 생각이 있어 친친親親의 인仁을 온전히 하고자 한
> 다.[183]

세종이 즉위한 후에도 이방간을 처벌해야 한다는 논의가 계속되었다.
그러나 세종은 태종에게 처리를 미루면서 신하들의 건의를 거절하였다.
그러던 중 1421년(세종 3) 3월에 이방간이 홍주洪州에서 사망하였다.[184]
상왕 태종은 중사中使 정원룡鄭元龍을 홍주로 보내 조문하고 제사를 지내게
하였으며, 자신은 상당 기간 동안 고기반찬을 먹지 않았다.[185] 자신에게
맞서서 군대를 일으킨 형이었지만 동기의 죽음을 애도하기 위해서였다.

해가 바뀌자 태종은 자신의 속내를 이야기하였다. 자신은 태조의 명령
과 골육의 정 때문에 차마 형을 해칠 수 없었다는 이야기였다. 국왕에

---

180) 『定宗實錄』 권3, 定宗 2년 1월 甲午(28일); 2월 戊申(13일).
181) 『太宗實錄』 권1, 太宗 1년 5월 乙巳(17일).
182) 『太宗實錄』 권1, 太宗 1년 5월 丙辰(28일).
183) 『太宗實錄』 권1, 太宗 1년 6월 辛酉(4일).
184) 『世宗實錄』 권11, 世宗 3년 3월 辛未(9일).
185) 『世宗實錄』 권11, 世宗 3년 3월 甲戌(12일); 戊寅(16일).

맞설 가능성이 있는 세력이라면 자기 처가와 며느리의 친정까지 몰락시켰던 그였지만 자신의 혈육에 대해서는 각별한 정을 가지고 있었다.

> 태상왕이 조말생趙末生과 김익정金益精을 불러 말하였다. "이방간은 몸소 대역大逆을 범하였고, 여러 신하들도 법으로 다스리자고 요청하였다. 나는 골육骨肉의 지극한 정情과 태조의 명이 있었기 때문에 차마 법으로 다스리지 못하였다.[186]

세종은 즉위 초 왕권이 취약한 상황에서 상왕 태종이 국왕의 상위에서 국정을 주도하는 방식으로 운영하였다. 따라서 세종은 마치 대리청정을 하는 것처럼 처신이 조심스럽고 어려울 수밖에 없었다. 그러나 세종은 상왕으로부터 전적인 신뢰를 받았고, 상왕에게 효성을 다하며 상왕의 지시를 준행하는 방식으로 국정을 운영하였다.[187]

상왕인 태조와 태종의 리더십관을 보면 태조는 현 국왕을 통해 자신의 생각을 구현하는 간접적 통치 방식이라면, 태종은 자신이 국왕의 상위에서 직접 명령하는 직접적 통치 방식이었다.

3. 수렴청정기 대비의 리더십관

1) 문정왕후의 리더십관

문정왕후文定王后는 중종의 두 번째 계비繼妃로 중종의 첫 번째 계비였던 장경왕후章敬王后가 사망한 이후 왕비가 되었다. 중종반정이 성공한 직후 공신들은 중종의 왕비였던 신씨(단경왕후)가 역적 신수근愼守勤의 딸이라는 이유로 폐위시켰다. 이후 중종은 예조의 건의로 2~3인의 처녀를 간택

---

186) 『世宗實錄』 권15, 世宗 4년 2월 乙未(8일).
   "太上王召趙末生金益精曰, '芳幹身犯大逆, 群臣請置於法. 予以骨肉至情, 且以太祖有命, 不忍置之於法.'"
187) 정윤재, 「세종의 정치 리더십 형성과정 – 성장과정과 상왕기 정치 체험을 중심으로」『세종 리더십의 형성과 전개』, 지식산업사, 2009, 29~30쪽.

하여 내직內職에 대비하게 하였다. 그러다 1507년(중종 2)에 그 중의 한 명인 숙원淑媛 윤씨를 왕비로 정하였다.[188] 그녀가 장경왕후였다. 장경왕후는 1515년(중종 10) 2월 원자元子(인종)를 생산하였으나 출산 후유증으로 7일 만에 세상을 뜨고 말았다.[189] 이후 중종은 왕비를 후궁에서 택하지 말고 새로 간택하자는 대신들의 요청을 받아들였고, 1517년(중종 12) 3월 윤지임尹之任의 딸을 왕비로 간택하니 그녀가 문정왕후였다.[190] 문정왕후는 가례를 거행한 지 17년 만인 1534년(중종 29) 3월 경원대군慶元大君(명종)을 생산하였다.

1544년 11월 중종이 사망하고 인종이 즉위하면서 문정왕후는 왕대비가 되었다.[191] 인종이 즉위한 후 문정왕후는 국왕을 대신하여 국사를 처리할 정도로 상당한 영향력을 행사하였다. 인종은 자신을 지지하는 대윤大尹 세력과 경원대군을 지지하는 소윤小尹 세력이 충돌하였을 때 모후母后 문정왕후의 뜻을 따르려 하였다.[192]

다음은 문정왕후가 인종에게 상당한 영향력을 행사하였음을 보여주는 사례들이다.

> 홍언필과 윤인경이 자전慈殿(문정왕후)에게 품하였다.[처음에 동궁(인종)에게 아뢰었으나 동궁이 가부간 회답이 없으므로 자전에게 전계轉啓한 것이라 한다.][193]

> 사신史臣은 논한다. 세세한 일까지 자전에게 아뢰어 번잡함을 꺼리지 않으니 의주儀註에 기록된 것과는 매우 다르다. 총재冢宰의 도리가 진실로 이러한 것인가?[194]

---

188) 『中宗實錄』 권1, 中宗 원년 9월 丙戌 ; 권2, 中宗 2년 6월 己丑.
189) 『中宗實錄』 권21, 中宗 10년 3월 己未.
190) 『中宗實錄』 권27, 中宗 12년 3월 庚寅.
191) 『中宗實錄』 권105, 中宗 39년 11월 庚戌(15일); 11월 乙卯(20일).
192) 金宇基, 『朝鮮中期 戚臣政治 研究』, 集文堂, 2001, 43~44쪽.
193) 『中宗實錄』 권105, 中宗 39년 11월 庚戌(15일).
194) 『中宗實錄』 권105, 中宗 39년 11월 甲寅(19일).

발인할 때 당초에는 산릉까지 수가隨駕하려 하였으나 조정에서 폐단이 있다
고 하였기에 멈추었다. 반드시 지송祗送하려고 마음먹었지만, 이제 조정이
모두 와서 청하고 자전의 분부도 정녕하니 마지못하여 애써 따른다.[195]

미시에 상上이 경복궁景福宮에 이어移御하고, 신시에 중궁中宮이 이어하였다.
[자전이 명하여 따라가게 하였는데 상의 옥체가 편안하지 못하였기 때문이
다.][196]

　　인종이 왕위에 오른 지 8개월 만에 병사하고 아우였던 명종이 왕위에
올랐다. 당시 명종은 12세의 어린 나이였고, 수렴청정을 할 수 있는 인물
은 명종의 모후 문정왕후와 명종의 형수 인성왕후仁聖王后(인종의 비)가
있었다. 이 때 이림李霖을 비롯한 일부 언관들이 문정왕후의 청정을 반대
하였다. 그러나 문정왕후는 국왕의 모후라는 명분상의 우위에 힘입어
대리청정을 하게 되었다.

　　문정왕후는 대리청정을 하면서 조계朝啓, 경연經筵, 인견引見, 면대面對 등
을 통해 자신의 의사를 밝혔다.[197] 조계는 신료들이 국왕에게 국사를 보
고하는 회의로, 문정왕후는 이를 통해 죄인의 죄를 논하거나 시사時事를
언급하는 경우가 많았다. 경연은 국왕의 교육이 위주였지만 경연 석상에
서 국정을 의논하는 경우가 많았다. 명종이 즉위하던 해 신료들은 문정왕
후가 매월 6차례 경연에 참석하여 보고를 듣는 것으로 결정하였고,[198]
문정왕후는 경연 석상에서 국정을 논의하는 과정을 주도하였다. 또한
인견과 면대는 긴급하고 중요한 문제가 발생하였을 때 국왕이 대신이나
신료를 불러 해당 문제를 의논하는 방식이었다. 문정왕후는 인견과 면대
를 통해 관리들을 만나 주요 인사를 처리하거나 인물에 대한 상벌과 탄핵
을 결정하였다.

---

195) 『仁宗實錄』 권1, 仁宗 1년 윤1월 壬辰(29일).
196) 『仁宗實錄』 권2, 仁宗 1년 4월 己未(27일).
197) 金宇基, 「文定王后의 정치참여와 정국운영」 『歷史敎育論集』 23·24, 1999,
　　 801~806쪽.
198) 『明宗實錄』 권2, 明宗 즉위년 9월 庚辰(20일).

문정왕후는 수렴청정을 하면서 정무 처리를 주도하였고, 명종은 이에 대해 별다른 발언이 없었다. 몇 가지 사례를 보자. 명종 초 지중추부사 정순붕鄭順朋이 대윤계의 핵심 인물인 윤임尹任, 유관柳灌, 유인숙柳仁淑의 죄를 더할 것을 요청하자, 명종과 문정왕후는 신료들을 인견하여 이 문제를 의논하였다. 이 날 명종은 처음부터 끝까지 아무 말이 없었고, 문정왕후는 윤임의 죄가 크고 무거워 죄를 주지 않을 수 없다고 반복하여 말하며 논의를 주도하였다. 이 날의 논의는 문정왕후의 주장에 따라 윤임을 비롯한 세 재상의 사사賜死가 결정되었다. 을사사화乙巳士禍였다.[199] 명종 즉위년에 발생한 을사사화를 계기로 정치세력은 크게 재편되었다. 문정왕후를 배경으로 윤원형尹元衡 등 소윤과 이기李芑 등 훈구계 재상들이 결탁하였고, 이들은 위사공신衛社功臣이 되어 정치적 입지를 보장받았다.[200]

1548년(명종 3) 2월 대신들이 밀계密啓하여 정유년(1537, 중종 32)의 삼흉三凶이라 불리는 김안로, 허항, 채무택, 을사사화 때 윤임을 옹호하였던 이언적李彦迪과 권벌權橃을 적몰籍沒시킬 것을 요청하였다. 이 중에서 김안로 등은 중종 말년에 문정왕후의 폐위를 논의하다 죽임을 당한 사람들이고, 이언적 등은 을사사화 때 대윤인 윤임의 처벌에 적극적이지 않았던 사람들이다.

명종과 문정왕후는 신료들을 면대하여 이 문제를 의논하였다. 그러나 명종은 끝까지 한마디도 하지 않았고 문정왕후와 신료들의 문답이 계속되었다. 이날 문정왕후는 대신들의 건의를 수용하지 않았다. 김안로 등 3인의 죄는 이미 선왕(중종) 대에 결정되었고, 김안로와 이언적 등에게 추가로 죄를 주어도 인심人心을 진정시킬 수 없다는 것이 그 이유였다. 결국 문정왕후의 의지가 그대로 관철되었다. 다음은 문정왕후의 발언이다.

---

199) 『明宗實錄』 권1, 明宗 즉위년 8월 戊午(28일).
200) 韓春順, 「明宗代 垂簾聽政期(1545년~1553년)의 '勳戚政治' 成立과 運營構造」 『韓國史研究』 106, 1999, 88~93쪽.

아뢴 뜻은 모두 타당하다. 다만 김안로의 죄는 지금 발생한 것이 아니라 선왕조(중종)에서 이미 그 죄를 정한 것이니, 설사 추론追論한다 해도 어찌 이것으로 인심을 진정시킬 수 있겠는가. 윤임의 죄는 정유년에만 있었던 것이 아니다. 주상主上이 즉위한 후 그가 난역亂逆을 도모한 정상이 밝게 드러나 의심할 여지가 없는데도 인심이 이처럼 진정되지 않는 것은 애당초 그의 술수에 빠져 사람들의 골수에 깊이 스며들었기 때문이다. 어찌 삼흉의 죄를 분명히 바로잡지 못해 그런 것이겠는가? 반복해 생각해도 추론하는 것은 매우 미안하므로 따르지 못하는 것이다. 삼흉과 권벌·이언적에게 지금 비록 죄를 더하여도 어찌 이것으로 인심을 진정시킬 수 있겠는가? 내가 모르긴 하지만 이미 오래된 일을 추론할 수 없다.[201]

명종이 중요한 국사를 결정하는 자리에서 아무 발언도 하지 않자 국왕의 의사를 밝히라는 요구가 나왔다. 다음은 대사간 진복창陳復昌의 발언이다.

주상이 즉위한 초에는 비록 어렸다 해도 이제 벌써 4년이니 춘추春秋가 여기에 이르면 중등中等의 군주라도 정치를 할 수 있습니다. 더구나 성상의 학문이 일취월장하지 않습니까? 모든 정사를 자전에게 여쭈어 결정하려 하여도 대강大綱은 무슨 일인들 성상의 생각으로 살피지 못하겠습니까? 국가의 일이 하나같이 상에게서 나오면 대신이 된 사람도 편안할 것인데, 판서判書 이상의 자헌資憲이나 가선嘉善을 이기李芑가 반드시 '아무개를 제수할 만하다.' 하니 지난해에 여러 사람의 의논이 함께 분하고 답답하게 여겼습니다. 성상이 어리다고 오로지 대신에게 맡겼기 때문에 아랫사람들은 모두 그의 잘못을 알지만 감히 입을 열지 못하였습니다.[202]

진복창의 이러한 발언은 이기와 같은 훈구계 재상의 권력 농단을 비판하는 것이지만 사실은 문정왕후를 비판하는 의미가 있었다. 그러나 명종은 여전히 자기 의사를 밝히지 않았다.

문정왕후는 간접적인 방식으로 자신의 의사를 관철시키기도 하였다.

201) 『明宗實錄』 권7, 明宗 3년 2월 丙寅(19일).
202) 『明宗實錄』 권7, 明宗 3년 4월 甲子(19일).

새로 등장하는 사림계 세력과 대립 관계에 있던 훈구계 재상과 결탁하여 문제를 해결하는 방식이었다. 문정왕후와 훈구계 재상을 연결한 사람은 문정왕후의 아우였던 윤원형이었다. 이때 문정왕후는 승정원 관리를 통해 명령을 내리지 않고 윤원형에게 밀지密旨를 보내고, 윤원형은 이를 훈구계 재상에게 전달하여 실행케 하였다. 앞서 언급한 을사사화의 경우 문정왕후의 의사를 전달받은 훈구계 재상들은 고변의 형식으로 세 재상의 처벌을 주장하여 1차 형량을 결정하였고, 정순붕은 다시 이들의 구체적 죄명을 거론한 상소를 올려 결국 이들의 사사賜死가 결정되었다. 문정왕후의 의사가 계속 전달되면서 반대 세력에 대한 죄목은 처음에는 모호하다가 점점 구체화되었고, 이들에 대한 처벌의 강도도 높아졌다.[203]

문정왕후가 강력한 권력을 행사하자 그녀를 '여주女主'라 부르며 비판하는 움직임이 나타났다. 이는 문정왕후가 국왕만큼 절대적 권력을 행사하였다는 의미이지만, 그녀의 절대 권력을 비판하고 견제하려는 의도가 있었다.

다음은 1547년(명종 2) 발생한 양재역 벽서사건의 내용이다.

> 여주女主가 위에서 정권을 잡고 간신奸臣 이기李芑 등이 아래에서 권력을 농단하고 있으니, 나라가 장차 망할 것을 서서 기다릴 수가 있다. 어찌 한심하지 않은가. 중추仲秋(8월) 그믐날.[204]

이는 문정왕후가 여주라 불릴 정도로 정권을 장악하고 이기 같은 훈구계가 권력을 농단하고 있으므로 장차 나라가 망할 것이라는 경고였다.

또한 실록을 기록한 사관史官은 조정에는 여주女主가 있고 국정은 간신들이 제멋대로 하여 인종 대의 죄인이 무죄가 되고 잘못은 어린 명종에게 돌아갔다고 비판하는 사론史論을 남겼다.

---

203) 金宇基, 『朝鮮中期 戚臣政治 研究』, 集文堂, 2001, 46~47쪽.
204) 『明宗實錄』 권6, 明宗 2년 9월 丙寅(18일).
   "女主執政于上, 奸臣李芑等弄權於下, 國之將亡, 可立而待. 豈不寒心哉. 時維仲秋晦."

사신은 논한다. 신자臣子가 되어 그 임금을 불행하게 하고 심지어 성수聖壽를 미리 점치기까지 하였으니 장차 부도不道한 죄는 천지간에 용서받지 못할 것이다. 그런데 여주女主가 조정에 있고 주상主上은 나이가 어리니, 권력을 가진 간신이 국정을 제멋대로 하고 인종仁宗의 적신賊臣들은 모두 무죄한 입장에 섰다. 죄주기를 그 죄대로 하지 않아 드디어 천만세의 기롱이 어린 임금에게 돌아가게 하였으니 어찌 마음이 아프지 않겠는가.[205]

문정왕후는 명종의 나이가 20세가 되자 비로소 수렴청정을 거두었다. 그러나 명종이 친정을 한다고 문정왕후의 영향력에서 완전히 벗어난 것은 아니었다. 문정왕후는 여전히 정국 운영에 강한 영향력을 행사하였고, 정국의 주도권은 소윤계 세력이 장악하고 있었다. 명종은 왕권을 강화하려고 국왕에 대한 신료의 의리를 강조하거나 언관들의 언론에 비판적 자세를 보이기도 하였다. 그러나 이러한 명종을 지지해줄 세력이 없었기에 왕권을 강화하려는 노력은 성공하지 못하였다.

문정왕후는 자신이 불민不敏한 사람이고 부인이 국정에 참여하는 것은 아름답지 못한 일이라 하였다. 말하자면 그녀는 수렴청정을 반대하는 입장이었다. 문정왕후는 자신이 수렴청정을 한 것은 두 국왕이 연달아 승하하고 왕위에 오른 명종의 나이가 어렸기 때문이고, 명종이 15세가 넘어서도 청정을 계속한 것은 국왕의 학문이 성취되지 못하고 홀로 결단하는 것을 고사하였기 때문이라 하였다.[206] 이를 보면 문정왕후의 수렴청정은 미약한 왕권을 안정시키고 강화하기 위해 필요한 조치였다. 그러나 실제로 문정왕후의 수렴청정은 왕권을 안정시키기보다는 오히려 왕권을 압도하였고, 결국은 왕권을 약화시키는 결과를 가져왔다. 문정왕후의 리더십관은 국왕이 성장하는 동안 국왕권의 행사를 대신하는 섭정자로서의 리더십관이었다.

---

205) 『明宗實錄』 권3, 明宗 1년 5월 庚辰(25일).
206) 『明宗實錄』 권15, 明宗 8년 7월 丙辰(12일).

2) 정순왕후의 리더십관

정순왕후貞純王后는 영조의 계비로 영조의 첫 번째 왕비 정성왕후貞聖王后가 사망한 이후 왕비가 되었다. 1757년(영조 33) 사망한 정성왕후의 삼년상은 1759년 마무리되었고, 그해 5월 혼례가 논의되기 시작하여 6월에 가례를 올렸다. 왕비를 간택할 때에는 대왕대비나 왕대비 같은 왕실의 어른이 없었기 때문에 영조가 직접 결정하였다. 가례 당시 영조의 나이는 66세, 정순왕후는 15세였다. 그러나 정순왕후는 자녀를 생산하지 못하였다. 1767년(영조 43) 3월 정순왕후는 선조 이후 시행되지 않았던 친잠례親蠶禮를 거행하였다. 친잠례는 영조가 정순왕후의 위상을 강화시키려는 의도를 가진 행사였다.[207]

1775년(영조 51) 세손이던 정조의 대리청정이 시작되자 정순왕후는 그를 보호하였다.[208] 이 때 정순왕후는 왕실의 어른이자 세손의 조모라는 위치에 있었다. 당시 정순왕후는 영조의 뜻이 세손에게 있음을 확인하였고 정조도 정순왕후의 의도를 잘 알고 있었다. 왕비 시절 정순왕후는 영조의 뜻을 성실하게 따르는 입장이었다.

1776년 정조가 국왕이 되면서 정순왕후는 왕대비가 되었다. 정조는 왕통상 영조가 아니라 진종(효장세자)을 계승하였고, 정순왕후는 정조의 할머니였으므로 대왕대비가 될 수 있었다. 이에 대해 영의정 김상철은 인조가 즉위할 때 인목왕후를 대왕대비로 칭한 것을 거론하며 정순왕후를 대왕대비로 칭하자고 주장하였다. 그러나 정조는 손자가 조부를 계승하면 조부는 예위禰位가 된다는 이유를 들어 정순왕후를 왕대비로 삼았다.[209] 정순왕후는 순조가 즉위한 이후 대왕대비가 되었다. 정순왕후는 정조가 오래도록 후사를 얻지 못하자 후궁의 간택을 서둘렀고,[210] 1790

---

207) 임혜련, 『정순왕후, 수렴청정으로 영조의 뜻을 잇다』, 한국학중앙연구원출판부, 2014, 46~48쪽.
208) 최성환, 「정조대의 정국 동향과 僻派」『朝鮮時代史學報』51, 2009, 215~216쪽.
209) 『正祖實錄』 권1, 正祖 즉위년 3월 辛巳(10일).
210) 『正祖實錄』 권22, 正祖 10년 10월 辛丑(1일).

년(정조 14) 유빈綏嬪 박씨가 원자(순조)를 생산하였다.

정조 대에 정순왕후는 중요한 사안에 언교諺敎를 내려 정치력을 행사하였다. 정조 초년에 권력을 장악한 홍국영洪國榮과 정조의 이복동생 은언군恩彦君을 처벌하라는 한글 교지를 내린 것이다. 당시 홍국영은 권좌에서 밀려나 있었지만 은언군의 아들 상계군常溪君을 자기 누이 원빈의 후사로 삼아 왕위를 계승하게 하려고 하였다. 그런데 1786년(정조 10) 5월 문효세자가 사망하고 11월에는 상계군까지 사망하자, 정순왕후가 나서서 강경한 처벌을 요구한 것이다.

> 여군女君이 조정의 정사에 간여하는 것은 아름다운 일이 아니다. 그러나 종국宗國이 장차 망하려는 때를 당하여 성상聖上이 위태롭고 나라가 위험한 것을 눈으로 보고도 구구한 작은 혐의를 지킨 채 끝내 한 마디도 하지 않는다면 종묘사직의 죄인이 될 뿐만이 아니라, 하늘에 계신 선대왕先大王(영조)의 영령은 어떻게 생각하시겠는가? 미망인未亡人(정순왕후)이 병신년(1776) 이후 고질을 앓다가 근년에 와서 날로 더욱 심해지니 아침저녁 사이에 죽을 염려가 있었으나, 실로 성상의 독실한 효성에 감격하여 종묘사직을 위해 모진 목숨을 보존해 왔다. 지금 평소에 가슴속에 쌓인 것을 한 번도 말하지 않다가 하루아침에 죽어버리면 내가 눈을 감지 못할 것은 말할 것도 없고 실로 열성조와 선대왕을 돌아가 볼 면목이 없다. 이 때문에 부득이 이 언문 전교를 내린다. 이 일은 오직 종사를 위하고 성상을 보호하여 대의大義를 밝히려는 데서 나온 것이니 깊이 살펴라.[211]

이를 보면 정순왕후는 자신의 발언이 무엇보다도 선왕인 영조의 뜻에 부합하는 것이고, 국가를 위하고 정조를 보호하며 대의大義를 밝히는 일이라고 밝혔다. 왕대비가 수렴청정을 할 때도 아닌 상황에서 이런 발언을 하는 것은 매우 드문 일이었다. 이로 인해 정순왕후는 정조와 정면으로 충돌하였다. 정조로서는 유일하게 남은 혈육 은언군을 처형하라는 요구였기 때문이다. 결국 정조는 은언군을 강화도로 귀양 보내는 것으로 사건

---

211) 『正祖實錄』 권22, 正祖 10년 12월 庚子(1일).

을 마무리하였다. 이후 정조가 은언군에게 여러 가지 혜택을 내리자 정순왕후는 다시 정조와 충돌하였다.[212] 정조 연간에 정순왕후는 공의公義를 앞세워 은언군에 대한 사의私義를 지키려는 정조와 대립하였다.[213]

1800년 6월 정조가 사망하고 순조가 즉위하였다. 순조는 11세의 어린 나이였고 스스로 정국을 운영할 만한 교육도 받지 못한 상황이었다. 이때 정순왕후는 대왕대비로 왕실의 최고 어른이었다. 정순왕후의 대리청정이 결정되자, 정순왕후는 몇 차례 사양한 후 대리청정을 시작하였다. 다음은 정순왕후의 발언이다.

> 오늘 경들(박준원, 김조순, 윤행임)을 입시하게 한 것은 오직 국사國事를 공고히 하기 위해서이다. 당장은 비록 공고한 것 같지만 오래되면 해이해지기 쉬우니, 지금의 급선무로는 성상(순조)을 보호하여 의리를 잡고, 조정을 화합시키며, 백성들을 보호하고 돌보는 방책보다 더한 것은 없다. 이 세 가지는 실로 국가의 안위가 걸린 것이므로 경들은 나라를 위하는 정성을 다하여 밤낮으로 해이해지지 말고 성과를 거두는 효과가 있게 하여라. 그러면 대행왕大行王(정조)의 오르내리는 신령이 반드시 저세상에서도 감탄하고 기뻐할 것이라 생각한다.[214]

이를 보면 정순왕후는 순조를 보호하여 의리를 지키고, 조정을 화합시키며, 백성들을 보호하고 돌보는 일을 급선무로 제시하였다.

정순왕후의 수렴청정이 시작되자 처음으로 수렴청정 절목節目이 제정되었다. 이를 보면 정순왕후와 순조의 좌석 위치가 규정되었다. 문정왕후가 수렴청정을 할 때는 문정왕후가 주렴 뒤의 중앙에 앉아서 남면南面하고, 명종은 주렴 밖의 서쪽에 앉아 정사를 보았다. 그런데 정순왕후가 수렴청정을 할 때에는 정순왕후가 주렴 뒤의 동쪽에 앉아 남면을 하고, 순조는 주렴 밖의 중앙에 앉아 정사를 보았다. 정순왕후가 동쪽에 앉고

---

212) 『正祖實錄』 권28, 正祖 13년 9월 己酉(26일); 권31, 正祖 14년 11월 甲午(18일); 권39, 정조 18년 4월 丙寅(10일).
213) 林惠蓮, 윗논문, 2008, 124~126쪽.
214) 『日省錄』, 正祖 즉위년 8월 18일(戊辰).

순조가 중앙에 앉은 것은 국정을 운영하는 주체가 국왕임을 의미하였다.[215] 또한 절목을 보면 정순왕후는 매월 6차례 열리는 차대次對를 비롯하여 소견召見, 소대召對에 참여할 수 있었고 경연에도 참석할 수 있었다. 실제로 정순왕후는 차대에 참석하였으나 소견, 소대, 경연에는 참석하지 않았다. 정순왕후는 신하들과 대면하지 않을 때 승지를 통해 보고를 받았고, 승지에게 하교를 내리거나 언서로 명령을 내렸다.

정순왕후는 순조와 국정운영을 분담하는 방식으로 정사를 처리하였다.[216] 두 사람이 차대에 참석하면, 순조는 비변사에서 논의하는 경제, 지방, 인사 문제에 대해 지시를 내렸다. 정순왕후는 죄인의 처벌, 고위직 인사처럼 중요한 문제에 대해 하교를 내렸다. 정순왕후는 권력을 독점하지 않고 순조가 국왕으로 성장하도록 지원하였다. 정순왕후는 경연을 국왕과 신하가 논의하는 자리로 만들었고, 상소문도 국왕과 대신들이 의논하여 처리하도록 하였다. 순조가 대신들과 의논하여 국사를 처리하는 방식은 성종이 정희왕후의 뜻을 묻거나 명종이 문정왕후의 뜻을 물어 처리하는 방식과 달랐다.

정순왕후는 정치적 의리를 강조하였으며 특히 영조의 의리를 강조하였다. 정순왕후는 선왕인 영조의 유지遺旨를 따른다고 하면서 정조가 마련해 놓았던 체제와 인물을 바꾸었다. 정순왕후는 영조가 임오년에 사도세자를 죽게 한 임오의리는 타당하며, 정조도 영조의 임오의리를 중시하였다고 주장하였다. 다음은 순조 초 정순왕후가 내린 언교諺敎이다.

영묘조英廟朝 모년某年(사도세자가 사망한 임오년)의 처분은 만부득이한 거조에서 나온 것이다. 그러나 신하가 된 사람이 감히 이를 간범干犯한다면 그 죄는 죽음으로도 용서받을 수 없다는 것은, 한유韓逾의 억울함을 풀어준 처분을 보아도 성상(정조)의 뜻이 있는 곳을 알 수 있다. (중략) 그들이 끝내 스스로 밝히고 자수하지 않는다면 선왕(정조)의 대처분은 과연 끝내

---

215) 『純祖實錄』권1, 純祖 즉위년 7월 甲午(14일).
216) 林惠蓮, 윗논문, 136~145쪽.

그만둘 수 있겠는가? 그렇다면 스스로 밝히고 자수하게 한 조치는 선왕의
마지막 명령이니 바로 그만둘 수 없는 지사志事인 것이다. 하물며 그 의리에
관계된 것이 어떠하며 사체의 엄중함이 어떠한가? 따라서 대전大殿(순조)의
정사와 나의 처지에서 어떻게 감히 선왕이 이미 승하하였다고 끝내 크게
드러낼 방도를 생각하지 않을 수 있겠는가? (중략) 지금의 이 언교諺教는
바로 우리 선대왕께서 끝내지 못한 지사志事를 천명하는 것이다.[217]

이를 보면 정순왕후는 영조의 임오의리가 정당하고 정조의 대처분도
이를 따랐으므로 정순왕후와 순조는 당연히 따라야 한다는 논리였다.
이에 따라 정순왕후는 혜경궁 홍씨의 부친이었던 홍봉한洪鳳漢을 임오년의
죄인으로 지목하고 그의 아들인 홍낙임洪樂任을 죽였다.[218] 홍낙임이 임오
년의 의리를 어기고, 영남만인소의 배후였으며, 천주교인이기도 하다는
죄목이었다. 정조의 아우였던 은언군에게도 신유사옥과 연계시켜 죽음을
내렸다.[219] 은언군의 부인 송씨와 며느리가 주문모周文謨 신부에게 세례를
받은 천주교도임이 드러나자 은언군도 이 사건에 연루시켜 죽인 것이다.
정순왕후는 정조의 측근 신하와 남인 청류들도 처벌하였다.[220] 이미 사망
한 홍국영, 정민시, 채제공의 관작을 추탈하고, 순조가 즉위할 때 선왕의
유지遺志라 하여 특별대우를 받았던 윤행임은 권세를 농단하였다는 죄목
을 들어 처벌하였다.

정순왕후의 리더십은 영조의 유지를 계승하며 정조의 유지도 이와 같
다고 주장하는 데에 근거를 두었다. 영조와 정조의 유지가 동일하므로
이를 계승한 정순왕후와 순조는 그 유지를 따른다는 명분이었다. 그러나
정순왕후가 주장한 의리는 영조의 의리였지 정조의 의리는 아니었다.
정순왕후의 의리는 그녀를 지지한 벽파 세력이 내세운 정치적 명분이었
고, 실제로 정순왕후가 정국을 주도한 결과는 정조가 이룩한 체제의 와해

---

217) 『純祖實錄』 권1, 純祖 즉위년 12월 丙寅(13일).
218) 『純祖實錄』 권1, 純祖 즉위년 12월 乙亥(27일); 권3, 純祖 1년 5월 甲辰(29일).
219) 『純祖實錄』 권3, 純祖 1년 5월 甲辰(29일).
220) 林惠蓮, 윗논문, 2008, 156~160쪽.

로 이어졌다.

3) 순원왕후의 리더십관

순원왕후는 정조 말년에 세자빈으로 재간택까지 진행되었고, 순조가
즉위한 후 왕비로 최종 간택되었다. 순원왕후가 왕비가 된 것은 수렴청정
을 하던 정순왕후가 정조의 유지를 따랐기 때문이다. 1834년 순조가
승하하자 8세였던 헌종이 국왕이 되었다. 조선의 국왕 중에서는 가장
나이가 어린 국왕이었다. 순원왕후는 헌종의 할머니이자 왕대비로 수렴
청정을 시작하였다.

순원왕후는 주로 차대를 통해 신하들에게 지시하였고 신하들과 협력하여
정국을 운영하였다.[221] 다음은 헌종 초년에 순원왕후가 내린 명령이다.

> 금일의 많은 일 중에 주상主上을 보호하고 성학聖學을 권면하여 점차 고명하
> 고 광대한 지역에 오르게 해야 한다. 그 다음은 백성을 사랑하고 돌보아
> 평안하도록 기해야 한다. 백성을 편안하게 하려면 먼저 조정의 조치가 마땅
> 해야 하니, 이런 때에 어떤 관리인들 택하지 않겠는가? 그런데 제일 급한
> 일은 방백方伯(관찰사)과 수령을 각별히 가려 뽑는 것이다. 묘당廟堂에서는
> 방백에게 힘써 경계하고 방백들은 수령을 단속하여 백성들의 재산을 빼앗
> 거나 탐학한 폐단이 없게 하면 백성들은 저절로 편안해지고, 백성들이 편안
> 해지면 국가의 형세는 태평한 곳으로 돌아갈 것이니 어찌 아름답지 않겠는
> 가? 지금의 도리는 상하가 실속 없는 글을 모두 없애고 실심實心으로 실정實
> 政을 행하는 것이다. 지금부터 온갖 군국軍國의 큰일을 대신과 경재卿宰들이
> 충분히 살펴 마땅한 것을 아뢰면 나는 오직 이를 따를 뿐이다. 시행할 수
> 없거나 긴급하지 않은 일 같은 것은 처음부터 거론하여 대응하기에 번잡하
> 게 하지 말라.[222]

---

221) 순원왕후는 수렴청정을 시행한 74개월 동안 66회의 차대에 참석하였다. 정순왕
   후가 수렴청정을 한 42개월 동안 74회의 차대에 참석한 것과 비교하면 순원왕
   후가 참석한 차대는 적은 편이었다.(林惠蓮, 윗논문, 2008, 131쪽; 171쪽).
222) 『日省錄』憲宗 즉위년 12월 16일(甲午).
   "今日悠悠萬事, 保護主上, 勸勉聖學, 漸躋高明廣大之域. 其次則愛恤百姓, 期底

이를 보면 순원왕후는 당시의 시급한 일은 어린 헌종의 학문을 권장하고 백성들을 편하게 하는 것이며, 신료들이 이에 관한 일을 의논하여 보고하면 자신은 그대로 따르겠다고 선언하였다. 이는 자기 견해를 강하게 주장하지 않겠다는 선언인데, 순원왕후의 친정인 안동 김씨의 권력이 유지되는 상황에서 정치세력의 재편과 같은 과감한 정책이 필요하지 않았기 때문이다.

순원왕후는 선왕인 순조의 유지를 따르는 조치를 내리고, 효명세자를 국왕으로 추존함으로써 자신의 권위를 높였다. 순원왕후는 자신의 조치가 순조의 유지를 따르는 것임을 강조하였다. 수렴청정 초기에 기호 지방에 흉년이 들었다. 순원왕후는 이 지역의 제수祭需 부담을 늦추고 내탕고의 은을 지급하라고 명령하면서, 이는 순조가 백성을 구휼하던 뜻을 따르는 것이라 하였다.[223] 그 이듬해 순원왕후는 서북 지역의 인재를 등용하라고 하면서, 이 역시 선왕인 순조의 성대한 뜻을 따르는 것이라 하였다. 다음은 순원왕후가 평안감사 이기연李紀淵을 만난 자리에서 내린 명령이다.

> 선대왕先大王(순조)께서 매양 서북 사람을 마음을 써서 걱정하셨는데 지금 만약 거두어 쓰지 못하면 선왕의 성대한 뜻을 어기는 것이 될까 두렵다. 청천강 남북의 수천 리 땅에 어찌 쓸 만한 인재가 없겠느냐? 경은 내려간 뒤에 마음을 다하여 찾아내어 도천道薦으로 알려라.[224]

순원왕후는 자신의 아들이자 헌종의 부친인 효명세자를 익종翼宗으로 추존함으로써 헌종의 정통성을 높였다. 이는 자신의 지위에도 변화를

平安. 欲安百姓, 則先自朝廷擧措得宜, 此時何官不擇. 而第一急務, 方伯守令, 各別愼揀. 廟堂則勉飭方伯, 方伯則操束守令, 俾無剝割貪墨之弊, 則百姓自安, 百姓安則, 國勢復奠於磐泰之安, 豈不休哉. 卽今道理, 莫如上下盡祛浮文, 以實心行實政. 自今爲始. 凡百軍國大事, 大臣卿宰, 爛漫商確停當以奏, 則予惟從之而已. 至若不可行不緊之事, 初勿擧論致煩酬應."
223) 『日省錄』 憲宗 즉위년 11월 20일(辛巳).
224) 『憲宗實錄』 권2, 憲宗 1년 7월 丁未(20일).

가져왔다. 효명세자가 익종이 되면서 그 부인 신정왕후神貞王后가 왕대비가되었고, 순원왕후는 왕대비에서 대왕대비로 승격되었다.[225]

헌종 대의 순원왕후는 신하들과 협력하면서 정국 운영에 적극적으로 개입하지 않았고, 선왕인 순조의 유지를 계승하며 왕실의 권위를 높이려 하였다. 또한 순원왕후의 친정 안동 김씨와 왕대비 신정왕후의 친정 풍양 조씨 사이에 정치적 균형이 유지되도록 하였다. 그 결과 순원왕후의 수렴 청정은 안정적으로 운영되었고, 그녀의 위상도 높아졌다.[226]

1849년 헌종이 재위 15년 만에 후사가 없이 승하하였다. 헌종의 자녀로 궁인 김씨가 낳은 딸 하나가 있었지만 그녀 역시 어려서 죽었다. 헌종이 승하하자 순원왕후는 철종을 자기 아들로 입후立後하여 왕위에 올리고 다시 대리청정을 실시하였다. 철종은 사도세자와 양제良娣 임씨林氏 사이에서 태어난 은언군의 손자였다. 헌종의 숙부 항렬이던 철종은 순조와 순원왕후의 양자가 되어 왕위를 계승하였다.

1849년(헌종 15) 6월 6일, 헌종의 죽음이 임박하자 국왕의 대보大寶는 순원왕후에게 전달되었다. 헌종이 승하하자 순원왕후는 즉시 강화도에 살고 있던 이원범李元範(철종)을 국왕으로 지명하였다. 순원왕후가 철종을 지명한 이유는 헌종과 철종만 영조의 혈통을 이었고, 종실의 인물 가운데 헌종과 혈연적으로 가장 가깝기 때문이었다.[227] 순원왕후가 철종을 지명하자, 좌의정 김도희金道喜는 새 국왕이 서무庶務를 익히는 동안 수렴청정이 필요하다고 요청하였다. 그러자 순원왕후는 바로 대리청정을 수락하였다.

> 김도희 : "새 국왕이 서무庶務를 밝게 익히는 방법은 오직 자성 전하慈聖殿下
> 께서 수렴垂簾하여 이끌어주시는 가르침에 달려 있습니다. 바라건대 빨리
> 전교傳敎를 내리시어 뭇사람의 뜻에 답하소서."

---

225) 『憲宗實錄』 권1, 憲宗 즉위년 11월 庚辰(19일).
226) 林惠蓮, 윗논문, 2008, 180~185쪽.
227) 이기대, 「한글편지에 나타난 순원왕후의 수렴청정과 정치적 지향」 『국제어문』
47, 2009, 207~208쪽.

순원왕후 : "새 국왕은 20세에 가깝고 나는 나이가 예순이 지난 데다 이미
정신이 혼모昏耗하다. 지금 어찌 다시 이 일을 논하겠는가마는 국사國事는
지극히 중한데 이미 미룰 곳이 없으니 힘써 따르겠다. 수렴청정하는 절목은
해당 관청에서 전례에 의거하여 거행하라."228)

이 날 순원왕후는 헌종이 사망하자마자 후계자를 발표하고, 헌종의
장례 절차와 후대 국왕의 즉위 절차를 지시하였으며, 신하들의 수렴청정
요청을 바로 수용하였다. 이후 순원왕후의 수렴청정은 31개월간 계속되
었다.

순원왕후는 수렴청정을 하면서 차대와 같은 공식 행사보다는 평상시의
하교를 통해 명령하였고, 차대에서는 주로 철종이 나서서 결정을 하였다.
철종은 국왕이 될 때 이미 19세나 되었기에 순원왕후의 수렴청정은 철종
의 정무 능력을 높이는 데 목적을 두었다.229)

순원왕후는 철종의 정통성을 강화시키는 조치들을 하였다. 철종은 선
왕인 헌종보다 항렬이 높았고, 정순왕후가 대리청정을 할 때 죄인으로
처벌된 은언군과 전계군全溪君의 후손이었기에 필요한 조치였다. 철종은
순원왕후의 양자였기 때문에 철종의 위상 강화는 순원왕후가 정치적 명
분을 확보하는 길이기도 하였다. 순원왕후는 철종이 즉위한 직후 은언군
의 작위를 회복시켰고, 전계군에게 작위를 내리고 그의 묘소와 사우祠宇를
정비하였다.230)

순원왕후는 철종의 비를 다시 안동 김씨에서 간택하여 외척으로서의
지위를 강화시켰다. 순원왕후는 헌종 대에는 순조의 유지를 따라 외척인
안동 김씨와 풍양 조씨 사이에 균형을 유지하였다. 그러나 철종 대에는
풍양 조씨를 정계에서 완전히 도태시켰다. 헌종이 친정을 하면서 헌종의
외가 풍양 조씨가 우위를 점하였던 것에 대한 반발이었다. 순원왕후는

---

228) 『憲宗實錄』 권16, 憲宗 15년 6월 壬申(6일).
229) 林惠蓮, 윗논문, 2008, 194~200쪽.
230) 『哲宗實錄』 권1, 哲宗 즉위년 6월 己丑(23일);『日省錄』 哲宗 즉위년 6월 24일
    (庚寅); 9월 22일(丙申).

조득영의 아들 조병현을 죽였고,[231] 헌종을 종묘에 부묘祔廟할 때 진종의 조천祧遷을 반대한 권돈인權敦仁과 그와 가까웠던 김정희金正喜 형제들을 탄핵하였다.[232] 권돈인과 김정희 형제들은 풍양 조씨와 가까운 인물이었다.

다음은 순원왕후가 김흥근金興根에게 보낸 한글편지로, 진종의 조천 문제를 처리할 때 친정 식구에게 정보와 조언을 구하는 내용이다. 김흥근은 순원왕후의 사촌동생이었다.

다른 말 길게 말고 부묘祔廟 후 조천祧遷하는 문제는 지극히 중하며 삼가고 조심할 일이니, 속의 말은 다 각각 들었거니와 예전에도 이런 일이 없었습니까? 본디 여편네 중에서도 무식하고 깜깜하되 이제는 스스로 말한 일도 아주 있으니 헌의獻議는 잠깐 들었으나 귀에 선 문자들 사이의 말이 머리에 담겨있지 않아 기억을 못하니, 영의정(권돈인)은 어째서 못 한다고 하는 말입니까? 모르면 모르되 그 말이 "친진親盡하지 아니하였다"는 말은 옳으니 아주 잘못된 말은 아닌 듯하였습니다. 한 당 송에서도 이때와 같아서 어찌 한 일이 있었습니까? 옛 선비들이 나무랐다고 하니 인종, 명종을 조천하신 현종조 때 말입니까? 길어서 다 자세히 적지는 못하셔도 알기 쉽게 적어 주십시오. 모르면 속이 시원하지 않아서 컴컴하고 갑갑하니 딱합니다.[233]

순원왕후가 수렴청정을 하는 동안 안동 김씨의 정계 진출은 두드러졌다. 김좌근, 김흥근, 김수근, 김난순, 김대근, 김양근, 김만근, 김병기, 김병국 같은 인물들이 정승, 판서, 비변사, 대간 등 고위직에 고루 등용되었다. 1851년(철종 2) 순원왕후는 김문근金汶根의 딸을 철종의 왕비로 간택하면서 안동 김씨 세력은 더욱 강화되었다.[234] 이보다 앞선 1836년(헌종 3) 순원왕후는 김조근金祖根의 딸을 헌종의 왕비로 간택한 적이 있었다. 순원왕후가 주관한 두 번의 왕비 간택은 안동 김씨가 계속 외척으로 있으면서 정국 운영의 주도권을 유지하려는 의도가 있었다.[235]

---

231) 『哲宗實錄』 권1, 哲宗 즉위년 8월 戊子(23일).
232) 李迎春, 「哲宗 初의 辛亥祧遷禮訟」 『朝鮮時代史學報』 1, 1997, 240~249쪽.
233) 이승희 역주, 『순원왕후 한글편지』, 푸른역사, 2010, 356쪽.
234) 『哲宗實錄』 권3, 哲宗 2년 윤8월 丁未(24일).

순원왕후는 선왕의 유지를 계승하여 어린 국왕의 성장을 돕는다는 목적에서 두 차례 수렴청정을 하였다. 헌종 연간에 순원왕후는 선왕인 순조의 유지를 계승하는 차원에서 정책을 시행하는 경우가 많았다. 그러나 철종 연간에는 선왕인 헌종이 요절하여 선왕의 유지라 할 것이 없었고, 국왕까지 순원왕후가 지명하여 국정을 운영하는 데 제한이 없었다. 이때 순원왕후는 친정 가문의 인물을 중용하는 방식으로 국정 운영의 주도권을 유지하였다.

수렴청정은 어린 국왕이 즉위하였을 때 섭정자가 나타나 국왕을 대신하여 정국을 운영하였던 것에 기원을 두었다. 이때 섭정자는 국왕을 대신하여 정국을 주도할 수 있었다. 수렴청정은 왕을 대리한다는 점에서 섭정과 비슷하지만 국왕과 대비가 국정을 함께 운영한다는 점에서 섭정과 차이가 있었다. 대비가 수렴청정을 하는 동안 어린 국왕은 국정의 일부를 담당하며 스스로 국정을 운영할 수 있는 능력을 키웠다.

대비가 수렴청정을 하는 것은 선왕의 왕비이자 왕실의 어른으로 존숭을 받았기 때문이며, 수렴청정을 하는 권한은 새 국왕이 아니라 승하한 선왕으로부터 주어지는 것이었다. 따라서 수렴청정을 한 정순왕후는 선왕인 영조와 정조의 유지를, 순원왕후는 선왕인 순조의 유지를 내세우며 정사를 처리하였다. 이들이 수렴청정을 하는 근거는 바로 선왕의 유지를 계승하는 데에 있었다.

문정왕후는 인종 때부터 영향력을 행사하였고, 아들인 명종이 즉위하자 그녀를 견제할 정치 세력은 존재하지 않았다. 이 때문에 문정왕후는 강력한 권력을 행사하였고 결국은 '여주女主'라 불리는 사태를 초래하였다. 순원왕후가 두 번째 대리청정을 할 때에는 선왕의 유지라 할 것이 없었고 철종도 이미 성인의 나이였다. 따라서 순원왕후는 공식적으로는 국왕을 내세워 정사를 처리하는 경우가 많았다. 그러나 순원왕후는 친정인 안동 김씨가의 인물을 집중적으로 등용하여 국왕권의 행사를 약화시

---

235) 尹民敬, 「세도정치기 安東 金門의 정치적 기반 – 국왕, 유력 가문과의 관계를 중심으로」, 서울대학교 석사학위논문, 2015 참조.

켰다. 문정왕후와 철종 대의 순원왕후는 선왕의 유지를 내세우지 않으면서 강력한 권력을 행사하였고 결국은 국왕권의 약화를 가져왔다. 이를 보면 수렴청정을 하는 대비의 리더십관은 선왕의 왕비로 그 유지를 계승하는 것에 근거를 두었다.

2부

양반의 국왕 리더십관

천(天)과 천명(天命): 권력의 근거와 정당성

　'유일신' 내지 '창조주 하느님'(Creator)의 존재가 없는(혹은 두드러지지 않는) 동아시아적인 사유에서 가장 초월적인 개념 내지 존재는 역시 천天이 아닐까 한다. 하늘天 관념은 지극히 오래전부터 동아시아에 있었으며, 굳이 말한다면 결코 유가만의 독특한 관념은 아니었다. 예컨대 묵자도 노자도 모두 천天을 말하고 있다.

　반면에 한자어로서의 신神은 그 위상으로 보자면 지극히 미약한 것으로 여겨진다. 산신, 천신 등 자연신적인 경우도 있고, 일본의 '팔백만신八百萬神'처럼 인격적인 색채를 띨 수도 있겠다. 하지만 그럴 경우에도 기독교, 이슬람교, 유대교의 '유일신'과는 그 차원과 위상이 같을 수는 없겠다.

　Bible의 〈창세기〉(Genesis)편이 유독 눈길을 끄는 것은 우주와 삼라만상의 기원에 대해서 "언제, 누가, 어디서, 무엇을, 어떻게, 왜" 하는 식의 원칙에 따라 정리해볼 수 있기 때문이다. 적어도 우리에게 익숙한 동아시아 문헌의 경우에 한정하는 한, 그렇게 잘 정리된(?) 서술을 아직까지 찾아보지 못했다. '유일신'(God)과 다신교多神敎에서의 '많은 신들'(gods)은 신의 품격神格에서 완연히 다르다. 그리스, 로마 신화에서 만날 수 있는 신들은 지극히 '인간적'이다. 싸우기도 하고, 몹시 화내기도 하고, 그랬다 화해하기도 하고, 열렬히 사랑하기도 한다. 한마디로 너무나도 인간을 닮아 있다. 인간적인 신들. 그래서 그들은 '도덕적이지 않다'.[1]

그들은 신이므로. 그런 측면에서 본다면 일본의 『고사기』 『일본서기』에서 만날 수 있는 신들은 그리스, 로마의 신들에 가깝다.

수많은 신들의 세계에서도 '정치'는 존재했다. 인간의 그것과 크게 다를 바 없다. 갈등과 투쟁이 있으며, 서열과 위계가 있다. 음모와 권모술수가 횡행하기도 한다. 올림포스산의 신들을 보라! 실제로 신들의 정치와 투쟁은 그들을 믿는 인간들의 갈등과 전쟁에 의해 결착된다고 하겠다.[2] 아무튼 흥미로운 사실은, 유일신의 경우, 그 논리적인 귀결상 우주와 삼라만상의 '창조주'(Creator)이자 동시에 '도덕적인'(moral) 완벽한 신격이 아니면 안된다. 신학적으로 보자면, 어쩌면 수많은 신들의 단계를 거쳐서 '유일신' 단계에 이르는 것으로 볼 수도 있겠다.[3]

거시적으로 보자면, 신화와 신들 역시 '정치'에서 완전히 벗어나 있는 것은 아니다. 신들의 존재는 인간에게, 믿고 따르는 인간들의 존재를 통해서 확인된다. 그리스 신화를 낳은 나라, 그리스의 현 상황은 '신화와 신들의 정치'를 상징적으로 말해준다.[4] 그런 측면에서 가장 극적인 변화

---

1) 같은 말의 반복(토토로지) 같지만 '윤리적'이지 않다. 윤리(倫理)는 '인간'에게 요구되는 영역이라 하겠다.

2) 『이솝우화』에는 '신들에 관해 시비가 붙은 두 남자' 이야기가 나온다. "두 남자가 테세우스와 헤라클레스라는 두 신 가운데 누가 더 위해한지를 놓고 시비가 붙었다. 그러자 두 신은 화가 나서 각각 다른 신을 위대하다고 하는 남자의 나라를 응징했다." 천병희 옮김, 『이솝우화』. 솔, 2013, 65쪽.

3) 이는 이집트 신화에서도 비슷한 사례를 찾아볼 수 있다. 거기서 유일신 신앙의 원시적인 한 형태를 찾아볼 수 있다. 자세한 논의는 다음 기회로 미룬다.

4) "그리스는 우리에게 신화의 나라로 알려져 있다. 그러나 그것은 옛 이야기이고 지금은 그리스 정교회의 나라이다. 국민의 95%가 정교회 신자이고 정교인이 아니면 공직자가 교수가 되기 어렵다. 그리스인들은 비록 고대에 신화를 창조하고 믿었지만 **그리스도교가 시작될 무렵에는 가장 열성적으로 이 신흥 종교를 받아들인 민족이었고**, 그들이 선조에게서부터 물려받은 철학과 논리학을 바탕으로 그리스도교 신학의 틀을 잡은 사람들이었다. 그러기에 **그리스에서 제우스나 아폴론 같은 올림포스 신이나 소크라테스, 플라톤 같은 철학자를 욕해도 좋지만 예수 그리스도에 대해서는 비난을 삼가는 것이 좋다.** 지난 2000년 동안 그리스인들의 생활을 지배한 것은 정교회였다. 그런 점에서 현대 그리스인들은 정신적으로는 고대 그리스의 후예라기보다는 비잔틴 제국의 후예이다. 현대 그리스인들의 사고방식이나 생활 풍속은 모두 이 시대에 뿌리를 두고 있다. 이런 사실을 놓치면 그리스를 이해하는 일은 거의 불가능해진다." 유재원, 『그리스: 신화의 땅 인간의 나라』, 리수, 2004, 271쪽.

를 겪었던 나라라 할 수 있겠다.[5)

역시 동아시아에서는 천天의 존재/개념이 중요하다는 점을 부인할 수 없을 것이다. 유교의 역사를 제쳐두고서라도, 청나라 시대 선교사를 통해서 카톨릭이 전래되었을 때에도, '천' 개념이 매개 역할을 했다. 천주天主, 천주교天主敎, 천주실의天主實義 등이 단적인 증거가 된다. 하지만 역사를 거슬러 올라가 보자면, 천天에 담기는 의미의 내역이 보여주는 스펙트럼은 지극히 넓었다. 자연의 일부로서의 '천'에서부터 시작해서(순자, 회남자?), 형이상학적인 초월성의 그것(공자, 맹자), 그리고 더 나아가면 인격적인 그것(묵자)에 이르기까지 실로 다양했다. 천주교를 접했던 다산 정약용 역시 상제上帝를 매개로 천에 인격적인 측면을 부여했다고 볼 수도 있지 않을까 한다.

베이징北京의 천단공원天壇公園(Temple of Heaven)에 가본 적이 있는가. 자금성紫禁城을 중심으로 남쪽에는 천단天壇, 북쪽에는 지단地壇, 동쪽에는 일단日壇, 서쪽에는 월단月壇이 있었다. 그래서 각각 하늘, 땅, 해, 달에 제사를 지냈다. 그 중에서 천단은 1420년 영락제(명)가 건설했다. 전체적인 설계와 건물 배치를 보면, 고대 우주론의 핵심인 '땅과 하늘', 즉 '인간 세계와 신의 세계'의 관계를 따르고 있다. 그런 관계 속에서 황제만이 특별한 역할을 가지고 있음을 상징한다.

중국의 황제, 그는 천자天子로 불리웠다. '하늘의 아들'! 많은 건국 신화의 주인공들이 '하늘'의 아들 혹은 후예임을 자처했지만, 중국의 경우 하늘에서 내려왔다는 건국신화 차원을 넘어서 있었다. '하늘의 아들'이라는 것. '정통성'은 바로 거기서 비롯된다. [일본에서의 '現人神'(아라히토가미) 개념에 가까우면서도 조금 다르다]. 천자는 천에 대해서 책임을 진다. [이는 뒤에서 볼 '放伐'(방벌)과 '革命'(혁명) 관념과도 이어지고 있다.[6)] 하늘에 대한 믿음, 신앙, 특히 유교에서 그와 관련된 관념이 오랫

---

5) 바람둥이 제우스와 기독교(그리스 정교회)에서의 도덕적인 하느님을 비교해보라.
6) 기존의 통치자가 하늘의 뜻을 제대로 받들지 못할 때, 하늘의 명(天命)은 다른 사람에게로 옮겨갈 수 있다. 그렇게 천명을 받은 유력자가 백성들을 위해서 천자를

동안 유지되었다. 유교의 오랜 역사의 근저에 흐르고 있는 가장 특징적인 관념, 그것은 곧 '천인상관天人相關' 또는 '천인합일天人合一'이라 할 수 있겠다. 그와 같은 천인상관 관념이 나름대로 확실한 체계를 갖추게 된 것은 송학, 정주학에 이르러서였다.

하지만 조금 더 거시적으로 보자면, 하늘天과 인간人의 관계는 서로 이어져 있다거나 합일된다고 했을 때, 그 관념은 유교를 넘어서는 중국 사상의 전통이었다고 해도 크게 틀리지 않을 것이다. 다시 말해 유가儒家에만 국한되는 것은 아니었다. 따라서 천인합일과 관련해서 크게 나누어 보자면 대체로 다음과 같은 두 갈래의 큰 흐름을 상정할 수 있지 않을까 한다.

(1)노장사상의 경우, 천과 인의 연속성을 인정하지만, 역시 포커스는 '자연 속의 인간'이라 할 수 있겠다. 그때의 천은 자연에 가깝다. 인간 역시 자연의 일부라는 것, 그럴 경우 인간의 '윤리' '도덕'보다 더 큰 도道가 상정된다. 도가道家라는 이름은 거기서 비롯된다. 큰 도大道에 주목하는 만큼, 인간의 고유함이나 특성(윤리)은 유교에 비해 훨씬 약하다.[7] [유가에서도 도道, 대도大道, 천도天道 등의 용어를 사용하고 있다. 하지만 뉘앙스는 상당히 다르다. 송학 이후에는 주로 천리天理, 천지의 리理라는 식으로 표현한다.]

하지만 (2)유교의 경우, 기본적으로 자연과 인간의 연속성을 인정하지만, 하늘天에 특별한 권능을 인정하게 된다. 하늘이 명한 것, 그것이 천명天命이다. 그와 짝하는 것으로 하늘이 나무라는 것[천견天譴!] 등. 덕德을 잃어버린 것에 대한 경고 같은 것으로 여겨졌다. 제어할 수 없는 자연재해나 심각한 재이災異에 대해서 천자가 보여주는 근신謹愼 등은 그런 사유의 사회적, 혹은 정치적 표현이라 할 수 있겠다.[8] 천명 이후에는, 당연히

바꾸는 혁명으로 이어진다는 것.

7) "큰 도가 폐해져 인의가 있다(大道廢有仁義)"(『老子』), 대도(大道, 큰 도)에 인의(仁義)를 대립시키는 점에서 유교와 반대. 하지만 자연으로 돌아가라는 의미에서는 이것도 천인합일 사상이라 하겠다.

8) 예컨대 『묵자』에는 다음과 같은 구절이 보인다. "천자가 선(善)을 하면 하늘은 그

인간 중심의 사유가 전개된다. 특히 다른 자연(특히 동물)에 대한 인간의 '상대적인' 우위라 할 수 있겠다.[9]

이렇게 본다면 동아시아세계에서 그리고 유교적 사유에서 정치권력의 근거와 정당성은 바로 천天과 천명天命에서 찾을 수 있지 않을까 한다. 하지만 정작 문제는 천과 천명을 누가 어떻게 알 수 있는가 하는 것이다. 또한 그것을 어떻게 입증해 보여줄 것인가 하는 점이다. 그런 점에서 유교적인 명분론이라 하더라도 현실에서의 파워(power, 권력) 문제와 밀접하게 관련되어 있다. 이에 대해서는 뒤에서 다루게 되겠지만, 유교 정치학에서 중요한 문제라고 하겠다.

천과 천명이 정치권력의 근거와 정당성을 제공해준다면, 원리적으로 그것은 군주 내지 왕에게 주어진 것이다. 그러면 신하들, 양반들에게는 어떤 의미를 갖는가. 군주(왕)와 신하(양반)은 어떤 관계에 있는가. 그들은 어떻게 맺어지는가. 주희朱熹가 쓴 『대학장구』 서문에서 한 구절 인용해보기로 하자.

> "하늘이 사람을 내림으로부터 이미 인의예지의 성을 부여하지 않음이 없건마는, 그 기질을 받은 것이 혹 같지 않았다. 이 때문에 모두 그 본성의 소유함을 알아 온전히 함이 있지 못한 것이다. 한 사람이라도 총명하고 예지가 있어 능히 그 본성을 다한 자가 그 사이에 나오게 되면, 하늘이 반드시 그에게 명하시어 억조 만백성의 군주와 스승으로 삼아, 그로 하여금 백성을 다스리고 가르쳐서 그 본성을 회복하게 하였다. 이는 복희, 신농, 황제, 요, 순이 하늘의 뜻을 잇고 극을 세운 것이요, 이로 인해 사도의 직책과 전악의 벼슬을 설치하게 되었다."[10]

것을 상줄 수 있다. 천자가 포악한 짓(暴)을 하면 하늘은 그것을 벌 줄 수 있다." (「천지」 중), 재이는 "하늘이 벌을 내린 것"(「상동」 중),

9) 그럼에도 서구의 근대적인 인간관과 자연관에 비하면 역시 훨씬 더 '자연친화적' 이었다.

10) "一有聰明睿智能盡其性者, 出於其間, 則天必命之, 以爲億兆之君師, 使之治而教 之, 以復其性. 此伏羲神農黃帝堯舜, 所以繼天立極, 而司徒之職, 典樂之官, 所由 設也."

하늘은 "총명하고 예지가 있어 능히 그 본성을 다한 자"가 있으면 그에게 "억조 만백성의 군주와 스승"이 되게 하셨다. 그러니까 하늘이 정치권력을 부여해주신 것이다. 그러니 아주 정당한 권력, 즉 정통성을 갖춘 정치권력인 셈이다. 그래서 다스리고 가르치게 했으며, 또 인간으로서의 본성을 되찾게 한 것이다. 대표적인 성왕인 복희, 신농, 황제, 요, 순이 "하늘의 뜻을 이어 표준을 세운" 것이다.

하지만 정당한 정치권력의 담지자 성인들이 혼자서 모든 것을 다 할 수 있는 것은 아니다. 전지전능全知全能은 아닌 것이다. 그래서 '사도의 직책'과 '전악의 벼슬'을 설치하게 되었다. 말하자면 정치를 담당하는 기구를 만든 셈이다. 그 기구에서 그런 일을 맡아서 하는 사람들이 필요한 것이다. 그들이 바로 신하이자 동시에 관료들이라 하겠다. 신하와 관료들은 천명을 받은 천자(왕)에 의해서 임명되어 그를 돕는 자들이라 할 수 있다.

조금 다른 각도에서 보자면 신하와 관료들은 하늘로부터 천명을 부여받은 정치권력의 담지자 천자(왕)를 도와야 하는 입장에 놓여 있다. 조력자라 해도 좋겠다. 하지만 가설이지만 스스로 천명을 부여받았다고 주장하는 왕들이 많다면, 그리고 서로 정당성을 주장하며 다투거나 한다면, 그들은 어떻게 해야 할 것인가. 단적으로 왕조교체기에는 어떻게 해야 할 것인가. 아마도 그들은 자신이 보기에, 올바른 천명을 부여받은 따라서 가장 정당하다고 여겨지는 왕을 따라야 하지 않을까. 따라서 신하, 관료들이 천과 천명에 대해서 갖는 생각은 왕들의 그것과 꼭 같을 수는 없다. 선택해야 하는 결정적인 순간이 있는 것이다. 자신이 섬겨야 할 만한 왕인지 아닌지에 대한 구체적인 판단은 신하, 관료들의 몫이라 할 수 있겠다.

유교 정치 변동론과 '정명'(正名)

고대 중국적인 사유에서 하늘天은 천자天子에 의해서 인간 및 땅의 세계와 연결되고 있었다. 천명을 내린다, 천은 통치의 심판자로 군림한다. 따라서 천자는 하늘에 대해서 책임을 진다. 하늘에 제사지내는 것은 곧 천자의 특권이기도 하다[천단天壇을 보라]. 하지만 그와 동시에 천자가 제대로 그 역할을 하지 못할 때 천은 어떻게 하는가. 다시 말해 하늘은 천자에 대해서 어떻게 심판하는가. 하늘에 대한 제사[제천祭天]과 하늘의 심판[천견天譴]은 방패의 양면과도 같다.

한자문화권에서 아이들이 처음으로 한자를 읽힐 때 배우는 교재 『천자문』에는 다음과 같은 두 구절이 나온다. 천 개의 한자로 구성되어 있지만, 구성을 보면 네 글자가 한 구절을 이루는 식으로 짜여 있는 셈이다.

推位讓國, 有虞陶唐[11]. 弔民伐罪, 周發殷湯[12].

---

11) 천자의 자리(位)를 미루어 주어 그 나라(国)를 양보한 이는 유우(有虞)[순(舜)]와 도당(陶唐)[요(堯)]이다. 요의 아들 단주(丹朱)가 불초(不肖)하므로 순에게 양위하였고, 순의 아들 상균(尙均)이 불초하므로 하나라 우왕에게 양위했으니, 이것이 바로 '추위양국'이다.
12) 백성(民)을 위로하고 죄지은 이을 정벌한 이는 주나라 발[무왕(武王)]과 은나라 탕왕(湯王). 우왕의 후예 걸(桀)이 무도하므로 탕왕이 정벌하시고, 탕왕의 후예 주(紂)가 도모하므로 무왕이 정벌하였으니, 이것이 바로 '조민벌죄'다.

이들은 '선양'과 '방벌'이라는 유교의 정치변동론을 가장 압축적으로 전달해주고 있다고 할 수 있다. 유교에서 이상적인 통치를 말할 때면 언제나 '요순의 정치'나 '당우 3대의 정치'를 말하곤 한다. 구체적인 인격으로는 요와 순, 그들은 앞에서 본대로 가장 대표적인 '내성외왕', 곧 성왕聖王이기도 했다. 그리고 폭군暴君과 폭정暴政을 말할 때는 반드시 걸왕桀王·주왕紂王의 이름을 거론하게 된다. 하나라의 마지막 왕 걸桀과 은나라의 마지막 왕 주紂는 멸망한 왕조의 마지막 왕으로, 폭군의 대명사가 되어 있다. 그들이 실제로 그렇게 포악했는지는 중요하지 않다. 그들을 쳐서 내쫓고 새로운 왕이 된 자들이 바로 은나라의 탕왕湯王과 주나라의 무왕武王에 다름 아니다. 흔히 말하는 '은주혁명론'이 그것이다. 선양과 방벌, 이들이야말로 유교 정치변동론의 두 개의 축이라 할 수 있다. 그리고 두 개의 축에는 유교적인 명분론이 자리하고 있으며, 다름 아닌 그 명분이야말로 정치변동을 정당화시켜주는 기제라 할 수 있다.

1. 선양(禪讓): 요 · 순 · 우

우선, 선양에 대해서. '선양'은 통치자의 아들이 덕이 없는 경우, 그 지위를 아들에게 세습시키지 않고 신하들 중에서 가장 유덕한 자에게 넘겨준다는 것이다. 그렇게 함으로써 인민에 대한 인정仁政이라는 직책을 다해야 한다는 관념이다. (그것이 곧 하늘의 명이라는 식으로 해석할 수도 있겠다.) 그것은 요堯가 순舜에게, 순이 우禹에게 각각 선양했다는 설화에서 유래한다.

그러니까 推位讓國, 有虞陶唐. 천자의 자리位를 미루어 주어 그 나라國를 양보한 이는 유우有虞[순舜]와 도당陶唐[요堯]이다. 요의 아들 단주丹朱가 불초不肖해서, 요는 천하를 어진 순에게 양위했다. 그렇게 천자의 자리를 이어받은 순 역시 자기 아들 상균尙均이 있었다. 하지만 불초不肖해서 그 자리를 (하나라) 우왕에게 양위했다는 이야기가 그것이다. 한마디로 '평화적인 정권 이양과 교체'라 할 수 있겠다.

『서경』「요전」은 이렇게 시작하고 있다.[13] "옛 제요帝堯를 살펴보건대 방훈放勳[공이 큼]이라고 하셨으니, 공경하고 밝고 문채롭고 생각함이 편안하고 편안하시며 진실로 공손하고 능히 겸양하시어 그 빛이 사방에 퍼지고 온 천하에 이르셨다. 능히 큰 덕德을 밝혀 집안의 구족九族을 친하게 하시니 구족九族이 이미 화목하게 되고, 백성을 고루 밝게 하시니 백성이 덕을 밝히게 되었으며, 만방萬邦을 화합하여 고르게 하시니 백성들이 아아 변화하여 이에 화평和平을 누리게 되었다."[14]

요는 신하들에게 "누가 시의時宜에 알맞게 다스려 등용할 만한가?" 하고 물었다. 여러 사람을 천거했으며, (요의) "맏아들이신 단주丹朱가 총명합니다"는 얘기도 나왔다. 하지만 요는 "아아 너의 말이 옳지 않다 단주는 어리석은 데다가 다투기까지 잘하니 되겠는가?"라고 했다. 결국 "그렇다면 현달한 자를 밝히고 미천한 자를 천거하라"라고 하자, 순이 천거되었다. 그에 대한 소문은 요도 들었던 모양이다.

그는 "소경의 아들로 아버지는 완악하고 새어머니는 어리석으며 이복동생 상象은 오만한 데도 능히 효성孝誠으로 화하게 하고 정성으로 다스려서 부모가 간악한 데에 이르지 않게 하였습니다." 그러자 요 임금은 "내가 그를 시험해보겠다 그에게 딸을 시집보내어 그 법도를 두 딸에게서 관찰

---

13) 『서書』는 요, 순 시대의 기록인 「우서虞書」, 우 및 하나라 왕조의 기록인 「하서夏書」, 은왕조의 기록인 「상서商書」, ·조의 기록인 「주서周書」로 구성되어 있다. 하지만 『상서尙書』는 주나라의 역사가들에 의해 수정, 보완되면서 원본이 만들어졌다는 것이 정확한 표현일 것이다. 다시 말해 주나라를 정통으로 하는 의식을 분명하게 반영하고 있을 뿐만 아니라 그런 의식을 거꾸로 과거에까지 투사시키고 있다는 점을 간과해서는 안 될 것이다. 『서書』는 반고盤古나 녀와女와 같은 중국의 개벽신화를 모두 없애버렸을 뿐만 아니라 요, 순, 우 같은 신격들을 인간으로서의 「성현聖賢」으로 바꾸어 놓았던 것이다. 하나라의 시조 우는 신화 전설 속에서는 이상한 동물신이었다. 『초사楚辭』의 「천문天問」편과 『산해경山海經』에 비추어 보면, 곤은 원래 거북신이고 우는 원래 용신이었다. 모두 물을 지배하는 자들이었다. 그런데 『서書』에서 그들은 父子로 설정해 아버지의 일을 아들이 이어 일을 이루게 했다는 것은 옛 전설에서 물을 관장하는 신의 지위의 경질에 관한 이야기를 조금 바꾼 것이다. 또한 거북을 부족의 신으로 삼는 부족과 용 부족 사이의 교섭을 반영하는 것으로 해석할 수도 있겠다. 竹內照夫/ 이남희옮김, 『사서오경: 동양철학의 이해』, 까치, 1991, 7-14쪽 참조.
14) 이하 부분은 「요전」·「순전」 내용을 토대로 한 것이다. 원문은 생략하기로 한다.

하겠다"고 하면서 두 딸[아황娥皇과 여영女英]을 시집보냈다. 그리고 마침내 "이리 오너라, 너 순舜아, 네가 한 일을 헤아리고 네가 한 말을 살펴보니 너의 말이 공적功績으로 이루어질 수 있음을 본 것이 3년이 되었다. 네가 제위帝位에 오르라."고 했다.

거의 같은 패턴이 반복되었다. 순은 우禹에게 천하를 넘겨주고자 했다. 우가 절하고 머리를 조아리며 거듭 사양하자, 순 임금이 말했다 "그러지 말라, 오직 너만이 이 자리에 합당하다." 정월正月 초하루 아침에 신종神宗 : 堯임금의 사당에서 명을 받아 백관百官을 통솔하셨는데, 그 의식은 제순帝舜이 처음 명을 받으셨을 때와 똑같이 했다.

실은 요에게는 단주丹朱라는 아들이 있었고, 순에게는 상균尙均이라는 아들이 있었다. 하지만 요는 순에게, 순은 우에게 천자의 자리를 넘겨주었다. '선양'의 원형을 이루고 있는 셈이다. 그와 같은 흐름에 대해서 주자는 『중용장구』 서문에서 도통지전道統之傳과 연결시켜 말하고 있다.

"상고시대에 성신聖神이 하늘의 뜻을 극을 세음으로부터 도통의 전함이 유래가 있게 되었다. 경서에 나타난 것으로는 '진실로 그 중中을 잡으라'는 것은 요 임금이 순에게 전해주신 것이오. '인심은 위태롭고 도심은 은미하니 정精히 하고 한결같이 하여야 진실로 그 중을 잡을 수 있다'는 것은 순 임금이 우에게 전수해진 것이다. 요의 한 말씀이 지극하고 다하였거늘, 순이 다시 세 말씀을 더한 것은 요의 한 말씀을 반드시 이와 같이 한 후에야 거의 할 수 있기 때문이다."15)

다음으로 중요한 사항을 하나 말해두자면 그와 같은 미담美談으로서의 '선양'은 순에게서 끝났다는 점이다. 그러니까 우禹는 천하를 다른 어진 사람, 현인에게 넘겨주지 않았다. 요, 순과는 달리 우는 [익益을 추천하기

---

15) 蓋自上古聖神繼天立極, 而道統之傳有自來矣. 其見於經, 則「允執厥中」者, 堯之所以授舜也;「人心惟危, 道心惟微, 惟精惟一, 允執厥中」者, 舜之所以授禹也. 堯之一言, 至矣, 盡矣! 而舜復益之以三言者, 則所以明夫堯之一言, 必如是而後可庶幾也.

는 했지만] 결과적으로는 자신의 아들인 계啓에게 넘겨주었다. 이른바 세습世襲이 시작된 것이다. 계는 단주나 상균처럼 불초하지 않았다, 오히 려 그들과는 달리 현인이었다는 식의 설명도 가능할 것이다. 혹은 역사발 전 과정에서 '세습'할 수 있을 정도로 권력이 강대해진 것으로 볼 수도 있겠다.

그 문제와 관련해서 『맹자』 「만장」 상편에는 흥미로운 기록이 실려 있 다. 제자 만장이 물었다, "사람들이 말하기를 '우禹에 이르러 덕이 쇠해서 현자에게 자리를 물려주지 않고 자식에게 물려주었다.'고 하니 그런 일이 있습니까." 맹자는 이렇게 답해준다. "아니다, 그렇지 않다. 하늘이 현자 에게 주게 하면 현자에게 주고, 하늘이 자식에게 주게 하면 자식에게 주는 것이다. 옛적에 순이 우를 하늘에 천거한지 17년 만에 순이 붕어하 시자 삼년상을 마치고 우가 순의 아들을 양성陽城으로 피해가셨는데, 천하 의 백성들이 따라오기를 요가 붕어한 뒤에 요의 아들을 따르지 않고 순을 따르듯이 하였다. 우가 익益을 하늘에 천거한지 7년 만에 우가 붕어하시 사, 삼년상을 마치고 익이 우의 아들을 기산箕山의 북쪽으로 피해갔는데, 조회하고 옥사를 송사하는 자들이 익에게 가지 않고 계에게 가며 말하기 를 '우리 임금님의 아들이다.' 하였으며, 덕을 구가하는 자들이 익을 구가 하지 않고 계를 구가하며 말하기를 '우리 임금님의 아들이다' 하였다."[16]

요의 아들 단, 순의 아들 상균은 모두 불초했다. 순이 요를 도운 것과 우가 순을 도와준 것은 그 햇수가 오래되었고 백성들에게 은택을 베푼 것 역시 오래되었다. 그런데 우의 아들 계啓는 어질어서 능히 우 임금의 도道를 공경히 승계하였다. 게다가 익이 우를 도운 햇수가 얼마 되지 않았 으며, 따라서 백성들에게 은혜를 베푼 것 역시 많지 많았다. 순·우·익의 거리가 오래고 멂과 그 아들이 어질고 불초한 것이 다 천운이다. 사람의

16) 萬章問曰:「人有言:『至於禹而德衰, 不傳於賢而傳於子. 』有諸?」孟子曰:「否, 然也. 天與賢, 則與賢; 天與子, 則與子. 昔者舜薦禹於天, 十有七年, 舜崩. 三年 之喪畢, 禹避舜之子於陽城. 天下之民從之, 若堯崩之後, 不從堯之子而從舜也. 禹 薦益於天, 七年, 禹崩. 三年之喪畢, 益避禹之子於箕山之陰. 朝覲訟獄者不之益而 之啓, 曰:『吾君之子也.』謳歌者不謳歌益而謳歌啓, 曰:『吾君之子也. 』

힘으로 할 수 있는 게 아니다. 그렇게 하려고 하지 않았는데 그렇게 되는 것은 천이오, 이르게 하지 않았는데도 이르게 된 것은 명命이라 한다.[17]

결정적으로 『맹자』는 공자의 말을 가져온다. "당唐·우虞는 선禪하고 하후夏候, 은殷, 주周는 계繼하니 그 의義는 하나이다."[18] 요와 순은 선양했으며, 우禹와 은의 탕, 주의 문왕은 세습했지만, 그 의리는 같다는 것이다. 자식이 어질면 물려주어도 된다는 것, 그럴 경우 선양과 세습은 다르지 않다는 것. 다시 말해서 '세습'이 정당화되는 순간이라 할 수 있겠다.

아울러 덧붙여 둔다면 유교적인 사유와 그와 같은 도통지전道統之傳과 관련해서 실질적인 유교의 공자는 어디에 위치하는가 하는 점이다. 역시 주자의 『중용장구』 서문의 다음과 같은 구절에서 실마리를 찾을 수 있다.

> "요·순·우는 천하의 큰 성인이시고, 천하로써 서로 전함은 천하의 큰일이니, 천하의 큰 성인으로 천하의 큰 일을 행하시고, 그 주고받을 때에 정녕히 말씀해주신 것이 이와 같음에 지나지 않으셨으니, 천하의 이치가 어찌 이보다 더한 것이 있겠는가. 그로부터 이후에는 성인과 성인이 서로 이으셨으니, 성탕과 문왕, 무왕 같은 왕들과 고요, 이윤, 부열, 주공, 소공 같은 신하들이 이미 모두 이것으로 도통의 전함을 이으셨고, 우리 부재공자로 말하자면 비록 그 지위를 얻지 못하셨으나 가신 성인을 잇고 오는 후학들을 열어주신 것은 그 공이 도리어 요·순 보다 더 함이 있으시다."[19]

요·순·우 이래로 성인들이 이어졌으니 탕왕, 문왕, 무왕과 같은 왕들, 그리고 고요, 이윤, 부열, 주공, 소공 같은 신하들 역시 도통지전을 이었다는 것이다. 탕왕, 문왕, 무왕은 지극히 당연하다고 할 수 있겠다. 그리고

---

17) 丹朱之不肖, 舜之子亦不肖. 舜之相堯, 禹之相舜也, 歷年多, 施澤於民久. 啓賢, 能敬承繼禹之道. 益之相禹也, 歷年少, 施澤於民未久. 舜 禹 益相去久遠, 其子之賢不肖, 皆天也, 非人之所能爲也. 莫之爲而爲者, 天也; 莫之致而至者, 命也.

18) 孔子曰: 『唐虞禪, 夏后 殷 周繼, 其義一也. 』

19) 夫堯舜禹, 天下之大聖也. 以天下相傳, 天下之大事也. 以天下之大聖, 行天下之大事, 而其授受之際, 丁寧告戒, 不過如此. 則天下之理, 豈有以加於此哉? 自是以來, 聖聖相承: 若成湯文武之爲君, 皋陶伊傅周召之爲臣, 旣皆以此而接夫道統之傳, 若吾夫子, 則雖不得其位, 而所以繼往聖 開來學, 其功反有賢於堯舜者.

주공, 소공 같은 이들은, 실제 천자는 아니었지만 천자의 아들이자 동생이자 삼촌이기도 했다.

고요皐陶는 순 임금의 신하로 형벌을 맡았다. 이윤은 탕湯 임금을 도와서 하夏나라를 멸망시키고, 은殷[상商]나라를 세우는 데 큰 공을 세웠다. 승상丞相이 되어 관리를 다스리고 민정民情을 잘 살폈다. 탕의 사후에도 그 아들 외병外丙과 중임中壬을 보좌했으며, 이어 태갑太甲도 보좌했다.[20] 부열傅說은 상나라 무정武丁 때에 승상丞相을 지냈다. 무정은 어진 신하를 찾고 있었다. 그러던 어느 날 꿈속에서 성인聖人을 보았다. 깨어난 후에도 그 모습이 하도 생생해서 그림으로 그렸다. 그리고 닮은 사람을 찾도록 했다. 당시 죄인이었던 그는 성을 쌓고 있었다. 마침내 부암傅巖에서 그림 속의 성인과 꼭 같은 부열을 찾아냈다. 재상으로 등용된 그는 나라를 잘 다스렸다.

하지만 아는 것처럼 공자는 철환천하轍環天下하면서 일생을 보냈다. 상당한 직위의 관직에 오르긴 했지만 주공, 소공은 물론이고 고요, 이윤, 부열에 비할 바가 아니었다. '소왕素王'이니 '미왕이왕未王而王'이라 하지만 그것은 어디까지나 후대의 일이었다. 하지만 공자가 한 역할이 분명히 있었다. '繼往聖, 開來學', 즉 옛 성인들을 잇고 다가올 학문의 세계를 열었다는 것. 그래서 그 공은 요와 순보다 더 낫다고 선언했다. 공자에 대한 주자학의 자리매김이라 해도 좋겠다. 이는 다음 절에서 보게 될 '성인' 개념과도 이어지고 있다.

2. 세습(世襲)

'이상국가'를 그린 플라톤(Platōn)의 『국가·정체』(Republic)에서는 선의 이데아를 우리의 것으로 한 철학자들이 왕이 되거나 현재 왕인 자가 철학자가 되지 않는 한 이 세상에서 불행은 사라지지 않는다고 했다. 그는 '철인왕哲人王에 의한 정치'를 최선의 국가라고 하였다. 때문에 '철인

---

20) 태갑이 포학하게 굴자 동궁桐宮으로 축출했다가 그가 개과천선하자 3년 뒤에 다시 영입하여 복위시켰다. 이에 대해서는 제 4장 이윤형에서 자세하게 다루고 있다.

왕哲人王' 개념은 아주 매력적이다. '철학'과 '정치'의 만남, 철학자가 왕이 되고 왕이 철학자가 된다는 것. 가장 바람직한 결합이라 할 수 있겠다. 정치의 철학화와 철학의 정치화. 거기서는 역시 정의正義, (justice)가 핵심 주제라 생각된다. 또한 '정치'와 '교육'은 긴밀한 관계에 놓여 있다. 교육은 미래를 위한 준비, 내지 미래의 정치라 할 수도 있겠다. 거기서는 남녀男女 구분 역시 큰 의미를 갖지 않는 듯하다.

동아시아에서 거기에 필적할 만한 비슷한 개념을 찾아보자면, 내성외왕內聖外王['내성외왕'이란 말 자체는 『장자莊子』 「천하편天下篇」에 보인다[21]], 내면에서는 성인聖人, 외면에서는 왕王. 안으로는 성인이며 밖으로는 임금의 덕을 갖춘 사람이라는 뜻으로, 학술과 덕행을 아울러 지닌 사람을 가리킨다. 동시에 그는 '교육'을 실행하기도 한다.[22]

아무튼 동양사상에서의 성인은 하늘의 움직임, 다시 말해서 하늘의 규범질서의 영원함, 완결성, 법칙성["自彊不息."(자강불식)『易』]에 따라서, 스스로 거기에 맞추어가는 사람이라 할 수 있겠다.["天行健, 君子以自彊不息."(하늘의 운행은 강건하다, 군자는 스스로 힘써서 그치지 않는다· 『易』乾卦, 象傳)]. 하늘의 질서를 인간 사회에 실현하는 사람이라 해도 좋겠다. 그가 곧 성인聖人이다.

유교에서는 이념적으로 '내성'을 이룬 성인이 곧바로 '외왕'인 천자가 되는 것을 바람직한 이상으로 여겼다. 그리고 무엇보다 고대 중국에서는 그런 사례가 실제로 존재했다고 믿었다. 요堯나 순舜이 그 전형이라 할 수 있겠다. 주희朱熹가 쓴 『대학장구』 서문에서 다시 한 구절 인용해보기로 하자.

"하늘이 사람을 내림으로부터 이미 인의예지의 성을 부여하지 않음이 없건

---

21) "是故內聖外王之道, 暗而不明, 鬱而不发, 天下之人各为其所欲焉, 以自为方。"
22) 인간은 무엇보다 단순한 금수禽獸 단계에서 벗어나 인간의 본성에 따르는 예적인 존재가 되어야 한다. 따라서 성인은 그들에게 도덕과 윤리를 가르치게 된다. 유교적인 정교일치政敎一致라 해도 좋겠다. 윤리는 하늘의 질서라는 식으로 설명된다.

마는, 그 기질을 받은 것이 혹 같지 않았다. 이 때문에 모두 그 본성의 소유함을 알아 온전히 함이 있지 못한 것이다. 한 사람이라도 총명하고 예지가 있어 능히 그 본성을 다한 자가 그 사이에 나오게 되면, 하늘이 반드시 그에게 명하시어 억조 만백성의 군주와 스승으로 삼아, 그로 하여금 백성을 다스리고 가르쳐서 그 본성을 회복하게 하였다. 이는 복희, 신농, 황제, 요, 순이 하늘의 뜻을 잇고 극을 세운 것이요, 이로 인해 사도의 직책과 전악의 벼슬을 설치하게 되었다.”[23]

복희, 신농, 황제, 요, 순. 이들은 대표적인 성왕들이라 하겠다.[24] 이상적인 정치사회와 질서가 실제로 존재했었다는 관념은, 자연스레 고대의 먼 옛날을 황금시대로 여기게 된다. 그로부터 타락 혹은 후퇴했다고 보는 생각이 싹트기 마련이다. 그래서 좋았던 그 시절로 돌아가자는 상고주의尙古主義 방향으로 나아간다. [심한 경우 회고적인 복고주의 경향을 띠기도 한다.] 따라서 좋았던 그 지점과 상황으로 나아가려고 하며, 그 과정에서 ‘구심력’이 강하게 작용한다, 응축되는 느낌. 경전經典[사서오경, 13경]과 경학經學이 그 매개체가 된다. 그래서 ‘역사’로 돌아간다. 그리고 ‘윤리학’이 발달하게 된다.

하지만 ‘내성’과 ‘외왕’의 바람직한 결합은 일정한 단계에서 깨지지 않을 수 없었다. 요는 순에게 순은 우에게 천하를 줬지만, 우는 자신의 아들에게 천하를 넘겼다. 그가 현명했기 때문이라지만, ‘세습’이 시작된 것이다. 또한 송학, 주자학에서 말하는 ‘도통의 흐름’에서, 그와 같은 균열이 가장 두드러지는 것은 다름 아닌 공자에 이르러서였다. ‘내성’이었겠지만 그는 결코 ‘외왕’은 아니었다. 훗날 그에게 주어지는 ‘소왕素王’, ‘불왕이왕不王而王’ 등은 그런 아쉬움의 표현이라 해도 좋겠다.

---

23) “一有聰明睿智能盡其性者, 出於其間, 則天必命之, 以爲億兆之君師, 使之治而敎之, 以復其性. 此伏羲神農黃帝堯舜, 所以繼天立極, 而司徒之職, 典樂之官, 所由設也.”

24) 그들이 과연 ‘실재’했는지는 단언할 수 없다. 그렇게 믿었다는 것이 중요하다. 특히 복희, 신농, 황제는 후대에 설정된 것으로 여겨진다. 예컨대 『논어論語』에는 ‘요’와 ‘순’만 등장하고 있다.

아무튼 세습제가 확립되면서 이미 '외왕'은 결정되어 있는 사항으로 어쩔 수 없는 것이었다. 유학자들은 외왕인 왕들을 '내성'의 경지로 인도 하기 위해 수많은 노력을 기울였다. 내성과 외왕 사이에는 긴장이 존재한 다. 또 하나 덧붙이자면, 고대 중국에서의 성인이 곧 왕이라는 도식(?)이 깨지면서-그 상징적인 인물이 공자라고 할 수 있겠다-, 점차로 '성인' 개념 자체가 변해가게 된다. 송학, 주자학에서는 누구나 성인이 될 수 있다는 명제를 내세웠다. 그것은 외형적인 것이 아니라 내면적인 수양을 통해서 성인의 경지에 이를 수 있다는 가능성을 제시했다. 바야흐로 성인 은 내면세계에 국한되었다고 할 수도 있겠다. 이와 같은 자리매김은 유학 사로 말하자면 주자학에서 이루어졌다. 조선의 주자학자들, 특히 사림 세력들은 자신의 이상을 공자에서 찾았던 것으로 여겨진다.

3. 방벌(放伐): 걸(桀) · 주(紂)

'방벌' 관념은 『易』「革卦」 단전彖傳에서 '혁명'과 연결되어 비로소 명 확하게 등장하게 된다. 마찬가지로 천명에 의거해 탕왕湯王이 하夏의 걸왕 桀王을 내쫓고放, 스스로 왕위에 올라 은나라 왕조殷朝를 창시한 것, 그리고 주나라 무왕武王이 은나라商의 주왕紂王을 군사적으로 쳐서伐 멸망亡시킨 사례를 들고 있다. 거기서는 "하늘과 땅이 바뀌어革 사시四時가 이루어진 다, 탕湯과 무武는 명命을 바꾸고革, 하늘을 따르고順 사람들에게 부응應 했다, 혁革의 때時는 크도다"[25]라고 했다. 은殷에서 주周로의 왕조 교체 는 말 그대로 「혁명革命」이었다.[26] '혁명'이라는 말의 연원이기도 하다. 『易』의 정진程傳 [정이천程伊川의 『易』 주석서]에서는 "왕자王者가 흥할 때는

---

25) "天地革而四時成, 湯武革命, 順乎天而應乎人, 革之時大矣哉."
26) '혁명'이란 말 자체 원래 왕조의 명을 바꾼다는 의미를 가지고 있었다. "너희들도 은나라 선인들의 서책과 전적이 있을테니, 옛날의 은나라도 하나라의 명을 바꾸 었음을 알 것이다(惟爾知惟殷先人, 有冊有典, 殷革夏命)"(『尙書』「多士」). 그러다 훗날 영어 단어 revolution의 번역어로 채택되었다. 자세한 검토는 훗날로 미루 기로 한다.

명을 하늘로부터 받으며, 그래서 세상을 바꾸게易 되는데 이를 혁명이라 한다"고 해석했다. 그것은 '天無二日, 地無二王'(하늘에는 두 태양이 없으며, 땅에는 두 왕이 없다)이라는 구절과도 연결된다. 그것을 가리켜 역성혁명易姓革命 혹은 역세혁명易世革命이라 한다. 왕조가 바뀌면 성姓이 바뀌기 때문이다.[27]

이 같은 방벌 개념은 『서경書經』에서 찾아볼 수 있다. 「탕호편湯誥篇」, 「다사편多士篇」 등 흔히 민본民本 사상에 기초한 방벌 내지 '혁명'으로 정당화하고 있다.[28] 하지만 『서경』, 『역』(등을 넘어서) 그런 혁명론을 정면으로 정당화하고 유교에서 하나의 정치적 논리로까지 정착시킨 것은 전국시대 맹자와 순자, 특히 맹자에 이르러서였다.[29]

제齊나라 선왕宣王이 탕·무 방벌의 전설의 진위를 물었다. 그러자 맹자는 솔직하게 긍정했다. 그러자 선왕은 신하로서 군주를 시해弑해도 좋은가 하고 다시 물었다. 맹자가 답하기를, "인仁을 해치는 자 그를 적賊이라 합니다, 의義를 적賊하는 자 그를 잔殘이라 합니다, 잔적殘賊한 사람, 그를 한 남자一夫라 합니다, 한 남자 주紂를 죽였다誅는 얘기는 들었지만, 군주를 시해했다는 얘기는 아직까지 듣지 못했습니다"[30]라고 했다. 다시 말해서 하늘이 명한 것, 즉 백성을 사랑하고 어진 정치를 펴야 한다는 직무를 다하지 못한 결과 주는 이미 군주라고 할 만한 가치가 없다는 것, 그들은 이미 평범한 한 지아비一夫에 지나지 않는다는 것. 탕과 무는 그런 그들을 정벌했을 뿐이라 한다. 순자는 「군도편君道篇」에서 "천하가 그를 떠난다,

---

27) 넓은 의미의 '혁명'은 '선양'(禪讓)과 '방벌'(放伐)로 구성된다고 볼 수도 있겠다.
28) '민본'과 '민본주의' 개념 그리고 방벌론에 대해서는 김석근, 「'민본'과 '민본주의' 개념과 정치: 비판적 고찰과 현재적 함의」.(2015년 3월 14일 성균관대학교 유교문화연구소 발표)에서 다루었다.
29) 공자는 『詩』·『書』·『易』을 경전으로 존숭했지만 방벌과 혁명에 대해서는 거의 언급하지 않았다. 무왕이 방벌에 나서는 것을 간(諫)하다 수양산(首陽山)에 들어가 굶어죽은 백이(伯夷)·숙제(叔齊) 등의 '일민'(逸民)을 나름대로 평가하는 입장을 취하고 있다.
30) "齊宣王問曰. 湯放桀, 武王伐紂, 有諸. 孟子對曰 於傳有之. 曰, 臣弑其君可乎. 曰, 賊仁者謂之賊, 賊義者謂之殘, 殘賊之人謂之一夫. 聞誅一夫紂矣, 未聞弑君也。"『孟子』「梁惠王下」.

그를 가리켜 필부匹夫라고 한다"[31]고 했다. 일부一夫와 필부匹夫! 또한 탕과 무가 천하를 찬탈했다는 주장에 대해서 순자는 다음과 같이 반론을 펼친다: "탕·무는 백성民의 부모父母며, 걸·주는 백성의 원수怨賊다", 그런데 지금 세상 사람들은 걸·주를 군주로 여기고 탕·무를 군주를 시해했다고 비난한다. 그것은 백성의 부모를 죽이고, 백성의 원수를 선생師으로 여기는 것이 되어, "상서롭지 못함이 이보다 큰 것은 없다"고 했다[32]「正論篇」.

이와 같은 방벌은 천명과 유교적 자연법에서 비롯되는 것이라 할 수 있지만, 그것은 유럽의 계몽적 자연법 사상에서 나오는 '혁명권' 개념과는 다른 것이었다. '방벌'의 주체는 인민이라기보다는 어디까지나 옛 왕조의 유력한 신하, 제후, 혹은 지방 명망가, 호족이었다. [사회계약론과는 거리가 먼 것이었다]. 낡은 왕조를 무너뜨리고 새 왕조를 세우는 것이다. 굳이 말하자면 스콜라적 자연법에 기초한 '모나르코마키' (Monarchomachi) 사상, 즉 절대 군주에 대한 봉건 귀족의 반항권에 가깝다.[33] 하지만 그보다는 훨씬 더 제한적이었다. [그것은 특별한 경우에나 가능하다는 엄격한 조건이 딸려 있었다. 일종의 권도權道로 인정했던 것이다].

---

31) "四統者亡而天下去之, 夫是之謂匹夫"
32) "湯武者, 民之父母也, 桀紂者, 民之怨賊也. 今世俗之爲說者, 以桀紂爲君, 而以湯武爲弒, 然則是誅民之父母, 而師民之怨賊也, 不祥莫大焉."
33) 모나르코마키(Monarchomachi)는 봉건 귀족 기타 세력, 그러니까 군주와 인민의 중간세력이 폭군을 방벌하는 것을 정당화하고 있다. 당연한 것이지만 인민주권을 전제로 하고 있지 않다.
모나르코마키는 '군주에게 도전하는 자들'이라는 의미의 그리스어에서 합성된 라틴어로 바클리(William Barclay)가 비판을 위해 명명(命名)한 것이라 한다(『왕국·왕권론』1600). 흔히 '폭군방벌론자(暴君放伐論者)'라 한다. 16세기 유럽에서 무력저항권을 주창하여 폭군에 대한 무력투쟁을 정당화한 프로테스탄트, 가톨릭 양쪽 정치사상가를 총칭한다. 포악한 군주는 아내고 살해해도 정당하는 이론이다. 대표적인 저작으로는 오트만(Francois Hotman)의 『프랑코 갈리아』(1573), 베이즈(Théodore de Béze)의 『종속적 통치자의 권리』(1574), 듀플레시 모르네(Philippe du Plessis Mornay)의 『폭군에 대한 권리주장』(1579) 등이 있다. 그들은 신분제의회나 종속적 통치자(상급귀족이나 지방·도시의 대표)들에 의해서 국가 주권이 행사되는 제한군주정론을 전개했다. 모나로코마키는 왕권신수설이나 보댕(Jean Bodin)의 주권론에 기초한 절대군주정론과 대결하고, 다음 세기의 로크(John Locke)에 영향을 미쳐 입헌주의의 선구가 되었다.

유교에서는 '천명'이, 그리고 천天이 구체적인 수준에서는, 그리고 적극적으로는 백성民을 통해서 나타나는 것으로 되어 있다. 폭풍과 홍수 등의 자연재해는 하늘이 나무라는[천견天譴] 징후일 따름이다. 추상적인 '천'에 비해서 '민'은 금방 피부에 와닿는다.[34] 그것은 "하늘이 듣고 보시는 것이 우리 민을 통해서 듣고 보시며, 하늘이 밝히고 위압하시는 것 역시 우리 민을 통해서 밝히고 위압하십니다. 이처럼 위와 아래는 통하는 것이니, 공경하소서, 땅을 다스리는 이여"[35], "하늘이 보실 때는 우리 민을 통해 보시며, 하늘이 들으실 때도 우리 민을 통해 들으신다. 백성들에게 허물이 있음은 나 한 사람에게 책임이 있으니, 이제 짐은 반드시 가겠노라"[36]는 발언에서 확인할 수 있다. 바꾸어 말하면 "민이 바라는 것은 하늘이 반드시 거기에 따른다"[37]는 것. 그런 관계를 계속 밀고 나가면 마침내 「天民一體觀」, 즉 「천은 민을 구체적인 내용으로 한다」는 데까지 이르게 된다.

하지만 유교적 맥락에서의 혁명론은 어떻게 보면 전통과 정통에 반하는 폭군을 제거하는 것이며, 그 이후에는 천명을 제대로 실현하는 올바른 군주를 세우는 것이 기대되었다. 그것은 막스 베버가 말하는 '전통주의적 혁명'이라 할 수도 있겠다. 조선 시대에 두 차례 있었던 비정상적인 왕권 교체를 가리켜 반정反正 (중종반정, 인조반정)이라 했던 것은 지극히 상징적이라 하겠다. 그와 같은 사유구조의 틀 안에서는 신해혁명辛亥革命 이후 유행하게 되는 공화정체共和政體 발상은 나오기 힘든 것이었다.[38] 그런 의

---

34) "'하늘은 덕이 있는 사람에게 정치를 명하고 나쁜 정치를 펴는 군주를 벌한다'는 사상, 그리고 '하늘은 그 사람이 덕이 있는지 없는지를 백성들의 소리에 의해서 살피고, 폭군을 벌하는 데는 온 백성의 위력을 빌린다'는 사상은 아마도 지금의 『서경』 원본을 편집한 주나라 시대의 역사가들의 일치된 정치이상의 기본으로서 바로 당시의 지도적인 정치입장을 나타내고 있다." 竹內照夫/ 이남희 옮김, 『동양철학의 이해』, 까치출판사, 1991, 16쪽.
35) "天聰明自我民聰明, 天明畏自我民明威, 達于上下, 敬哉, 有土." 『尙書』 「皐陶謨」
36) "天視自我民視, 天聽自我民聽, 百姓有過, 在子一人, 今朕必往" 『尙書』 「泰誓 中」.
37) "民之所欲, 天必從之" 『左傳』 「襄公 31年」.
38) '共和'라는 용어는 전통 한문에서도 쓰였던 단어였다. 하지만 republic의 번역어로 채택됨으로써 새로운 의미를 지니게 된다. 이에 대해서는 김석근, "'자유'와

미에서 동양사상사에서 쑨원의 '삼민주의三民主義'가 갖는 의미는 적절하게 평가되어야 할 것이다.

이제 '방벌' 문제와 관련해서 두 가지 점을 더 지적하는 것으로 이 장을 마무리하고자 한다. 우선 중국 유교사에서 특별히 탕무방벌 설화가 주창되었던 것은 역시 전국시대였다(맹자, 순자). 이는 그 시대에 유가儒家는 천하를 장악하기 위해 경쟁하는 열국列國 군주들에 대해서 이른바 재야在野의 비판사상으로 기능하고 있었기 때문에 가능했을 것이다. 전한前漢 이후, 그러니까 유교가 체제이데올로기가 된 이후에는 그와 같은 혁명론은 거의 대부분 왕조교체를 사후事後에 합리화할 경우 원용援用되는 정도에 그쳤다. 적극적인 비판 성격보다는 오히려 군신君臣의 명분론이 전면에 나서게 되었다. 정주학에서도 탕무방벌은 경전에 분명하게 기록되어 있는 이상, 정면으로 부인할 수는 없었으며, 또한 왕조교체를 정당화할 필요도 있었으므로, 비상의 특별한 경우의 권도權道로 엄중한 제한하에서만 '방벌'을 인정했다. 그런 의미에서 '방벌'론에 입각해서 실행된 조선의 건국 사례는 주목할 만한 것이라 하겠다.

또한 유교의 방법론은 동아시아 세계 어느 나라에서나 보편적으로 적용될 수 있는 것은 아니었다. 예컨대 유교의 '일본화'에 즈음해서 큰 어려움과 저항을 불러일으키게 되었다. '혁명' 사상 및 그와 관련된 왕조의 '정통론正統論'은 전통적인 일본 황실의 만세일계萬世一系 논리와 심하게 부딪히는 것이었다. 에도 시대의 '국체론國體論'(코쿠타이론)은 유교의 내재적인 논리, 구체적으로 유교의 '군신의 의'와 유덕자 군주 사상에 포함된 일종의 모순에 대한 비판으로부터 시작된다. 군신君臣의 명분名分의 절대부동성絕代不動性[백이·숙제 설화 등]과 유덕자군주有德者君主 사상[덕치주의德治主義]의 귀결로서의 선양·방벌은 서로 부딪히는 측면을 지니고 있었다. 성격상 충성忠이 강조되는 사무라이 사회의 에토스에 맞지 않는 것이기도 했다.[39] 일본 고유의 역사와 사상의 독자성을 주장하는 국학자國學者, 코쿠가

'민주'와 '공화': 한국에서의 자유민주주의 개념과 수용 그리고 현실적 함의" 한국동양정치사상사학회 발표논문(2014년 6월 10일) 참조.

쿠샤들이 열심히 비판했던 것도 그 때문이었다.[40]

4. 역성혁명으로서의 조선 건국[41]

조선 건국과 관련해서 먼저 주목하고 싶은 것은 건국의 주체들이 스스로 역성혁명을 이루어내고자 했다는 자의식을 지니고 있었다는 점이다. 이는 특히 조선 건국의 이데올로그라 할 수 있는 정도전에게서 그 일단을 찾아볼 수 있다.

흔히 고려의 충신으로 알려져 있는 정몽주와 정도전은 오랜 친구이자 동지이기도 했다. 하지만 그들은 현실에 대한 비판은 공유하면서도 마지막 순간에, 특히 현실에 대해서 어떤 비전을 가졌는가에 따라서 서로의 방향이 엇갈리게 되었다. 정몽주는 공양왕의 즉위를 고려 왕조의 새로운 혁신의 시발점 정도로 생각했으며, 또 그것으로 충분히 가능하다고 보았다. 정몽주는 '주나라는 아주 오래된 나라이지만, 그 명은 오직 새로울 뿐이다'는 말에 공감할 수 있었다. 그러나 정도전은 달랐다. 한계 엘리트로서의 그는 정몽주가 생각한 「개혁」 정도에 머물 수 없었으며, 판을 완전히 뒤집어 엎어버리는 데까지 이르렀다. 거기서 이른바 「혁명」 「역성혁명」과 만나게 된다. 정도전이 생각한 것은, 고려왕조의 천명天命은 다했다는 것, 그러니 왕의 성씨를 갈고, 명命 그 자체를 바꾸어버리는革 「역성혁명」에 다름 아니었다.

그러면 그의 비전은 어디서 유래된 것일까. 다시 말해 그의 혁명을 뒷받침해준 이론적 근거 내지 이념적 기초는 과연 어떤 것이었을까. 그는 무엇에 근거해서, 왕의 성씨를 갈고 명 그 자체를 바꾸어버리는 과격한

---

39) "君君臣臣父父子子"(『論語』 「顏淵」 편) "군주는 군주다워야 하고 신하는 신하다워야 한다"는 명제가 일본에서는 "군주는 군주답지 못하더라도 신하는 신하다워야 한다"는 식으로 변형되기도 했다.

40) 이에 대한 자세한 논의는 丸山眞男, 『丸山眞男講義錄』 제 7책(1966)을 참조할 수 있다. 거기서 많은 시사를 얻었다.

41) 이 부분은 김석근, "개혁과 「혁명」 그리고 주자학: '麗末鮮初'를 산 鄭夢周와 鄭道傳의 현실인식과 비젼"의 해당 부분을 많이 참조했다.

역성혁명을 생각하게 된 것일까.

정도전의 불교 비판과 배척은 너무나도 잘 알려져 있다. 일찍부터 그는 "이단을 배척하는 일을 자신의 임무로 삼았다"고 할 정도다. 고려시대의 정신적 지주였던 불교, 특히 그 시대적 상황 속에서 권문세가와 연결된 사원이 보여주고 있던 농장과 여러 가지 폐해에 대해서, 비판적 지식인으로서의 그가 신랄한 비판을 하는 것은 어쩌면 자연스러운 일이기도 했다.

불교비판과 관련하여 그는 『심문천답心問天答』(1375) 『심기이편心氣理篇』(1394) 『불씨잡변佛氏雜辨』(1398)이라는 세 권의 책을 남겼다. 단연코 『불씨잡변』이 대표작으로 꼽힌다. 하지만 『심기이편』과 『불씨잡변』은 조선 왕조가 건국된 이후에 쓰인 작품들이다. 죽기 얼마 전에 쓴 『불씨잡변』의 경우, 조선 건국의 이데올로그였던 그가 자신 있는 필치를 유감없이 발휘하고 있다. 그럼에도 그것은 동아시아 사상사에서의 보편적인 과정의 일환으로 바라볼 수 있다. 즉 불교 사회에서 유교(주자학) 사회로 이행해 가는 흐름의 일환을 이루고 있다.

엄격하게 말하자면 정도전은 주자학에서는 조금 비켜서 있었다.[42] 필자가 보기에 정도전 혁명사상의 지적 연원 내지 이념적 기초는 다름 아닌 『맹자孟子』의 역성혁명론에서 유래하고 있는 것으로 생각된다.[43] 보다 구체적으로는 하나라桀王를 대체한 은나라 탕왕의 혁명, 그리고 은나라紂王를 대체한 주나라 문왕, 무왕의 혁명이었던 것이다. 弔民伐罪, 周發殷湯. 실제로 건국 후 세자의 스승이 된 정도전은 세자에게 『맹자』를 강의하고

---

42) 주자학 자체만 놓고 따진다면, 정몽주 쪽이 더 깊은 이해에 이르렀던 것으로 보이는 점도 흥미로움을 더해주고 있다. (조선시대의 주자학자들 특히 사림파의 경우 주자학의 도통이라는 맥락에서는 역시 정몽주를 「동방이학의 시조」로 간주하고 있었다.)

43) 한영우, 『정도전사상의 연구(개정판)』(서울대출판부, 1984), 109쪽 역시 정도전의 혁명과 민본사상이 『孟子』에서 빌어온 것임을 인정하고 있다. 그러나 "정도전의 혁명이론은 孟子의 개인적 혁명이론을 집단적 혁명이론으로 제고시켰다는 점에서, 그리고 권력이양과정에 추대와 선양 그리고 인준의 새로운 형식을 도입하였다는 점에서 중요한 차이점이 발견된다"는 지적에는 동의할 수 없다. 민심의 추대와 천명의 허락을 받아서 왕위를 얻는다는 것은 거의 상투적인 것이었다. 순수하게 개인적인 혁명이론은 존재하지 않는다.

있다.[44] 장차 왕이 될 것으로 생각한 세자(방석)에게-그러나 그는 불행하게도 배다른 형(방원, 태종)에게 죽임을 당하지만-『맹자』강의를 했다는 것은, 그가 『맹자』에 대해 남다른 이해와 애착을 가지고 있었다는 것을 말해준다. 아울러 그런 혁명을 거쳐 구상한 새로운 질서체계와 운영구조는 주로 『주례周禮』에 의거한 것이었다. 이는 조선왕조의 기틀을 마련한 『조선경국전』의 체제와 구조를 보면 충분히 감지할 수 있다.

또한 정도전은 불교비판서나 조선의 구조와 운영체계를 구상한 책들 외에도 『八陣三十六變圖譜』『太乙七十二局圖』『詳明太一諸算法』『眕脈圖訣』『五行陣出奇圖』『講武圖』『陣法』등 다양한 저작들을 남겼다. 그가 지은 노래나 가사, 즉 「文德曲」「夢金尺」「受寶籙」「納氏曲」「靖東方曲」등을 보면 주자학적 합리주의에 국한되지 않았음을 알 수 있다. 「夢金尺」의 내용을 보면 이성계가 즉위 이전에 신인神人으로부터 금척을 받아 천명의 계시를 얻었다는 꿈을 노래한 것이다. 그리고 「受寶籙」은 이성계가 즉위하기 이전에 어떤 이가 지리산 석벽에서 참서讖書를 얻어 이성계에게 바쳤는데, 그 책에는 목자木子가 왕이 되고 주초走肖, 비의非衣, 삼전삼읍三奠三邑이 그를 보좌하여 8백년의 왕업을 이룬다는 내용이 적혀 있었다는 것을 노래했다. 이성계와 그를 보좌한 조준·배극렴·정도전·정희계·정총 등 개국공신들의 역성혁명을 정당화하는 논리에 다름 아닌 것이다.

그는 조선 건국이라는 역성혁명을 정당화하기 위해서 (유학뿐만 아니라) 도참설과 비기 등도 기꺼이 원용했던 것이다. 전형적인 성리학자라기

---

44) "세자 이사(世子貳師) 정도전(鄭道傳)이 『孟子』를 강(講)하였는데, '달아 본 뒤에야 가볍고 무거운 것을 안다'는 대목에 이르러 말하였다. '마음은 저울과 같습니다. 저울눈[衡量]이 적으면 냥(兩)이 되고, 저울눈이 많으면 근(斤)이 되는 것입니다. 크고 작은 것을 한꺼번에 달면 근량이 섞입니다. 그러므로 크고 작은 것을 각각 달아 본 뒤에야 물건의 경중과 근량을 알 수 있습니다. 저울이라는 물건은 비워 두었다가 물건을 기다리는 것인데, 사람의 한 마음도 역시 이와 같습니다. 좋은 일을 보면 기뻐하고 못된 일을 보면 성을 내는 것인데, 기뻐하고 성을 내는 것이 사리에 맞아야 합니다. 만약에 좋아할 때에 성을 내고 성을 낼 때에 기뻐하는 것이 옳겠습니까? 그러므로 마음이라는 물건은 더욱 비워 두고 일을 기다려야 할 것이오니, 원하옵건대, 세자께서는 정밀하게 살피소서.' 『太祖實錄』4년 3월 병오조 참조.

보다는 타고난 반항아이자 동시에 혁명아였다. 단순히 천명을 받아들이는 수준에 머물러 있는 것이 아니라 보다 적극적인 상징조작(symbol manipulation)에도 능수능란했던 것이다. 그는 역성혁명을 위해서, 그리고 그 혁명을 정당화하기 위해서는 어떤 모티브도 기꺼이 받아들일 수 있는 혁명아, 진정한 의미에 있어서의 「이데올로그」라 할 수 있겠다.

지배층으로서의 국왕과 양반

　조선시대는 건국(1392년)으로부터 한일합병(1910년)에 의해 일본의 식민지로 전락할 때까지, 흔히 우리가 「조선조 500년」이라 하듯이 그야말로 오랜 기간 동안 그 체제를 유지할 수 있었다. 그래서 결과론적인 평가이긴 하지만, 조선조 사회에서는 급격한 사회구조적인 변동[social revolution]이나 급격한 정치권력의 변혁[political revolution]이 존재하지 않았다고 할 수도 있겠다. 그동안 몇 차례의 국지적인 변란이나 임진왜란壬辰倭亂과 병자호란丙子胡亂 등과 같은 국가적인 위기 상황이 결코 없었던 것은 아니었다.

　그런데 흥미로운 사실은, 임진왜란을 계기로 하여 중국에서는 명나라와 청나라의 정권교체가 이루어졌으며, 일본에서는 토요토미 히데요시豊臣秀吉, (1536-1598)의 죽음과 더불어 토쿠가와 이에야스德川家康, (1542-1616)의 에도 바쿠후幕府 정권이 수립되었다. 이는 이미 잘 알려진 상식에 속한다. 그러나 조선조의 경우 「체제나 정권의 변동」이 아니라 오히려 외적의 침입에 대해 모두 힘을 합해서 「위기를 극복했다」는 국면이 더 두드러졌다. 그런 환란을 겪음으로써 조선조 정치체제는 심지어 임진왜란 이전보다 더 공고화되고 보수화하는 측면마저 보여주기도 했다.

　조선왕조가 500여 년이란 긴 시간 동안 격심한 동요나 변동 없이 그 체제를 유지했다는 사실은 세계 정치사에 있어서도 비슷한 예를 찾아보기 어려운 사례임에 분명하다. 그러나 그와 같은 역사적 사실에 대해서 「조선조 사회는 정체된 사회」라거나 「발전이 없는 사회」라는 식의 비판과 평가절하가 이루어지기도 했으며[45], 또 의식적으로 혹은 무의식적으로 식민지 역사에 대한 멸시와 식민지 지배를 정당화시키려는 논리의 일환으로 이용되기도 했다[46]. 이른바 전근대의 「동아시아세계」(the East Asian world)에서 지구 전체를 그 범위로 감싸 안은 「근세세계시스템」 (the modern world system)으로 「세계」가 확대되는 과정에서, 조선왕조가 겪게 된 운명은 「제국주의 침탈과 식민주의」에 다름 아니었다. 그 과정에서 모든 평가의 기준은 제국주의적 질서에 의해 제시되었으며, 그 기준에 의해 평가될 수밖에 없었기 때문이다. 그러나 그 후에 이루어진 연구에 의해서 그런 식민사관에 대한 비판과 극복은 이미 어느 정도 이루어진 것으로 볼 수 있으며[47], 또 정치학적인 입장에서 그런 정체적인 역사적인 평가보다 더 시급하고 중요한 것은 「그렇게 오랫동안 유지될 수 있었던 정치체제의 논리와 메커니즘 그 자체」를 밝혀내어 설득력 있게 설명해내는 작업이라 생각된다.

이와 같은 생각의 연장선 위에서 여기서는 조선시대 지배층으로서의 군주와 관료들, 다시 말해 왕과 양반관료들의 관계와 에토스에 주목할 필요가 있다고 생각한다. 왜 그런가. 우선 정치권력의 속성상 「지배」와 「복종」이라는 관계는 언제 어디서나 필수적이어서, 그것은 마치 동전의 양면과도 같다. 그런데 군주와 신하는 서로 상하관계에 있다고는 하지만, 지배-복종이라는 관계에 있어서는 같이 지배층을 형성하고 있는 것이다. 다시 말해 권력구조의 중추부라 할 수 있는 권력의 핵심(Machtkern)과 권력장치(Apparat)를 형성하고 있다. 그러므로 군주와 신하의 관계에

---

45) 이 같은 평가는 헤겔의 중국에 대한 평가에서 단적으로 드러난다. 헤겔은 중국을 지속의 왕국(the empire of duration)으로 보았다. 이러한 평가는 2차 대전 이전의 일본인 학자들에게 그대로 받아들여지기도 했다.

46) 그 주요한 것들로 반도론(半島論), 농업사회론, 지방분권적인 봉건제 결여론, 당파성론(黨派性論) 등을 들 수 있다.

47) 그런 작업은 종래 취했던 입장에 대한 반성 혹은 새로운 세계관의 모색 등에 의해서도 시도되고 있다.

대한 검토는 곧 지배층 내부의 질서와 윤리를 검토하는 작업이 되기도 한다.

또한 군주와 신하에 의한 지배가 장기간 지속되었다는 것은, 한편으로는 체제에 대한 도전과 그 세력이 체제를 전복시키는 데까지 이르지 못했다는 것을 말해주는 것이다. 바꾸어 말하자면 그 체제에 대한 반항자층(countermass)과 그 지도자층(counterelite)이 미약했다는 것, 그리고 그 이유야 어쨌든 간에 반항자층과 그 지도자층이 기존의 체제를 전복시킬 수 있을 만큼 충분한 세력을 구축하지 못했다는 것이다. 실제로 조선시대에 몇 차례 일어난 반란에 있어서도 왕조체제와 지배질서의 극복을 지향하는 데까지는 전혀 이르지 못했다.

조선조 사회가 전반적으로 동요하기 시작한 조선 후기에 접어들면서 민란民亂이 빈번하게 발생했지만, 그 직접적인 원인은 사회구조 자체에 대한 불만과 새로운 체제의 지향 같은 것이 아니었다. 그보다는 오히려 피부에 와닿는 불이익이나 재난災難 등이 더 큰 원인으로 나타나고 있으며, 그 지향하는 바도 오히려「원칙적인 왕조정치」다시 말해서「성왕聖王이 지배하는 왕조정치에로의 복귀」에 머물러 있었다. 그래서 그와 같은 민란은 기존질서를 파괴하고 새로운 질서를 지향하는 것이 아니라 정통성을 가진 정부로 되돌아가려는, 전통사회의 농민들이 보여주는 폭동, 즉「쟈커리」(the Jacquerie)에 가까운 그런 것이었다.[48)

1. 인정(仁政)과 덕치(德治)

적어도 유교에서 하늘天이 명하는 대로, 하늘의 질서를 본받아 땅위에서 구현하려는 성왕의 통치는 원칙적으로 덕德에 의한 통치(government by virtue), 즉 덕치德治일 수밖에 없다. [노장사상 혹은 도가道家에서의 그것은 도道에 의한 통치가 되겠다. 그 도道가 전적으로 도덕적, 윤리적이

---

48) 자세한 논의는 김석근,「조선시대 군신관계의 에토스와 그 특성: 비교사상적인 시각에서」,『한국정치학회보』제 29집 1호, 1995를 참조.

라 한정할 수는 없다]. 정치의 주체에 입각해서 말한다면, 위정자 내지 통치자가 덕에 의해서 통치한다는 것, 덕에 근거해서 어진 정치 즉 인정仁政을 행하고 모든 사람들을 기르고 또 가르치는[화육化育] 것을 말한다. 법法과 형刑의 존재 자체를 부인하지는 않았지만 어디까지나 최소한의 그것에 머물러야 한다고 보았다.[49]

같은 맥락에서 무력이나 군사력의 행사 또는 힘에 의한 억압이나 위협 등은 덕치 이념에 가장 반하는 것으로 된다. 전통적으로 유교는 무武보다는 문文[혹은 예禮]을 더 중시하고 있다. 하지만 하, 은, 주, 삼대 이후에 찾아온 전국시대에 그와 같은 생각은 어디까지나 '이념' 내지 '이상'에 지나지 않았다. 주나라의 예적인 질서는 이미 무너지고 열국의 군사적 대립으로 날을 지새웠다. 어쩌면 쟁탈과 전쟁을 일삼는 가혹한 현실이 이상적인 질서와 평화의 이념을 더 절실하게 생각하게 해주었는지도 모르겠다. 더구나 유교는 고대에 그와 같은 이상향이 실제로 구현되었다고 믿고 있었다.[50]

그와 같은 두 가지 형태의 서로 다른 질서 혹은 통치 방식은 이미 『논어』와 『대학』에서 엿볼 수 있다. 효율적인 논의를 위해 그 부분들을 인용해 보기로 하자.

> "이를 이끄는 데 정사政로 하고, 이를 가지런히 하는齊 데 형刑으로 하면, 백성들은 거기서 벗어나 부끄러워함이 없다. 이를 이끄는 데 덕德으로 하고, 이를 가지런히 하는 데 예禮로 하면, 부끄러움도 있고 또한 (거기에) 이르게 될 것이다."[51] 『論語』「爲政」

---

49) "형(刑)은 형이 없어지기를 바란다"(刑期于無刑). 『書經』「大禹謨」. 형벌을 쓰는 것은 형벌이 없어지도록 하고자 함이다.

50) 마루야마 마사오는 이렇게 지적하고 있다. "유교 정치사상의 역사적 변형 (variation)에도 불구하고 무(武)에 대한 문(文)[예(禮)]의 우위, 전쟁·투쟁·항쟁에 대한 조화와 태평의 우위는, 그 일관된 특질을 이루고 있다. 그럼에도 그렇다기보다도 오히려 **그와 같은 가열한 현실의 혼란과 쟁탈 속에서, 거꾸로 이상의 질서와 평화의 이념이 결정(結晶)되어 갔으며, 그것을 고대에 투영시킴으로써 유교 정치사상은 성장하고 있었다고 해도 좋겠다.**"(『丸山眞男講義錄』제 7책). 강조는 인용자.

"요堯·순舜이 천하를 이끄는帥 데에 인仁으로써 하니 백성民들이 그를 따랐
으며, 걸桀·주紂는 천하를 이끄는 데에 포학暴虐으로써 하니 백성들이 그를
따랐다. 그 명령하는 바가, 그들이 좋아하는 바에 반할 때에는 백성들은
따르지 않는다"52) 『大學』

이들을 보면 유교적인 정치사상이 잘 구현되는 체제와 그렇지 못한
체제[소외태疏外態]를 대항對抗[이항二項]으로, 일종의 이념형적인 형태로 짝
을 지웠다고 볼 수도 있겠다. 정리해보자면 도道와 예禮에 의한 정치 VS
정政과 형형刑에 의한 정치; 인仁에 의한 정치[요·순] VS 폭暴에 의한 정치[걸·
주]. 이들과 꼭 같지는 않지만 서로 연결될 수 있는 유교의 범주/구분으로
왕패王覇[왕도王道와 패도覇道]를 들 수 있겠다. 그러니까 political idealism
versus political realism, 즉 정치적 이상주의와 정치적 현실주의의
대비를 표현하는 카테고리라 할 수도 있겠다.

그러면 왕도와 패도라는 식의 짝對을 이루는 개념은 언제 어떻게 형성
되었을까. 주체에 입각해서 왕자王者·패자覇者라는 식으로 구별할 수도 있
겠고, 왕도王道·패도覇道라는 식으로 이념 내지 통치의 기술에 입각해 구별
할 수도 있겠다. 후자가 오래된 듯하다. 처음부터 그런 짝을 이루는 개념
으로 쓰였던 것은 아니었다. 그저 이상적인 통치를 왕도라 불렀던 데에
지나지 않았던 듯하다.

'왕도'라는 용어가 사용된 가장 오래된 용례로는 『書經』「洪範」편에
"無偏無黨, 王道蕩蕩, 無黨無偏, 王道平平"이란 구절을 들 수 있다. 편파
적인 동료를 만들지 않으며, 관대공평寬大公平한 정치를 행하는 것으로 당
우唐虞 삼대三代를 칭송한 것이다. '왕도'라는 말은 가장 넓은 의미로는
유교에서의 '도' 일반과 같은 것이기도 하다. 그런데 '왕도'가 특히 정치
사상으로서 중요한 카테고리가 되는 것은, 패도의 대립 개념으로 되었기
때문인데, '왕패'의 구분[辨]을 가장 일찍이 정식화했던 사람은 다름 아닌

---

51) 子曰: "道之以政, 齊之以刑, 民免而無恥; 道之以德, 齊之以禮, 有恥且格."
52) "堯、舜帥天下以仁, 而民從之; 桀、紂帥天下以暴, 而民從之; 其所令反其所好, 而
民不從."

맹자였다. 그는 이렇게 정리하고 있다.

"힘力으로 인仁을 꾸미는假 자는 패覇이다. 패는 반드시 큰나라大國를 갖는다.
덕德으로 인을 행하는 자는 왕王이다. 왕은 큰 것을 기다리지 않는다. 탕湯은
70리를 가지고 했으며, 문왕文王은 백리를 가지고 했다. 힘으로 다른 사람을
복종시키는 것은 마음으로 복종心服하는 것이 아니다. 힘이 넉넉지 않기
때문이다. 덕으로 사람을 복종시키는 것은 마음中心으로 기뻐해서 진실로
복종하는 것이다."[53] 「公孫丑」上

맹자는 "덕으로 인을 행하는 자"[왕]와 "힘으로 인을 꾸미는 자"[패]의
구분은 확실하다. 맹자 첫머리에 나오는 장면은 시사적이다. 맹자가 양혜
왕을 만났을 때, 양혜왕은 이렇게 물었다. "노인께서 천리를 멀리 여기지
않고 오셨으니 또한 장차 내 나라를 이롭게 함이 있겠습니까." 그러자
맹자는 맞받아쳤다. "왕께서는 하필 이익利을 말씀하십니까. 역시 인과
의仁義가 있을 뿐입니다."[54] 이 장면은 『맹자』 전편全篇의 주제를 압축해서
말해주고 있다고 할 수 있다. 이利가 아닌 인의仁義. 실은 맹자는 자신이
살았던 현실[열국이 군비경쟁을 하면서 힘으로 천하를 통일하려는]을 비
판하기 위해서, 일종의 정치적 이상(혹은 이념)으로 고대 성왕의 통치를
왕도王道라는 개념으로 내걸었다.[55] 동시에 그와 대비되는 형태로 패도覇
道를 설정하면서 비판했다. 그는 "오패五覇는 삼왕三王[우, 탕, 문왕]의 죄
인"[56]이라 했다. 여기서 power politics나 군국주의, 제국주의의 부정이
라는 계기가 전면에 나오게 된다. 이후 '패도' 하면 권력정치 혹은 군국주
의의 동양적 범주가 되었다고 할 수 있겠다.[57]

---

53) "孟子曰: 以力假仁者覇, 覇必有大國, 以德行仁者王, 王不待大. 湯以七十里, 文王
以百里, 以力服人者, 非心服也, 力不贍也, 以德服人者, 中心悅而誠服也."
54) "孟子見梁惠王. 王曰: 叟不遠千里而來, 亦將有以利吾國乎. 孟子對曰: 王何必曰
利, 亦有仁義而已矣."
55) 맹자의 시대에는 주나라 왕조의 부흥을 기대하는 것은 이미 불가능했다. 그 점이
공자와 생각을 달리하게 된 한 요인이 되었을 것이라 생각한다.
56) "五覇者, 三王之罪人也" 「告子」下.
57) 1924년(大正 13) 일본에 온 손문(孫文)은 코베(新戶)에서 연설한 적이 있다. 거기

이처럼 맹자에서는 '왕패'는 명확한 대립 개념으로 자리 잡았으며, 왕을 높이고 패를 낮추는 존왕척패尊王斥覇가 분명하게 나타나고 있다. 하지만 유교 사상에서 '패'가 완전히 악惡으로 간주되었던 것은 아니다. 예를 들어보기로 하자. 춘추오패春秋五覇의 한 사람인 제齊나라 환공桓公, 그는 대표적인 패도의 실천자이기도 했다. 그를 도왔던 관중管仲에 대해서 공자는 『논어』 「憲問」에서 이렇게 옹호하고 있다.[58] "관중은 환공을 도와서 제후들에게 '패자覇'가 되어, 천하를 일광一匡: 바로잡음했다. 지금에 이르기까지 그 은덕恩을 입고 있다. 관중이 없었더라면, 우리는 머리카락을 드리우고 옷깃衽을 왼쪽으로 했을 것이다."[59]

왕王과 패覇 내지 왕도王道와 패도覇道 문제에 대해서 관심을 공유하면서도 맹자와는 다른 입장을 취한 사상가가 있다. 바로 순자. 『순자荀子』에는 아예 「왕패王覇」편이 마련되어 있다. "나라를 다스리는 사람은 의로움이 행해지면 왕자가 되고, 믿음이 서게 되면 패자가 되고, 권모술수가 행해지면 망자가 되는 것이다. 이 세 가지는 지혜로운 임금이라면 삼가 가려야 할 길이고, 인덕 있는 사람이라면 분명히 힘써 해야 할 일이다."[60] 그는 왕王, 패覇, 망亡이란 세 종류를 설정하고 있다. 자세한 논의는 훗날로 미룰 수밖에 없지만, 순자 역시 최선의 바람직한 것은 왕도(왕)임을 인정한다. 하지만 현실적으로 왕도가 불가능할 때에는 어떻게 할 것인가. 그는 패

서 그는 도식화했다. 유럽문화=패도의 문화→ 공리강권(公利强權), 양총대포(洋銃大砲)로써 사람들을 압박(壓迫)한다. 아시아의 문화=왕도의 문화→ 인의도덕으로 사람을 감화(感化)시킨다. 그와 같은 구분에 근거해 일본인들에게 다음과 같은 경고를 하기도 했다. "일본 민족은 이미 한편으로는 구미(歐美)의 패도 문화를 받아들임과 동시에 다른 한편으로는 아시아의 왕도문화의 본질도 지니고 있다. 앞으로 일본이 세계의 문화에 대해서, **서양 패도의 견(犬)가 될 것인가, 아니면 동양 왕도의 간성(干城)이 될 것인가, 그것은 일본 국민이 신중하게 고려해야 할 문제입니다.**" 『丸山眞男講義録』 제 7책에서 재인용.

58) 다른 한편으로 공자는 관중을 비판하기도 했다. "관중의 그릇은 실로 작구나"("子曰: 管仲之器小哉!")(「八佾」)

59) "子貢曰: 管仲非仁者與? 桓公殺公子糾, 不能死, 又相之. 子曰: 管仲相桓公, 霸諸侯, 一匡天下, 民到于今受其賜. 微管仲, 吾其被髮左衽矣。"

60) "故人主, 天下之利埶也, 然而不能自安也, 安之者必將道也. 故用國者, 義立而王, 信立而霸, 權謀立而亡。三者明主之所謹擇也, 仁人之所務白也。"

[패도]에 대해서도 일정 부분 인정하고 있다. 춘추오패春秋五覇에 대해서도 긍정적인 시선을 보낸다. 역시 이상주의자 맹자와는 다른 측면이라 하겠다. 일종의 '현실주의'(realism)!

> "덕은 비록 지극하지 못하고 의로움도 비록 일을 잘 처리하기에 충분하지는 못하지만, 천하의 도리가 대략 여기에 모여 있고, 형벌을 내리고 상을 주는 기준이 천하 사람들에게 신임을 받으며, 신하들은 분명히 그들의 임금이 약속을 지킬 사람이라는 것을 알고 있고, 정령政令이 공포된 비록 이익으로 믿었던 것이 손해가 된다는 것을 안다 해도 그의 백성들을 속이지 않으며 맹약이 맺어지고 난 뒤에 비록 이익으로 여겼던 것이 손해가 되는 것을 안다 해도 그의 동맹국을 속이지 않아야 한다. 그렇게 되면 군대는 강하고 성은 견고해져 적국이 그들을 두려워하고, 나라는 통일되어 그들의 기본 방향이 분명해지므로 동맹국들도 그들을 신임하여 비록 후미지고 좁은 나라라 할지라도 위세가 천하를 움직이게 된다. 오패가 그런 임금들이었다. … 그 이유는 대체적으로 신임을 받았기 때문이다. 이것이 이른바 믿음이 서게 되면 패자가 된다는 것이다." [61]

2. 군신공치(君臣共治)

1) 『동몽선습』과 군신관계

유교에서의 정치라고 할 경우, 특히 주체와 객체라는 측면에서 생각해 볼 경우 크게 세 개의 범주로 나누어 볼 수 있다. 군君, 신臣, 민民. 정사 내지 정치의 주체는 당연히 군君, 왕이라 할 수 있다. 정치의 객체는 당연히 민民이라 하겠다. 그 사이에 신臣, 즉 신하들이 존재한다. 왕 혼자서는

---

[61] "德雖未至也, 義雖未濟也, 然而天下之理略奏矣, 刑賞已諾信乎天下矣, 臣下曉然皆知其可要也。政令已陳, 雖覩利敗, 不欺其民; 約結已定, 雖覩利敗, 不欺其與。如是則兵勁城固, 敵國畏之; 國一綦明, 與國信之; 雖在僻陋之國, 威動天下, 五伯是也。非本政教也, 非致隆高也, 非綦文理也, 非服人之心也, 鄕方略, 審勞佚, 謹畜積, 脩戰備, 齺然上下相信, 而天下莫之敢當。故齊桓、晉文、楚莊、吳闔閭、越句踐, 是皆僻陋之國也, 威動天下, 彊殆中國, 無它故焉, 略信也。是所謂信立而霸也。"

애초에 수많은 민을 다스릴 수 없다. 역시 왕을 돕는 존재, 혹은 왕과 더불어 민을 다스리는 존재로서의 신, 신하들이 필요하다. 흔히 왕과 신하가 같이 민을 다스린다는 관념, 즉 '군신공치君臣共治'가 그것이라 하겠다.

그러면 실제 조선시대에서는 어떠했을까. 여러 가지 접근 방식이 있겠지만, 여기서는 조선 명종 때 유학자 박세무가 어린 학동을 위해 지은 아동용 교과서 『동몽선습』에 주목하고자 한다.[62] 우리나라 최초의 아동 교과서라 할 수 있기 때문이다. 처음 공부하는 아이들은 『천자문』 다음 단계에서 반드시 읽었던 책이었다. 『동몽선습』은 민간에서뿐만 아니라, 현종 대 이후 왕실에서 왕세자의 교육용으로도 활용되었다. 이 책은 1759년(영조 35) 영조가 직접 쓴 어제서문御製序文과 우암 송시열宋時烈의 발문을 실어 중간重刊되었다. 이런 사정을 감안한다면 『동몽선습』이 당시 조정과 사림으로부터 높은 평가를 받았음을 알 수 있다.[63]

『동몽선습』의 내용은 크게 두 부분으로 구성으로 되어 있다.[64] 첫 부분은 1)유학의 핵심 윤리 오륜五倫에 관한 것, 부자유친父子有親, 군신유의君臣有義, 부부유별夫婦有別, 장유유서長幼有序, 붕우유신朋友有信에 대해서 설명한 것이다. 두 번째 부분은 2)중국과 조선의 역사에 대한 서술이다. 도덕적인 역사관에 입각해서 고대 중국에서 명나라에 이르기까지의 역사를 서술했다. 이어 우리나라의 역사를 단군에서 시작해서 삼한과, 삼국, 고려, 조선에 이르기까지 간명하지만 매우 체계적으로 서술했다.[65] 이미 주자학이 토착화된 조선사회에서 당시 사림들이 지녔던 아동 교육관을 여실히 보

---

[62] 현재 초간본은 전하지 않고 1759년의 중간본만 전한다.

[63] 『동몽선습』에 대해서는 다음의 연구를 참조. 「동몽선습의 교육적 의의에 대한 연구」(문태순, 『한국교육사학』25-1, 2003); 「『동몽선습』의 서지적 연구」(유부현, 『서지학연구』5·6 합병호, 1990); 「동몽선습 연구」(최봉영, 『한국항공대학교 논문집』22, 1984).

[64] 총론에서는 오륜은 하늘이 인간에 부여한 가장 기본적인 도덕적 품성이라는 사실과 함께, 오륜의 근원은 효행이라는 사실을 강조하고 있다.

[65] 우리나라가 국토는 좁지만 예악(禮樂)과 문물이 중국에 비견할 수 있다는 점을 강조했다. 그래서 아동들로 하여금 우리의 역사를 긍정적인 시각으로 바라볼 수 있게 해주었다.

여주고 있다고 하겠다.

이렇게 본다면 『동몽선습』의 '군신유의君臣有義' 항목은 당시의 보편적인 가르침의 일환을 이루고 있었다는 것, 그리고 군주(왕)와 신하들 사이에 이미 당연한 것으로 공유되고 있던 인식이라 할 수 있겠다. 다시 말해서 국왕(군주)과 신하들 사이의 관계에 대해서 어린아이들에게 가르친 아주 기본적인 그것이라 할 수 있겠다. 이를 통해 우리는 당시 일반적이었던 군주와 신하의 관계, 즉 군신관계에 깔려 있던 기본 전제 내지, 큰 밑그림을 파악할 수 있지 않을까 한다.

'군신유의君臣有義' 항목은 이렇게 시작한다. "임금과 신하는 하늘과 땅처럼 분명하게 구분되는 관계이다. 임금은 높고 귀하며 신하는 낮고 천하다. 존귀한 이가 비천한 이를 부리고, 비천한 이가 존귀한 이를 섬기는 것은 천지간 어디에서나 통용되는 도리常經이며 예나 지금을 막론하고 통용되는 의리通義이다."66) 국왕과 신하 사이에는 하늘과 땅처럼 현격한 차이가 있다, 군주는 하늘, 신하는 땅이라는 것. (마치 남자는 하늘, 여자는 땅이라 한 것과 비슷하다). 왕은 하늘처럼 높고 귀하며, 신하는 땅처럼 낮고 천하다. 높고 귀한 존재가 낮고 비천한 이를 부리며, 낮고 비천한 이가 높고 귀한 이를 섬기는 것은 당연한 도리이다. 그것은 하늘과 땅 사이에 언제나 그러한 것이며, 예나 지금이나 두루 통하는 것天地之常經, 古今之通義이라 하겠다. 이른바 삼강三綱에서 말하는 '군위신강君爲臣綱'을 떠올리게 해준다.

흔히 조선시대 군주와 신하의 관계에 대해서 군권君權과 신권臣權이란 관념으로 군신관계를 해석하곤 하는데, 필자로서는 말하고자 하는 바는 이해할 수 있지만 그렇게 도식적으로 나누어보는 것은 문제가 있다고 생각한다. 신하는 군주에게 충성, 즉 충忠을 다해야 한다고 가르쳤기 때문이다. 이미 『천자문』에도 "孝當竭力, 忠則盡命"(효도는 마땅히 힘을 다해야 하며, 충은 목숨을 다해야 한다)이라 했다. 조선사회 역시 '충성'이

---

66) 君臣, 天地之分. 尊且貴焉, 卑且賤焉. 尊貴之使卑賤, 卑賤之事尊貴, 天地之常經, 古今之通義.

(효와 더불어) 충분히 강조되고 있었다. 『동몽선습』에서도 "옛적에 상商나라 임금 주紂가 포학한 짓을 하자 비간比干이 간하다가 목숨을 잃었으니 충신의 절개가 여기서 극진했다. 공자孔子께서는 신하는 임금을 충忠으로 섬겨야 한다고 하셨다."[67]

"신하는 국왕을 충忠으로 섬겨야 한다臣事君以忠"고 해서 공자가 한 말을 인용하고 있다. 그런데 공자의 그 말은 『논어』「팔일」편에 나오는 구절의 일부이다. "정공이 물었다. 군주가 신하를 부리고, 신하가 군주를 섬기는 것은 어떻습니까" 하는 질문에 공자는 이렇게 대답했다. "군주는 예로써 신하를 부리고, 신하는 충성으로 임금을 섬겨야 합니다."[68] 박세무의 『동몽선습』은 "신하는 충성으로 임금을 섬겨야 합니다" 부분만 인용하고 "군주는 예로써 신하를 부린다"는 부분은 생략했다. 아마 군주에 대한 것이기 때문에 생략했을 것이다.

하지만 박세무가 군주가 예로써 신하를 부려야 한다는 생각을 하지 않았던 것은 아니라고 생각한다. 다시 말해서 군주와 신하 사이의 차별과 충성만 강조했던 것은 아니었다. 오히려 군주와 신하 사이의 일종의 분업分業과 상보相補 내지 협력관계에 대해서도 언급하고 있다.

그는 이렇게 말한다. "때문에 임금은 원元의 도리를 체행體行하여 명령을 내리는 자이며, 신하는 임금을 도와 좋은 일을 펼치고 부정한 일을 막는 자이다. 임금과 신하가 만날 때, 각각 자신의 도리를 극진히 하여, 함께 공경하여 지극한 정치를 이루어야 한다."[69] 임금은 명령을 내리고, 신하는 그런 임금을 돕는다. 좋은 일을 펼치고 부정한 일을 막는다. 각각 서로의 도리를 다해야 한다는 것, 그래서 서로 협력해서 공경하면서 지극한 정치至治를 이루어내야 한다는 것이다. "同寅協恭, 以臻至治"(함께 공경하고 호합하여 공손히 해서 지극한 정치에 이른다)라는 말은 상당히

---

67) 昔者, 商紂暴虐, 比干諫而死, 忠臣之節, 於斯盡矣. 孔子曰, 臣事君以忠.
68) 定公問: "君使臣, 臣事君, 如之何?" 孔子對曰: "君使臣以禮, 臣事君以忠."
69) 是故, 君者, 體元而發號施令者也. 臣者, 調元而陳善閉邪者也. 會遇之際, 各盡其道, 同寅協恭, 以臻至治.

함축적이다. 여기서 말하는 '지치', 즉 지극한 정치란 무엇일까. 그 내역은 무엇일까. 굳이 말하지는 않았지만 민民을 잘 다스리는 것, 민을 편하게 해주는 정치라 할 수 있지 않을까.

이미 군주와 신하의 관계가 어떠해야 하는지 다 말했지만, 박세무의 『동몽선습』은 거기서 한 걸음 더 나아간다. "만약 혹시라도 임금이면서 임금의 도리를 다하지 못하고, 신하이면서 신하의 도리를 다하지 못하면, 함께 천하 국가를 다스릴 수가 없다. 비록 그렇지만 우리 임금은 훌륭한 정치를 베풀 수 없다고 말하는 이는 (임금을) 해치는 자라고 한다."[70] 임금의 도리를 다하지 못하고 신하의 도리를 다하지 못하면 함께 천하 국가를 다스릴 수가 없다고 했다. 주목해야 할 부분은 "不可與共治天下國家也", 즉 더불어 같이 천하국가를 다스릴 수 없다는 구절이다. 임금의 도리를 다하고 신하의 도리를 다하면 "더불어 같이 천하국가를 다스릴 수 있다與共治天下國家也"는 말이기도 하다.

때문에 신하는 국왕을 도와주며, 또한 함께 공경하고 호합하며 공손히 해서 지극한 정치에 이르게 하는 조력자인 셈이다. 물론 귀하고 천함, 높음과 낮음의 차이는 분명히 있다. 하지만 더불어 같이 천하국가를 다스려가는 정치의 주체인 셈이다. 그때의 지극한 정치는 역시 민民을 잘 살게 해주는 정치라 할 수 있겠다.

2) 공신당(功臣堂)

현재 서울특별시 종로구 훈정동에는 종묘宗廟가 있다.[71] 사적 제125호. 조선 시대 역대 왕과 왕비, 그리고 추존왕과 왕비의 신주神主를 봉안한 사당이다. 온전하게 유지된 유교 왕실 사당으로 비슷한 예가 드문 것이다. 종묘는 '유네스코 세계유산'으로(1995), 종묘제례와 종묘제례악은

---

70) 苟或君而不能盡君道, 臣而不能修臣職, 不可與共治天下國家也. 雖然, 吾君不能, 謂之賊.
71) 국립고궁박물관. 『국립고궁박물관 특별전 종묘』(국립고궁박물관. 2014); 문화재청엮음. 『조선의 궁궐과 종묘』(눌와. 2010).

'유네스코 인류구전 및 무형유산 걸작'으로 등재되었다(2001).

흔히 우리가 종묘하면 정전正殿을 떠올리게 되는데(국보 제 227호), 정전은 태묘太廟라 하기도 했다. 태묘는 태조의 묘廟가 있기 때문이다. 역대 왕과 왕후는 사후에 그 신주를 일단 종묘에 봉안하였다. 공덕이 높아 세실世室(종묘의 신실)로 모시기로 정한 제왕 이외의 신주는 일정한 때가 지나면 조묘祧廟인 영녕전永寧殿으로 옮겼다. 그것을 '조천祧遷'이라 한다. 정전에는 19실室: 神室에 19위의 왕과 30위의 왕후를 모시고 있다. 서쪽에 있는 영녕전에는 16실에 조천된 15위의 왕과 17위의 왕후, 그리고 의민 황태자懿愍皇太子를 모셔 놓고 있다.

종묘에는 정전과 영녕전 외에 부속된 건물들도 있다. 제기고祭器庫, 재실齋室. 향대청香大廳, 전사청典祀廳 등. 제향을 위해서 필요한 것들이다. 하지만 조금 다른 성격의 사당도 있다.[72] 특히 여기서는 공신당에 주목하고 싶다. 공신이란 국가나 왕실을 위해 공을 세운 사람에게 주던 칭호 또는 그 칭호를 받은 사람을 말한다.[73] '공신을 모시는 사당'으로서의 공신당功臣堂은 거슬러 올라가보면 고려시대에도 있었다. 공신들의 공로를 기리고 명복을 빌기 위해서 세운 것이다. 하지만 불교를 사상적 근거로 삼았던 고려 때에는 대부분 절(사찰)에 건립하였다. 고려 태조(왕건) 23년(940년) 10월 신흥사新興寺에 공신당을 설치하고 삼한공신三韓功臣들을 동서쪽 벽에 그려두고 무차대회無遮大會를 하루 열었다. 그 행사를 매년 시행했다.[74] 원종 3년(1262)년에는 원종 3년(1262) 10월 몽고의 전란으로 불

---

72) 봄, 여름, 가을, 겨울의 운행과 관련된 일곱 소신(小神)들의 위패를 모신 사당, 즉 칠사당(七祀堂)도 있다.

73) 공신은 크게 배향공신(配享功臣)과 훈봉공신(勳封功臣 또는 勳號功臣)으로 나눌 수 있으며, 훈봉공신은 정공신(正功臣)과 원종공신(原從功臣)으로 구성된다. 문헌에 처음 나타나는 것은 고려의 개국공신에 관한 것이다. 왕건(王建)을 추대한 공로로 홍유(洪儒)·신숭겸·배현경(裵玄慶)·복지겸(卜智謙) 등이 고려 개국공신 1등에 책록되는 등, 2,000여 인이 3등으로 구분되어 공의 정도에 따라 상을 받았다.

74) "이 해에 신흥사를 중건하고, 공신당을 설치하여 삼한 공신들을 동서 벽에 그려두고 하루 밤낮 동안 무차대회를 열었는데, 해마다 이렇게 하는 것을 상례로 삼았다."(是歲 重修新興寺 置功臣堂 畵三韓功臣於東西壁 設無遮大會 一晝夜 歲以 爲常)[고려사 권제2, 14장 앞쪽, 세가 2 태조 23].

타버렸던 미륵사彌勒寺와 공신당을 중창했다.[75]

공신들의 모습을 그려서 벽에 붙여 두었다는 점이 특이하다. 이른바 '공신도功臣圖'가 그것이다. 공신 칭호를 받은 사람들, 특히 개국開國·위사衛 社·정난靖難·익대翼戴·척경拓境·탕구蕩寇 공신 등에게 도형圖形·벽상壁上 공신 이라는 칭호와 더불어 그 모습을 그리게 했다. 불교에서 부처와 보살, 나한 등을 그린 것과 무관하지 않은 듯하다. 공신들의 도상은 각종 사찰에 봉안되었고, 그들의 천복天福을 기원했다. 신흥사新興寺에는 삼한공신三韓功 의 도상圖像을 그렸으며, 미륵사彌勒寺에는 태조 이래 모든 공신들의 도상을 그렸다고 한다.

한편 조선에 들어선 이후, 공신당은 종묘宗廟에 위치하게 했다. 사상계 의 주선율이 불교에서 유교(특히 주자학)로 바뀐 것과 맥락을 같이 한다 고 해도 좋겠다. 공신들의 '그림' 대신에 '위패位牌'(혹은 신주)로 바뀐 것 역시 그러하다. 하지만 그림을 그리는 습속이 완전히 사라지지는 않았다. 조선에서도 왕들의 어진御眞이나 더러 공신의 초상화를 그려주기도 했기 때문이다.[76] 태조 대부터 영조 년간에 걸쳐서 모두 28종의 공신이 책봉되 었다고 한다.

아무튼 종묘에 공신당이 처음 건립된 것은 태조 4년(1395) 종묘를 창건할 때였던 듯하다.[77] (처음엔 5칸이었던 듯하지만) 공신당 3칸이 마

---

75) "미륵사와 공신당을 다시 세웠다. 처음 태조 이래의 공신을 다 벽상에 도형하고 매년 10월에 그들을 위하여 불사에 재를 베풀어 명복을 기려왔다."(重營彌勒寺 及功臣堂 初自太祖以來功臣 皆圖形壁上 每歲十月 爲張佛寺 以資冥福)[고려사 권 제25, 23장 뒤쪽, 세가 25 원종 3.10].

76) '공신회맹제'(功臣會盟祭)를 하기도 했다. 공신회맹제란 조선시대 공신을 녹훈한 뒤 구리쟁반에 담은 피를 마시며 맹세하는 의식을 말한다. 공신 책록이 있을 때 마다 회맹제를 행했으며, 참석자들은 회맹록에 올리고 은전을 내리거나, 금잔 면 포 마필 등을 상으로 내린 다음 음복연을 행하는 것이 일반적이었다.

77) "이 달에 대묘(大廟)와 새 궁궐이 준공되었다. 대묘(大廟)의 대실(大室)은 7간(間) 이며 당(堂)은 같게 하고 실(室)은 따로 하였다. 안에 석실(石室) 5간을 만들고 좌 우의 익랑(翼廊)은 각각 2간씩이며, 공신당(功臣堂)이 5간, 신문(神門)이 3간, 동 문이 3간, 서문이 1간이었다. 빙둘러 담장을 쌓고 신주(神廚)가 7간, 향관청(享官 廳)이 5간이고, 좌우 행랑이 각각 5간, 남쪽 행랑이 9간, 재궁(齋宮)이 5간이었 다." 태조 4년(1395) 9월 29일 여섯 번째 기사.

련되었다.[78] 이어 태종 10년(1410) 5얼에 종묘의 동서월랑을 만들면서 공신당을 묘원안 동쪽 월대 아래로 옮겼다.[79] (처음에는 정전 가까이 있었음을 짐작케 해준다.[80]) 성종 대에는 3칸짜리 건물이었으나, 정조 2년 (1778)에는 4칸, 헌종 대에는 6칸으로 증축되었다. 지금은 맞배지붕 형식으로 정면 16칸, 측면 1칸 건물이 되어 있다. 정전 담장 안 동남쪽 하월대 아래에 자리하고 있다. 정전이나 영녕전과 달리 가운데 3칸에만 판문板門을 설치했으며, 나머지는 벽면의 3분의 2까지 벽돌로 쌓은 화방 벽으로 막고壁體 그 위에 광창光窓을 설치했다. 그 외 3면의 벽은 전벽돌로 감싸고 있다.

단순함과 소박함이 느껴지는 공신당은 그렇게 크게 느껴지지 않는다. 정전의 위엄과 규모에 비할 바가 아니다. 그저 소박할 따름이다. 하지만 그것은 명분논리상 당연한 것이다. 왕의 신실과 한 울타리 안에 있어서 일부러 그 형식을 낮춘 것이다. 임금과 신하는 하늘과 땅처럼 분명하게 구분되는 관계이기 때문이다. 임금은 높고 귀하며 신하는 낮고 천하다. 존귀한 이가 비천한 이를 부리고, 비천한 이가 존귀한 이를 섬기는 것은 천지간 어디에서나 통용되는 도리常經이며 예나 지금을 막론하고 통용되는 의리通義[君臣, 天地之分. 尊且貴焉, 卑且賤焉. 尊貴之使卑賤, 卑賤之事

---

78) 임금이 죽어 위패를 종묘에 모신 다음 생전에 특별한 공로가 있는 신하의 신주도 같이 모셨는데, 이를 '배향공신'이라 한다. 공적을 세우고 종묘에 배향되는 것을 신하들은 큰 명예로 여겼다.

79) 비로소 종묘(宗廟) 동·서상(東西廂)을 짓고, 공신당(功臣堂)을 종묘 담[垣]안 동계 (東階) 아래로 옮겼다.

80) 세종대에도 공신당 논의가 있었다. 상호군 박연이 상언하기를, "…다행히 이제 묘정을 열어 넓히고, 공신당도 또한 묘 밖의 빈 땅에 옮겨 놓아서, 묘궁을 엄숙하게 하여 제례를 거행하는 데에 편리하게 하소서. 만약 부득이하다면, 묘의 담 한 면을 두어 자 뚫어 열어서 밖에 공신당을 설치하고, 담에 문을 만들어 놓으면 또한 무난히 묘내의 공신의 당우가 될 것입니다. 엎드려 성재를 바라나이다." 하니, 예조에 계하였다. 예조에서 아뢰기를, "공신당은 묘정 밖에 땅을 살펴서 옮기는 것이 좋겠습니다." 하니, 그대로 따랐다. ; 上護軍朴堧上言…幸今開廣廟庭 功臣 之堂 亦於廟外隙地移設 以肅廟宮 以便行禮 如不得已 則廟墻一面 鑿開數尺 築堂 於外 置門於墻 則亦不害爲廟內功臣之堂宇也 伏望聖裁 下禮曹 本曹啓 功臣堂宜 於廟庭外 量地移設 從之 [세종실록 권제55, 7장 뒤쪽~8장 앞쪽, 세종 14년 1월 21일(신사)].

尊貴, 天地之常經, 古今之通義]이기 때문이다.

그렇다면 공신당에는 과연 어떤 공신들이 모셔져 있는가? '역대 왕들'의 공신功臣 신주 83위位가 모셔져 있다. 하지만 좀 더 정확하게 말하자면 '역대 왕들의 공신'이 아니라 정전에 모셔져 있는 19왕들의 공신이다. 영녕전에 모셔져 있는 왕들의 신하는 아무리 큰 공을 세웠다고 하더라도 거기에 있을 리가 없다. 현재 모셔져 있는 왕대별 배향 공신 83위를 보면 아래와 같다.

* 왕대별 배향공신 83위[종묘 공신당]
1) 태조: 조준趙浚, 이화李和: 의안대군, 남재南在, 이제李濟, 이지란李之蘭, 남은南
　　　誾, 조인옥趙仁沃
2) 태종: 하륜河崙, 조영무趙英茂, 정탁鄭擢, 이천우李天佑, 이래李來
3) 세종: 황희黃喜, 최윤덕崔潤德, 허조許稠, 신개申槩, 이수李隨, 이제李褆: 양녕대군,
　　　이보李補: 효령대군
4) 세조: 권람權擥, 한확韓確, 한명회韓明澮
5) 성종: 신숙주申叔舟, 정창손鄭昌孫, 홍응洪應
6) 중종: 박원종朴元宗, 성희안成希顔, 유순정柳順汀, 정광필鄭光弼
7) 선조: 이준경李浚慶, 이황李滉, 이이李珥
8) 인조: 이원익李元翼, 신흠申欽, 김류金瑬, 이귀李貴, 신경진申景禛, 이서李曙,
　　　이보李俌: 능원대군
9) 효종: 김상헌金尙憲, 김집金集, 송시열宋時烈, 이요李㳡: 인평대군, 민정중閔鼎重,
　　　민유중閔維重
10) 현종: 정태화鄭太和, 김좌명金左明, 김수항金壽恒, 김만기金萬基
11) 숙종: 남구만南九萬, 박세채朴世采, 윤지완尹趾完, 최석정崔錫鼎, 김석주金錫
　　　冑, 김만중金萬重
12) 영조: 김창집金昌集, 최규서崔奎瑞, 민진원閔鎭遠, 조문명趙文命, 김재로金在魯
13) 정조: 김종수金鍾秀, 유언호俞彦鎬, 김조순金祖淳
14) 순조: 이시수李時秀, 김재찬金載瓚, 김이교金履喬, 조득영趙得永, 이구李球:
　　　남연군, 조만영趙萬永
15) 문조文祖[81]: 남공철南公轍, 김로金䃿, 조병구趙秉龜

16) 헌종: 이상황李相璜, 조인영趙寅永

17) 철종: 이헌구李軒求, 이희李羲: 익평군, 김수근金洙根

18) 고종: 박규수朴珪壽, 신응조申應朝, 이돈우李敦宇, 민영환閔泳煥

19) 순종: 송근수宋近洙, 서정순徐正淳

---

81) 제 23대 왕 순조의 세자. 1812년 왕세자에 책봉되었다. 조만영의 딸과 혼인해서 헌종을 낳았다.

양반의 국왕의 리더십 인식과 유형화[82)]

　유교적인 세계는 이른바 국가와 가족(개인)이라는 두 개의 중심을 가진 타원형의 세계와도 같은 것이다. 「수신修身 – 제가齊家 – 치국治國 – 평천하平天下」라는 명제는 요컨대 그런 타원을 어디까지나 타원형으로 만들어 주는 이상주의理想主義이며, 그것을 어느 한쪽으로 수렴시켜 원으로 만들려고 하는 것은 아니다.[83)] 두 개의 중심축 사이에 언제나 어느 한쪽으로 기울어지기 어려운 팽팽한 긴장이 감돌고 있으므로, 만약 그런 긴장이 깨어져서 어느 한쪽의 중심으로 몰리게 되거나 해서 원의 형태로 되어버린다면 그것은 이미 유교의 범위를 넘어서거나 그 모습을 심각하게 일그러뜨리게 되는 것에 다름 아니다. 실제로 유교의 원리적인 측면에서 보더라도 가족 윤리와 군신 간의 윤리가 반드시 일치되어 있는 것은 아니었다. 어느 쪽을 더 중시할 것인가 하는 핵심적인 문제는 행위의 주체들에게 그대로 위임되어 있었다.

　물론 예로부터 '아버지와 아들은 하늘이 맺어준 관계父子天合'라는 것에 대해서 '군주와 신하는 의리로써 맺어진 관계君臣義合'[84)]라는 테제가 있었

---

82) 이 부분은 김석근, 「조선시대 군신관계의 에토스와 그 특성: 비교사상적인 시각에서」, 『한국정치학회보』 제 29집 1호, 1995의 해당 부분을 많이 참조했다.
83) 島田虔次/ 김석근외 옮김, 『주자학과 양명학』, 도서출판 까치, 1988, 28쪽.

다. 그리고『예기禮記』「곡례曲禮」편에는 "만약 부모가 옳지 못한 행위를 할 경우에 자식된 자는 세 번을 간하여 듣지 않으면 울면서 이에 따른다"[85]고 한 데에 대해서, 신하는 군주에 대해서 "세 번을 간하여 듣지 않으면 이를 떠난다"[86]는 구절이 있다. 하늘이 맺어준 관계와 의리로써 맺어진 관계는 과연 어느 쪽이 더 진한가. 어느 쪽을 더 중시해야 할 것인가. 그리고 세 번을 간하여 듣지 않으면 그대로 떠나버린다는 것과 울면서 따르는 것 사이에는 어떠한 차이가 있는가.

하지만 이것은 어디까지나 예로부터 전해 내려온 지극히 원리적인 표현이며, 실제의 군주와 신하들 사이의 관계에 있어서 조금도 어긋나지 않고 그대로 적용되는 것은 아니다. 오히려 그 사회 내부에서 직접적으로 행위하는 정치주체들의 에토스에 있어서는 언제나 그 사회에 독특한 토양에 맞게 변용되어 나타나게 되는 것이다. 그리고 어느 쪽에 더 중점을 두는가에 따라서 그 지향성이 달라지는 것은 당연한 일이다. 같은 유교권에 속하고 있으면서도 각기 서로 다른 정치문화와 패턴을 보여주게 되는 것도 바로 이 때문이다.

이제 군주와 신하 사이의 관계를 규율하는 에토스, 즉 군신 관계의 도덕율을 구체적으로 살펴보기로 하자. 다시 말하자면 신하는 군주에 대해서 어떻게 생각하는가, 다시 말해서 군주의 리더십에 대해서 어떠해야 한다고 생각했을까. 조금 더 구체적으로 말한다면 양반은 국왕이 어떤 리더십을 발휘해야 한다고 생각했을까.

어디서부터 출발해야 할 것인가. 무턱대고 나서는 것보다는 조선시대 정치체제가 전반적으로 유교의 전통과 문화 속에서 운용되고 있던 정치체

---

84) 군주와의 관계가 대단히 도의적(道義的)이라는 것이 특징적인 성격이다. 그 도의적이라는 것은 ㉠아랫사람으로서 윗사람에게 대해서 가지게 되는 도덕, 즉 윗사람에게 복종하는 도덕(道德, 上下道德)이라는 것 외에 ㉡그 의리가 서로 맞는 것(義合), 즉 '도(道)'의 실천이라는 서로 모순되는 두 가지의 의미를 담고 있다.

85) 子之事親也, 三諫而不聽, 則號泣而隨之.『禮記』「曲禮篇」.

86) 爲人臣之禮, 不顯諫, 三諫不聽, 則逃之.『禮記』「曲禮篇」. '의리(義理)'가 맞지 않으면 떠나가 버린다'고 할 때, 그 떠난다는 것은 이른바 공식적인 군신관계로부터, 관료체계로부터 이탈하는 것을 뜻하게 된다.

제라는 점을 감안하는 게 좋겠다. 유교적인 논리의 원형이라 할 수 있는 『맹자孟子』「공손추公孫丑」 상편의 다음과 같은 구절에 주목하는 것으로부터 출발하기로 하자. 거기서 어떤 실마리 같은 것을 찾을 수 있기 때문이다.

> "백이伯夷와 이윤伊尹은 어떠합니까." 말씀하시길, "같지 아니하다. 그 임금
> 이 아니면 섬기지 않고 그 백성이 아니면 부리지 않아서, 다스려지면 나아가
> 고, 어지러우면 물러서는 자는 백이이다. 누구를 섬기든 임금이 아니며 누
> 구를 부리건 백성이 아니냐고 하면서 다스려져도 나아가고 어지러워도 나
> 아가는 이는 이윤이다. 벼슬을 할 만하면 벼슬을 하고 그만둘 만 하면 그만
> 두고, 오래 있을 만 하면 오래 있고, 빨리 떠날 만 하면 떠나는 이는 바로
> 공자孔子이다."[87]

여기서 우리는 분석을 위한 도구 내지 방편으로서 '군신관계君臣關係'가 구현되는 세 가지의 이념형(ideal types)을 설정할 수 있다. 다시 말해서 임금에 대해 취할 수 있는 세 가지 유형이 가능해진다. 백이, 이윤, 공자를 전형적인 인물로 간주할 수 있는 백이형伯夷型, 이윤형伊尹型, 공자형孔子型이 그것이다. 하지만 주의해야 할 점은 이런 세 가지 유형은 어디까지나 비교, 분석 그리고 설명을 위한 도구(이념형)에 지나지 않는다는 것이다[88]. 때문에 여기서는 어느 쪽이 더 낫고 못하다든가 혹은 어느 쪽이 바람직하다든가 하는 가치가 개입된 평가는 완전히 보류해두기로 한다. 그런 논의는 다른 자리에서 그리고 다른 차원에서 논의되어야 할 성질의 것이다.

1. 백이형(伯夷型)

백이형은 위에서 본 것처럼 그 임금이 아니면 섬기지 않으며, 그 백성

---

[87] "日伯夷伊尹何如, 日不同道. 非其君不事, 非其民不使, 治則進, 亂則退, 伯夷也. 何事非君, 何使非民, 治則進, 亂亦進, 伊尹也. 可以仕則仕, 可以止則止, 可以久則久, 可以速則速, 孔子也." 『孟子』 「公孫丑」 上.

[88] 「萬章」 下篇 1장에서도 비슷한 내용을 찾아볼 수 있다.

이 아니면 부리지 않는다非其君不事. 非其民不使. 자신이 보아서 섬길 만한 군주라는 생각이 들어야 비로소 섬기며, 부릴 만한 백성이라는 생각이 들어야 비로소 부린다는 것이다. 그리하여 나라가 잘 다스려지면 나아가고 다스려지지 않으면 곧 물러난다治則進. 亂則退. 잘 다스려지면 그대로 계속 있지만, 잘 다스려지지 않는다거나 할 경우에는 과감하게 물러서버린다. 이런 경우에는 바로 군주와 신하들 사이의 관계가 일종의 '의리義理'로 맺어지는 관계, 즉 군신의합君臣義合의 관계라 할 수 있다.[89] 따라서 이런 관계는 도리道理나 의리義理로써 군주를 섬기는 것이지 군주 개인의 사사로운 의지나 명령에 그대로 따르지 않는다. 그가 중시하는 것은 군주 개인의 의지나 명령 혹은 자신의 개인적인 영달이라기보다는 오히려 자신이 옳다고 생각하는 일, 그리고 그것이 담고자 하는 뜻 그 자체를 행하는 것이다.[90]

그러므로 군주와 신하를 연결해주는 '의義'라는 매개체가 없을 경우, 군신 관계는 더 이상 지속되기 힘들게 된다. 만약 그렇게 되면 이런 유형에 속하는 신하들은 자신이 몸담았던 그 정치사회로부터 소리없이 조용히 물러난다. 이른바 「정치권으로부터의 은퇴」를 단행하는 것이다. 그리고 다시는 그 정치사회로 나오지 않는다. 이런 유형의 정서를 가진 신하들이 현실에 대한 불만이 있다거나 그 사회의 제도적 모순이나 불합리성이 심화될 경우 취하게 될 행동은 어렵지 않게 짐작할 수 있다. 백이형의 에토스를 가진 신하들에게 그런 모순과 불만을 현재화시켜 그것을 '개혁改革'한다거나 한걸음 더 나아가 그 정치체제를 '전복顚覆'시킨다거나 하는 적극적인 정치행위를 기대하기란 어려운 일이다. 그보다 그는 아마 정치사회로부터 조용히 은둔해버리는 길을 택할 것이다. 즉 군주와 신하는 의리로 맺어진 관계이니, 그 의리가 맞지 않으면 떠나버리는 것이다君臣義合. 不合則去.『孟子』「萬章 下」篇. 실제로 백이가 보여준 정치행태는 그런 에토스를 뒷받침해주기에 충분하다. 잘 알려진 고사故事이기는 하지만 그의 정치

---

[89] 이런 관계는 『論語』「八佾」篇에도 보인다. "尹氏曰, 君臣義合者也. 故君使臣以禮, 則臣事君以忠."

[90] "以道事君者, 不從君之欲. 不可則止者, 必行己之志."『論語』「先進」篇.

행태를 간략하게 정리해보면 다음과 같다.

> 「(시대는 은나라 말기) 백이와 숙제는 모두 고죽군孤竹侯의 아들이었다. 고
> 죽군은 형인 백이가 아니라 동생인 숙제로 하여금 자신의 뒤를 잇도록 했다.
> 그러나 숙제는 아버지의 자리를 형인 백이에게 양보하려 했고, 백이는 아버
> 지의 뜻에 어긋난다고 하여 받지 않았다. 결국 왕위는 다른 형제가 이었으
> 며, 두 사람은 모두 나라를 떠났다. 두 사람은 어질고 덕이 있다는 소문이
> 크게 난 서쪽 주나라의 문왕에게로 갔다. 주나라 문왕이 죽은 후, 그 뒤를
> 이은 무왕은 널리 제후들의 군사를 모아 대군을 일으켜 은나라의 주왕을
> 치려고 했다. 그들은 무왕이 탄 말고삐를 잡고서 극구 만류했다. 부친인
> 문왕이 죽은 지 얼마 되지도 않아 전쟁을 일으킨다는 것은 효도가 아니며,
> 또 신하로서 주군을 치는 것은 인仁이 아니라면서. 그러나 무왕은 백이와
> 숙제의 말을 듣지 않았다. 결국 은나라 군대를 쳐부수었으며, 주나라가 은
> 나라의 위치를 대신하게 되었다. 모두들 주나라를 섬겼지만, 그들만은 신의
> 를 지켜 주나라의 곡식〈粟〉마저 먹지 않겠노라 하면서 수양산에 들어가
> 고사리를 뜯어 먹다가 굶어 죽었다.」[91]

이처럼 백이는 신하의 지위에 있는 주나라의 무왕이 은나라를 쳐서
멸망시키는 것에 대해서 결코 동의하지 않았다. 만류하는 자신의 말을
무왕이 들어주지 않자, 백이는 수양산에 은둔해버리는 소극적인 형태로
그러나 분명하게 자신의 불만을 표현했다. 그렇게 함으로써 그는 훗날
역성혁명易姓革命의 전형적인 하나의 사례로 예찬되곤 하는 주나라 문왕,
무왕의 「혁명론」에 대해, 같은 시대에 이미 정면으로 의문을 제기했던
것이다. 그런데 우리의 논의에서 중요한 점은 그가 유교의 「혁명론」과
양립하기 어려운 「명분론」에 철두철미함을 보여주었다는 것이다. 그에게
있어서 신하의 자리에 있으면서 군주를 친다거나 하는 것은 있을 수도
없고, 또 있어서도 안 되는 일이었다. 군주는 어디까지나 군주고, 신하는

---

[91] 자세한 것은 司馬遷의『史記』「伯夷列傳」을 참조. 공자는 백이를 「인(仁)을 구해
서 인을 얻었으니 또 무슨 원망이 있겠는가」 하면서 그의 어짊을 높이 평가했으
며, 당나라의 한유(韓愈)는 「伯夷頌」을 지어서 그의 곧은 절개를 높이 기렸다.

어디까지나 신하! 한번 신하는 영원한 신하! 어쩔 수 없으면 자신이 은둔 해버리면 되는 것이지, 군주와 신하의 관계를 뒤엎는다거나 하는 것은 그로서는 상상도 할 수 없는 일이었다. 결국 백이 혹은 백이형의 에토스를 가진 신하들에게서는 곧이어 살펴볼 이윤형에서 볼 수 있는 것과 같은 적극적인 형태의 정치참여를 기대하기란 어려운 일이다. 자신의 불만을 적극적인 형태로 전환시키기보다는 은둔이라는 소극적인 형태를 택할 것이기 때문이다. 그리고 「군주와 신하」라는 명분론적 관계에 집착하다 보니 거기서 어떤 적극적인 정치변동의 계기를 찾아내기 힘든 것은 물론 이다.

2. 이윤형(伊尹型)

이윤형伊尹型은 누구를 섬기든 임금이 아니겠으며 또 누구를 부리더라 도 백성이 아니겠느냐何事非君, 何使非民고 한다. 어떤 임금이라 하더라도 충 분히 섬길 수 있으며, 또 어떤 백성이라 하더라도 충분히 다스릴 수 있다 는 것이다. 그래서 그 사회가 잘 다스려지고 있어도 나아가고 또 어지럽다 하더라도 기꺼이 나아간다. 다시 말해서 정치사회 내에 어떤 모순, 불합 리성 그리고 어떤 변동의 소용돌이가 있다 하더라도 개의치 않으며 결코 물러서지 않는다. 오히려 물러나기보다는 적극적으로 정치에 관여하며, 자신이 옳다고 생각하는 바를 힘주어 간언하는 선각자적인 입장에 서게 된다. 백이형이 소극적으로 대응하는 형태라고 한다면, 이윤형은 보다 적극적으로 대응하는 형태라 할 수 있을 것이다. 따라서 유교적인 정치질 서의 기본적인 관계를 잘 나타내주고 있는 「군주는 군주다워야 하고, 신하는 신하다워야 하고, 아비는 아비다워야 하고, 자식은 자식다워야 한다」'君君; 臣臣; 父父; 子子'는 계서적인 관계에서 군주가 군주답지 못할 때, 즉 '의義'로서 연결되는 관계가 무너졌을 때에도 정치사회에서 은퇴하기 보다는 적극적으로 간언하는 쪽을 택한다. 실제로 이윤이 보여준 정치행 태가 그런 사실을 보여주기에 충분하다. 그의 정치행태는 다음과 같이 정리해볼 수 있다.

이윤은 은殷나라의 탕왕湯王이 죽은 후에도 계속해서, 왕위를 이은 외병外丙, 중임中壬을 섬겼으며, 이어 다시 재상의 신분으로 탕왕의 손자인 태갑太甲을 섬기게 되었다. 그런데 유감스럽게도 태갑은 성인으로 추앙되는 할아버지 탕왕과는 달리 포악〈暴虐〉했을 뿐만 아니라 탕왕의 법을 잘 따르지도 않았다. 그러자 마침내 이윤은 태갑을 동궁桐宮으로 추방해버린 후, 자신이 몸소 천자의 업무를 섭행攝行해버렸다. 3년 후 추방당한 태갑이 자신의 과거의 잘못을 깨닫고 뉘우치게 되자, 태갑에게 정권을 다시 되돌려주고, 자신은 신하의 위치로 되돌아와 그를 보좌했다.

이윤이 보여준 행위의 요점은 크게 두 가지로 요약할 수 있다. 즉 당시의 천자인 태갑이 포악해서 동궁으로 추방해버린 후에 자신이 천자의 업무를 대신 행했다는 것, 그리고 추방당한 태갑이 자신의 잘못을 뉘우치자 다시 천자의 자리에 앉히고 그를 보좌했다는 것. 역사는 결코 가정법을 허용해주지 않지만, 우리는 한번쯤은 다음과 같은 의문을 제기할 수는 있을 것이다:「이윤이 태갑을 추방했을 때 과연 훗날 다시 천자의 자리에 앉히겠다는 생각을 했을까. 그리고 만약 추방당한 태갑이 끝까지 자신의 잘못을 뉘우치지 않았다면 어떻게 되었을까. 과연 이윤은 어떻게 행동했을까.」우리의 논의를 진척시키기 위해서는, 이런 의문은 역시 어디까지나 의문이므로 일단은 접어두어야 할 것이다. 그런데 우리는 위에서 요약한 내용에서 무엇보다도 첫 번째 요점에 주목해야 할 것이다. 왜냐하면 이론적으로 이윤형에 내재되어 있는 그와 같은 에토스를 좀 더 강하게 밀고 나가면 새로운 가능성이 열릴 수도 있기 때문이다.

이윤형의 에토스가 우리의 논의를 위해 열어주게 되는 가능성은 바로 이런 것이다:「군주가 군주답지 못할 때는 그 군주는 추방될 수 있다는 것, 다른 사람이 군주의 역할을 대신할 수 있다는 것, 그리고 이윤이 적절하게 그런 예를 제공하고 있다는 것, 개과천선하면 다시 군주가 될 수 있다는 것.」그런데 우리가 먼저 예의주시해야 할 것은 마지막 부분이다.

이윤이 그러했듯이 추방당한 군주가 개과천선했을 경우 다시 군주의 자리에 앉히거나 하는 것은 역사적으로 거의 예외에 속한다는 점이다. 그런 사례를 찾아내기란 결코 쉬운 일이 아닐 것이다. 설령 그런 마음이 있다 할지라도 한번 닥쳐온 혁명의 물결을 좀처럼 되돌릴 수 없는 것이다. 그것은 어쩌면 불가능할지도 모른다. 은나라의 탕왕이 하의 걸왕을 정벌하거나 주나라의 문왕과 무왕이 신하의 신분으로 은나라 주왕을 정벌한 예는 그런 사정을 말해주기에 충분하다. 언제 어디서나 새로이 성립한 정권은 자신의 정통성의 획득과 기반 다지기에 여념이 없는 것이다. 그리고 추방당한 군주가 과연 개과천선했는가 아닌가를 판단하는 것은 지극히 「주관적인 것」일 뿐만 아니라 군주의 역할을 대신 맡고 있는 섭정 자신에 의해서 이루어진다는 점은 매우 시사적이다. 모든 사람이 다 이윤과 같은 생각을 가지고 있다고 볼 수는 없는 것이다. 단적으로 말해 이윤형의 에토스는 「군주는 군주다워야 하고 신하는 신하다워야 하며」'君君臣臣', 만약 그렇지 못할 때에는 군신관계가 완전히 뒤집힐 수도 있는 가능성을 완전히 배제하지 않고 있다.

다시 말하자면 이윤형의 에토스는 서로 아주 대조적인 양면성을 지니고 있다고 할 수 있다. 한편으로는 그 정치사회 내에 어떤 모순, 불합리성 그리고 정치적 변동의 소용돌이가 있다 하더라도 결코 물러서지 않고서 적극적으로 정치에 관여해서 자신이 옳다고 생각하는 바를 간언하는 측면과 그가 그렇게 적극적으로 간언했음에도 불구하고 전혀 개전의 정을 보여주지 않을 경우 마지막 수단으로서 그런 부덕한 군주를 추방시켜버리고 자신이 대신 섭정하는 정치변동을 일으키는 측면이 바로 그것이다. 요컨대 이윤형이 지닌 적극적인 정치참여의 논리 속에는 역성혁명易姓革命의 논리로 발전할 수 있는 싹이 이미 내재되어 있다고 하겠다. 그리고 나아가서는 기존의 군신관계를 완전히 뒤엎을 수도 있는 「혁명론」의 이론적 기반을 제공해주는 논리로서도 활용될 수 있을 것이다.

그렇지만 여기서 한 가지 간과해서는 안 될 점은 그런 역성혁명의 논리가 군신관계의 존재 그 자체를 무시하고 원점에서 출발하는 것이 아니라,

오히려 군신관계의 정립 내지 그런 주장 위에 성립하고 있다는 점이다. 군신관계를 뒤집어엎는다고 하더라도, 군주의 자리가 가진 위엄이나 권위는 그대로 유지시키고자 한다. 그런 요구를 충족시키기 위해서는 군주라는 「직분」과 그 직분을 맡고 있는 군주인 「인격」을 엄밀하게 분리할 필요가 생긴다. 그런 분리작업은 어떻게 이루어지는가? 군주가 군주로서의 의무와 책임을 다하지 못할 경우에는 군주로서의 자격이 박탈됨과 동시에 그는 한 사람의 평범한 자연인〈一夫, 한 지아비〉으로 격하되는 것이다.[92]

군주로서의 지위는 지위 그 자체로 신하들이 충성을 다 바쳐서 섬겨야 할 대상으로 여전히 남아 있지만, 그 지위를 차지하고 있던 인격은 이제 군주가 아니라 한 사람의 그렇고 그런 필부에 지나지 않는다고 선언해버린다. 그렇게 함으로써 신하로서 군주를 내쫓았다던가 시해했다던가 하는 류의 부도덕에 대한 비난으로부터 근사하게 벗어날 수 있는 길이 열린다.[93] 맹자가 "나는 한사람의 보잘 것 없는 지아비〈一個 匹夫〉인 주紂를 정벌征伐했다는 얘기는 들었어도 군주를 시해弑害했다는 소리는 듣지 못하였다"[94]고 한 말은 이를 단적으로 대변해주는 것에 다름 아니다.

마찬가지의 논리로 하夏의 걸왕桀王에 대한 은殷 탕왕湯王의 정벌, 은의 주왕紂王에 대한 주周 무왕武王의 정벌은 군신관계에서 군주의 존엄성을 전혀 해치지 않고서도 역성혁명을 정당화하고 합리화할 수 있었다. 이런 논리 외에 그런 역성혁명을 기정사실로 만들어 주는 것은 이른바 하늘의 명령〈'天命'〉이다. 인간의 이성과 합리로서는 도저히 설명할 수 없는 하늘의 명령! 하늘의 명령에 대해서는 좀 더 자세한 논의가 필요하지만, 여기서는 그러한 하늘의 명령은 현실적으로 언제든지 승리한 쪽에서 원용할 수 있다는 점만을 지적해두기로 하자.[95]

---

92) "程子曰, 呱而失其形制, 則非呱也. 舉一器而天下之物莫物皆然. 故君而失其君之道, 則爲不君. 臣而失其臣之職, 則爲虛位." 『論語』「雍也」篇 注 參照.
93) 그리고 정벌을 도모하는 자에게 있어서도 군주로서의 존엄성은 여전히 필요한 것이다. 거사가 성공하게 될 경우 바로 자신이 차기(次期)의 군주가 될 것이므로.
94) "聞誅一夫紂矣, 不聞弑君也". 『孟子』「梁惠王」下篇.

3. 공자형

　공자형孔子型을 보면 자신이 생각하기에 벼슬할 만하면 하고 그만둘 만
하면 그만둔다. 그리고 또 스스로 생각해서 있을 만하면 있고 가야할
만하면 떠나버린다. 자신이 처해 있는 때와 장소에 맞게 그때그때 적절하
게 대응한다는 유연성을 가지고 있는 것이 특징이다. 그래서 공자형의
입장에서 보면 백이형은 지나치게 소극적인 처세로, 이윤형은 지나치게
적극적인 처세로, 양자 모두 어느 한쪽으로 치우쳐 있는 것으로 보일
것이다. 그래서 공자형은 얼핏 보기에 두 유형이 가진 지나침과 모자람
〈過不及〉의 한계를 넘어서 있으며 이른바 중용中庸의 미덕美德을 가지고
있는 것처럼 보이기도 한다. 실제로 할 만하면 하고 그만둘 만하면 그만둔
다는 데야 더 이상 무슨 흠을 잡을 수 있겠는가.

　그러나 좀 더 자세히 검토해보면, 전혀 문제가 없는 것은 아니다. 아마
도 백이형과 비슷하면서도 구별되는 미묘한 측면이 그러할 것이다. 왜냐
하면 공자형孔子型의 경우에도 기본적으로는 백이형과 마찬가지로 의리로
써 맺어진〈君臣義合〉군신관계는 그대로 유지되고 있기 때문이다.[96] 따
라서 군주와 신하를 맺어준 그 '의義'가 행해지지 않을 때, 공자형에 속하
는 신하들은 백이형과 마찬가지로 일단은 그 정치사회를 떠나게 된다.
그러나 그 다음에 어떻게 하는가 하는 점에서 백이형과 서로 구분된다.
유형적으로! 공자형이 백이형과 다른 점은 정치세계로부터 물러나 그대
로 은둔해버리는 것이 아니라, 자신이 생각하는 이상 정치를 펼 또 다른

---

95) 이런 설명은 우리가 검토의 대상으로 삼은 조선조 사회에도 그대로 적용될 수
　있다. 물론 조선시대에 있어서 고려 왕조를 무너뜨리고 새 왕조를 세우게 될 때
　도 바로 그런 에토스가 그대로 의식적으로 작용했다고 할 수는 없을 것이다. 그
　러나 당시 조선 건국기의 이데올로그들이 불교의 폐해와 재정적인 폐단 등을 신
　랄하게 비판한 것이라던가(예를 들면 정도전의『佛氏雜辨』)「龍飛御天歌」를 지어
　하늘로부터 역성혁명의 당위성을 인정받았노라고 노래한 것은 바로 위와 같은
　맥락에서 크게 벗어나지 않는 것으로 보인다.
96) "定公問, 君使臣, 臣事君, 如之何. 孔子對曰, 君使臣以禮, 臣事君以忠."『論語』
　「八佾」篇. 그리고 공자가 군주를 대하는 태도는『論語』「鄕黨」篇에서 볼 수 있다.

정치사회를 찾아서 떠나가는 것이다. 공자는 어느 한 정치사회에서 자신의 이상을 펼치지 못할 곳이라는 점을 확인하자마자 실망할 틈도 없이 곧바로 또 다른 사회를 찾아 나서곤 했다. 주유천하周遊天下! 철환천하轍環天下!

그는 결코 정치에 대한 관심을 저버리지 않았으며, 실망하지 않고 자신의 이상을 펼칠 새로운 사회를 향한 순례를 계속했다. 「그 나라에 가면 반드시 그 나라의 정치에 관해서 듣는다」거나[97] 항상 가고자 하는 나라의 군주에게 예물로 바칠 폐백幣帛을 준비해서 간다거나 하는 그의 모습은 그런 사실을 단적으로 말해주고 있다. 그는 한 순간이라도 「정치」를 잊어본 적이 없는 매우 「인간적이고」 아주 「정치적인」 그런 사람이었다. 그의 가르침을 출발점으로 삼고 있는 유교가 언제나 그러하듯이.

흔히 유교의 창시자로 지목되면서 거의 이천여 년 동안 존경을 받아온 공자의 말이나 행동은 적어도 유교문화권 안에서는 「공자님 말씀」이라는 상투어에서 알 수 있듯이, 그야말로 누구나 따라야 할 전범典範으로 여겨졌다. 따라서 유교적인 정치문화가 정치행위를 어느 정도 규정하고 있는 정치사회에서는 당연히 공자형의 에토스가 가장 이상적인 것으로 받아들여졌을 것이다. 다른 어떤 사람보다도 더 그를 더 본받고자 했음에 틀림없다.

그러나 그런 공자가 보여준 정치형태에 있어서 우리가 고려하지 않을 수 없는 것은 공자라는 실제 인물이 갖는 「역사성歷史性」이다. 다시 말해 그는 유교라는 하나의 문화권 안에서 가장 바람직한 인격의 전범으로 대를 이어 전해져 내려왔지만, 그 역시 한정된 「한 시대를 산 인간」(전 552-479)이었다는 점이다. 다시 말해 그가 보여준 사유체계는 그 후 계속 모범으로 이어져 내려오게 되었지만, 인간으로서의 그는 이미 이 세상의 사람이 아니었던 것이다. 게다가 그 역시 그가 살았던 정치사회라는 「환경」(Environment)으로부터 완전히 자유로운 존재는 아니었다. 그가 어떤 한 정치사회로부터 물러남과 동시에 새로운 정치사회를 향해

---

97) "子禽問於子貢曰, 夫子至於是邦也, 必聞其政, 求之與, 抑與之與. 子貢曰, 夫子溫良恭儉讓以得之, 夫子之求之也, 其諸異乎人之求之與."『論語』「學而」篇.

이동할 수 있었던 것은, 다시 말해서 그와 같은 행태를 보여줄 수 있었던 것은 「주周나라 말기 춘추春秋시대」라는 당시의 시대적 상황이 있었기 때문에 가능했던 것이다. 요컨대 그 당시는 단순한 형태상으로는 오늘날의 세계와 비슷한, 즉 하나의 커다란 세계시스템 안에 많은 독립된 국가의 형태가 병립하고 있는 「국가 그 자체가 아닌 세계시스템」(비주체형 세계시스템)[98]이었기 때문이다. 따라서 어느 한 나라에 매여 있는 것이 아니라 얼마든지 다른 나라로 옮겨가서 「정치」를 다시 할 수 있었던 것이며, 또 거기서 오늘날 흔히 그러하듯이 언어나 인종 혹은 사회적 장벽 같은 것이 전혀 문제로 되지 않았던 것이다.[99] 그러나 진秦에 의해서 중국이 통일된 이후에는 공자형의 정치형태가 현실적으로 불가능하게 될 수밖에 없었다. 진나라가 천하를 통일한 이후의 한漢, 당唐, 송宋, 원元, 명明, 청淸으로 이어지는 통일국가로서의 중국은 그 자체가 「하나의 세계시스템이면서 동시에 그것이 그대로 (하나의) 국가」였기 때문이다.[100]

그러면 조선조 정치체제하에서는 위에서 살펴본 세 가지 유형의 에토스 중 과연 어떤 유형이, 그리고 어떤 에토스가 군신관계의 기조를 이루고 있었을까. 다시 말해 신하들은 국왕에 대해서 어떻게 생각하고 있었을까. 양반관료들의 에토스를 한마디로 잘라 말한다는 것은 매우 어려운 일이다. 심지어 개화기에도 절 죽이시든지 아니면 제 얘기를 받아들여주시든지 하는 식으로 도끼까지 들고 가서 의연하게 상소持斧上疏를 올리는 경우까지 있었으니까. 신하들마다 왕에 대한 생각이 다를 수 있기 때문이다. 따라서 원론적으로는 신하들 개개인의 퍼스낼리티에 따른 층차와 차이에 따른 변형의 가능성을 충분히 인정해야 할 것이다.

그럼에도 조선시대 신하들의 에토스를 지배하다시피 한 전반적인 분위

---

98) 田中明彦/ 김석근옮김, 『현대세계시스템』, 학문과 사상사, 1990, 25쪽.
99) 이런 점에서 근대주권국가를 기초로 하는 오늘날의 국제세계와는 근본적으로 다르다고 해야 할 것이다.
100) 田中明彦/ 김석근옮김, 앞의 책, 24쪽. 그 이후의 중국역사에서 「三國時代, 五胡十六國時代, 五代」는 「국가 그 자체가 아닌 세계시스템」이었으므로 공자형과 같은 정치행태가 가능하기는 했다. 현실적으로는 어려웠겠지만.

기 같은 것은 있었을 것으로 보인다. 그 전반적인 분위기를 구체적으로 말하기는 어렵다 할지라도, 위에서 방편적으로 설정한 세 가지 이념형 중에서는 어디에 가까웠으리라는 정도까지는 가늠해볼 수 있지 않을까. 다시 말해서 많은 양반 관료들은 어떤 유형에 더 가까웠을까. 공자형의 에토스는 가장 바람직한 형태로 간주되었겠지만, 상황적인 요인이 「국가 그 자체가 아닌 세계시스템」(비주체형 세계시스템) 아래에서만 가능한 것이므로 또 다른 정치사회를 찾아나서는 행태는 처음부터 배제되어도 무방하다. 현실적으로 불가능한 것이다. 조선시대에 다른 나라로 가서 벼슬한다거나 하는 일은 상상도 할 수 없는 일이었으므로, 공자형의 에토스에서 그런 측면만 빼버린다면, 그 유형은 백이형과 크게 다르지 않다고 하겠다.

따라서 백이형과 공자형 신하들이 왕에게 기대하는 리더십은 도덕성을 갖춘 국왕, 신하를 예로 대하는 군주, 신하들과 의리로 맺어질 수 있는 군주君臣義合, 인정仁政과 덕치德治 이념을 존중하는 그런 국왕이었다고 할 수 있겠다.

개개인의 정도의 차이는 다소 있을지라도 전체적으로 보자면 조선시대 양반관료들이 군주로서의 왕에 대해서 갖는 에토스는 백이형에 가까웠다고 할 수 있지 않을까. 상대적으로 누구를 섬기든 임금이 아니겠으며 또 누구를 부리더라도 백성이 아니겠느냐何事非君, 何使非民면서, 어떤 임금이라 하더라도 충분히 섬길 수 있다는 식의 생각을 가진 관료들, 그러니까 이윤형의 에토스를 가진 신하들은 보기 드문 편이었던 것으로 생각된다. 설령 그런 신하들이 있었다 할지라도 당시 양반 관료들의 전체적인 분위기로 볼 때 그것은 예외에 가까웠다고 해야 하지 않을까.[101]

이쯤에서 우리는 조선 후기에 이른바 「벼슬길」과 일정한 거리를 두고 있던 「산림山林」(mountain-grove)의 존재를 되돌아볼 필요가 있다. 이유야 여러 가지 있겠지만, 그들은 적극적으로 정치에 참여하기보다는

---

101) 다음 장에서 보게 될 정여립 같은 경우가 그렇다고 하겠다.

오히려 기꺼이 은둔해 있는 쪽을 택했다.[102] 이들의 경우 역시 백이형에 가깝다고 해야 할 것이다. 산림山林에 은거해 있다가 왕의 부름을 몇 번씩이나 받고서야 마지못해 조정에 나아간다거나, 다시 얼마 후에 은퇴해서 자연 속에 묻혀서 생을 마치곤 했던 조선시대의 양반관료들, 보다 넓게는 유학자들에게서 적극적인 이윤형의 에토스를 찾아보기란 쉽지 않은 일이었다. 전혀 없지는 않았겠지만....

덧붙이자면 조선시대의 경우 전체 양반 관료들의 힘이 상당한 정도에 이르고 있어 왕권의 자의적인 전횡을 막을 수 있었다는 점 역시 무시할 수 없다. 그러나 그것은 어디까지나 양반 개개인이 군주에 대해서 갖는 심정윤리라는 차원이 아니라 집합체로서의 양반관료들이 전체 정치권력에서 차지하고 있는 지분 내지 양반관료들이 그들의 직위나 직책을 통해서 행사할 수 있었던 권한의 결과물이었다. 그러므로 본질적인 군신관계에 있어서는 유교의 「명분론」적인 입장이 거의 그대로 유지되고 있었다. 그리고 거기에 덧붙여서 군신관계는 의리로써 맺어진다는 원론적인 입장이 강했던 것으로 보인다. 다시 말해서 대부분의 양반들이 기대했던 국왕의 리더십은 도덕적인 유교적 명분에 기반한 그것이라 할 수 있겠다.

하지만 언제 어디서나 그러하듯이 현실에서 반란을 꾀하는 사람들이 없을 수는 없겠다. 다음 장에서 보듯이 역모 내지 역적 모의 사례가 없지 않았다. 현실적으로 그것은 국왕의 리더십에 대한 불만에서 나온 것일 수도 있으며, 나아가서는 다른 작동원리를 가진 새로운 체제를 꿈꾸는 데서 비롯된 것일 수도 있겠다. 실제로 역모였는지 아니면 아닌지 의심스러운 사례도 있으며, 또 역모 구상과 논의 단계에서 고변告變으로 발각된 사례도 있었다. 정파 간의 갈등과 경쟁이 심각해지면서 상대 정파를 공격하기 위해서 억지로 역모를 꾸며내는 일도 더러 없지는 않았던 듯하다.

전체적으로 보자면 조선시대의 양반 관료들에게서 그리고 그들의 에토스에 있어서 급진적인 정치적인 개혁이나 체제를 뒤집어엎으려는 과격한

---

102) 川島藤也/ 이남희역, 「조선중기 山林의 傳記: 朴弼周年譜를 중심으로.」『청계사학』 7. 1990 참조.

정치변동을 기대하기란 상당히 어려웠다고 하겠다. 전반적으로 「명분론」이 우세했으며, 또 설령 「명분론」을 넘어섰다 하더라도 그것이 적극적인 「혁명론」으로 발전하지 못하고 「산림」이나 은퇴 혹은 은둔의 길로 전화되었다는 점이 큰 특징이라 할 수 있지 않을까 한다. 하지만 분명하게 명분론적 입장에 서면서도 직접 행동에 나서는 사람들도 없지는 않았다. 다음 장에서 보게 될 '반정' 역시 명분론을 근간으로 하면서 직접적인 행동으로 나선 경우라 할 수 있겠다.

역모(逆謀)와 반정(反正)

흔히 조선 왕조 5백 년은 그 장기적인 지속으로 인해서 별다른 정치변동 없이 계속된 것처럼 보이기도 한다. 하지만 왕조교체가 없기는 했지만 정치변동 자체가 없었던 것은 아니었다. 유교적인 명분론에 입각한 정치체제였던 만큼, 안정적인 분위기가 지배적이었을 것으로 생각하기 쉽다고 하겠다. 하지만 조금 들여다보면, 설령 찻잔 속의 돌풍에 지나지 않았다 할지라도 정치변동은 끊임없이 일어나고 있었다. 대표적인 정치변동 사례를 정리해보면 다음과 같다.

* 조선시대 주요한 정치변동들
  왕자의 난(방석, 방간)[1398, 1400]
  계유정난癸酉靖難, (1453)[103]
  이징옥의 난(1453)[104]
  이시애의 난(1467)[105]
  남이(강순)의 옥(1468)[106]

---

103) 수양대군(首陽大君)이 왕위를 찬탈한 사건.
104) 함길도 도절제사 이징옥이 일으킨 반란.
105) 세조의 집권 정책에 반대해 이시애가 일으킨 반란.
106) 남이·강순(康純) 등이 역모의 죄로 처형당한 사건.

중종반정(1506)

임꺽정의 난(1559)

정여립의 난(1589)[107]

이몽학의 난(1596)[108]

김직재의 옥(옥사)(1612)[109]

인조반정(1623)

이괄의 난(1624)[110]

이인거의 모반(1627)[111]

유효립의 모반(1628)[112]

심기원 등의 모반(1644)[113]

김자점 역모 사건(1651)[114]

삼복의 변[115](1680)

이인좌의 난[116](1728)

윤지의 변(1755)[나주 괘서의 변[117]]

홍경래의 난(1811)

남응중 역모 사건(1836)[118]

---

107) 기축옥사. 정여립(鄭汝立)의 모반으로 일어난 동인과 서인간의 정쟁.

108) 서얼 출신 이몽학(?~1596)이 충청도 일대에서 일으킨 반란.

109) 성균관 학유(學諭) 김직재 부자(父子)가 모반(謀反)을 계획했다는 혐의에 의한 사건.

110) 제주목사, 함경도 북병사(北兵使) 등을 지낸 이괄(李适, 1587~1624)이 일으킨 반란.

111) 강원도 횡성(橫城)의 유학(幼學) 이인거(李仁居)가 주도한 사건.

112) 인조반정으로 유배된 승지 유효립이 몰락한 대북파(大北派) 여당들과 일으킨 반란.

113) 회은군 이덕인을 왕으로 추대하려 한다는 고발로 인해 체포, 능지처참되었다. 모반인지 아닌지 의문이다.

114) 친청(親淸) 입장에 섰던 김자점의 반역행위로 야기된 옥사(獄事). 효종의 북벌론을 청나라에 밀고했다. 김용흠, "조선후기 역모 사건과 변통론의 위상 : 김자점 역모 사건을 중심으로". 『사회와역사』, 2006년.

115) 숙종 대에 정승 허적(許積)의 서자 허견이 종실 복창군(福昌君), 복선군(福善君), 복평군(福平君)의 3형제와 역모를 꾸민다는 고변(告變)으로 인해 발생한 사건.

116) 무신란(戊申亂). 정권에서 배제된 소론과 남인의 과격파가 연합해 무력으로 정권 탈취를 기도한 사건.

117) 소론(少論) 일파가 노론을 제거할 목적으로 일으킨 역모. '을해옥사'(乙亥獄事) 또는 '윤지(尹志)의 난'이라 하기도 한다. 나주 객사에 붙인 벽서와 관련하여 일어난 사건.

118) 헌종대 남응중이 일으킨 역모 사건. 은언군(恩彦君)의 손자를 왕으로 추대하고자 했다. 동래의 왜관으로 피신해 일본으로 가고자 했다.

이원덕 역모 사건(1844)[119]
진주 민란(임술민란, 1862)
안기영·권정현 등의 역모(1881) - 이재선 역모사건
임오군란(1882)
갑신정변(1884)
동학난(1894)[동학농민운동]

이들은 흔히 '난亂' 혹은 '변變'으로 불리기도 했다. 난에는 임진왜란, 병자호란, 정묘호란처럼 대외적인 관계에서 비롯된 것도 있었다. 왜란, 호란이란 명칭에서 알 수 있듯이 일본과 청나라(후금)와 관련된 것이었다. 또한 진주민란, 임오군란, 동학난처럼 조선 체제 내적인 것, 즉 대내적인 것들도 있었다. 그 외에 이징옥의 난, 이시애의 난, 이괄의 난처럼 '난'으로 불리는 것들도 많았다. '변'이라는 용어도 쓰였다. 남이·강순의 변(1468), 삼복의 변(1680), 윤지의 변(1755: 나주 괘서의 변), 갑신정변 (1884) 등.

'난亂'과 '변變', 이들은 모두 '치治'와 '정正'에 대해 짝을 이루고 있다고 할 수 있겠다. 흔히 유교적인 정치질서 안에서 어지러운 상태 혹은 비정상적인 상태를 말하는 넓은 의미의 개념들이다. 따라서 왕조체제하에서 보았을 때 그렇다는 것이다. [뒤에서 보게 될 반정反正 역시 그렇다. '정正'으로 되돌아간다[反]는 것] 때문에 큰 틀 안에서 조금 더 들어가 보면 옥獄, 모반, 역모 등으로 나뉘기도 한다. 같은 사건에 대해서도 '변' '옥獄'으로 다르게 부르는 수도 있다[남이의 옥]. '난'이나 '모반'으로 불리기도 한다[정여립의 난, 정여립 모반 사건].

이런 정치변동들에 대해서는 '누가' 그런 정변을 일으켰는가 하는 '주체'에 초점을 맞추게 되면, 몇 가지 유형으로 나누어 볼 수 있다. 1)왕실 혹은 왕자도 주체가 되었으며[왕자의 난, 계유정난], 2)일반 백성들 내지

---

119) 민진용(閔晉鏞)·이원덕(李遠德) 등이 은언군(恩彦君)의 손자 원경(元慶)을 왕으로 추대하고자 일으킨 역모.

민중들 역시 난의 주체가 되기도 했다[진주 민란, 임꺽정의 난, 홍경래의 난 등]. 민난의 경우 그 규모가 컸다는 점에서 주목할 만하다. 그리고 3)양반 관료 내지 신하들도 역시 정변의 주체가 되기도 했다. 아무래도 가장 사례가 많다고 할 수 있겠다[위에서 든 대부분의 사례들]. 양반 사대부로서의 그들은 지식을 지녔으며, 관료 생활을 통해서 병력을 동원할 수 있었기 때문이다. 그런 정변에 대해서는 역모逆謀, 난역亂逆, 모반謀叛, 반역反逆, 난亂, 역변逆變, 역적逆賊, 역적모의 반란 등 다양한 용어들이 사용되었던 듯하다.

하지만 염두에 두어야 할 것은, 이런 반란 내지 역모 사례들이 실제로 일으킨 것도 있겠지만 더러 역적모의 내지 그런 마음을 품었다는 것만으로 역모로 몰리게 된 사례도 적지 않았을 것이라는 점이다. 왕조체제하에서 '역모'란 용서받을 수 없는 대역사건이기 때문에 정파 간의 갈등과 정쟁에 의해서 이용당하는 수도 있었던 듯하다.

김직재의 옥獄이 그런 사례라 할 수 있다. 1612년(광해군 4) 봉산鳳山 군수 신율申慄이 병조兵曹의 문서를 위조하여 군역을 피하려다가 붙들린 김경립金景立이란 자를 문초했다. 그러자 그가 성균관 학유學諭로 있는 김직재 부자父子가 모반謀反을 계획한다고 발설했다. 친국親鞫을 당한 김직재가 매에 못 이겨 왕의 형 순화군順和君의 양자 진릉군晉陵君을 받들어 난을 일으키고, 이이첨李爾瞻·이창준李昌俊 등 대북大北 일파를 제거하려 했다고 자백했다. 김직재 등은 사형당하고, 진릉군과 100여 명의 소북파小北派가 처벌을 받았다. 이는 소북파를 제거하기 위한 대북파의 조작극이었던 것으로 여겨진다.

이괄, 심기원, 김자점은 인조반정의 공신들이었다. 그럼에도 그들은 훗날의 반란의 주역이 되었다. 심기원은 1등 공신이었지만, 인조의 정치에 불만을 품고 반란을 일으켰다. 이괄의 경우 2등 공신이었다. 그것이 불만의 씨앗이 되었던 것으로 여겨진다.

아무튼 신하들 내지 양반관료들이 주축이 되어 일으킨 정치변동은 크게 두 가지 유형으로 나누어 볼 수 있지 않을까 한다. 첫 번째는 '역모'

내지 '반란' 유형이다. 어떤 이유에 의해서건 반란을 일으켰지만 결과적으로 성공하지 못한 사례들이다. 현재의 왕에 대해 불만을 가지고 새로운 왕을 세우려고 시도한 경우가 많았다. 두 번째는 '반정'이다. 가장 큰 특징은, 한 마디로 정권 교체에 성공한 사례라 할 수 있다. 일정한 명분을 내세워 현재의 왕을 내쫓고 새로운 왕을 세운 것이다. 구체적으로는 중종반정과 인조반정 두 개의 사례뿐이지만. 하지만 정변 주체가 새로운 왕조를 개창한다거나 정변의 주체가 왕이 된다거나 하는 것이 아니라 정통성 있는 왕을 세우는 형식을 취한 것이다. 그야말로 반정, 즉 '올바른 상태'[正]로 '되돌아간다'[反]는 것이다.

1. 정여립의 난[120] : 역모(逆謀)

앞에서 지적한 대로 신하들 내지 양반 관료들의 반란 시도에 대해서는 역모逆謀, 난역亂逆, 모반謀叛, 반역反逆, 난亂, 역변逆變, 역적逆賊, 역적모의 등 다양한 용어들이 사용되었다. 양반 관료들이 정변의 주체가 되어 새로운 정권을 창출하고자 했던 것이다. 그 말은 다른 각도에서 보자면 현재 왕의 리더십에 대한 불만이 극에 달해서, 새로운 리더십을 모색한 것으로 볼 수 있겠다.

하지만 역모 내지 반란 사례들의 실체에 대해서 보자면, 실제로 역모를 꾸미고 일으킨 경우도 있겠지만 더러 역적모의 내지 그런 마음을 품었다는 것만으로 몰리게 된 사례도 적지 않았던 듯하다. 특히 정파 간의 이해가 얽히면서 역모하려고 한다는 '고변告變' 자체만으로 역모 사건이 성립되기도 했다. 역모를 하려는 적극적인 의지가 없었음에도 그렇게 몰려서 역모를 하지 않을 수 없는 사태도 더러 있었을 것이다.

이하에서는 정여립鄭汝立: ?-1589의 난 혹은 정여립 모반 사건에 대해서

---

120) 정여립 모반 사건. 기축사화(己丑士禍)라 하기도 한다. 기축년(己丑年) 1589년 (선조 22) 정여립(鄭汝立)이 반란을 꾀하고 있다는 고변(告變)에서 시작해 1591년까지 연루된 수많은 동인(東人)이 희생당했다.

정리해보고자 한다. 사례로 택한 이유는 조선시대 역모가 지닐 수 있는 애매함을 잘 보여줄 뿐만 아니라 그 시대 역모가 지향하는 성격과 내역에서 제일 두드러지기 때문이다.

정여립의 사건[기축옥사己丑獄事]에 대해서는 여전히 몇 갈래 다른 해석이 나와 있다. 기축옥사란 실제로 존재했던 역모 사건이 아니라 날조된 무옥誣獄으로 보는 입장도 있는가 하면, 정여립을 체포한 진안 현감 민인백閔仁伯의 일기 『토역일기討逆日記: 태천집苔泉集』에 의거해서 분명한 역모 사건이었다는 주장도 있다.[121]

그 사건에 대해서는 당대의 평가 역시 엇갈리고 있다. 누가 역사를 서술하느냐에 따라서 평가가 달라지는 것이다. 정파로서의 동인이 당시의 사건을 기록한 『선조실록』은 정여립을 비호하는 입장을 취하고 있다. 하지만 인조반정으로 서인이 정권을 장악하게 되자 『선조실록』을 수정하게 되었다. 수정 작업은 효종 9년(1658) 9월에 완료되었다. 그렇게 해서 나온 것이 『선조수정실록』이다. 『선조수정실록』을 쓰면서 그들은 "수정 범례修正凡例라는 항목을 첨가해 『선조실록』이 적신의 손賊臣之手이 빼고 더 하였으므로 수정이 불가피했다."고 밝히고 있다.[122] 그래서 『선조실록』에 의하면 기축옥사는 무옥으로 되어 있고, 『선조수정실록』에 의하면 역모로 기록되는 기이한 결과를 낳게 되었다. 이런 사정 자체가 정여립 모반 사건의 성격의 일단을 말해준다고 해도 좋겠다.

여기서는 역사서술에서 비교적 당색을 초월하여 정직했다는 이건창李 建昌의 『당의통략黨議通略』에 준거하여 사건을 재구성한 역사정치학자 신복 룡의 연구에 상당 부분 의거하고자 한다.[123] 그의 연구에 의하면, 정여립

---

121) 禹仁秀, 「정여립 역모 사건의 진상과 기축옥의 성격」, 『역사교육논집』12, 1988 참조.
122) 『宣祖修正實錄』 말미 「修正 凡例」; 末松保和, 「『宣祖修正實錄』 해설」, 『宣祖修 正實錄』(東京: 學習院東洋文化硏究所, 1961): 말미 부록, 1-2쪽.
123) "정여립의 생각과 그것이 호남에 끼친 영향을 천착하는 것이 목적인 이 글"이라 했는데, 그 부분에 대해서는 일단 유보해두는 입장을 취하고자 한다. 또한 정치 사적인 평가에 대해서도 유보해두고자 한다. 신복룡 교수에 의하면, 정여립의 주장은 "원시적 형태의 인민주권설의 성격"을 담고 있으며, 정여립은 "한국 역

에게는 체제에 대한 불만이 있었다. 그것은 역심逆心이거나 반심叛心일 수도 있다.[124] 하지만 정여립에게 왕조를 전복할 적극적 의지가 있었다고 믿을 만한 증거는 그다지 선명하지 않다. 그래서 기축옥사는 정권의 그늘에 있던 서인들이 정여립의 역심을 간파하고 사건을 확대함으로써 빚어진 무옥誣獄의 성격이 짙다고 한다. 아울러 덧붙여 두자면 정여립 사건은 사상사의 입장에서 어떻게 해석할 것인가 하는 점에 대해서도 주목하고자 한다.

정여립은 동래東萊 정씨 희증希曾의 아들이다. 희증은 문과에 급제했으나 첨정僉正과 현감에 그쳤을 뿐 출세하지 못했다. 정여립은 총명하고 박식했으며, 경전에 조예가 깊었다 한다.[125] 『국조방목國朝榜目』에 따르면, 선조 3년(1570) 경오식년시庚午式年試의 진사 을과進士乙科에 급제했다.[126] 조정에 등장한 그는 율곡栗谷 이이李珥와 우계牛溪 성혼成渾의 후원과 사랑을 받았다. 1583년 예조좌랑이 되었으며 이듬해 수찬이 되었다.

1584년 후원자 율곡이 죽은 후 사정이 변했다. 동인들은 이이李珥·성혼成渾 등을 심의겸沈義謙의 당이라 하면서 삼사三司가 탄핵했다. 그런 와중에서 정여립은 서인을 버리고 동인의 편에 서게 되었다. 이발李潑이 그를 받아들였다.[127] 그와 같은 처신에 대해서 좋지 않게 보는 시각도 있었다.[128] 일찍이 율곡을 공자孔子로 비견했던 그는 이발에게 붙어 율곡을

사상 최초의 공화주의자"였다고 한다. 신복룡, 『한국정치사상사(하)』, 지식산업사, 2011 참조.

124) 정여립에게 역심이 있었다고 보는 사서로서는 『星湖僿說』이 대표적이다.

125) 『黨議通略』「宣祖朝 己丑鞫獄條」; 『燃藜室記述』(14) 宣祖朝故事本末 己丑年 鄭汝立의 獄事.

126) 『國朝榜目』鄭汝立條.

127) 『燃藜室記述』(14) 宣祖朝故事本末 己丑年 鄭汝立의 獄事; 『宣祖實錄』22년 10월 壬寅條: 「梁千會上疏」

128) 유성룡(柳成龍)의 상소에 다음과 같은 문구가 보인다. "신이 10여 년 전에 호남에 정여립이란 자가 독서와 학문에 부지런하다는 것으로 자못 이름이 났다는 말을 들었습니다. … 모두 요로에 천거하려고 하면서 오래도록 용비(冗婢)한 자리에 침체되는 것을 굴억(屈抑)으로 여겼는데 오직 고(故) 집의(執儀) 이경중(李敬中)만이 그를 극력 배척하였습니다. 그 때 경중이 "그의 인품은 내가 자세히 아는 바이다. 젊었을 적에 그와 관학(館學)에 같이 거처하면서 그가 하는 것을 살펴보았는데 그는 대단히 무상(無狀)한 사람이다. 독서하는 것을 명예로 삼고 있

해치는 일에 앞장섰다. 경연에서 그가 율곡을 험담하자 왕은 "여립은 형서刑恕(중국 송나라 때의 문인으로서 여러 스승을 배신함)와 같은 사람 이로군."이라 했다. 이발이 정여립을 천거했으나 왕은 끝내 높이 쓰지 않았다.[129]

재능이 뛰어난 데다 동인의 핵심인물로 떠올랐던 정여립으로서는 당연히 실망했을 것이다. 벼슬을 던지고 전주全州로 내려갔다. 금산사 아래 구릿골 제비산帝妃山으로 이주했다. 금산사 부근은 언제나 새로운 사상을 모색하는 사람들이 모여드는 곳이기도 했다. 그는 전라도 일대에 이름이 나서 죽도竹島 선생으로 불리기도 했다.[130] 거기서 무술을 연마해 왕조 전복을 준비했다고 하기도 한다.[131]

당시 정여립은 대동계大同契라는 조직을 만들었다.[132] 그 조직이 어떤 성격을 가졌는지에 대해서는 논란이 있을 수 있지만, 전주 부윤의 요청을 받아 대동계원들과 함께 왜구를 격퇴하기도 했다는 걸로 보아(1587), 대동계는 일정한 무력행사가 가능했던 것으로 여겨진다. 아무튼 1589년 황해감사 한준韓準, 안악군수 이축李軸, 재령군수 박충간朴忠侃 등은 정여립이 대동계를 이끌고 반란을 꾀하고 있다고 고변告變했다. 당연히 체포령이 내려졌으며, 정여립은 갑작스레 죽도에서 사망했다. 관군을 피해서 도망가다 자결했다고 하지만, 서인의 음모로 살해되었다는 이야기도 있다.

이후 서인은 정여립의 모반 사건을 확대했으며, 2년 넘게 많은 동인들이 탄압을 받았다. 3년 가까이 계속된 국문鞫問 기간 동안, 동인 1,000여 명이 화를 입었다. 서인이 정국을 주도하게 되었다. 서인들의 지나친 세

으나 기질을 변화시키는 것은 옛 사람도 오히려 어렵게 여겼다. 타고난 자질이 이미 그러한데 어찌 하찮은 독서의 힘으로 변화시킬 수 있겠는가? 만일 그를 쓰면 반드시 조정을 어지럽히고 사림(士林)에게 욕을 끼치게 될 것이다. 내가 이미 이러한 것을 분명히 아는데 어찌 진용(進用)할 수 있겠는가. 이로써 탄핵을 받더라도 근심하지 않는다."고 하였습니다. 『宣祖修正實錄』 22년 12월 1일(갑술).

129) 『黨議通略』 宣祖朝 己丑鞫獄條.
130) 진안(鎭安) 죽도(竹島)에 서실(書室)을 짓고 강론을 했다고 한다.
131) 『燃藜室記述』(III) 宣祖朝故事本末 己丑년 鄭汝立의 獄事, 417쪽.
132) 『黨議通略』 宣祖朝 己丑鞫獄條.

력 확대를 우려한 선조가 정철을 파직함으로써 옥사獄事가 겨우 마무리되었다.

그런데 이 글의 관심사와 관련해서 흥미를 끄는 것은 정여립이 품었던 것으로 전해지는 생각 내지 사상이라 할 수 있겠다. 역모를 일으키는 것도 중요하지만, 그것을 가능하게 해주는 생각 역시 중요하기 때문이다.

우선, 그는 독실한 주자학자(유학자)는 아니었던 듯하다. 그는 풍수지리설을 좋아했으며, 또한 당시에 민간에 유행하던 『정감록鄭鑑錄』에 심취했다. 그가 황해도에 갔다가 돌아오면서 계룡산을 구경하고 빈 절[廢庵]에서 지은 시 한 수가 전해진다. "남쪽 나라 두루 다녔더니, 계룡산에서 눈이 처음 밝도다. 뛰는 말이 채찍에 놀란 형세요, 고개 돌린 용이 조산祖山을 돌아보는 형국이니, 아름다운 기운이 모였고, 상서로운 구름이 나도다. 무기戊子己丑 양년(1588-89)에 좋은 운수가 열릴 것이니, 태평세월을 이룩하기 무엇이 어려우리요."133) 시운時運을 핵심으로 하는 참위 성격이 나타나고 있다. 당시 "목자망전읍흥木子亡奠邑興", 즉 "이李씨가 망하고 정鄭씨가 일어난다."는 동요가 떠돌았다 한다.134)

또한 그는 '천하는 일정한 주인이 따로 없다'는 천하공물설天下公物說과 '누구라도 임금으로 섬길 수 있다'는 하사비군론何事非君論 등 조선조 왕권 체제하에서 용납될 수 없는 혁신적인 사상을 품었다고 한다. 그는 이렇게 말하곤 했다, 사마광司馬光이 『삼국지三國志』에서 유비劉備의 촉蜀을 정통으로 보지 않고 위魏로 정통을 삼아 기년紀年한 것은 참으로 직필直筆이다. 천하는 공물公物이니 어찌 일정한 주인이 있으리요. 요·순·우堯舜禹가 임금 자리를 서로 전한 것이 성인이 아닌가? "충신忠臣은 두 임금을 섬기지 않는다不事二君"라고 왕촉王蠋이 말한 것은 죽을 때 일시적으로 한 말일 뿐 성현의 통론은 아니다. 유하혜柳下惠가 말하기를, "누구를 섬긴들 왕이 아

---

133) 客行南國遍 鷄岳眼初明, 躍馬驚鞭勢 回龍顧祖形, 瀿瀿佳氣合 藹藹瑞雲生, 戊己開亨運 何難治太平『宣祖修正實錄』22년 10월 1일(을해);『燃黎室記述』(14) 宣祖朝故事本末 己丑年 鄭汝立의 獄事.
134)『燃黎室記述』(14) 宣祖朝故事本末 己丑年 鄭汝立의 獄事.

니겠는가, 누구를 부린들 백성이 아니겠는가?"何事非君 何使非民라고 하였으니 그는 성인의 화和가 아닌가?[135]

이렇게 본다면 정여립은 당시 일반적이던 주자학적 사유와 행동 패턴에서 상당히 벗어나 있었다고 할 수 있겠다. 주자학자들이 풍수지리와 정감록 신앙 자체를 부인하는 것은 아니지만, 그것은 양반 사대부가 아니라 일반 백성들의 소박한 믿음 내지 신앙 정도로 여기는 정도였다. 하지만 정여립은 현실에서의 불우한 인식 때문인지 그와 같은 미래 인식을 품게 되었는지도 모르겠다. 새로운 세상과 체제를 열리기를 간절히 그러나 막연하게 바라는 마음은 충분히 품을 수 있을 것이다. 일종의 유토피아적인 바람 내지 '공상'이라 해도 좋겠다.

하지만 정여립은 그와 같은 '공상'에서 훨씬 더 나아간 듯하다. 그는 고대 유교의 원형이라 할 수 있는 '선양禪讓'에 관심을 가졌던 듯하다. 성인 요와 순이 자신의 아들에게 천자의 지위를 물려주지 않고 그 시대의 뛰어난 현자, 즉 순과 우에게 천자를 넘겨준 것을 높이 평가했다. 그러니까 '혈연'보다는 '능력'을 더 중시했다. 한마디로 '세습'을 부인한 것이다. 세습은 혈연 내지 혈통이 가장 중요한 요소다. 누구나 능력이 있으면 왕 노릇을 할 수 있다는 그의 생각은 현실에 대한 급진적인 비판이기도 했다.

정여립이 조선 왕조를 적극적으로 무너뜨리려고 했다는 구체적인 증거는 없지만, 그가 품었던 생각을 미루어 보자면, 현실에 대한 불만과 더불어 새로운 체제와 세상을 꿈꾸었다고 할 수 있겠다. 자신을 인정해주지 않았던 선조宣祖에 대해서도 상당한 불신을 품었던 듯하다. 그는 홍문관에서 왕에게 고전을 강의하는 경연經筵에 참여했던 만큼, 선조의 그릇과 역

---

135) 출전(出典)에 따라서 문맥이 조금씩 다르다. 마지막의 "何使非民"이 누락된 자료도 있지만, 내용상으로 큰 차이는 없는 편이다. 『燃黎室記述』(14) 宣祖朝故事本末 己丑年 鄭汝立의 獄事: 「每言司馬公以魏紀年眞是直筆 天下公物豈有定主 堯舜禹相傳 非聖人乎 又曰 不事二君乃王蠋 臨死一時之言 非聖賢通論 柳下惠何事非君 非聖之和者乎」; 『宣祖實錄』 22년 12월 14일(丁亥): 「전라도 유생 丁巖壽 상소」; 『苔泉集』 「討逆日記」, p. 27b: 「伊尹日 何事非君 何使非民 乃聖人之通論」; 『宣祖修正實錄』 22년 12월 1일(갑술): 호남 유생 丁巖壽 등 상소.

량을 나름대로 평가할 수 있었을 것이다. 능력에 대해서 자부심을 가졌던 그로서는 혈통이 아니라 재능에 따라 사회가 재편되는 그런 새로운 체제와 리더십을 꿈꾸었을 것이다.

2. 중종반정과 인조반정: 반정(反正)

'반정反正'에는 크게 두 가지 의미가 담겨 있다. 우선 말 그대로 하자면 올바른 것으로 되돌아간다는 것, 즉 잘못된 상태 내지 타락한 풍속에서 올바른 상태 혹은 좋은 풍속으로 나아가는 것을 말한다.[136] 문체文體 반정反正도 그런 한 예라고 하겠다. 하지만 이 글의 관심사와 관련해서는 나쁜 정치弊政를 행하는 나쁜 왕을 폐위시키고 새 왕을 세워 나라를 바로 잡는 일을 말한다. 보다 직접적으로는 실정失政을 저지를 왕을 무력으로 폐위시키고 과감하게 새로운 왕을 세우는 일이라 할 수 있다.

그래서 조선시대에서 반정은 국왕이 무능하거나 포악할 뿐만 아니라 백성들을 곤경에 빠트렸을 때 행하는 무력적인 정치변동을 가리킨다고 할 수 있다. 왕을 내쫓는다는 측면에서는 '방벌放伐'과 일맥상통한다고 할 수 있다. 하지만 새로운 왕조 수립으로까지 이어지지는 않는다. 왕조를 교체하는 정치변동으로서의 '혁명革命' 내지 '역성혁명易姓革命'과는 분명하게 구분되는 것이다. 그러니까 왕조 그 자체의 정통성은 유지하면서

---

136) 감춘추관사 김종서 등이 새로 찬집된 『고려사절요』를 가지고 전문을 올려 아뢰기를, "…중엽으로 내려오면서 (임금은) 직분을 감당하지 못하고 안으로는 사랑하는 여자들에게 미혹되고 밖으로는 권간들에게 억제되었으며 강적이 번갈아 침입을 해와 전쟁을 치르니 난안하게 점점 쇠하여져 갔습니다. 게다가 왕씨가 아닌 다른 성씨가 왕씨를 사칭하고 왕위를 도둑질하는 데에 이르러서는 왕씨의 제사는 이미 끊어진 것입니다. 공양왕 때에 이르러 다시 반정이 되었지만 공양왕이 마침내 어리석고 겁이 많아 스스로 멸망에 이르렀습니다. 하늘이 진실한 임금을 내어 오랑캐를 다스리고 우리 백성들을 편안하게 하였으니 이는 진실로 사람이 할 수 있는 것이 아닙니다.…"하였다.(監春秋館事金宗瑞等 將新撰高麗史節要 以進箋曰…中葉以降 不克負荷 內爲嬖幸之所惑 外爲權姦之所制 强敵交侵干戈 爛熳陵夷 至於假姓竊位 而王氏之祀 已不血食 恭讓反正 竟以昏懦 自底於亡 蓋天生眞主 以靖夷我民 固非人力之所爲也…)[문종실록 권제12, 17장, 문종 2년 2월 20일(갑신)].

문제가 되는 그 왕만 교체하는 것이다. 말하자면 정통성 있는 (혹은 정통성이 기대되는) 새로운 왕을 세우는 것이다. 올바른 정권을 다시 세우는 것이라 해도 좋겠다. 단적으로 말해서 왕조 교체가 아니라 왕의 교체일 뿐이다.

조선 왕조 5백 년 동안 그와 같은 '반정' 형태의 정치변동으로는 ①중종반정(1506년)과 ②인조반정(1623년) 두 사례가 있었다. 두 차례 반정을 통해서 쫓겨난 왕, 즉 연산군과 광해군은 제대로 된 '묘호廟號'를 받지 못했으며 그래서 '군君'이라 칭했다. 실록 역시 '일기日記'라고 했다. 당연한 것이지만 그들은 종묘에 배향되지 못했다. 일기는 그들의 패륜행위를 특별히 강조하는 내용으로 구성되어 있다. 반정의 명분을 찾으려 허가나 혹은 반정을 정당화하려는 의도와 무관하지 않다.

그러면 그와 같은 반정은 과연 누가 주도했을까. 역시 양반 관료들이었다. 이른바 '반정공신反正功臣'으로 불리는 신하들이 주도 세력이었다고 할 수 있겠다. 그들은 '반정'을 이루는 데 세운 공으로 훗날 녹훈된 공신들이 되었다. 중종반정을 주도한 공신들은 정국공신靖國功臣, 인조반정을 주도한 공신들은 정사공신靖社功臣이라 했다. 그들은 명분名分을 내세워 문제가 되는 왕을 내쫓음과 동시에 자신들이 원하는 새로운 왕을 세운 것이다. 신하들, 즉 양반 관료들이 연산군과 광해군의 국왕으로서의 리더십을 인정할 수가 없었다고 할 수 있겠다.

1) 중종반정(1506년)

제 10대 왕 연산군(재위 1494-1506)을 몰아내고 이복동생 진성대군晉城大君 이역李𢢝을 왕으로 추대한 정치변동 사태[정변政變]를 말한다. 성희안成希顔·박원종朴元宗 등 이른바 훈구세력이 임사홍任士洪·신수근愼守勤 등의 궁금세력宮禁勢力과 결탁해 학정虐政을 거듭하던 연산군을 폐위시켰다. 양반 관료들에 의해 패악을 저지른 왕이 폐위되는 최초의 사례인 셈이다.

연산군은 특권 관료층으로서의 훈구세력과 성종 때부터 정계에 진출하기 시작한 신진 사림세력이 정치적으로 대립하는 가운데 왕위에 올랐다. 그는 무오사화(1498)와 갑자사화(1504)라는 두 차례 사화士禍를 통해서 훈구세력과 사림계열에 속하는 많은 양반 관료들을 희생시켰다. 그의 학정虐政은 더욱 심해졌다. 실정에 대한 직간直諫을 멀리하고, 경연經筵과 대제학大提學 제도를 폐지했다. 창덕궁과 담을 사이에 둔 성균관成均館을 연락宴樂의 장소로 만들었다. 장악원을 개칭한 연방원聯芳院을 원각사圓覺寺에 두어 여기女妓들이 모이는 곳으로 만들었다. 전국에 채청·채홍사採靑採紅使를 보내 미녀를 선발해오도록 했다.

그는 사냥을 위해 도성 밖 30리의 민가를 철거해 민원을 샀다. 학정을 비방하는 한글 투서가 들어오자 『언문구결諺文口訣』을 불태우며 한글 사용을 금지했다. 사치와 연락을 계속했으며 심지어 내연內宴에 나온 사대부의 부녀자를 농락하기도 했다. 황음荒淫이 자행되었으며, 그에 비례해서 난정亂政(어지러운 정치)이 난무했다.

1506년 9월 1일 주도세력은 진성대군에게 거사를 알리는 한편, 연산군의 측근, 왕비 신씨의 오빠 신수근愼守勤과 신수영愼守英 형제와 임사홍任士洪 등을 불러내어 격살했다. 성희안 등은 성종의 계비繼妃이며 진성대군의 친어머니 윤대비尹大妃를 만나 허락을 얻었다. 그들은 연산군을 폐하고 강화도 교동喬桐에 안치시켰다. '폐주廢主'가 된 것이다. 이튿날(9월 2일) 경복궁 근정전에서 진성대군을 왕위[대보大寶]에 오르게 했다. 그가 곧 제 11대 왕 중종(재위 1506-1544)이다.

어쨌거나 중종반정으로 연산군의 학정은 끝났다. 양반 관료들이 주체가 되어 뜻대로 왕위를 교체한 정변으로, 왕조 개창 이래 장자長子 상속과 왕위세습에 변화를 가져다주었다. 또한 양반 관료의 등에 업혀서 새로이 왕이 된 중종이었으니, 실질적인 왕권을 행사하기는 어려웠다. 게다가 새로운 정치세력이 등장한 것은 아니었으므로, 공신들이 중심이 되어 정치를 끌고 가게 되었다. 당시 정치체제가 지닌 모순은 기대하기 어려웠다. 훈구파와 사림파 두 계열 간의 대립은 여전히 잠재되어 있었다. 중종반정을 주도한 공신들은 정국공신靖國功臣으로 봉해졌다. 하지만 다른 관료들의 비판과 반발로 인해 삭훈削勳되었는데, 이는 기묘사화己卯士禍(1519)를 유발하는 원인이 되기도 했다.

2) 인조반정(1623년)

1623년(광해군 15) 이귀李貴 등 서인 일파가 광해군光海君 재위(1608~1623) 및 집권당파 이이첨李爾瞻 등의 대북파를 몰아내고 능양군綾陽君 종倧을 왕으로 옹립한 정변을 말한다. 조선왕조 500년 동안에 일어난 두 번째 반정이었다. 인조반정에서 내세운 명분은 영창대군 살해와 인목대비의 폐비였다. 하지만 그 실상을 들여다보면 당파간의 정쟁[국내정치]과 임진왜란, 명청교체[국제정치] 등이 뒤얽히면서 한층 더 복잡했다고 할 수 있겠다.

16세기 중엽 정계를 주도하게 된 이른바 '사림士林'은 지역 중심의 서원을 중심으로 붕당朋黨을 형성하게 되었다. 당파가 나뉘게 된 것이다. 동인東人과 서인西人으로 나뉘었으며(1575년), 동인은 다시 남인南人과 북인北人으로 당파를 달리하게 되었다. 임진왜란에서 정인홍鄭仁弘, 곽재우郭再祐 등이 의병활동에서 공을 세웠다. 그래서 북인이 정계의 주도권을 잡았지만, 북인은 다시 대북大北과 소북小北으로 나뉘었다.

광해군은 빈嬪 소생으로 둘째 아들이었기 때문에, 선조와 일부 신하들은 인목대비仁穆大妃의 소생 영창대군永昌大君을 세자로 옹립하려 했다. 선조가 갑자기 세상을 떠나자 그 시도는 실현되지 못했다. 대북파의 지지를 받아서 광해군은 즉위할 수 있었다. 그는 계축옥사癸丑獄事(1613)를 일으켜 영창대군永昌大君을 제거했으며, 이어 인목대비의 존호를 삭탈, 경운궁慶運宮에 연금시켰다(1617).

그런 일들에 대해서 사림세력은 주자학적 윤리에 의거해 '폐모살제廢母殺弟'(어머니를 폐하고 동생을 죽이다) '패륜悖倫'이라 비판했다. 또한 당시 국제정세하에서 중립외교 입장을 취하면서 후금後金과 좋은 관계를 유지하려는 것 역시 명나라에 대한 명분과 의리를 저버리는 행위로 비쳐졌다.

광해군은 전란으로 황폐해진 국가를 회복하기 위해 나름대로 노력했다. 대동법大同法을 시행했으며, 군적軍籍 정비를 위해 호패법을 실시했다. 또한 『동의보감東醫寶鑑』 등의 많은 서적을 간행했다. 명明과 청淸이 교체되는 전환기의 국제상황에서 중립외교를 펼쳐서 조선의 안전을 확보하고자 했다.

대북파의 정권 장악으로 인해 서인과 남인은 대부분 조정에서 밀려나 있었다. 김유金瑬·이귀李貴·이괄李适·최명길崔鳴吉 등의 서인들은 사림들의 불만을 이용하여 정변을 일으켰다. 광해군은 피신하였으나 바로 붙잡혀 강화도로 유배되었다. 반정세력에 의해 떠받들어진 능양군綾陽君은 조정 관리들을 소집해 병조참판 박정길朴鼎吉 등을 참수했으며, 광해군의 총애를 받던 상궁尙宮 김씨金氏와 승지 박홍도朴弘道 등도 죽였다. 경운궁에 유폐되어 있던 인목대비의 존호[대왕대비大王大妃]를 회복시켰으며, 그 권위를 빌어 능양군은 왕위에 올랐다. 그가 제 16대 왕 인조仁祖재위(1623-1649)다.

'반정'과 더불어 집권 세력의 교체를 불러왔다. 광해군 때 집권했던 대북파의 주요 인물들(이이첨, 정인홍 등)은 처형되었으며, 2백여 명이 유배되었다. 그동안 정계에서 소외되어 있던 서인과 남인의 정계 진출이 활발해졌다. 정변에 공을 세운 이귀와 김류 등은 정사공신靖社功臣으로 봉해졌다.[137] 서인들이 반정의 주역으로 정국을 주도해가게 되었다.[138]

---

137) 1등공신: 김류·이귀·김자점(金自點)·심기원(沈器遠)·신경진(申景禛)·이서(李曙)·최명길(崔鳴吉)·이흥립(李興立)·구굉(具宏)·심명세(沈命世) 등 10명, 2등공신: 이괄(李适)·김경징(金慶徵)·신경인(申景禋)·이중로(李重老)·이시백(李時白)·기시방(奇時昉)·장유(張維)·원두표(元斗杓)·이해(李澥)·신경유(申景裕)·박호립(朴好立)·장돈(張暾)·구인후(具仁垕)·장신(張紳)·심기성(沈器成) 등 15명, 3등공신: 박유명(朴惟明)·한교(韓嶠)·송영망(宋英望)·이항(李沆)·최내길(崔來吉)·신경식(申景植)·구인기(具仁塈)·조흡(趙潝)·이후원(李厚源)·홍진도(洪振道)·원우남(元祐男)·김원량(金元亮)·신준(申埈)·노수원(盧守元)·유백증(俞伯曾)·박정(朴炡)·홍서봉(洪瑞鳳)·이의배(李義培)·이기축(李起築)·이원영(李元榮)·송시범(宋時范)·김득(金得)·홍효손(洪孝孫)·김련(金鍊)·유순익(柳舜翼)·한여복(韓汝復)·홍진문(洪振文)·유구(柳頔) 등 28명. 합계 53명. 하지만 이괄은 반란으로, 김자점·심기원 등은 역모로 공신에서 삭제되었다. 이흥립은 이괄의 난의 책임을 지고 자살했으며, 김경징은 병자호란 때 강화도를 지키지 못했다는 죄로 사사(賜死)되었다.

하지만 그 해(1623년) 7월 기자헌奇自獻, 유몽인柳夢寅의 역모 사건이 있었으며, 10월에는 흥안군을 추대하려는 황현黃玹, 이유림李有林 등의 역모 사건이 일어났다. 이듬해(1624년)에는 반정 주역의 한 사람이며 정사공신(2등)이었던 이괄李适이 반란을 일으켰다[이괄의 난]. 잠시나마 그들은 한양을 점령하기도 했다. 인조는 공주까지 피난을 가야만 했다. 반정의 정당성에 살짝 흠집을 남기게 된 셈이다.

요컨대 인조반정은 양반 관료들이 주자학적인 윤리관에 입각해서 명분과 의리를 내세워 적극적으로 정변을 일으킨 사례이며, 거기에 붕당 간의 이해가 얽힘으로써 당파 간의 정쟁이라는 성격도 뒤섞이게 되었다. 또한 국제정세의 변화, 대륙에서의 명청교체기에 즈음해서 광해군이 취한 중립외교를 둘러싼 견해의 차이 역시 크게 한몫했다. 광해군의 현실주의적인 외교 인식은 명분과 의리에 집착하는 양반관료들, 특히 사림들의 그것과는 확연히 달랐다. 사림들은 중립 외교정책을 패륜으로 비판하면서 친명배금親明排金 정책을 주장했다. 인조반정 이후 취한 외교노선은 결국 정묘호란丁卯胡亂과 병자호란丙子胡亂이라는 두 차례의 '호란胡亂'을 불러오게 된다.

---

138) 인조반정을 통해서 서인들 사이에도 분파가 생기게 되었다. 반정에 참가한 '공서'(功西)와 김상헌(金尙憲) 등 참여하지 못한 '청서'(清西)가 그들이다.

민의 국왕 리더십관

3부

민의 국왕 리더십관

유교에서 이상적인 국왕은 성군聖君 또는 명군明君으로 표현되었고, 최악의 국왕은 폭군暴君이나 독부獨夫로 표현되었다. 성군 또는 명군의 원초적인 의미는 숨겨진 것도 들을 수 있고 또 볼 수 있는 임금 즉 이심전심으로 백성의 마음을 듣고 보는 임금이란 뜻이다. 이에 비해 폭군이나 독부는 누구나 들을 수 있고 볼 수 있는 것을 듣지도 보지도 않고 자기 뜻대로만 그것도 폭력적으로 하는 임금이란 의미이다. 이처럼 유교에서 바라본 국왕 리더십은 소통 방식과 불가분의 관계에 있었다. 예컨대 성군 또는 명군이 이상적인 국왕인 이유는 백성이 말하고 행동하기 전에 미리 알고 실천하여 백성을 자발적으로 행동하고 따르게 만들기 때문인데, 이는 국왕과 백성 사이의 소통이 이상적으로 이루어지기에 가능한 일이다. 반면 폭군 또는 독부가 최악의 국왕인 이유는 백성이 말하고 행동해도 국왕이 실천하지 않아 백성을 폭력적으로 저항하게 만들었기 때문인데, 이는 국왕과 백성 사이에 소통이 전혀 이루어지지 않아 발생한 결과다.

이에 따라 조선시대의 공식적인 국왕 리더십은 성군 또는 명군을 이상으로 하였으며 소통방식도 성군 또는 명군의 이심전심을 이상으로 하였다. 반면 폭군 또는 독부는 타도의 대상이 되었다. 하지만 현실에서 성군 또는 명군은 이상일 뿐 실존하기 쉽지 않았다. 이에 조선시대 국왕을 비롯하여 양반 지식인 나아가 중인, 양인들에게는 국왕 리더십에 관한 다양한 인식과 기대가 존재했다. 예컨대 율곡 이이는『동호문답』에서 리더십의 유형에 따라 국왕을 왕도王道, 패도覇道, 폭군暴君, 혼군昏君, 용군庸君의 다섯 가지로 분류하였다.

조선시대 민은 양인을 중심으로 하는 핵심 생산계층이며 핵심 피지배 계층이었다. 국왕과 양반의 입장에서 민은 공식적인 국왕 리더십의 대상이기도 하였다. 따라서 국왕과 양반은 공식적으로 민에 대하여 성군 또는 명군을 국왕 리더십의 모범으로 제시하곤 하였다.

반면 민의 입장에서 국왕과 양반이 주장하는 공식적 국왕 리더십은 현실적일 수도 있었고 비현실적일 수도 있었다. 현실적일 경우 민의 입장에서 성군 또는 명군으로 표명되는 공식적 국왕 리더십을 거부할 이유는 없었다. 하지만 비현실적일 경우 즉 민의 입장에서 현실의 국왕이 폭군暴君이나 독부獨夫로 간주될 때 성군 또는 명군으로 표현되는 공식적 국왕 리더십을 수용할 이유는 없었다. 이에 따라 성군 또는 명군이 비현실적으로 인식될 경우 민은 성군 또는 명군을 대체할 수 있는 다양한 국왕 리더십을 꿈꾸곤 하였다.

이 같은 문제의식에서 이 글은 조선시대 민의 국왕 리더십관을 공식적, 비공식적 측면에서 구체적이면서 종합적으로 해명하고자 한다. 공식적 측면에서의 국왕 리더십관은 국왕과 양반이 주장하는 성군 또는 명군의 국왕 리더십관이 어떤 논리에 근거하였는지를 파악하였으며, 이 같은 공식적 국왕 리더십관이 조선시대 정치, 경제 현실에서 어떻게 구현되었으며, 민은 그 같은 정치, 경제 현실에서 성군 또는 명군이라는 국왕 리더십관을 어떻게 활용하였는지 파악하고자 하였다.

반면 비공식적 측면에서의 국왕 리더십관은 민의 입장에서 성군 또는 명군이라는 공식적 국왕 리더십관이 수용되지 않을 때, 그 대안으로 제시되는 국왕 리더십의 유형과 종류 등이 무엇인지, 그 같은 국왕 리더십의 유형과 종류가 의미하는 바는 무엇인지 파악하고자 하였다. 이 같은 목적을 효과적으로 달성하기 위하여 본 연구는 문헌 자료를 기초로 속담, 전설, 민화 등의 자료를 종합적으로 활용하였으며, 본론은 총 4장으로 구성하였다.

Ⅰ장과 Ⅱ장은 조선시대 민의 국왕 리더십관을 검토하기 위한 기초 작업으로서 Ⅰ장에서는 군사부일체론과 민을 검토하고, Ⅱ장에서는 민에 대한 유교적 인식을 검토하였다. 이를 통해 조선시대 민의 국왕 리더십관에 대한 유교적 인식과 기대 등을 확인하고자 하였다.

한편 Ⅲ장은 민의 합법적 정치 행위와 국왕 리더십관을 중심으로 살펴보았다. 조선시대에는 신문고, 상언, 격쟁, 암행어사 등 국왕에게 민의 의사를 전달하기 위한 다양한 제도가 있었으며, 이런 합법적 제도를 통해 표출되는 민의 국왕 리더십관은 공식 제도를 통한 공식적 국왕 리더십관이라 할 수 있었다. Ⅲ장에서는 이와 같은 공식 제도를 중심으로 민의 국왕 리더십관을 살펴보았다.

Ⅳ장에서는 민의 저항과 국왕 리더십관을 중심으로 살펴보았다. 조선시대 괘서, 비기, 도참, 유언비어, 민란 등에는 국왕 리더십에 대한 민의 비공식적 관점들이 풍부하게 들어 있으며, Ⅳ장에서는 이와 같은 불법적 방법들을 통해 표출되는 민의 비공식적 국왕 리더십관을 살펴보았다.

이를 통해 조선시대 민의 국왕 리더십관은 합법적으로는 성군 또는 명군이라는 유교적 국왕 리더십관을 적극적으로 수용하였지만, 그에 못지않게 비합법적으로는 성군 또는 명군의 대안으로 진인眞人, 정도령鄭都令, 미륵 등 다양한 국왕 리더십관을 가졌음을 밝히고자 하였다.

군사부일체론(君師父一體論)과 민:
민에 대한 왕권의 근거와 정당성

'군사부일체'라는 말은 춘추시대 난공자欒共子의 '백성은 임금과 스승과 아버지 세분의 덕으로 살아가니, 섬기기를 한결같이 해야 한다. 아버지는 낳아주신 분이고, 스승은 가르쳐 주시는 분이며, 임금은 먹여 주시는 분이기 때문이다.'[1]라는 『국어國語』에서 비롯된다. 이 기록의 주인공 난공자는 춘추시대 진晉 나라 대부 난공숙欒共叔(?~기원전 709)으로 난빈欒賓의 아들이었다. 그의 성은 희姬, 씨는 난欒, 이름은 성成, 시호는 공共이었기에 후세에 난공자欒共子로 불렸다.

『국어』에 의하면 난공자는 진 애후晉哀侯의 스승이었다. 그런데 진나라의 곡옥무공曲沃武公이 진 애후晉哀侯를 시해했다. 그리고 난공자에게 '그대가 진 애후를 위해 죽지 않는다면 내가 그대를 천자에게 추천하여 상경上卿을 삼겠다.'라는 요지로 회유하였다. 그 때 난공자는 위의 말로 대답하였다. 그는 곡옥무공에게 저항하여 싸우다가 마침내 죽음을 당하였다.

이 내용에 의하면 난공자는 진 애후를 위해 목숨을 바쳤고, 목숨을 바친 이유는 진 애후가 자신의 주군이었기 때문이다. 특히 난공자가 주군

---

1) "民生於三 事之如一 父生之 師教之 君食之"(『國語』 권7, 진어(晉語) 1).

을 위해 목숨을 바쳐야 하는 이유로 든 논리 즉 '백성은 임금과 스승과 아버지 세분의 덕으로 살아가니, 섬기기를 한결같이 해야 한다. 아버지는 낳아주신 분이고, 스승은 가르쳐 주시는 분이며, 임금은 먹여 주시는 분이기 때문이다.'라는 언급은 결국 '군사부일체'라는 논리였다. 이 논리가 동아시아 유교 지식인들에게 널리 펴졌다.

그런데 난공자의 '군사부일체' 논리가 조선시대 지식인들에 널리 퍼지게 된 결정적인 이유는 난공자 이야기가 『소학』에 실렸기 때문이었다. 『소학』 명륜明倫 통론通論에 난공자 이야기가 다음과 같이 실려 있다.

> 난공자가 다음과 같이 말했다.
> "백성은 임금과 스승과 아버지 세분의 덕으로 살아가니, 섬기기를 한결같이 해야 한다. 아버지는 낳아주신 분이고, 스승은 가르쳐 주시는 분이며, 임금은 먹여 주시는 분이기 때문이다. 아버지가 아니면 태어날 수 없었을 것이고, 임금이 먹여주지 않았다면 자라지 못했을 것이고, 스승이 가르쳐 주지 않았다면 알지 못했을 것이다. 이 세 가지는 자신을 살게 해준 공덕이 비슷하다. 그러므로 이들을 하나같이 섬겨야 하고, 군사부가 계시면 각각 군사부를 위해 목숨을 바쳐 섬겨야 한다. 생명을 주신 군사부에게 죽음으로 보답하고報生以死, 도움을 주신 다른 분에게 힘을 다해 보답하는 것은 인간의 도리이다.[2]

위의 군사부일체 논리에 의하면 군사부는 실제 역할이 다르다. 즉 임금은 먹여주는 존재[食之]이고, 스승은 가르쳐 주는 존재[敎之]이며, 아버지는 태어나게 하는 존재[生之]이지만, 궁극적으로 그 역할이 모두 살리는 것으로 귀결된다는 점에서 일체라는 논리가 도출됨을 알 수 있다. 결국 군사부일체론에서 드러나는 민에 대한 왕권의 근거와 정당성은 먹여주고[食之], 가르쳐준다는 데[敎之] 있다고 할 수 있다.

그런데 조선시대 평민에게 군사부일체론은 현실적인 한계를 드러내기

---

2) "民生於三 事之如一 父生之 師敎之 君食之 非父不生 非食不長 非敎不知 生之族也 故一事之 唯其所在 則致死焉 報生以死 服賜以力 人之道也" 『소학』 명륜(明倫), 통론(通論).

도 했다. 왜냐하면 군사부일체론이란 궁극적으로 임금이 먹여주고, 가르쳐주는 존재라는 논리이지만 실제 조선시대 평민들에게 가르쳐주는 존재로서의 임금은 현실과 동떨어졌기 때문이다. 왜냐하면 조선시대 성균관, 향교, 서원 같은 국가 교육체제가 명분상 평민들을 포괄하고 있지만 실제로는 평민들이 배제되었기 때문이다. 따라서 조선시대 평민들에게 군사부일체론이란 실제로는 가르쳐주는 존재로서의 임금보다는 먹여주는 존재로서의 임금이란 의미가 더욱 강했다. 평민의 입장에서 먹여주는 존재로서의 임금은 군부君父가 되고, 가르쳐주는 존재로서의 임금은 군사君師라고 할 수 있다.

그런데 평민들에게 임금이 군사부일체보다는 먹여주는 존재로서의 임금, 즉 군부로 인식된 것은 삼국시대 이래 조선시대까지 거의 비슷했다. 예컨대 신라의 충담사가 지었다는 안민가安民歌에는 군사부가 이렇게 표현되어 있다.

> 임금은 아비요, 신하는 사랑스런 어머니시라. 백성을 즐거운 아이로 여기시니, 백성이 은애를 알리로다. 구물구물 사는 백성들, 이를 먹여 다스리니, 이 땅을 버리고 어디로 갈소냐. 나라를 지닐 줄 알리로다. 임금답게, 신하답게, 백성답게 한다면, 나라는 태평하리로다.[3]

충담사의 '안민가'에서는 임금이 아비, 신하가 어머니 그리고 백성은 아이로 표현되어 있다. 즉 충담사에게 임금과 신하는 모두 다 지배층으로서 아버지이자 어머니이고 그 지배를 받는 백성은 아이로 인식된 것인데, 이는 결국 신라의 백성들에게 임금은 군사부일체보다는 먹여주는 존재로서의 임금 즉 군부로 인식된 결과라 할 수 있다.

이에 비해 양반신료들에게 임금은 명실상부 군사부일체로 간주되었다. 이 같은 사실을 잘 보여주는 사례의 하나가 1895년의 이른바 을미의병이었다. 을미의병이 일어난 직접적인 계기는 을미사변과 뒤이은 단발령이

---

3) 『삼국유사』 권2, 기이(紀異), 충담사(忠談師).

었다. 을미의병의 주도세력은 위정척사파였으며 이들의 이념은 '존화양이尊華攘夷'로 압축되었다. 이런 입장은 '역적을 쳐서 복수하고 존화양이하는 것은 『춘추』의 첫째가는 큰 의리입니다.'라고 주장한 유인석의 상소문에 잘 나타난다.[4] 이 중에서 '역적을 쳐서 복수'한다는 것이 이른바 국모복수론이었다.

그런데 국모 복수론의 내재적 논리는 근본적으로 군사부일체라고 할 수 있다. 이는 당시 위정척사파 사상에 경도되었던 백범 김구가 국모 복수를 위해 일본인을 살해하고 체포된 후 인천감옥에서 했던 다음과 같은 진술에 잘 나타난다.

> 김윤창金潤晶은 정상庭上에 앉아 전례에 따라 성명, 주소, 연령 등을 묻고 사실심리에 들어갔다. '네가 안악의 치하포에서 모월모일 일본인을 살해한 일이 있느냐?' '본인은 그날 그곳에서 국모의 원수를 갚기 위해 왜놈 원수한 사람을 때려죽인 사실이 있습니다.' 나의 대답을 듣자 경무관, 총순總巡, 권임權任 등이 일제히 서로의 얼굴을 쳐다보며 멍한 표정으로 나를 볼 뿐이었다. 정내庭內는 갑자기 죽은 듯이 조용해졌다. 나의 옆에서 의자에 걸터앉아 신문을 방청하는 것인지, 감시하는 것인지 하고 있던 와타나베渡邊 왜놈 순사가 신문 벽두에 정내가 조용해진 것을 의아하게 여겨 통역에게 그 까닭을 묻는 것 같았다. 그래서 나는 있는 힘을 다해, '이놈아' 하고 한마디 호령했다. 그리고 나서 이어, '현금 이른바 만국공법이니, 국제공법이니 하는 조규 가운데 통상通商, 통화通和를 불문하고 조약을 체결한 후에 그 나라의 임금이나 왕후를 살해하라는 조문이 있더냐? 이 개 같은 왜놈아! 너희는 어찌하여 우리 국모를 살해했느냐? 내가 죽으면 귀신으로, 살면 몸으로 네 임금 놈을 죽이고, 왜놈을 씨도 없이 다 죽여서 우리나라의 치욕을 씻으리라!' 통렬히 매도하는 것이 두려웠던지 와타나베 놈은 '칙쇼畜生!' 한마디 던지고는 대청 후면으로 도망쳐 숨는 것이었다. 정내에는 공기가 긴장해졌다. 총순인지, 주사主事인지가 김윤정에게 말했다. '사건이 하도 중대하니 감리 영감께 말씀드려 직접 심문을 주장하도록 하여야겠습니다.' 그리하여 얼마 후 감리사 이재정李在正이 들어와 주석에 앉았다. 김윤정이 그에게

---
4) 『고종실록』 권 36, 34년(1897) 10월 20일.

신문한 진상을 보고했다. 그때 정내에서 참관하는 관리와 청속들이 분부가 없는데도 찬물을 가져다가 내게 마시게 해주었다. 나는 정상의 주석인 이재정에게 말하기 시작했다. '본인은 시골의 한낱 천한 몸이나 臣民의 한 분자가 된 의리로 국가가 치욕을 당해 백일청천하에 내 그림자가 부끄러워서 한 놈 왜놈 원수라도 죽였거니와, 나는 아직도 우리 사람으로 왜황倭皇을 죽여 복수하였단 말을 듣지 못했거늘, 지금 당신들이 몽백蒙白을 했으니, 춘추대의에 군부君父의 원수를 갚지 못하면 몽백을 아니한다는 구절도 읽어보지 못하고 한갓 영화와 작록만을 도적질하는 더러운 마음으로 인군人君을 섬기느냐? 이재정, 김윤정을 위시하여 수십 명 참석한 관리들이 내 말을 듣는 광경을 보자 하니, 각기 얼굴에 홍당무 빛을 띠는 것이었다. (하략)5)

을미사변 이후 국모복수론의 내재적 논리 즉 군사부일체의 논리는 '춘추대의에 군부의 원수를 갚지 못하면 몽백을 아니한다는 구절도 읽어보지 못하고 한갓 영화와 작록만을 도적질하는 더러운 마음으로 인군을 섬기느냐?'라는 김구의 진술에 압축되어 있다. 몽백이란 국상國喪을 당하여 신료들이 상복을 입은 것이다. 김구는 명성왕후의 복수를 하지도 못한 상태에서 어찌 상복을 입느냐고 질책했던 것이다. 김구가 언급한 '춘추대의에 군부의 원수를 갚지 못하면 몽백을 아니한다는 구절'이란 『춘추』의 이런 내용이었다.

겨울 11월 임진에 노나라 은공隱公이 훙薨하였다. 왜 장葬이라고 쓰지 않고 훙이라고 하였는가? 숨긴 것이다. 왜 숨겼는가? 시해 당했기 때문이었다. 시해당하면 왜 장이라고 쓰지 않는가? 춘추에, 군이 시해 당했을 때 역적이 토벌되지 않으면 장이라고 쓰지 않은 이유는 신자臣子가 없다고 여겼기 때문이었다. 자침자子沈子가 말하기를, '군이 시해 당했는데 신이 역적을 토벌하지 않으면 신이 아니요, 복수하지 않으면 자子가 아니다. 장은 살아있는 사람들의 일이다. 춘추에, 군이 시해 당했는데 역적이 토벌되지 않으면 장을 쓰지 않음으로써 신자臣子가 아닌 것으로 여겼다.'고 하였다.6)

5) 김구 원저 우현민 현대어역(2001), 『백범일지』, 서문당, 91~92쪽.
6) "冬十有一月壬辰 公薨 何以不書葬 隱之也 何隱 弒也 弒則何以不書葬 春秋 君弒

위의 내용 중 '춘추에, 군이 시해 당했을 때 역적이 토벌되지 않으면 장이라고 쓰지 않은 이유는 신자臣子가 없다고 여겼기 때문이었다.' 또는 '춘추에 君이 시해 당했는데 역적이 토벌되지 않으면 장을 쓰지 않음으로 써 신자가 아닌 것으로 여겼다.'는 것은 『춘추』를 저술한 공자가 춘추필법에 따라, 군부의 복수를 하지 않은 신자는 신자의 도리를 저버린 사람으로 간주하여 주필筆誅했다는 뜻이다. 즉 공자는 군이 시해 당했으면 신자의 입장에서는 장례에 앞서 복수부터 해야 한다고 가르쳤던 것이다. 그래서 공자는 군이 시해 당했는데도 신자가 복수를 하지 않으면 아예 장례치르를 자격도 없는 것으로 간주하여 장이라는 글자 자체를 쓰지 않았던 것이다. 이처럼 군부를 위한 복수는 신자의 기본 도리라는 것이 춘추대의였다. 뿐만 아니라 공자는 복수에 대하여 다음과 같은 가르침을 남겼다.

> 자하가 공자에게 묻기를, '부모의 원수가 있다면 어떻게 해야 합니까?' 하니,
> 공자가 대답하기를, '거적을 깔고 방패를 베개 삼아 잠자고, 벼슬하지 않으
> 며, 원수와는 함께 세상을 살아가지 않을 결심을 해야 한다. 만약 원수와
> 시장이나 관청 같은 곳에서 만나면 무기를 챙기러 가지 않고 즉시 싸울
> 수 있어야 한다.' 하였다. 자하가 다시 묻기를, '청하여 묻습니다. 형제의
> 원수가 있다면 어떻게 해야 합니까?' 하니, 공자가 대답하기를, '원수와는
> 같은 나라에서 함께 벼슬하지 않으며, 임금의 명령으로 출사할 경우에는
> 비록 원수를 만나더라도 싸우지 않아야 한다.' 하였다. 자하가 또 묻기를,
> '가르침을 청합니다. 백부伯父나 숙부叔父 또는 종형제의 원수가 있다면 어떻
> 게 해야 합니까?' 하니, 공자가 대답하기를, '앞장서서 원수를 갚아서는 안
> 된다. 본인이 원수를 갚을 수 있으면 무기를 잡고 뒤에서 도와야 한다.'
> 하였다."[7]

賊不討 不書葬 以爲無臣子也 子沈子曰 君弑 臣不討賊 非臣也 不復讎 非子也 葬
生者之事也 春秋 君弑 賊不討 不書葬 以爲不繫乎臣子也"(『公羊傳』, 魯 隱公 11년
(B.C. 712) 11월).

[7] "子夏問於孔子曰 居父母之仇 如之何 夫子曰 寢苫枕干 不仕 弗與共天下也 遇諸市
朝 不反兵而鬪 曰 請問居昆弟之仇 如之何 曰 仕弗與共國 御君命而使 雖遇之 不鬪
曰 請問居從父昆弟之仇 如之何 曰 不爲魁 主人能 則執兵而陪其後"(『禮記』檀弓
上).

공자는 부모의 원수를 갚기 위해 '거적을 깔고 방패를 베개 삼아 잠자고, 벼슬하지 않으며, 원수와는 함께 세상을 살아가지 않을 결심을 해야한다. 만약 원수와 시장이나 관청 같은 곳에서 만나면 무기를 챙기러가지 않고 즉시 싸울 수 있어야 한다.'고 하였다. 그런데 '군사부일체'라는 유교윤리에 의하면 부모의 원수나 군부君父, 군사師父의 원수는 같은원수가 되므로 군부의 원수를 갚기 위해서는 당연히 부모의 원수를 갚기위한 행동과 똑같이 해야 한다는 결론이 나온다. 이 같은 논리에 의하면, 김구가 국모의 원수를 갚기 위해 일본인을 살해한 것은 바로 국모의 원수는 부모의 원수와 같으므로 신자로서 당연한 복수를 실행한 셈이다.

공자가 부모의 원수 또는 군부나 사부師傅의 원수를 불공대천의 원수라고 가르친 논리적인 근거는 자식에게 부모 또는 신자에게 군부 또는 제자에게 사부는 모두가 천 즉 하늘이라는 이유에서였다.[8] 자식에게 부모는하늘이므로 자식의 하늘을 죽인 원수와는 같은 하늘을 이고 살 수 없으므로 불공대천의 원수가 된다는 뜻이었다. 따라서 부모의 원수 또는 군부나사부의 원수는 반드시 죽여야 하며, 그래야 자식으로서 또는 신자나 제자로서의 도리를 다하는 것이라고 하였다. 공자의 가르침에 따르면 부모의원수 또는 군부나 사부의 원수를 갚지 않은 자식, 신자, 제자는 논리적으로 볼 때 자식, 신자, 제자의 도리를 지키지 않은 셈이다. 그래서 공자는『춘추』에서 군부가 시해 당했을 때 신자가 군부의 복수를 하지 않으면장이라 쓰지 않음으로써 군부에 대한 신자의 도리를 저버린 것으로 필주했던 것이다. 김구가 법정에서 '춘추대의에 군부의 원수를 갚지 못하면몽백을 아니한다는 구절도 읽어보지 못하고 한갓 영화와 작록만을 도적질하는 더러운 마음으로 人君을 섬기느냐?'라고 했던 주장은 바로 이같은 『춘추』의 복수 논리 또는 군사부일체 이론을 대변한 것이었다.

결국 조선시대 군사부일체론에 내재된 민에 대한 왕권의 근거와 정당성은 먹여주고, 가르쳐준다는 사실에 있었다. 이는 평민에 대한 왕권의

---

8) "父之讎 弗與共戴天-본문, 父者 子之天 殺己之天 與共戴天 非孝子也 行求殺之 乃止-鄭玄 注"(『禮記』 曲禮 上).

근거와 정당성일 뿐만 아니라 양반에 대한 왕권의 근거와 정당성이 되기도 했다. 그런데 먹여주고 가르쳐주는 존재 중에서도 민에 대한 왕권의 정당성은 가르쳐준다는 사실보다는 먹여준다는 사실 즉 군부君父라는 사실에 있었다. 이는 양반관료체제라고 하는 조선시대의 통치체제에서 나타나는 당연한 논리적 귀결이었다고 할 수 있다.

민에 대한 유교적 인식

1. 민유방본(民惟邦本) 사상

조선시대 민에 대한 유교적 인식을 대표하는 말은 이른바 민본사상의 핵심으로 알려진 '민유방본民惟邦本'인 듯하다. 민유방본이라는 말은 『서경』하서夏書 오자지가五子之歌에 등장한다. 『서경』에 의하면 하夏나라의 세 번째 임금 태강太康은 즉위한 후 황음무도만 즐기며 나라 일에 신경을 쓰지 않았고, 이에 백성들은 모두 배반하게 되었다. 그럼에도 태강은 낙수洛水 밖으로 사냥을 가서 100일이 지나도록 돌아오지 않는 등 전혀 신경 쓰지 않았고, 백성들은 그 괴로움을 참기가 힘들었다. 그러자 유궁有窮의 임금 예羿가 하북에서 태강을 막아 돌아오지 못하게 하고 결국은 폐위하였다.

이에 태강의 아우 5명 즉 오자五子가 어머니를 모시고 낙수에 가서 태강을 기다리다가 그가 돌아오지 못하는 것을 보고 원망하면서 하나라를 건국한 우禹 임금의 경계를 기술하여 노래 다섯 편을 짓게 되었다. 그 노래가 이른바 '오자지가'였고, 그 내용은 다음과 같다.

그 첫 번째 노래는 다음과 같다.
"황조皇祖 우임금께서 교훈을 남기셨으니, 백성은 가까이 할지언정民可近 얕
잡아보아서는 안되고不可下, 백성은 나라의 근본民惟邦本이니 근본이 견고해

야 나라가 튼튼하다本固邦寧 하셨습니다.

우리들 오자가 들건대, 미련한 지아비와 부인이라 하더라도 임금이 인심을 잃으면 한 사람이 능히 임금을 이긴다고 하였습니다. 임금이 세 가지나 잘못을 하였으니, 백성들의 원망이 어찌 드러나지 않겠습니까? 그러므로 백성들의 원망이 드러나지 않았을 때 미리 도모하여야 합니다. 우리가 수많은 백성들을 대하는 것은 마치 썩은 새끼줄로 여섯 필의 말을 제어하는 것처럼 조심해야 합니다. 그러니 백성의 윗사람이 된 자가 어찌 공경하지 않겠습니까?'

그 두 번째 노래는 다음과 같다.

"우임금의 교훈이 있으니, 안으로 색황色荒을 하거나 밖으로 금황禽荒을 하거나, 술을 달게 여기고 음악을 좋아하거나, 집을 높이 짓고 담장을 조각하거나 하여, 이 여섯 가지 중에 한 가지라도 있으면 혹 망하지 않는 이가 없다 하셨습니다."

그 세 번째 노래는 다음과 같다.

"저 요순시대부터 이곳에 도읍을 정하고 천하를 소유하셨는데, 이게 그 도를 잃어 기강을 문란하게 하여 끝내 멸망함에 이르렀도다."

그 네 번째 노래는 다음과 같다.

"밝고 밝은 우리 조상은 만국의 군주이시니, 전칙典則을 자손들에게 남기셨습니다. 백성과의 신의를 높이기 위하여 도량형으로서 관석關石과 화균和鈞을 궁 안에 두었는데, 그 전통을 폐지하고 실추시켜 종족을 전복시키고 만대의 제사를 끊었도다."

그 다섯 번째 노래는 다음과 같다.

"아! 어디로 돌아가야 하나? 내 마음의 서글픔이여! 만백성이 우리를 원망하니 우리는 장차 누구를 우리지하겠는가? 슬프다. 내 심정이여! 얼굴이 두꺼워 부끄러운 마음이 있노라. 그 덕을 삼가지 않았으니 후회한들 따를 수 있겠는가?"[9]

---

9) 『서경』 하서(夏書), 오자지가(五子之歌).

위에 의하면 하나라의 건국시조 우 임금은 후손들에게 나라를 다스리는 임금이 마땅히 지켜야 할 훈계를 내렸는데, 그 핵심이 바로 '백성은 가까이 할지언정民可近 얕잡아보아서는 안되고不可下, 백성은 나라의 근본民惟邦本이니 근본이 견고해야 나라가 튼튼하다本固邦寧'였다. 즉 나라의 근본은 백성이므로, 백성이 견고해야 곧 나라가 튼튼해진다는 뜻이었다.

이와 함께 우임금은 백성을 견고하게 하기 위해 임금이 절대 하지 말아야 할 것 여섯 가지를 제시했는데, 그것은 바로 색황色荒, 금황禽荒, 술을 달게 여기는 것, 음악을 좋아하는 것, 집을 높이 짓는 것, 담장을 조각하는 것이었다.

그런데 이 여섯 가지는 궁극적으로 백성의 삶을 어렵게 만들기 때문에 하지 말아야 할 것들이었다. 예컨대 색황色荒은 임금이 여색에 빠져 황음무도하게 되는 것인데, 이렇게 되면 여색에 필요한 수많은 미녀들이 백성들에게서 나와야 할 뿐만 아니라, 여색을 즐기기 위해 필요한 온갖 물자들도 결국 백성들에게서 나와야 했다. 이는 궁극적으로 백성들의 삶을 어렵게 만드는 것이고, 그것은 결국 백성을 먹여 살려야 하는 임금의 역할을 못하게 되는 것이었다.

다음으로 금황禽荒은 임금이 사냥에 빠져 황음무도하게 되는 것인데, 이렇게 되면 사냥에 필요한 온갖 사냥개와 독수리들이 백성들에게서 나와야 할 뿐만 아닐라, 사냥을 즐기기 위해 필요한 온갖 물자들도 결국 백성들에게서 나와야 했다. 그래서 금황은 색황과 마찬가지로 백성들의 삶을 어렵게 만드는 것이고, 그것은 결국 백성을 먹여 살려야 하는 임금의 역할을 못하게 되는 것이었다.

다음으로 술을 달게 여기는 것, 음악을 좋아하는 것, 집을 높이 짓는 것, 담장을 조각하는 것 역시 임금이 먹고 마시며 거처를 화려하게 하는 것인데, 이 또한 궁극적으로 백성들의 삶을 어렵게 만드는 것이고, 그것은 결국 백성을 먹여 살려야 하는 임금의 역할을 못하게 되는 것이었다.

따라서 색황色荒, 금황禽荒, 술을 달게 여기는 것, 음악을 좋아하는 것, 집을 높이 짓는 것, 담장을 조각하는 것은 궁극적으로 백성들의 삶을 어렵게 하는 것이었고, 결과적으로 백성을 먹여 살려야 하는 임금의 역할을 하지 못하게 됨으로써 백성들로부터 쫓겨나게 된다는 것이 우임금의 가르침이었던 것이다.

요컨대 '오자지가'의 핵심은 임금이 백성을 먹여 살려야 하는 군부로서의 역할에 충실해야 임금이고 그렇지 못할 경우 임금으로서의 자격이 없으므로 쫓겨날 수밖에 없다는 의미라고 할 수 있다. 이런 의미에서 '오자지가' 역시 군사부일체 또는 군부일체라고 하는 유교적 대민 의식의 하나라고 할 수 있다.

그런데 '오자지가'에 나오는 색황色荒, 금황禽荒, 술을 달게 여기는 것, 음악을 좋아하는 것, 집을 높이 짓는 것, 담장을 조각하는 것은 결국 임금이 백성들에서 세금으로 거둬들임으로써 가능한 것들이었다. 그러므로 '오자지가'의 여섯 가지 경계는 결국 세금을 과도하게 걷지 않음으로써 백성들의 삶을 안정시키기 위한 것이라고 할 수 있다. 이런 의미에서 군사부일체론 또는 군부일체론에서 백성을 먹여 살리는 임금 또는 백성을 가르치는 임금이란 궁극적으로 백성들의 삶을 보장할 수 있을 정도의 세금을 걷는 임금이란 의미를 가진다고 할 수 있다. 이와 관련하여 조선 건국의 이론적 기초를 닦은 정도전은 『조선경국전』에서 다음과 같은 언급을 하였다.

나라의 빈부는 백성이 많고 적은 데 달려 있고, 부역의 균등은 인구의 수효를 세밀하게 파악하는 데 달려 있다. 그러므로 백성을 다스리는 직책을 맡은 사람이 백성을 휴양休養시키고 생식生息시켜 인구를 번창하게 하고, 백성을 위로해서 모여들게 하고 편안히 살 수 있게 해서 그들의 거주를 보호하면 백성이 많아지게 될 것이다. 그리고 호구를 등록하여 그 증감을 살피면 백성의 수효를 세밀하게 파악하게 될 것이고, 인구를 조사하고 장정을 계산하여 그 차렴差斂을 부과하면 부역이 균등해질 것이다. 대저 이와 같이 하면 위에서는 일이 성취되고 아래서는 시끄러운 일이 일어나지 않을 것이며, 나라는 부유해지고 백성은 편안하게 될 것이다.

고려 말기에는 백성들의 재산을 다스릴 줄 몰랐다. 백성을 휴양시키는 방도를 잃자 인구가 번식하지 못하였고, 백성을 편안하게 하는 방도를 갖지 못하자 더러는 굶주림과 추위에 죽기도 하였다. 호구는 나날이 줄어들고 남은 사람들은 부역의 번거로움을 견디지 못하여 호부豪富의 집에 꺾이어 들어가기도 하고 권세가에 의탁하기도 하였다. 그 밖에 혹은 공업이나 상업을 하기도 하고 혹은 도망하여 중이 되기도 해서 전인구의 10분의 5~6은 호적에서 이미 빠져나갔으며, 공·사의 노비나 사원寺院의 노비가 된 사람은 또한 그 수효에 포함되지도 않았었다. 다행히 호적에 올라 있다고 하는 호구도 또한 가장家長이 숨기거나 간사한 관리가 점유하여 한 호의 가족이 모두 호적에 올라 있는 것도 아니었다. 이러고서야 백성의 수효를 어떻게 세밀히 파악할 수가 있으며, 부역이 어떻게 균등해질 수가 있겠는가? 만일 징렴徵斂할 일이 있을 때에는 기한을 급박하게 정하여 백성을 치고 때리면서 몰아세우므로 일은 일답게 되지 못하면서 백성들은 번거롭고 소요함을 견디지 못하니, 나라는 더욱 가난해지고 백성은 더욱 괴로웠던 것이다.

우리 전하는 처음 즉위하자 유사에게 명하여 백성을 편안하게 할 방도를 강구하게 하고, 중외에 교서를 내리어 백성의 수효를 등록하게 하여 가호가 얼마, 인구가 얼마인가를 파악하게 하니, 정치하는 근본을 안다고 할 만하다. 그러나 유사들의 재능이 동일하지 않으므로 이를 봉행하는 데 더러 불충분한 점이 있으니, 어찌 빠뜨린 호수가 없겠는가? 그러나 이를 수행하는 기간이 길어지면 호구를 세밀하게 파악할 수 있게 될 것이다.

대개 임금은 나라에 의존하고君依於國, 나라는 백성에 의존하는 것이니國依於民, 백성이란 나라의 근본이며民者 國之本 임금의 하늘인 것이다君之天. 그러므로 『주례』에서는 인구수를 왕에게 바치면 왕은 절하면서 받았으니, 이것은 그 하늘을 존중하기 때문이었다. 인군이 된 사람이 이러한 뜻을 안다면 백성을 사랑함이 지극하지 아니할 수 없을 것이다. 그러므로 신은 판적편版籍篇을 지으면서 백성 사랑하는 것을 아울러 논하는 바이다.[10]

---

10) "國之貧富 在民之衆寡 賦役之均 在民數之周 故任民牧之職者 休養生息 以蕃其類 勞來安集 以保其居 民可庶也 籍其戶口 稽其登耗 民可數也 驗口計丁 科其差斂 賦役可均也 夫如是 事集於上而下不擾 國富而民安也 前朝之季 不知制民之産 休養失其道 而生齒不息 安集無其方 而或死於飢寒 戶口日就於耗損 其有見存者 不勝賦

위에 의하면 정도전은 백성이 나라의 근본이라는 '민유방본民惟邦本'에서 한걸음 더 나아가 백성은 임금의 하늘君之天이라는 언급까지 하고 있다. 이는 결국 군사부일체론 또는 군부일체론에서 더 진전된 이론이라 할 수 있는데, 그것은 궁극적으로 나라의 근본이며 임금의 하늘인 백성을 먹고살 수 있게 해야 임금이라는 뜻이라고 할 수 있다. 그런 임금이 되기 위한 기본 요건이 바로 백성들의 숫자를 정확이 헤아리고 공평하게 세금을 부과하는 것이라는 생각에서 정도전은『조선경국전』판적版籍 부분에서 백성은 나라의 근본이며 임금의 하늘이라는 언급을 했다고 할 수 있다. 이 같은 정도전의 사상 역시 '오자지가'와 마찬가지로 세금을 과도하게 걷지 않음으로써 백성들의 삶을 안정시키기 위한 것이라고 할 수 있다. 이런 의미에서 정도전의 사상 역시 백성을 먹여 살리는 임금 또는 백성을 가르치는 임금이란 군사부일체 또는 군부일체론에 다름 아니라고 할 수 있다. 이 같은 사상이 조선시대 유학자들 사이에 공감되었을 것이라는 점에서 조선시대 민에 대한 유교적 인식은 '민유방본'으로 대표되었다고 할 수 있다.

2. 항산(恒産)과 항심(恒心)

'민유방본'은 소극적 의미와 적극적 의미로 나누어 생각할 수 있다. 소극적 의미에서 민유방본은 백성들의 삶을 보장할 수 있을 정도의 세금만 가둠으로써 백성의 삶을 안정시키고 나아가 나라를 안정시킨다는 논

役之煩 折而入於豪富之家 托於權要之勢 或作工商 或逃浮圖 固已失其十五六 而其爲公私寺院之奴婢者 亦不在其數焉 幸而號爲編民者 又以家長之所容隱 姦吏之所占挾 一戶之口 不盡付籍 民數可得而周乎 賦役奚由而均乎 一有徵斂之事 期限刻迫 捶撻隨之 事未及集 民不勝其煩擾 國益貧而民益苦也 惟我殿下初卽位 命有司講求便民之方 敎于中外 籍其數 得戶幾口幾 可謂知爲政之本矣 然有司之才否不同 奉行或有未至者 其間豈無脫漏之數 而行之歲月之久則可周也 蓋君依於國 國依於民 民者 國之本而君之天 故周禮獻民數於王 王拜而受之 所以重其天也 爲人君者知此義則其所以愛民者 不可不至矣 故臣著版籍之篇而幷論之"(정도전,『조선경국전』부전(賦典), 판적(版籍)).

리가 될 수 있다. 반면 적극적 의미에서 민유방본은 백성들의 삶과 나라를 안정시키기 위해 국왕과 지배층의 적극적인 정책과 선도가 필요하다는 논리가 될 수도 있다. 이 중에서 적극적 의미에서의 민유방본이 강조될 경우, 백성들의 삶과 나라가 불안한 것은 결국 국왕과 지배층의 무능 또는 폭정 때문이라는 결론으로 유도될 수도 있었다. 이와 관련된 논리가 『맹자』의 항산恒産, 항심恒心 논리라 할 수 있다.

그런데 『맹자』의 항산과 항심 논리는 맹자와 제나라 선왕宣王과의 대화 중에서 나온다. 맹자가 제나라에 갔을 때, 선왕이 묻기를 '제나라 환공과 진나라 문공의 일을 들려주시겠습니까?' 하였다. 여기서 제 선왕이 질문 한 제 환공과 진 문공은 춘추시대의 5패로 이름 높은 제후였다. 따라서 제 선왕은 맹자에게 전국시대를 제패하기 위한 모범 사례 즉 패도覇道로서 제 환공과 진 문공을 질문한 것이라 할 수 있다.

이 질문에 대하여 맹자는 '공자의 문하생들 중에는 제 환공과 진 문공 의 업적을 말하는 사람이 없으므로 후세에 전해진 것이 없어서 듣지 못하 였으나, 마다 않고 들으신다면 왕도에 대하여 말씀하겠습니다.'라고 대답 했다. 맹자는 패도에 대하여는 아는 바 없고 단지 왕도에 대해서만 말하겠 다고 했던 것이다. 이에 대하여 제 선왕은 '덕이 어떠하면 곧 왕 노릇을 할 수 있습니까?' 라고 물었는데, 패도 대신 왕도를 물은 것이었다.

그러자 맹자는 왕도에 대하여 대답했는데, 그 핵심은 보민保民 즉 백성 의 보호와 불인지심不忍之心 즉 차마 못하는 마음이었다. 이에 대하여 제 선왕이 보다 구체적으로 대답해 주면 한 번 실천해 보겠다고 하자 맹자는 이렇게 대답하였다.

맹자가 말하기를, '항산이 없어도 항심을 가지는 자는 오직 사士라야 그렇게 할 수 있습니다. 만약 백성에게 항산이 없으면 항심이 없게 됩니다. 진실로 백성에게 항심이 없으면 방벽放辟하고 사치할 것을 그만두지 않을 것입니 다. 그렇게 해서 백성이 죄를 진 뒤에 쫓아가 잡아서 형벌을 가한다면, 이것 은 백성을 그물로 쳐서 잡는 것이니, 어찌하여 어진 사람이 임금의 지위에 있으면서 백성을 그물로 쳐서 잡을 수 있겠습니까? 그러므로 훌륭한 임금은 백성의 생업을 설정하여 주어 반드시 위로는 부모를 섬길 수 있게 하고, 아래로는 처자를 부양할 수 있게 하며, 풍년에는 종신토록 배부르게 먹고 흉년에는 죽음을 면케 하였으니, 그런 뒤에 힘써서 착한 일을 하게 함으로 백성들이 쫓아오기가 쉬운 것입니다. 오늘날 백성의 생업을 제정하기를, 위로는 부모를 섬길 수 없게 하고, 아래로는 처자를 부양할 수 없게 하여 풍년이 들어도 종신토록 고생해야 하고, 흉년이 들면 죽음을 면치 못하게 하니, 이것은 오직 죽지 않고 살려고 애는 써도 넉넉지 못할까 두렵거늘 어느 겨를에 예의를 다스리겠습니까? 왕께서 행하려 하시면 어찌하여 그 근본으로 돌아가지 않으십니까? 오무五畝의 택지에 뽕나무를 심으면 쉰 살 된 노인이 비단 옷을 입을 것이며, 닭이나 돼지, 개와 같은 가축들의 번식 시기를 놓치지 않게 하면 일흔 살 된 노인이 고기를 먹을 것이며, 백무百畝의 밭을 그 농번기를 빼앗지 아니하면 여덟 식구의 가구가 굶주리지 않을 것이며, 학교 교육을 철저히 실시하여 효도와 공경을 되풀이하여 가르친다면 반백이 된 노인이 길이에서 짐을 지거나 이고 다니지 않을 것이니, 노인이 비단옷을 입고 고기를 먹으며, 백성들이 굶주리지 않으며 춥지 않게 되고서도 왕 노릇을 하지 못하는 사람은 없습니다.' 하였다.[11]

맹자는 사士와 민民을 나누고서 사는 항산이 없어도 항심이 있지만, 민은 항산이 없으면 항심이 없어 방벽放辟, 사치하게 될 것이라고 하였다. 여기서 방벽은 항산이 없어 생활에 곤궁한 백성이 도둑질이나 강도질 같은 불법적 행동을 하는 것이라 할 수 있으며, 사치는 항산이 없지만 어쩌다 돈이 생긴 백성이 사치를 부리는 행동이라 할 수 있다. 백성이 그렇게 하는 이유는 학문이 없어서이기도 하지만 근본적으로 항산이 없어서이다. 그러므로 백성들의 방벽과 사치를 막으려면 백성들에게 항산을 보장해줘야 하는 것이고, 그 항산은 최소한 '백성의 생업을 설정하여 주어 반드시 위로는 부모를 섬길 수 있게 하고, 아래로는 처자를 부양할 수 있게 하며, 풍년에는 종신토록 배부르게 먹고 흉년에는 죽음을 면케'

---

11) 『맹자』 양혜왕 상.

할 정도는 되어야 했다. 만약 그렇게 하지 못하면서 백성의 방벽과 사치를 다스리겠다고 한다면 그것은 백성을 그물로 쳐서 잡는 것이나 마찬가지라는 것이 맹자의 주장이었다. 이는 맹자의 보민 주장 역시 백성을 먹여 살리는 임금 또는 백성을 가르치는 임금이란 군사부일체 또는 군부일체론에 크게 다르지 않음을 보여준다. 이 같은 맹자의 항산, 항심에 대하여 주자는 다음과 같이 해설하였다.

> 항산의 항은 항상 이라는 뜻이고, 산은 생업이라는 뜻이다. 항산이라 하는 것은 항상 생산하는 직업이요, 항심은 사람이 항상 가지고 있는 착한 마음이다. 사士는 일찍 학문을 하여 의를 아는 고로 비록 항산이 없어도 항심이 있지만, 백성은 그렇지 못하다.[12]

주자의 해설대로 한다면, 백성에게 항심을 심어주기 위해서는 항산 못지않게 학문 또는 교육이라고 할 수 있다. 이는 자칫 항산보다는 교육에 핵심을 맞추는 논리로 발전할 수 있다. 하지만 맹자 자체의 논리에 충실하다면 그것은 교육 이상으로 항산이 중요하다고 할 수 밖에 없으며, 항산에 핵심을 맞춘다면 백성은 항산 여부에 따라 양민이 될 수도 있고 폭민이 될 수도 있다고 할 것이며, 그 책임은 궁극적으로 국왕에게 돌아간다고 할 수 있다. 예컨대 임진왜란 직후 사헌부에서는 이런 상소문을 올렸다.

> 사헌부가 아뢰기를, "난후亂後에 겨우 살아남은 백성들이 크고 작은 요역搖役에 지쳐 항산恒産과 항심恒心을 잃고 사방으로 흩어진 지 오래입니다. 지금의 계책으로는 한편으로는 사나운 용사龍蛇임을 생각하고 한편으로는 순진한 적자赤子임을 생각하여 무마해주고 안집安集시켜 보전할 계책을 극진히 하여야 합니다. 그러니 어찌 무익한 일을 거행하고 급하지 않은 일을 독촉함으로써 민력을 거듭 피곤하게 하여 앉아서 근본을 공고히 하고 나라를 편안히 하는 방도를 잃어서야 되겠습니까. 양전量田은 나라의 대사大事이니 유사有司가 된 자는 급급히 거행하여야 하는 것입니다. 다만 전란을 겪은 후로

---

12) 『맹자집주』 양혜왕 상.

전야田野가 다 개간되지 않아 잡초와 수목이 무성하여 전답의 두둑을 분간할 수가 없습니다. 지금 유사에게 십분 자세히 타량打量하게 한다 하더라도 어떻게 기름지고 척박함을 분변하여 등급을 나누어 결수結數를 정할 수 있겠습니까. 끝내 국가에는 아무런 보탬이 없을 것이고 관리들이 이를 인연하여 침탈함으로 인해 백성들이 받는 폐해가 이루 말할 수 없게 될 것입니다. 어떤 사람은 '근래 요역이 균등하지 않은 것은 오로지 전결田結에서 연유한 것이다.'라고 하는데, 이 말이 그럴 듯하기는 하나 그렇지 않습니다. 예전 태평하던 때에 양전 어사量田御史를 파견하여 기강이 확립되고 호령이 행해지던 때에도 간사한 술수를 부리는 폐단이 없지 않았는데, 하물며 지금 같이 사람들이 법을 두려워하지 않아 온갖 일이 해이된 때에 단지 각읍各邑의 수령으로 하여금 스스로 전답을 타량하게 한다면 과연 그 경계를 정확하게 하고 호강豪强한 자들이 몰래 점유하는 것을 적발해 내어 백성들의 고통을 풀어줄 수 있겠습니까. 소요만 더할 뿐입니다. 비록 대대적으로 양전하지 않는다 하더라도 외방에 엄하게 신칙하여 현재 기경起耕한 숫자를 빠뜨리지 않게 하고, 또 경차관敬差官을 뽑아 예전대로 답험踏驗하게 한다면 세입稅入이 늘어나고 요역이 줄어드는 것 또한 여기에서 벗어나지 않을 것입니다. 머지않아 조사詔使의 행차가 있을 것인데 현재 경종耕種하는 일이 긴급하니, 급하지 않은 일은 더욱 하지 말아야 하는 것으로서 민력民力을 쉬게 하여야 합니다. 양전하는 일을 정지하고 우선은 적당한 시기를 기다리게 하소서." 하니, 답하기를, "천천히 발락發落하겠다." 하였다.[13]

위에서는 항산과 항심이 없는 백성을 용사龍蛇와 적자赤子라고 하는 상반

---

[13] "憲府啓日 亂後孑遺之民 困於大小徭役 失恒産恒心 散而之四方久矣 爲今之計 所當一以爲龍蛇 一以爲赤子 摩之撫之 以盡安集保存之策 可也 豈宜擧無益之事 督不急之務 重困民力 坐失固本寧邦之道乎 量田 國之大事 爲有司者 固當汲汲擧行 第惟兵火之後 田野未盡闢 汚萊榛莽 滿目蕭然 畎畝阡陌 無跡可據 今雖使之十分打量 其何以辨饒瘠 分等第 定其結乎 終必無益於國家 而官吏之貪緣剝割 小民之奔走受弊 有不可勝言者 或謂近來賦役之不均 專由於田結 此言似然 而不然 在昔太平時 委遣量田御史 立紀綱 行號令之際 或不無姦僞操縱之弊 矧今人不畏法 百事解弛之日 只令各邑守令 自量其田 果可以不慢其境界 摘豪强之隱占 解小民之偏苦乎 徒增騷擾而已 雖不大擧量田 若嚴飭外方 使勿漏時起之數 又擇敬差官 遵舊踏驗 則稅入之多 徭役之卜 亦不外是矣 前頭將有詔使之行 目今方緊耕種之務 不急之擧 尤不可不撤 以休民力 請命停量田 姑待其時 答日 徐當發落 (『선조실록』 권159, 36년 (1603) 2월 12일).

된 존재로 표현하였다. 여기서 용사는 항산과 항심이 없는 백성이 사나운 용이나 뱀처럼 왕과 지배층에게 폭력적으로 저항하는 것을 상징한다고 할 수 있고, 적자는 항산과 항심이 없는 백성임에도 불구하고 왕과 지배층에게 충성을 바치는 것을 상징한다고 할 수 있다. 조선시대에 사헌부에서 이 같은 상소문을 올린 이유는 물론 백성은 항산 여부에 따라 양민이 될 수도 있고 폭민이 될 수도 있으며, 그 책임은 궁극적으로 국왕에게 돌아간다는 점을 강조하기 위해서라고 할 수 있다.

그런데 이 같은 주장은 훌륭한 군주는 '백성의 생업을 설정하여 주어 반드시 위로는 부모를 섬길 수 있게 하고, 아래로는 처자를 부양할 수 있게 하며, 풍년에는 종신토록 배부르게 먹고 흉년에는 죽음을 면케'할 정도의 보민을 해야 한다는 맹자의 보민 사상에 기반하고 있지만, 이 주장을 더욱 과격하게 밀어붙이면 보민을 제대로 못하는 군주는 군주로서의 자격이나 능력이 없는 군주이므로 물러나야 한다는 혁명적 주장으로도 비화할 수 있다는 측면에서 매우 과격한 주장이라고도 할 수 있다.

조선시대 국왕과 양반 등 지배층은 군사부일체론 또는 항산 사상에 입각한 보민적 국왕 리더십관을 적극적으로 내세웠다. 이 같은 보민적 국왕 리더십관은 상언, 등장 등 합법적 소통방식에서 적극적으로 표출되었다. 예컨대 『유서필지』의 다양한 문서식에는 이 같은 보민적 국왕 리더십관이 잘 드러나 있다.

한편 조선시대의 백성들 역시 표면적으로는 이 같은 보민적 국왕 리더십관을 수용하였다. 하지만 삶이 현실이 극단적으로 치달을 경우에는 보민적 국왕 리더십관을 넘어서는 저항적 국왕 리더십관 내지 혁명적 국왕 리더십관을 보이기도 하였다. 예컨대 조선후기의 당쟁 또는 민란 등에서 표출되는 진인眞人, 정도령鄭都令, 미륵 등은 국왕이나 양반들이 주장하는 보민적 국왕 리더십관을 넘어선다는 면에서 저항적 국왕 리더십관 내지 혁명적 국왕 리더십관의 표출이라 할 수 있다.

민의 합법적 정치 행위와 국왕 리더십관

    조선시대 민의 합법적 정치 행위는 제도적으로 공인된 정치행위라 할 수 있는데, 이를 대표하는 것이 바로 신문고, 상언, 격쟁 등이었다. 이 같은 합법적 정치 행위는 모두 문서로 이루어졌고, 이에 따라 각각의 문서마다 엄격한 문서식이 있었다.

    조선시대 민이 상언, 격쟁 등을 통해 합법적으로 자신의 의사를 표출할 때 참조하기 위해 이용된 대표적인 문서식 모음이 바로 조선후기의 『유서필지儒胥必知』였다. '선비와 서리가 반드시 알아야 할 것'이라는 제목 그대로 『유서필지』는 각종 탄원서나 소송서 또는 매매문서 등 다양한 수요에 부응하고 어려움을 해소하기 위해 편찬되었다.[14) 『유서필지』의 편찬목적은 범례에 구체적으로 표출되어 있는데, 그 내용은 다음과 같다.

> 무릇 문자의 체體는 각기 다르다. 문장을 배우는 사람들은 문장의 문체를 숭상하고, 공령功令을 공부하는 사람은 공령의 문체를 익히며, 서리의 일을 배우는 사람은 서리의 문체를 배운다. 이른바 문장학은 서序, 기記, 발跋, 잡저雜著 등의 문체를 말하고, 공령학은 시, 부, 표, 책, 의疑, 의義 등의 문체를 말하며, 서리학은 단지 문서나 장부를 말하는 것뿐만 아니라, 상언, 소지所

---

14) 전경목, 「『儒胥必知』 編刊과 고문서학적 의의」, 『儒胥必知』, 사계절, 2006, 368쪽.

志, 의송議送 같은 문체로 모두 서리가 맡아야 한다. 이는 서리만 알아야 하는 것이 아니라 무릇 관리 또한 반드시 알아야 한다. 그리고 이런 문체는 유자儒者와 서리에게 가장 많이 사용되기 때문에 이 책을 『유서필지』라 이름 한다. 그 범례를 하나씩 아래에 열거한다.

1. 상언, 격쟁 등의 사례가 있다.

1. 소지의 투식을 예시한다.

1. 사대부가 직접 올리는 소장을 단자라고 한다. 가령 서울에 사는 사대부가 산송 등의 일로 오부나 형조, 한성부에 소장을 올릴 경우, 시면始面에 '모부 모동에 사는 유학 아무개의 단자某部某洞居某幼學某單子'라 쓰고, 기두起頭에는 '삼가 살펴주시기를 바랍니다. 엎드려 말씀드리건대...恐鑑伏以'라고 쓰며, 결사結辭에는 '간절히 바라마지 않습니다.無任祈懇之至'라고 쓴다. 매우 원통하고 중대한 일이라면 '간절히 바라마지 않습니다.無任泣祝'이라고 쓴다.

1. 사대부가에서 만약 노奴의 이름으로 소장을 올릴 경우, 시면에 '모부 모동에 사는 모댁의 노 모의 발괄某部某洞居某宅奴某白活'이라 쓰고, 기두起頭에는 '위와 같이 삼가 소지를 올립니다. 저의 상전 또는 상전댁에서...右謹陳所志矣段 矣上典'이라 쓰며, 결사結辭에는 '엎드려 바라건대 잘 살펴보신 후에...해 주시기를 간절히 바라옵니다.伏乞參商敎是後云云 千萬望良爲白只爲'라고 맺는다.

1. 사대부가 자신이 살고 있는 고을의 수령이나 조상의 무덤이 있는 고을의 수령에게 소장을 올릴 경우, 시면에는 '모지에 거주하는 민 유학 모의 단자某地居民幼學某單子'라고 쓰고, 기두와 결사는 위의 문구와 같다. 해당 고을의 수령은 '성주합하城主閣下'라고 존칭한다.

1. 일반 민이 소장을 올릴 경우, 시면에는 '모지에 거주하는 한량 모의 발괄某地居閑良某白活'이라고 쓰고, 기두에는 '위와 같이 삼가 소지를 올립니다.右謹陳所志矣段' 또는 '위와 같이 삼가 지극히 원통한 사정을 아룁니다.右謹陳至寃情由事段'라 쓰며, 결사에는 '엎드려 바라건대 잘 살펴보신 후에 ...해 주시기를

간절히 바라옵니다.^{伏乞參商教是後云云 千萬望良爲白只爲}'라고 쓴다.

1. 여인이 소장을 올릴 경우 시면에는 '모지에 사는 모 조이의 발괄^{某地居某召}^{史白活}'이라고 하고, 기두와 결사는 위의 문구와 같다.¹⁵⁾

위에 의하면, 『유서필지』의 서식은 작성자가 사대부인지 노비인지 아니면 민인지, 여성인지에 따라 다르게 나타난다. 이처럼 사대부, 민, 노비에 따라 서식이 달라지는 이유는 사대부, 민, 노비가 왕과 맺는 각각의 관계가 서로 다르기 때문이다. 그러므로 이 같은 『유서필지』의 서식 중에서 민이 국왕 또는 관료를 대상으로 하여 작성하는 문투에는 민의 합법적 정치행위를 표현하는 다양한 의미가 포함되었을 것이라 예상할 수 있다. 이하에서는 『유서필지』이 서식 중 국왕 대상의 서식과 관료 대상의 서식에 나타나는 문투를 국왕 리더십관이라는 측면에서 검토하고자 한다.

1. 국왕 대상의 정치행위와 국왕 리더십관

조선시대 양반, 양인 등 사인私人이 작성하는 문서는 대상에 따라 대국왕^{對國王} 문서, 대관부^{對官府} 문서, 대사인^{對私人} 문서, 대사사^{對寺社} 문서 등이 있었다. 이 중 대국왕 문서로는 상소, 상언, 원정^{原情}, 시권^{試券} 등이 있었고, 대관부 문서로는 소지, 등장^{等狀}, 원정, 상서, 의송, 고음^{侤音}, 호구단자, 진고장^{陳告狀}, 진시장^{陳試狀}, 공신자손세계단자, 조율시공의단자^{照律時功議單子} 등이 있었다.¹⁶⁾

이 같은 대국왕 문서 중에서 민의 합법적 정치행위와 관련된 문서는 상소, 상언, 원정 등이 대표적이라 할 수 있다. 이와 관련하여 『유서필지』에는 격쟁원정의 서식이 수록되어 있는데, 그 내용은 다음과 같다.

---

15) 전경목 외 역주, 『儒胥必知』, 사계절, 2006, 36~40쪽.
16) 최승희, 『한국고문서연구』, 한국정신문화연구원, 1979, 33~34쪽.

선조의 원통함을 씻기 위하여 올리는 격쟁원정

○○ 도내 ○○ 고을의 유생인 유학 신 ○○○

아뢰옵니다. 위와 같이 삼가 아뢰는 신의 일은 다음과 같습니다. 신이 엎드려 생각하건대 병이 들면 반드시 어버이에게 애원하고, 원통한 일이 있으면 반드시 하늘에 호소하는 것은 인지상정이며 당연한 이치입니다. 지금 지극히 절박하고 원통한 신의 사정은 병에 걸려 어버이에게 애원하는 것보다 더 심합니다. 그 사정이란 선조를 위한 것이며, 그 원통함이란 뼈에 사무치는 일입니다. 저 하늘이 비록 아득하여 무심한 듯하지만, 우리 백성들의 논과 귀를 통해 보고 들으니, '소회所懷가 있으면 반드시 임금께 아뢴다'는 도리에 따라 만물을 보호해주시는 전하仁覆之下께 아뢰지 않을 수 있겠습니까? 이 때문에 경동하는 죄를 살피지 아니하고 전하께서 거둥하시는 수레 앞에서 죽음을 무릅쓰고 격쟁합니다. (중략)

삼가 바라건대 천지부모天地父母 같으신 성상께서는 속히 묘당廟堂으로 하여금 품처稟處케 하여 신의 ○대조의 죄명을 신원해 주소서. 삼가 천은天恩을 입고자 아뢰나이다. (하략)[17]

위에 위하면 원통한 백성의 사정을 살펴 풀어주는 국왕은 '만물을 보호해주시는 전하仁覆之下', '천지부모天地父母' 등으로 표현되었다. 즉 이때의 국왕은 하늘 그 중에서 인자한 하늘로 이념화된 것이었다. 국왕을 인자한 하늘로 이념화한 것은 군사부일체론의 다른 표현이기도 하였다. 왜냐하면 유교에서 군사부일체론의 주인공이 되는 왕은 하늘을 대신하여 인간사회를 통치하는 초월자로 이념화되어 있는데, 만물을 생육하는 존재가 인자한 하늘이듯이 인간사회를 생육하는 왕 역시 인자한 하늘이 되어야 한다는 것이 유학자들의 주장이었기 때문이다. 이를 좀 더 부연 설명하면 다음과 같다.

만물을 생육하는 인자한 하늘의 덕은 생명을 사랑하는 데 있다. 어버이의 덕도 자식을 사랑하는 데 있다. 인간사회를 생육하는 왕의 덕도 당연히

---

17) 전경목 외 역주, 『儒胥必知』, 사계절, 2006, 146~150쪽.

백성들의 생명을 사랑하는 데 있다. 즉, 왕은 국가를 구성하는 백성들을 어버이가 자식을 사랑하듯이 자애로써 다스려야 한다. 조선시대에 왕을 군부라 하는 이유는 어진 정치, 바로 왕도를 추구하는 유교이념의 표상이 었다. 조선시대의 왕이 백성들을 지칭할 때 적자赤子(갓난아기)라 한 것이 바로 그것이다. 이와 관련하여 동양의 유학자들의 왕王이라고 하는 글자를 이용하기도 하였다.

'왕王'이라는 글자의 모습은 얼른 보면 삼三(석 삼)과 곤ㅣ(뚫을 곤)을 조합한 형태다. 유학자들은 바로 이 조합 형태를 덕과 연결시켰다. 즉 삼三은 일一이 세 개 모여서 만들어진 글자로서, 일一은 각각 하늘·땅·인간을 상징한다고 했다. 즉, 삼三은 천天·지地·인人을 의미하고 이것은 우주를 표시한다는 것이다. 곤ㅣ은 뚫는다 또는 관통한다는 의미로서 천지에는 만물을 생육하는 덕이 있고, 왕은 바로 그 천지의 덕을 본받아 우주를 관통한다는 것이었다. 다시 말해서 천·지·인으로 상징되는 우주를 덕을 매개로 관통하는 존재, 바로 왕이 그런 존재라는 것이다.

왕을 덕과 관련시켜 해석한 유학자들의 관념은 한漢나라 때의 대유학자 동중서董仲舒에 의해 정리되었다. 『설문해자說文解字』라는 과거의 권위 있는 한자 해설서에 의하면 그는 왕王을 다음과 같이 해설했다.

왕王이라는 글자는 이렇게 만들어졌다. 옛날에 문자를 처음 만든 사람이 일一을 세 번 그려서 삼三을 만들었다. 그리고 그 가운데를 내리그어서 서로 연결시켰다. 삼三은 천 · 지 · 인으로 상징되는 우주다. 이 우주의 중심을 관통하는 존재, 그것이 바로 왕王이다.

왕의 어원에 대한 동중서의 해석은 이후 유학자들의 정통이론이 되었다. 왕이 우주를 관통하는 덕을 가진 존재이기에 그에게 천하가 귀의해간다는 설명도 같은 맥락이었다. 조선시대의 유학자들이 왕에 대해 거론할 때에도 모두 위의 해석을 답습했다. 예컨대 조선건국에 지대한 공을 세운 정도전鄭道傳도 왕에 대하여 송대 유학자들의 견해를 답습하고 있다. 『경

제문감經濟文鑑』이라는 정도전의 저술에서는 왕이 다음과 같이 설명되고
있다.

> 우주만물의 근본은 무엇인가? 그것은 바로 하늘이다. 이 땅 모든 나라의
> 근본은 무엇인가? 그것은 바로 왕이다. 우주만물이 살아가며 그 생명을
> 영원히 유지할 수 있는 것은 바로 하늘의 도가 있기 때문이다. 이 땅의
> 모든 인류가 평화롭게 살아갈 수 있는 것은 바로 왕의 도가 있기 때문이다.
> 그러므로 왕이 하늘의 도를 본받는다면 이 땅의 모든 나라들이 평안하게
> 된다.

전통시대 왕은 도끼로 상징되듯이 생사여탈권을 가진 절대권력자였다.
이 같은 폭력적 생사여탈권을 가진 지배자에게 피지배자들은 그 강제력
에 압도되어 억지로 복종을 하기 마련이다. 이에 비해 덕을 갖춘 지배자에
게 피지배자들은 자발적으로 복종하게 된다.

동양의 전통시대를 주도해온 유교지식인들은 왕권의 발생과 그 정당성
을 덕에서 찾았다. 유교지식인들은 도끼문양으로써 왕권의 강제력을 상
징하면서도 도끼자루가 없는 문양을 내세웠다. 도끼자루가 없는 도끼란
사실 무용지물과 같았다. 사용할 수 없는 도끼를 내세우는 유교지식인들
의 의도는 바로 강제력에 의한 복종보다는 자발적인 복종을 이끌어내려
는 것에 있었다.

하늘의 본질은 생명을 사랑하는 데 있다. 생명 중에 가장 고귀한 인간
사회를 사랑하는 하늘은 왕을 두어 인간의 생명을 기르고 있는 것이다.
인간사회가 질서와 문명 속에 있을 때 인간의 생명현상은 최고도로 발현
될 수 있다. 과거 유학자들이 왕의 존재이유를 설명하던 근거는 이것이었
다. 『유서필지』의 격쟁원정에서 왕이 '만물을 보호해주시는 전하仁覆之下',
'천지부모天地父母' 등으로 표현된 것은 궁극적으로 국왕을 대상으로 하는
민의 합법적 정치행위에서 국왕 리더십이 '인자한 하늘'로 이념화되었음
을 알려주는 것이라 할 수 있다.

2. 관료 대상의 정치행위와 국왕 리더십관

조선시대 사인문서 중 대관부 문서로는 소지, 등장等狀, 원정, 상서, 의송, 고음侤音, 호구단자, 진고장陳告狀, 진시장陳試狀, 공신자손세계단자, 조율시공의단자照律時功議單子 등이 있었다.[18] 이 같은 대관부 문서 중에서 민의 합법적 정치행위와 관련된 문서는 소지, 등장, 원정, 상서, 의송, 고음侤音, 진고장陳告狀 등이라 할 수 있다. 이와 관련하여 『유서필지』에는 소지所志의 서식이 수록되어 있는데, 그 내용은 다음과 같다.

> 환호還戶에서 탈면頉免하기 위해 올리는 소지
>
> ○○면 ○○리에 사는 한량 ○○○의 발괄白活
>
> 삼가 소지를 올리는 일은 다음과 같습니다. 저는 태평성대의 백성으로 연이어 풍년이 드는 세상에서 다행히도 잘 잘 수가 있었습니다. 그러나 제가 사는 집이라곤 두세 칸에 불과한 누추한 오두막집입니다. 지금 환곡을 호마다 배정할 때에 저의 이름이 '소호小戶'에 편입되었습니다. 이 나라와 이 고장에 사는 백성으로서 어찌 감히 백성 된 도리를 회피하고자 할 수 있겠습니까마는, 지금 만약 막중한 나라의 곡식을 받아먹고 기한 내에 다 갚지 못한다면 저의 수많은 곤란은 우선 내버려 두더라도 이것으로 관가에 심려를 끼치게 될 터이니, 어찌 공사 간에 불행한 일이 아니겠습니까? 삼가 바라건대 잘 헤아려 보신 後參商教是後 면제받지 않으면 안 될 저의 처지를 특념特念 하지고, 또 공사 간에 낭패스러운 점을 하촉下燭 하시어 저의 이름을 특별히 '초호성책抄戶成册'에서 삭제해 주소서. 안전주님께서 처분하옵시기를 천만번 간절히 바라옵니다. (하략)[19]

위에 의하면 절박한 백성의 사정을 살펴야 하는 수령의 행위는 '참상參商', '특념特念', '하촉下燭' 등으로 표현되었다. '참상參商'이란 '깊이 생각한다.'는 뜻이고 '특념特念'은 '특별히 생각한다.'는 뜻이며, '하촉下燭'은 '굽어 밝히다.'는 뜻이다. 모두 윗사람이 아랫사람의 처지와 입장을 잘 살펴

---

18) 최승희, 『한국고문서연구』, 한국정신문화연구원, 1979, 33~34쪽.
19) 전경목 외 역주, 『儒胥必知』, 사계절, 2006, 216~218쪽.

고 잘 헤아려야 한다는 뜻이라 할 수 있다.

이처럼 관료가 민을 대상으로 '참상參商', '특념特念', '하촉下燭' 해야 하는 이유는 물론, 수령 등의 관료가 국왕을 대신하여 백성을 다스리기 때문이다. 이를 유교 지식인들은 이렇게 설명하였다.

인자한 하늘을 대신하여 국가를 다스리는 국왕은 혼자인 데 비하여 그가 통치해야 할 백성들은 무수히 많고, 토지도 매우 넓다. 왕은 필연적으로 백성들 중에서 현명한 사람들을 골라 그의 통치행위를 보좌하도록 해야 한다. 왕이 인사권을 행사하는 근거가 여기에 있다.

왕이 좋은 정치를 실행하기 위해서는 당연히 좋은 신료들이 필요하며, 동시에 잘못 선발된 신료는 즉각 파면시켜야 한다. 왕이 좋은 신료와 나쁜 신료를 판별하고 이들을 선발, 파면하기 위해서는 어떻게 해야 하는 가? 이에 대해 맹자는 「맹자」 양혜왕梁惠王 하에서 다음과 같이 이야기한다.

> 좋은 신료를 선발하기 위해서는 이렇게 해야 합니다. 우선 왕의 주위에 있는 사람들의 말만 듣고 임명해서는 안 됩니다. 여러 대부들의 말만으로도 바로 임명해서는 안 됩니다. 나라 사람들이 다 같이 훌륭하다고 하면, 그 다음에 왕께서 직접 살펴보시고 나서 쓸 만하다 판단한 다음에 임명해야 합니다.
> 나쁜 신료를 파직하는 방법도 그렇습니다. 왕의 주위에 있는 사람들의 말만 듣고 파직해도 안 되고, 여러 대부들의 말만으로도 바로 파직해서는 안 됩니다. 나라 사람들이 모두 그 사람은 안 된다고 하면, 그 다음에 왕께서 직접 살펴보시고 나서 안 되겠다 판단한 다음에 파직해야 합니다.

유교 이론으로는 최초의 왕은 모두 성인이었다. 그러나 왕의 지위가 세습됨에 따라 후계왕이 반드시 성인이라는 보장이 없었다. 이에 따라 왕이 훌륭한 신료를 선발하여 그의 도움을 받아야 할 필요는 현실적으로 점점 더 커졌다. 더 나아가 왕의 인사권이 어떻게 행사되느냐에 왕조의 흥망이 갈리게 된다. 이에 대해 율곡 이이는 『동호문답東湖問答』에서 자신의 견해를 이렇게 피력하고 있다.

인간의 역사를 살펴보면 어느 시대는 평화스러웠고 또 어느 시대는 혼란스러웠다. 어떻게 하면 평화롭게 되고 또 어떻게 하면 혼란스럽게 되는가? 그것은 간단하다. 평화롭게 되는 방법이 두 가지이고, 반대로 혼란스럽게 되는 방법이 두 가지이다. 첫째, 임금의 자질이 뛰어나 여러 호걸들을 제어하면 평화가 오고, 둘째, 임금의 자질이 부족해도 훌륭한 신료를 임명하면 평화가 온다. 반대로 임금이 자신의 재능만 믿고 신료들을 신임하지 않으면 혼란이 오고, 또 간교한 신료들의 말만 듣고 다른 사람의 말은 듣지 않는다면 혼란이 온다.

이는 인사권자로서 왕이 사람을 판별하고 등용하는 일이 얼마나 중요한 것인가를 강조한 말이다. 왕 개인의 능력과 함께 왕을 도와 나라를 다스릴 신료들의 역할이 그만큼 중요하기 때문이다.

조선시대 왕의 인사권은 양반관료의 임명·파면·승진·전보 등 신료들을 선발하고 사용할 수 있는 권한이었다. 이를 통해 왕은 조선사회를 주도한 양반관료들을 통제할 수 있었다. 그러므로 인사권은 왕의 세속적 권한 중에서도 가장 중요했는데, 그런 의미에서 인사권을 권병權柄이라 불렀다. 권병이란 권력의 손잡이라는 의미다. 마치 도끼를 사용하기 위해서 도끼자루가 필요하듯이 권력을 사용하기 위해서도 그 손잡이가 필요하다는 것인데, 인사권이 바로 그에 해당한다는 의미다.

조선시대 왕의 인사권은 당시의 과거제 및 관료제와 직결되어 있다. 조선시대에 최종적으로 과거 응시자를 합격시켜주는 사람은 왕이었다. 문과와 무과의 경우 응시자들은 최종 시험에 합격하게 되면 대궐에서 왕에게 사은숙배謝恩肅拜를 행했다. 이는 시험에 합격시켜준 왕의 은혜에 감사하여 절을 올리는 의식이었다. 사은숙배는 과거합격자뿐만 아니라 관료에 임명된 자들도 모두 행했다. 즉, 새로 관리에 임명될 때마다 그들은 자신을 관리로 선발해준 왕의 은혜에 감사하며 절을 올렸던 것이다.

조선시대의 왕은 원칙적으로 양반관료와 그들의 부인들에 대한 임명권을 모두 갖고 있었다. 조선시대에는 기혼남성이 관료가 되었을 경우, 그 부인이 남편의 품계에 걸 맞는 품계를 따라서 받았는데, 이때 여성들에게 주는 임명장도 왕의 이름으로 나가기 때문이다. 여성이 남편의 품계에 따라 직위를 받도록 한 것은 여필종부女必從夫라는 유교이념 때문이었다.

조선시대 모든 양반관료의 임명권은 왕이 장악하고 있었지만, 임명하는 방법이나 절차는 품계에 따라 약간씩 달랐다. 우선 조선시대 관료를 임명하는 방법은 대부大夫와 사士에 따라 두 가지로 구별되었다. 조선시대의 관료임명장을 고신告身이라 했는데, 이 임명장도 사와 대부에 따라 달라졌다.

첫째는 5품 이하의 사에 대한 임명이다. 사는 5품 이하의 관료들을 의미하는데, 이들을 임명할 때에는 대간臺諫의 임명동의인 서경署經을 거쳐 인사담당관서인 이조와 병조에서 왕명을 받아 발령했다. 5품 이하의 관료들은 인사담당부서에서 발급하기 때문에 발급주체는 왕이 아닌 이조판서나 병조판서로 되어 있으며, 임명장에 찍히는 도장도 관인官印이었다. 이 같은 임명장을 교첩敎牒이라 하여 4품 이상의 대부에게 주는 임명장인 교지敎旨와 구별했다. 교첩이란 명칭은 이 임명장에 '첩'이라는 도장이 찍혔기 때문에 붙여진 것이다. 대간들이 행하는 서경이란 하급관료들의 전력이나 자질 또는 가문 등을 조사하여 관료에 적합한지 아닌지를 판단하는 것으로 일종의 신원조회였다. 대간들이 서경을 하지 않으면 신원조회에 통과하지 못하는데, 이렇게 되면 대부분 발령이 나지 않았다.

이에 비해 4품 이상의 관료인 대부를 임명할 때에는 왕명으로 했다. 4품 이상의 관료는 왕명으로 직접 임명하기 때문에 그 임명장을 교지라 했다. 교지란 왕의 명령이란 의미인데, 4품 이상의 대부는 관료사회에서는 중진 이상이기 때문에 이들을 우대하여 왕명으로 임명하고, 그 임명장에도 왕의 도장을 찍었다. 또한 서경도 생략했는데, 이는 하급관료 시절에 이미 신원조회를 마쳤기 때문이라 하겠다.

이외에 영의정·좌의정·우의정과 같은 대신들은 전임 대신의 추천을 받아서 임명하는 것이 예사였다. 특히 대신을 선정하는 것을 복상卜相이라 했는데, 이는 대신의 역할이 막중하기 때문에 누가 적합한지 천지신명에게 물어서 선발한다는 의미였다. 당상관 이상의 관료는 반드시 국왕과 의논하여 추천해 올리도록 했다.

조선시대 관료의 임명은 보통 인사부서인 이조나 병조에서 후보자 세 명을 추천해 올리고 왕은 그중에서 적합한 사람을 선택하는 방법을 택했다. 이때 왕은 자신이 선택한 사람의 이름 밑에 붉은색으로 동그라미를 치는데, 이것을 낙점落點이라 했다. 만약 인사부서에서 추천해 올린 사람이 마음에 들지 않으면 왕은 낙점을 하지 않고 다시 추천해 올리도록 했다. 이외에 왕이 꼭 임명하고 싶은 사람이 있으면 특지로 임명할 수 있었다.

남성들의 관료임명장이 5품 이하의 사와 4품 이상의 대부로 구별되었던 것에 비하여 여성들은 당상관의 부인인지 당하관의 부인인지에 따라 달라졌다. 당상관의 부인에게 내리는 임명장은 '당상관처고신식堂上官妻告身式'이라는 서식에 따라 작성되었는데, 왕이 직접 임명했고 도장도 왕의 옥새를 찍었다. 이에 비해 3품 이하 관료의 부인에게 내리는 임명장은 '삼품이하처고신식三品以下妻告身式'이라는 서식에 따랐으며, 이조에서 발급했다.

조선시대 관료들의 품계는 1품에서부터 9품까지였으며, 각 품계는 다시 정正과 종從으로 구별되었으므로 총 18품계가 된다. 규정상으로 관료들은 종9품에서부터 시작하여 정해진 근무일수를 채운 후 한 단계씩 승진하도록 되어 있었다. 따라서 종9품에서 시작한 관료는 차차로 승진한다면 정9품, 종8품, 정8품 하는 식으로 한 단계씩 진급하게 된다. 관료의 승진은 자신만의 승진으로 끝나는 것이 아니다. 자신이 승진하면 그에 따라 부인도 덩달아 승진하게 된다.

이렇게 임명된 조선시대 관료들은 근본적으로 국왕의 대행자가 될 수밖에 없었다. 따라서 '만물을 보호해주시는 전하仁覆之下', '천지부모天地父母' 등으로 표현된 국왕 즉 인자한 하늘인 국왕의 대행자인 관료들이 '참상參商', '특념特念', '하촉下燭' 하는 것은 궁극적으로 인자한 하늘로 이념화된 국왕 리더십관의 다른 표현이었다고 할 수 있다.

요컨대 조선시대 민의 합법적 정치 행위에서 드러나는 민의 국왕 리더십관은 양반관료들의 공식적 국왕 리더십관에 다르지 않았다고 할 수 있다. 예컨대 국왕 대상의 정치행위에서 드러나는 국왕 리더십관을 『유서필지』에서 확인할 때, 왕은 '만물을 보호해주시는 전하仁覆之下', '천지부모天地父母' 등으로 표현되었다. 이는 결국 조선시대 국왕과 양반들의 공식적 국왕 리더십관인 성군 또는 명군의 다른 표현에 지나지 않았다. 또한 관료 대상의 정치행위에서 드러나는 국왕 리더십관을 『유서필지』에서 확인할 때, 관료들이 '참상參商', '특념特念', '하촉下燭' 해야 하는 것으로 표현되었다. 이 또한 궁극적으로 명군 또는 성군으로 이념화된 국왕의 대행자인 관료들이 당연히 해야 할 리더십으로 간주되었다는 면에서 역시 인자한 하늘로 이념화된 국왕 리더십관의 다른 표현이었다고 할 수 있다.

조선시대 민의 합법적 국왕 리더십관 또는 공식적 국왕 리더십관이 이처럼 성군 또는 명군이라는 양반의 공식적 국왕 리더십과 일치하는 이유는 무엇보다도 그 같은 국왕 리더십관이 표현되는 통로가 합법적, 공식적이라는 측면에 있다. 이는 민이 자신들의 이익을 합법적, 공식적으로 관철하기 위해서는 당연히 양반의 공식적 국왕 리더십관을 이용하는 수밖에 없었기 때문이었을 것이다. 그러나 민이 자신들의 이익을 비합법적, 비공식적으로 관철하고자 할 때는 성군 또는 명군이라는 공식적 국왕 리더십관을 대체하는 다양한 국왕 리더십관이 제시되었다. 이에 대하여는 절을 바꾸어 논의할 것이다.

IV

민의 저항과 국왕 리더십관

조선시대 민은 당시의 체제에서 생존할 수 없었을 때 다양한 방식으로 저항하였으며, 그 저항은 크게 비폭력적 저항과 폭력적 저항으로 구분할 수 있었다. 비폭력적 저항에는 투서, 괘서, 비기, 도참, 유언비어 등이 있었다. 이 같은 비폭력적 저항에서는 민이 이상으로 생각하는 국왕 리더십이 다양한 방식으로 표출되곤 하였다. 마찬가지로 폭력적 저항에는 민란, 폭동 등이 있었다. 이 같은 폭력적 저항에서도 민이 이상으로 생각하는 국왕 리더십이 다양한 방식으로 표출되곤 하였다. 따라서 조선시대 민의 국왕 리더십관이 실제 어떤 유형이었으며 그 같은 국왕 리더십관이 어떤 배경에서 양산되었는지는 합법적 국왕 리더십관보다는 오히려 비합법적 국왕 리더십관에서 더욱 명확하게 드러난다고 할 수 있다.

1. 비폭력적 저항과 국왕 리더십관

조선시대 투서, 괘서, 비기, 도참, 유언비어, 민란 등에는 국왕 리더십에 대한 민의 비공식적 관점들이 풍부하게 들어 있다. 특히 이 중에서 투서, 괘서, 비기, 도참, 유언비어 등에는 민의 비폭력적 저항과 국왕 리더십관이 다양한 방식으로 포함되어 있다. 예컨대 연산군 10년(1504) 7월에 있었던 언문투서에는 당시 의녀들의 국왕 리더십관이 잘 드러나 있다.

당시의 언문투서는 연산군 10년 7월 19일 신수영의 밀계密啓를 통해 알려졌다.[20] 연산군 10년 7월은 갑자사화가 발발한 3월부터 대략 4개월 정도 지난 시점이었다. 갑자사화의 여파로 양반은 물론 민들도 연산군에 대한 불만이 폭증하였다. 그에 반비례하여 연산군은 그 불만을 폭압적으로 누르려 하였다. 그 같은 상황에서 7월 19일 연산군의 처남 신수영이 밀계를 올렸던 것이다.

이 밀계에 의하면, 19일 새벽에 제용감 정濟用監正 이규의 심부름이라 하면서 어떤 사람이 신수영의 집에 익명서를 투서하였다. 신수영은 그 익명서를 밀계하였다. 연산군은 즉시 명령을 내려 이규를 불러 '네가 무슨 글을 신수영의 집에 통하였느냐.'고 묻게 하였다. 그러자 이규는 자신이 사람을 시켜 신수영의 집에 투서한 일이 없다고 하였다. 결국 신수영의 집에 투서된 익명서는 누군가가 이규를 빙자하여 투서한 것이었다.

연산군은 명령을 내려 도성의 각문을 닫고, 출입을 금하게 하고는 익명서를 신하들에게 내려보냈다. 그 익명서는 3장으로 모두 언문으로 쓰였는데 인명은 다 한자로 되어 있었다. 익명서의 첫 표면에는 무명장無名狀이라 쓰여 있었다. 3장의 각 내용이 실록에 다음과 같이 실려 있다.

첫째 장에서는, "개금介今·덕금德今·고온지古溫知 등이 함께 모여서 술 마시는데, 개금이 말하기를 '옛 임금은 난시亂時일지라도 이토록 사람을 죽이지는 않았는데 지금 우리 임금은 어떤 임금이기에 신하를 파리머리 끊듯 죽이는가. 아아! 어느 때나 이를 분별할까?' 하고, 덕금이 말하기를 '주상이 이와 같다면 반드시 오래 가지 못할 것이니, 여기에 무슨 의심이 있으랴?' 하여 말하는 것이 심하였으나 이루 다 기억할 수는 없다. 이런 계집을 일찍이 징계하여 바로잡지 않았으므로 가는 곳마다 말하는 것이다. 만약 이 글을 던져 버리는 자가 있으면, 내가 '개금을 감싸려 한다.'고 상언上言하리니, 반드시 화를 입으리라." 하였고,

20) 『연산군일기』 권54, 10년(1504) 7월 19일.

둘째 장에서는, "조방曹方·개금·고온지·덕금 등 의녀醫女가 개금의 집에 가서 말하기를 '옛 임금은 의리에 어긋나는 일을 하지 않았는데, 지금 우리 임금은 여색에 대하여 분별하는 바가 없어, 이제 또한 여기女妓·의녀·현수絃首들을 모두 다 접열點閱하여 후정後庭에 들이려 하니, 우리 같은 것도 모두 들어가게 되지 않을까? 국가가 하는 짓 또한 그른데 어찌 신하의 그름을 바로잡을 수 있을까. 아아! 우리 임금이 이렇듯 크게 무도無道하다.' 하였으니, 발언한 계집을 크게 징계하여야 옳거늘, 어찌하여 국가가 있으되 이런 계집을 징계하지 않는가? 이런 계집을 능지凌遲하고서야 이런 욕을 다시 듣지 않으리라." 하였고,

셋째는, "개금·덕금·고온지 등이 함께 말하기를 '신씨申氏가 아니었던들 금년에 사람들의 억울함을 지음이 이토록 극도에 이르겠는가. 어찌하면 신씨의 아비·할아비·아들·손자를 아울러 모조리 없애어 씨를 말릴 수 있을까? 우리 임금이 신하를 많이 죽여서 거둥 때에는 반드시 부끄러운 마음이 있으므로 사족의 아낙을 모조리 쫓는 것이며, 이로 말미암아 제 집의 아내로 삼으려는 것이 아닌가. 어느 때에나 이런 대代를 바꿀까?' 하였으니, 이런 계집은 모름지기 징계하여야 한다." 하였다.

위에 의하면 익명서의 핵심 내용은 개금, 덕금, 고온지, 조방 등 의녀들이 연산군에 대하여 대역무도한 말을 하였으니 엄벌해야 한다는 것이다. 그런데 익명서를 투서한 사람이 누구인지, 또 익명서에 언급된 개금, 덕금, 고온지, 조방 등의 발언이 사실인지 아닌지의 여부가 확실하지 않다. 그렇지만 이 익명서에 언급된 내용은 개금, 덕금, 고온지, 조방 등 의녀 또는 평민들 사이에 널리 퍼진 의견이라 할 수 있으며, 그 의견은 다름 아닌 연산군에 대한 비판 인식이었다. 이 같은 비판 인식이 조선시대 민들의 국왕 리더십관에 다름 아니라고 할 수 있다. 그런 만큼 위에 언급된 내용을 자세하게 검토할 필요가 있다.

첫 번째 장의 익명서에서 발언 주체는 의녀 개금과 의녀 덕금이다. 먼저 의녀 개금이 "옛 임금은 난시亂時일지라도 이토록 사람을 죽이지는 않았는데 지금 우리 임금은 어떤 임금이기에 신하를 파리머리 끊듯 죽이

는가. 아아! 어느 때나 이를 분별할까?"[21)라고 하였다. 즉 의녀 개금은 연산군의 무차별한 신하 살육을 비판하고 있는데, 이는 갑자사화에 대한 비판이라 할 것이다.

그런데 이 같은 의녀 개금의 비판은 과격한 내용은 아니라고 할 수 있다. 왜냐하면 의녀 개금이 비록 연산군의 갑자사화를 무차별한 신하 살육이었다 비판했지만 정작 중요한 강조점은 '아아! 어느 때나 이를 분별할까?'에 두어졌기 때문이다. '아아! 어느 때나 이를 분별할까?'란 결국 연산군이 하루 속히 분별심을 되찾고 더 이상 무차별한 신하 살육을 멈추어야 한다는 당위론으로 귀결될 수 있기 때문이다.

반면 의녀 덕금의 발언은 의녀 개금에 비해 매우 과격하였다. 즉 의녀 덕금은 "주상이 이와 같다면 반드시 오래 가지 못할 것이니, 여기에 무슨 의심이 있으랴?"[22)라고 하였다. 연산군이 무차별한 신하 살륙을 벌인다면 머지않아 왕위에서 쫓겨날 것이라는 의미였다. 이와 같은 개금과 덕금의 발언에는 모름지기 국왕이란 무차별한 신하 살륙을 하면 안 되고 그럼에도 불구하고 그렇게 한다면 국왕 자격이 없어 쫓겨날 것이라는 관념이 들어 있다고 할 수 있다. 결국 이것은 임금은 신하를 사랑해야 한다든지 또는 임금은 신하의 모범이 되어야 한다는 관념이라 할 수 있는데, 이는 '군위신강君爲臣綱' 또는 '군신유의君臣有義'라고 하는 삼강오륜과 같은 관념이라고 할 수 있다.

두 번째 장의 익명서에서 발언 주체는 조방, 개금, 덕금, 고온지 등 의녀 4명이다. 이들의 발언은 앞의 것에 비해 조금 과격하다. 이들은 "옛 임금은 의리에 어긋나는 일을 하지 않았는데, 지금 임금은 여색에 대하여 분별하는 바가 없어, 이제 또한 여기女妓·의녀·현수絃首들을 모두 다 점열點閱하여 후정後庭에 들이려 하니, 우리 같은 것도 모두 들어가게 되지 않을까? 국가가 하는 짓 또한 그른데 어찌 신하의 그름을 바로잡을

---

21) "古之人君 雖亂時 不至如此殺人 而今之主上 何如主上也 殺臣下如斷蠅頭 吁嗟乎 何時別此也"(『연산군일기』 권54, 10년(1504) 7월 19일).
22) "若如此則必不久矣 何疑之有"(『연산군일기』 권54, 10년(1504) 7월 19일).

수 있을까. 아아! 우리 임금이 이렇듯 크게 무도無道하다."²³⁾라고 하였다. 이는 당시 연산군이 흥청 등을 뽑아 궁궐에 들이는 일을 비판하면서 자신들도 혹 흥청 등으로 뽑혀 들어가지 않을까 걱정하는 내용이라 할 수 있다.

그런데 연산군이 여색에 무절제하게 빠지기 시작한 것은 정업원의 비구니들과 관계하기 시작하면서부터였다. 연산군 9년(1503) 6월 어느 날인가 왕은 환관 대여섯 명에게 몽둥이를 들려 정업원으로 달려가 늙고 못생긴 비구니는 내쫓고 젊고 예쁜 비구니 7-8명만 남겨서 간음했는데, 이때부터 왕이 색욕을 마음대로 했다고 한다. 당시 연산군이 간음했다는 정업원의 비구니들은 사실상 선왕의 후궁 또는 왕족 여성들이었을 가능성이 매우 높다. 왜냐하면 정업원은 태조 이성계 이래로 왕의 후궁들 또는 왕족 여성들이 출가하여 여생을 보내던 절이었기 때문이다.

예컨대 조선 건국 이후 정업원의 초대 주지가 된 혜빈 이씨는 공민왕의 후궁이었다. 또한 1차 왕자의 난에서 남편을 잃은 여성들 즉 세자 방석의 부인 심씨, 태조 이성계의 딸 경순공주 등도 정업원의 비구니가 되었다. 이후에도 수많은 후궁과 왕족 여성들이 정업원의 비구니가 되었다. 정업원은 창덕궁과 경복궁의 중간쯤에 위치하여 궁궐과도 가까웠으며 왕실로부터의 지원도 많았다. 그래서 후궁 또는 왕족 여성들이 출가하기에 편리했다. 그런 정업원의 비구니들을 간음했으니 연산군은 가정윤리는 물론 종교윤리도 파괴한 왕이라 할 만했다.

연산군의 '황음무도'는 1504년(연산군 10년) 갑자사화를 겪으면서 걷잡을 수 없이 악화되었다. 그런데 특이한 사실은 연산군의 '황음무도'는 단순한 여색이 아니라 '시와 노래' 같은 예술과 연결되었다는 점이다. 연산군의 '황음무도'를 상징하는 '일만 흥청'은 모두 여악女樂 즉 여성 음악인이었다. 즉 연산군은 단순하게 후궁이나 궁녀를 늘린 것이 아니라

---

23) "古之主上則不爲非義 今之主上 於女色無所區別 今亦女妓醫女紘首等 竝皆點閱 將納後庭 如吾等得無幷入耶 國家所爲亦非 其能矯臣下之非乎 噫 主上大無道"(『연산군일기』 권54, 10년(1504) 7월 19일).

대규모 여성 예술단을 조직해서 궁궐로 들였던 것이다. 연산군은 여성 예술단을 수백 명 또는 수천 명 단위로 조직하고 그들을 단체로 입궁시켰다.

연산군은 갑자년 가을 장악원의 기생을 기왕의 1백 50명에서 300명으로 확대시켰다. 이어 12월 22일 그들을 홍청興淸과 운평運平의 두 예술단으로 나누었다. 연산군은 홍청과 운평을 폭발적으로 확대시켰을 뿐만 아니라 다른 예술단도 계속해서 만들었다. 연산군일기에 등장하는 예술단에는 기왕의 홍청과 운평을 비롯해서 속홍續紅, 채홍採紅, 계평繼平, 흡려洽黎 등이 있다. 이들 예술단은 각각 1천명 내외의 여악을 보유하였으며 홍청을 정점으로 흡려, 계평, 채홍, 속홍, 운평으로 엄격하게 서열화 되어 있었다.

연산군은 입궁한 홍청을 다시 천과홍청天科興淸, 반천과홍청半天科興淸, 지과홍청地科興淸의 세 과로 나누었다. 천과홍청은 연산군과 잠자리를 함께 한 홍청이며, 반천과홍청은 잠자리를 함께 했지만 흡족하지 못한 홍청이며, 지과홍청은 아직 잠자리를 함께하지 않은 홍청이었다. 이렇게 본다면 홍청은 사실상의 후궁 또는 예비 후궁이었다고 할 수 있다. 실제로 연산군은 홍청을 후궁으로 인정하여 두탕호청사杜蕩護淸司라는 관청을 만들어 관리하기도 했다. 두탕호청사의 의미는 '방탕을 막고 홍청을 보호하는 관청'이란 뜻이다. 연산군은 궁중 잔치 또는 궐 밖 행차 때 홍청을 동원하여 풍악을 잡히며 즐기다가 육체의 향연을 벌이곤 했다. 때로는 궁중잔치에 참석한 친인척 여성들 또는 양반 부녀자들을 간음하기도 했다.

그런데 수천 명의 홍청이 갑자기 연산군의 후궁이 되면서 수많은 문제가 발생하였다. 무엇보다도 대부분의 홍청이 처녀가 아니었다는 데 문제가 있었다. 홍청에 뽑힌 기생들은 가무는 물론 얼굴과 몸매 모두 뛰어난 여인들이었다. 홍청은 출신으로 치면 지방의 관기 또는 한양의 관기였다. 홍청으로 뽑힐 정도의 실력과 미모를 갖춘 관기가 처녀로 혼자 산다는 것은 현실적으로 불가능했다. 그래서 대부분의 홍청은 이미 남편 또는 아이가 있었다.

연산군은 흥청을 후궁화하면서 기왕의 남편 또는 애인과 더 이상 만나지 못하게 하였다. 아이들과도 떼어놓았다. 흥청은 근본적으로 관기이고 관기는 왕이 최종 임자라는 이유에서였다. 연산군은 흥청이 궐 밖의 옛 애인을 생각하거나 또는 몰래 출궁하여 임신하는 일을 엄금했다. 흥청이 옛 애인을 그리워하면 잔인무도한 벌을 내리곤 했다. 야사에는 이런 내용이 전한다.

> 연산군의 총애를 받는 기생이 한명 있었다. 어느 날 그 기생이 친구에게 '지난 밤 꿈에 예전 주인을 보았으니 매우 괴상한 일이구나.' 하였다. 그 이야기를 들은 연산군은 즉시 작은 쪽지에 무엇을 써서 밖에 내 보냈다. 조금 뒤에 궁녀가 은쟁반 하나를 받들어 오자 그 기생에게 열어보게 했다. 그것은 곧 그 남편의 머리였다. 그 기생까지 아울러 죽였다.[24]

연산군은 흥청뿐만 아니라 입궁하지 않은 장악원 기생들까지도 독점하려고 했다. 흥청 이외에 장악원에서 관리한 운평, 속홍, 채홍, 계평, 흡려 등에도 각각 천명 내외의 기생이 소속되었으므로 이들을 모두 합하면 5-6천 명에 이르렀다. 이들은 흥청과 달리 입궁하지 않고 궐 밖에서 생활하였다.

그런데도 연산군은 이들마저도 남편이나 아이들을 만나지 못하도록 명했다. 결국 운평, 속홍 등은 궁녀화 되었던 것이다. 연산군이 이들을 궁녀화 시킨 이유는 간단했다. 장차 흥청으로 진급해야 했기 때문이다. 즉 운평, 속홍 등은 후궁이 될 후보자들이었던 셈이다.

또 하나의 이유를 찾자면 워낙 비밀을 좋아하는 연산군 자신이었다. 연산군은 자신의 사생활과 관련된 그 어떤 내용도 외부로 노출되는 것을 혐오했다. 운평, 속홍 등은 아직 입궁하여 후궁이 된 것은 아니지만 가끔씩 궁중잔치에 참여했다. 또 흥청 등으로부터 연산군의 사생활에 대한 이야기를 들을 수도 있었다. 그러므로 운평, 속홍 등은 연산군의 사생활

---

24) 『연려실기술』 연산조 고사본말.

에 대하여 이것저것 알고 있을 가능성이 높았다. 운평, 속홍 등이 자유로이 생활한다면 보고들은 이야기들을 남편이나 친인척 또는 친구들에게 발설할 수도 있었다.

연산군은 그렇게 못하도록 운평, 속홍 등이 흥청과 만나는 것을 엄금했다. 나아가서는 남편들과도 만나지 못하게 했던 것이다. 혹 운평이나 속홍 등이 부모형제에게 연산군의 사생활에 관한 이야기를 했다가 적발되면 처참하게 죽였다. 말한 사람은 물론 들은 사람도 그렇게 죽였다. 연산군은 자신의 비밀을 지키기 위해 내시는 물론 문무백관들에게도 '입은 화의 문이요 혀는 몸을 베는 칼이다. 입을 닫고 혀를 깊이 간직하면 몸이 편안하여 어디서나 굳건하리라.(口是禍之門 舌是斬身刀 閉口深藏舌 安身處處牢)'는 글귀가 새겨진 패를 차게 했다. 보고도 못 본 듯, 들어도 못 들은 듯 그렇게 처신하라는 뜻이었다. 연산군은 자신의 비밀을 지키기 위해 수단방법을 가리지 않았던 것이다.

하지만 이것을 운평, 속홍 등의 입장에서 생각해 보면 어느 날 갑자기 수절을 강요당하는 셈이었다. 그렇다고 왕의 후궁이 된다는 보장도 없었다. 또 기왕의 남편이나 아이들과도 금세 정을 뗄 수는 없는 노릇이었다. 당연히 몰래 남편이나 아이들을 만나는 일이 많았다. 그때마다 연산군은 가혹한 처벌을 내렸다. 예컨대 연산군 12년(1506) 5월 17일 실록 기사에 의하면 운평 소진주笑眞珠가 담을 넘어 남편과 사통했다는 혐의로 체포되었다. 연산군은 소지주를 의금부에 내려 국문하고, 그녀의 부모형제에게 곤장 1백을 친 후 전가사변全家徙邊시키는 엄벌해 처했다.

연산군이 후궁화 시킨 흥청은 2-3천 명에 이르렀으며 궁녀화 시킨 운평, 속홍 등은 5-6천 명에 이르렀다. 이들을 모두 합하면 근 1만을 헤아렸다. 하지만 연산군은 여기에 만족하지 않고 흥청 자체를 일만으로 확대시키려 했던 것이다.

이렇게 많은 기생들을 후궁과 궁녀로 만들다 보니 기존의 관기만 가지고는 부족했다. 연산군은 이른바 채홍사採紅使, 채청사採靑使 등을 전국에 파견해 출신에 관계없이 젊고 예쁜 여성들은 모조리 한양으로 데려와 기생으로 만들었다. 이대로 가면 조선팔도의 젊고 예쁜 여인들은 모두 기생이 되어 연산군의 궁녀나 후궁이 될 판이었다.

이 같은 연산군의 황음무도를 비판하는 조방, 개금, 덕금, 고온지 등 의녀 네 명의 국왕 리더십관은 임금은 임금으로서의 의리를 지켜 여색을 삼가야 된다는 관념이라고 할 수 있다. 임금이 임금으로서의 의리를 지켜 여색을 삼가지 않는 것이 바로 의리에 어긋나는 것이며 도리에도 어긋나는 것이라는 관념이라 할 수 있다. 이는 임금은 백성의 부모이자 스승으로서의 의리와 도리를 지켜야 한다는 관념이라 할 수 있다.

세 번째 장의 익명서에서 발언 주체는 개금, 덕금, 고온지 등 의녀 세 명이다. 이들의 발언은 앞의 두 발언에 비해 매우 과격하다. 즉 이들은 "신씨申氏가 아니었던들 금년에 사람들의 억울함을 지음이 이토록 극도에 이르겠는가? 어찌하면 신씨의 아비·할아비·아들·손자를 아울러 모조리 없애어 씨를 말릴 수 있을까? 우리 임금이 신하를 많이 죽여서, 거둥 때에는 반드시 부끄러운 마음이 있으므로, 사족의 아낙을 모조리 쫓는 것이며, 이로 말미암아 자신의 아내로 삼고자 하는 것이 아닌가? 어느 때에나 이런 시대를 바꿀까?"[25] 하였다. 이는 당시 연산군의 갑자사화가 폐비 윤씨의 생모인 신씨 때문에 이렇게 참혹하게 되었으므로 신씨의 친족을 몰살시키고 나아가 연산군 시대를 뒤집어엎고 싶다는 뜻이라 할 수 있다.

당시 개금, 덕금, 고온지 등 의녀 세 명이 신씨의 친족을 몰살시키고 싶다고 한 이유는 연산군으로 하여금 갑자사화를 일으키게 한 직접적인 이유가 바로 신씨에 의해 전달된 이른바 '피 묻은 금삼' 때문이라는 생각에서였다. '피 묻은 금삼'이란 연산군의 생모인 폐비 윤씨가 사약을 마시고 죽을 때 흘린 피가 묻었다는 '비단'이다. 『연려실기술』은 그 '피 묻은 금삼'을 연산군이 전달받게 된 사연 두 가지를 소개하고 있다. 하나는

---

25) "若非申氏 今年作人之冤悶 至此極耶 安得并申氏父祖子孫 而盡滅無種耶 主上多殺臣下 行幸時必有愧恥之心 故盡逐士族之妻 無乃因此 欲爲自家之妻耶 何時革此代耶"(『연산군일기』 권54, 10년(1504) 7월 19일).

『기묘록』을 인용한 것인데 이런 내용이다. 폐비 윤씨는 사약을 마실 때 피눈물을 흘렸다. 폐비 윤씨는 비단 수건으로 피눈물을 닦아 친정어머니 신씨에게 주면서, '내 아들이 요행이 살아남거든 이것으로써 나의 원통함을 전해주세요.'라 유언했다. 신씨는 인수대비 한씨가 세상을 떠난 후 궁녀들을 통해 비단 전했다. 그때까지 정현왕후 윤씨를 생모로 알고 있던 연산군은 깜짝 놀라 몹시 슬퍼했으며 폐비 윤씨의 원수를 갚고자 했다. 하지만 이 기록은 신뢰하기 어렵다. 왜냐하면 연산군이 폐비 윤씨 사건을 안 때는 1495년이며, 인수대비 한씨가 세상을 떠난 것은 1504년이기 때문이다.

또 하나는 『파수편』을 인용한 것이다. 폐비 윤씨는 사약을 마시고 피를 토하며 죽었는데, 그 피가 흰색 금삼에 뿌려졌다. 그 금삼은 윤씨의 친정 어머니 신씨에게 전해졌고, 다시 신씨가 연산군에게 전했다. 연산군은 밤낮으로 피 묻은 금삼을 끌어안고 울었다. 성장해서는 마음의 병을 얻어 마침내 나라까지 잃게 되었다. 하지만 이 기록 역시 신뢰하기 어렵다. 왜냐하면 이 기록대로라면 연산군은 왕이 되기 전에 금삼을 받은 것으로 된다. 하지만 그것은 사실이 아니다.

실록을 통해 볼 때, 연산군에게 '피 묻은 금삼'이 전달된 시점은 1502년(연산군 8년) 7월쯤이 아닐까 생각된다. 그 해 7월 14일 연산군은 신씨에게 쌀 20석과 콩 10석을 하사했다. 그 전에는 이런 일이 전혀 없다가 갑자기 곡식을 하사한 것은 무언가 내막이 있었다는 뜻이다. 그 내막을 확인할 수는 없지만 앞뒤 정황으로 보건대 '피 묻은 금삼'을 전달한 결과 일 가능성이 높다. 그 이후로 연산군은 신씨에게 곡식을 자주 하사할 뿐만 아니라 점차 이상행동을 보였다. 정업원의 비구니들을 강간하고 술주정을 부리는 한편 광질狂疾을 얻어 때로 한밤중에 부르짖으며 일어나 후원을 달리기도 했다. 그것이 끝내는 갑자사화로 귀결되었던 것이다.

결국 개금, 덕금, 고온지 등 의녀 세 명은 임금이 한두 사람의 말만 듣고 살육을 벌이면 안 된다는 관념이라 할 수 있으며, 임금이 신하와 백성의 실정을 잘 살펴 살리지 않는다면 그것은 곧 임금으로서의 자격이 없다는 관념이라 할 수 있다. 이 역시 임금은 백성의 부모이자 스승으로서의 의리와 도리를 지켜야 한다는 관념이라 할 수 있다.

요컨대 연산군 10년(1504) 7월에 있었던 언문투서에 나타난 당시 의녀들의 국왕 리더십관은 이렇게 정리할 수 있다. 첫째, 임금은 신하를 사랑해야 한다든지 또는 임금은 신하의 모범이 되어야 한다는 국왕 리더십관이라 할 수 있는데, 이는 '군위신강君爲臣綱' 또는 '군신유의君臣有義'라고 하는 삼강오륜과 같은 관념이라고 할 수 있다. 둘째, 임금은 임금으로서의 의리를 지켜 여색을 삼가야 된다는 국왕 리더십관이라 할 수 있으며, 임금이 임금으로서의 의리를 지켜 여색을 삼가지 않는 것이 바로 의리에 어긋나는 것이며 도리에도 어긋나는 것이라는 관념이라 할 수 있는데, 이는 임금은 백성의 부모이자 스승으로서의 의리와 도리를 지켜야 한다는 관념이라 할 수 있다. 셋째, 임금은 한두 사람의 말만 듣고 살육을 벌이면 안 된다는 국왕 리더십관이라 할 수 있으며, 임금이 신하와 백성의 실정을 잘 살펴 살리지 않는다면 그것은 곧 임금으로서의 자격이 없다는 관념이라 할 수 있는데, 이 역시 임금은 백성의 부모이자 스승으로서의 의리와 도리를 지켜야 한다는 관념이라 할 수 있다.

그런데 이 같은 국왕 리더십관은 넓은 의미에서 '군사부일체'라는 유교의 국왕 리더십관과 크게 다르지 않다고 할 수 있다. 나아가 비록 개금, 덕금 등이 자격 없는 연산군은 국왕자리에서 쫓아내야 한다는 과격한 인식까지 하고 있다고 해도, 그것 역시 유교의 국왕 리더십관과 크게 다르지 않다고 할 수 있다. 왜냐하면 유교의 천명 이론 역시 덕을 잃으면 천명도 잃는다는 인식으로 연결되기 때문이다.

반면 『정감록』 등의 도참 또는 참요에 나타나는 민의 국왕 리더십관은 '군사부일체'라는 유교의 국왕 리더십관과 크게 다르게 나타난다. 우선 조선왕조의 운수가 정해져 있으며, 다음 왕조 역시 그 운수가 정해져 있다는 도참사상 또는 예언사상은 국왕의 유덕 내지 무덕과 관계없이 조선의 멸망이 이미 기정사실화 되어 있다. 또 다음 왕조의 개창자로 인식되는 진인眞人 또는 정도령鄭道令 역시 유덕 내지 무덕과 관계없이 선천적으로 특별한 신체적, 정신적 능력을 부여받아 창업군주가 된다고 인식하기 때문이다.

조선왕조가 창업되는 시절에는 특히 도참이나 참요가 유행하였다. 조선창업을 주도한 개국주체세력은 고려왕조의 멸망과 조선왕조의 창업이 이미 하늘에 의해 예정되었다는 도참과 참요를 널리 퍼뜨렸다. 그런 도참이나 참요는 분명 정치적 의도가 있었지만 실제로 효과적이기도 하였다. 그만큼 사람들이 도참이나 참요를 믿었다는 뜻이다. 당시의 도참은 주로 꿈 또는 신비한 글귀인 비결秘訣이나 보록寶籙으로 그 내용이 실록이나 야사에 적잖게 전하고 있다.

예컨대 꿈은 이런 내용들이다. 태조 이성계가 왕이 되기 전 안변에 살 때, 여러 집의 닭들이 일시에 우는 꿈, 무너진 집에 들어가서 서까래 세 개를 짊어지고 나오는 꿈, 꽃이 떨어지고 거울이 떨어지는 꿈 등을 연이어 꾸었다. 문득 잠에서 깨어난 이성계는 마침 옆에 있던 노파에게 꿈의 징조를 물으려 하였다. 그러자 그 노파는 '장부의 일을 소소한 여인이 알 바 아니니 서쪽으로 가서 설봉산 굴 안의 신비한 스님에게 물으십시오.'라고 하였다. 그래서 이성계는 설봉산으로 가서 스님을 만났는데, 그 스님이 바로 무학대사였다고 한다.

무학대사는 이성계의 꿈 이야기를 듣자 이렇게 해몽했다. '여러 집의 닭들이 일시에 우는 꿈'은 '고귀위高貴位'이다. 닭이 우는 소리는 '꼬기요'인데 그것을 한문으로 쓰면 '고귀위'라는 것이다. '고귀위'는 '높고 귀한 자리'라는 뜻이니 바로 '왕'이라는 의미이다.

'무너진 집에 들어가서 서까래 세 개를 짊어지고 나오는 꿈'은 '왕王이라는 글자의 형상'이다. '왕王'이라는 글자는 일자一字 획 3개와 그것을 위에서 아래로 관통하는 곤ㅣ이 합성된 글자인데, 서까래 세 개와 그것을 짊어진 이성계의 모습이 바로 왕이라는 것이다.

'꽃이 떨어지고 거울이 떨어지는 꿈'은 '왕이 될 징조'이다. 왜냐하면 '꽃이 날라 떨어지면 마침내 열매가 생기고, 거울이 떨어질 때는 소리가 나는 것이므로' 좋은 결과를 암시하는 징조라는 것이다. 요컨대 세 개의 꿈은 모두가 이성계의 즉위를 예언하는 징조라는 것이었다. 훗날 왕위에 오른 이성계는 무학대사가 자신의 꿈을 해몽한 장소를 기념하여 석왕사釋 王寺라는 절을 짓기도 하였다.

이런 꿈 말고도 이성계는 신인神人으로부터 금척金尺을 받는 꿈도 꾸었다고 한다. 금척은 왕권을 상징하므로 이것을 받았다는 것도 결국은 왕이 된다는 의미였다. 이성계의 즉위는 꿈뿐만이 아니라 신비한 글귀인 보록 寶錄으로도 예언되었다.

이성계는 왕위에 오르기 전 모르는 스님으로부터 이상한 글귀를 받았다. 그 스님은 지리산 바위 속에서 얻었다며 전해주기만 하고 집에도 들어오지 않고 사라져 버렸다. 이성계가 그 글귀를 받아보니, '목자승저하木子乘猪下 복정삼한경復正三韓境', '삼전삼읍三奠三邑 찬이성지贊而成之', '전우 신도奠于神都 전조팔백傳祚八百' 등의 구절이 있었다.

당시 이 구절들은 이렇게 해석되었다. '목자승저하木子乘猪下 복정삼한경 復正三韓境'은 '돼지띠의 이씨가 다시 삼한을 바로 잡는다.'는 뜻이다. '목자 木子'는 이李의 파자破字이고 '승저하乘猪下'는 돼지띠를 상징하기 때문이다. 이성계가 돼지띠였으므로 결국 이성계가 다시 삼한을 바로잡고 왕이 된다는 의미였다.

'삼전삼읍三奠三邑 찬이성지贊而成之'은 '삼정三鄭이 도와서 이룩한다.'는 의미이다. '삼전삼읍三奠三邑'은 세 개의 전奠과 세 개의 읍邑이란 뜻인데, 전奠과 읍邑을 합하면 정鄭이 되므로 결국 전奠과 읍邑은 정鄭의 파자라는 뜻이 된다. 즉 정씨 세 명이 이성계를 보좌하여 나라를 세운다는 의미로서 그들은 바로 정도전, 정총, 정희계라고 하였다. 실제 이들은 이성계의 측근으로서 조선건국에 큰 공헌을 하였다.

'전우신도奠于神都 전조팔백傳祚八百'은 '신도에 도읍을 정하고 8백년을 이어간다.'는 뜻이다. 이것은 결국 개경에서 한양으로 천도한 이씨 왕조가 8백년을 이어간다는 의미였다.

현재의 시각에서 본다면 이런 꿈과 보록은 믿거나 말거나 일수도 있었다. 그러나 태조 이성계를 비롯하여 정도전 같은 사람들은 이런 꿈과 보록을 사실로 믿었다. 그런 믿음을 바탕으로 그 꿈과 보록을 대대적으로 선전했던 것이다.

조선건국 후 정도전이 지은 '몽금척夢金尺'과 '수보록受寶籙'은 바로 이런 꿈과 보록 이야기에 다름 아니었다. '몽금척'과 '수보록'은 궁중잔치에서 연주되던 악장 중에서도 가장 중요한 악장의 가사로 이용되었다. 태조 이성계와 정도전 등은 궁중잔치 때마다 '몽금척'과 '수보록'을 들으면서 조선창업은 인간적인 힘보다는 하늘의 예정에 의한 것이었음을 음미하곤 했던 것이다.

그런데 정작 조선왕조가 창업된 이후에는 조선왕조의 멸망과 다음 왕조의 건국을 예언하는 도참 또는 참요가 유행하게 되었다. 예컨대 선조 22년(1589) 10월에 있었던 이른바 정여립 사건이 기록된 실록 기사에 의하면 조선건국 이래 최소한 다음과 같은 3가지의 참설 또는 참요가 있었다.

> 1-1. 이보다 앞서 100여 년 전에, 민간에는 '목자망木子亡 전읍흥奠邑興'이라고 하는 참설이 있었다.
> 1-2. 당시에 동요가 있었는데, 그 노랫말에 이르기를 '상생마렵桑生馬鬣 가주위왕家主爲王'이라고 하였다.
> 1-3. 조선건국 이래로 참설이 있었는데, '연산현連山縣 계룡산鷄龍山 개태사기開泰寺基 내타대정씨소도乃他代鄭氏所都'라는 내용이었다.[26]

위의 참설 또는 참요는 모두가 조선왕조의 멸망과 새로운 왕조의 창업을 예언하는 내용이다. 예컨대 1-1의 '목자망木子亡 전읍흥奠邑興'에서 '목자망木子亡'은 목木과 자子를 합한 이李가 망한다는 의미이고, '전읍흥奠邑興'은 전奠과 읍邑을 합한 정鄭이 흥한다는 의미이다. 물론 이李가 망한다는 의미는 이씨 왕조 즉 조선왕조가 멸망한다는 의미이고, 정鄭이 흥한다는 의미는 정씨 왕조가 흥한다는 의미이다. 『선조수정실록』에 의하면 이런

---

26) 『선조수정실록』 권23, 22년(1589) 10월 1일.

참설이 이미 1589년보다 100년 전에 있었다고 하니, 늦어도 1489년 경 즉 조선왕조가 창업한 1392년부터 100년도 되지 않은 시점에서 이미 조선왕조의 멸망을 예언하는 참설이 민간 사이에 횡행했음을 알 수 있다.

1-2의 '상생마렵桑生馬鬣 가주위왕家主爲王'의 정확한 의미는 알 수 없지 만, 문자 그대로 '뽕나무에서 말갈기가 나는 집의 주인이 왕이 된다.'는 것으로서, 새로운 왕조의 창업군주가 될 사람에게 하늘은 '뽕나무에 말갈 기가 나는' 이적을 보임으로써 조선왕조의 멸망을 아울러 알린다는 의미 라고 할 수 있다.

1-3의 '연산현連山縣 계룡산鷄龍山 개태사기開泰寺基 내타대정써소도乃他大鄭 氏所都'는 '연산현 계룡산 개태사 터는 곧 다음 시대 정씨의 도읍이다.'는 의미로서 이 역시 조선왕조가 멸망한 다음에 정씨 왕조가 계룡산 개태사 터에 도읍을 정한다는 참설이다. 그런데 이런 참설이 조선건국 이래로 있었다고 하니, 조선왕조 건국 직후부터 새로운 왕조의 건국과 도읍지가 이미 참설 형태로 횡행했음을 알 수 있다.

위와 같은 참설 또는 참요 형태로 드러나는 민의 국왕 리더십관은 말 그대로 예언적, 신비적이다. 그럼에도 불구하고 이런 참설 또는 참요가 민간 사이에 횡행하는 것은 그 이면에 조선왕조의 멸망을 바라는 욕망이 강렬했기 때문이라 할 수 있다. 조선시대 민들이 조선왕조의 멸망을 바라 는 이유는 여러 가지일 것이지만, 가장 큰 것은 조선왕조 체제에서는 제대로 살 수 없다는 좌절감일 것이다. 그런 면에서 참설 또는 참요 형태 에서 드러나는 진인 또는 정도령이라는 민의 국왕 리더십관은 논리적이 거나 합리적이지는 않지만 어쨌든 민의 생존을 보장해줄 수 있는 신비한 능력을 가진 사람 즉 구원자 또는 구세주의 형태였다고 할 수 있다.

2. 폭력적 저항과 국왕 리더십관

조선후기 들어 조선왕조의 멸망과 새로운 왕조의 창업을 예언하는 참 설 또는 참요를 이용하여 중앙정부에 대하여 폭력적 저항을 도모하는 일이 빈발하였다. 선조 때의 정여립 사건 역시 그와 같은 종류의 저항이었다고 할 수 있다.

그런데 참설 또는 참요를 이용하여 폭력적 저항을 도모할 때에는 단순한 참설 또는 참요에서 드러나는 진인 또는 정도령의 모습에서 보다 구체적인 모습을 띄게 되었다. 그 과정에서 민의 국왕 리더십관 역시 보다 구체적으로 표출되곤 했다. 인조 6년(1628) 12월에 있었던 이른바 송광유 고변사건 역시 그런 사례 중의 하나였다.

송광유는 전라도 남원사람으로서 서얼 출신이었다. 송광유는 인조 6년 12월 18일에 언문으로 고변하였다. 실록에 의하면 중요 내용은 다음과 같았다.

> 전 좌랑 윤운구尹雲衢가 신과 친한데, 하루는 신에게 말하기를 "나라가 망하려고 하여 진인이 이미 나왔다. 한 술서에서 이르기를, '천우인天雨人 기국필망其國必亡'이라고 하였는데, 우雨라는 글자는 내릴 강降 자의 의미이다. 장성昌城에 우박이 내렸는데 사람의 얼굴 모습과 같으니, 이것이 바로 천우인天雨人이다. 망기자望氣者가 말하기를 '남산지기南山之氣 울울총총鬱鬱悤悤'이라 했는데, 허의許顗의 아명兒名이 남산으로 진인을 낳았으니 허 남산이 흥왕興旺할 징조이다." 하였습니다.
> 그 뒤에 윤운구가 전주에 와서 신을 불러 만나보고 또 다른 곳으로 향하면서 원두추元斗樞와 합석을 시켰습니다. 그대 원두추가 말하기를 "허의가 천녀天女를 만나 신이한 아들을 낳았으니, 이는 기이한 일이다." 했고, 최홍성崔弘誠이 말하기를 "허의의 관상을 보면 양미간에 콩만한 검은 점이 있고 허리는 원통이고 배가 불룩한 복서골伏犀骨로 임금의 관상이다. 허의의 외삼촌 임계林네의 외모도 보통 사람과 달라 아주 귀인의 상이고 그대의 상 역시 아주 좋다. 우리와 함께 일을 하게 되면 부귀는 어렵지 않게 얻을 것이다."라고 하면서 여러 가지 방법으로 꾀고 협박하여 기필코 같이 일을 하려고 했으나 신은 차마 따를 수가 없었습니다.[27]

---

27) 『인조실록』 권19, 6년(1628) 12월 18일.

위에 의하면 윤운구는 '천우인天雨人 기국필망其國必亡'이라고 한 술서의 구절과, '남산지기南山之氣 울울총총鬱鬱蔥蔥'이라는 망기자의 언급 그리고 '허의가 천녀天女를 만나 신이한 아들을 낳았다.'고 하는 원두추의 언급을 근거로 역모를 도모하였다.

예컨대 윤운구는 '천우인天雨人 기국필망其國必亡'이라고 한 술서의 구절과 얼마 전 창성에서 우박이 내린 사건을 연관시킴으로써 조선왕조의 멸망이 기정사실이라고 믿고 선전하였다.

또한 '남산지기南山之氣 울울총총鬱鬱蔥蔥'이라는 망기자의 언급과 허의라고 하는 사람의 아명이 남산이었다고 하는 사실을 연관시킴으로써 허의가 새로운 왕조의 창업군주가 될 것이라고 믿고 선전하였다.

마지막으로 '허의가 천녀天女를 만나 신이한 아들을 낳았다.'고 하는 원두추의 언급을 진인과 연계시킴으로써 새로운 왕조를 창업할 진인이 출현하였으므로 역모는 반드시 성공할 것이라 믿고 선전하였다.

이런 사실에서 새로운 창업군주가 될 진인은 출생, 신체적 특징 등에서 보다 구체적인 모습을 요구받았음을 알 수 있다. 우선 진인은 출생부터 특별해야 했다. 송광유 고변사건에서는 허의의 아들이 진인으로 묘사되고 있는데, 그는 허의라는 특별한 남자와 천녀天女라는 특별한 여성의 결합으로 탄생한 것으로 되어 있다. 『추안급국안推案及鞫案』에는 송광유가 허의의 아들이 진인인 이유로 제시한 근거들이 보다 구체적으로 명기되어 있다.

> 우리나라는 요괴妖怪에 미혹된 나라입니다. 허의가 만난 여자는 요물妖物입니다. 허의가 만난 여자는 아들을 낳은 후 죽었는데, 요괴라고 하여 진주 남강南江 가에 묻혔습니다. 그 여자가 낳은 아들은 3살이 된 후, 산승山僧이 데리고 갔는데, 등에 '부남산父南山 모남강母南江이라고 하는 붉은 글씨가 씌여 있었다고 하였습니다. 그래서 나라 사람들이 모두 괴이하다고 하였고, 지금에는 그들이 역모를 도모함을 알았지만 그들의 위세를 두려워하여 한 사람도 말하는 사람이 없었습니다.[28]

위에 의하면 허의의 아들이 진인인 이유는 우선 부모가 특별한 사람일 뿐더러 태어난 후 신체적으로도 특별했다. 즉 등에 '부남산父南山 모남강母南江'이라는 붉은 글씨가 씌여 있었던 것이다. 이 같은 신체적 특징은 허의 역시도 마찬가지였다. 허의의 관상은 '양미간에 콩만한 검은 점이 있고 허리는 원통이고 배가 불룩한 복서골伏犀骨로 임금의 관상이다.' 결국 허의는 임금의 관상을 한 특별한 인물이었고, 그런 인물에게서 진인이 태어난 것은 당연한 일이라고 할 수 있다. 게다가 허의의 아들은 3살 되던 해에는 산승山僧이 데려갔다고 하였다. 그러니 산승으로부터 신비한 술법을 배워 신비한 능력을 가졌을 것이라는 추론이 가능하다.

이와 함께 송광유의 고변에서는 진인의 능력으로 특별히 언급된 것이 있었는데, 그것은 '용인用人이었다.『추안급국안推案及鞫案』에는 '진인지용인야眞人之用人也 불계귀천不計貴賤 이중기재而重其才'[29]라고 되어 있다. '진인이 사람을 쓰는 것은 귀천을 계산하지 않고 그 재주를 중히 여긴다.'는 의미이다. 이 표현이 바로 윤운구 등이 역모를 도모하던 이유라고 할 수 있다. 즉 윤운구 등은 신분 위주로 등용되는 조선의 현실에 불만을 품고 서얼 송광유 등을 포섭하였던 것이라 할 수 있다. 조선의 신분제에 불만을 품은 사람들은 서얼 말고도 평민, 노비 등 다양했으며, 그런 면에서 '진인이 사람을 쓰는 것은 귀천을 계산하지 않고 그 재주를 중히 여긴다.'는 논리는 평민들 사이에 광범위하게 퍼졌다. 바로 이런 이유에서 도참과 참요가 평민들 사이에 유행했을 것이라 생각된다.

그런데 조사 결과 정작 허의는 아들을 낳은 적도 없었고, 허의가 만난 여자는 개령에서 만난 창녀에 불과했다. 그 여자가 어느 해인가 개령에 흉년이 들어 먹고살기 힘들어 지자 진주까지 왔다가 허의를 만났다. 그녀가 죽자 허의는 옛정을 생각해 진주 남강 주변에 묻었던 것이다. 이것이 소문에 소문을 낳아 허의가 천녀를 만나 진인을 낳았고, 그 진인이 3살 되던 해 산승을 따라갔다는 소문이 횡행했던 것이다. 윤운구 등은 이런

---

28) 『추안급국안(推案及鞫案)』무진(戊辰) 송진유옥사문서(宋進裕獄事文書).
29) 『추안급국안(推案及鞫案)』무진(戊辰) 송진유옥사문서(宋進裕獄事文書).

274 | 조선시대 국왕 리더십 관(觀)

소문에다 당시의 참설을 결합함으로써 역모를 도모하려 했다는 것이 송광유가 고변한 내용이었다.

요약하면 송광유 고변에서 나타나는 진인은 참설과 소문이 결합되어 있다. 그 핵심은 새로운 왕조를 창업할 운명을 타고난 신비한 존재이자 신분보다는 능력을 위주로 사람을 쓰는 탁월한 인물이라는 보다 현실적인 모습을 띠고 있다. 진인의 이 같은 모습 역시 궁극적으로는 민의 생존 나아가 희망을 보장해줄 수 있는 신비한 능력을 가진 사람 즉 구원자 또는 구세주의 형태였다고 할 수 있다.

이처럼 조선후기 민의 폭력적 저항에 나타나는 국왕 리더십관이 구원자 또는 구세주의 형태를 띠었던 것은 이른바 정여립 사건에서도 마찬가지였다. 정여립은 전주사람으로 학문과 언변이 뛰어났다. 이 같은 정여립을 율곡 이이는 매우 아껴 신임하였으며, 기회가 되는대로 선조에게 추천하곤 하였다. 정여립도 이이를 공자에 버금가는 성인으로 존경하며 스승으로 대하고 있었다.

그런데 이이가 세상을 떠난 후에 정여립은 태도를 돌변하였다. 이이 사후에 동인이 득세하자 정여립은 동인 편에 선 것이었다. 선조 18년(1585) 홍문관 수찬에 오른 정여립은 경연장에서 이이를 비롯한 서인들을 이렇게 비판하였다.

> 박순은 간사한 무리들의 괴수이고 이이는 나라를 그르친 소인입니다. 성혼은 간사한 무리들을 편들어 상소를 올려 임금을 속였습니다. 호남은 박순의 고향이고 황해도는 이이가 살던 곳이니 그 지방 유생들의 상소는 모두 두 사람의 사주에 의한 것으로서 공론이라 할 수 없습니다. 신이 도성에 들어와 성혼을 찾아가서 간인들을 편들어 임금을 기망한 죄를 질책하고 또 이이와 절교하였다는 뜻을 말하니 성혼은 군소리 없이 죄를 자복하였습니다.

이 같은 정여립의 비판에 깜짝 놀란 선조는 "이이가 살아있을 때에는 네가 지극히 추존하다가 지금에는 어찌하여 이런 말을 하는가?"하고 되물었다. 정여립은 "신이 애초에는 그의 심술을 몰랐다가 나중에야 알고 죽기 전에 이미 절교하였습니다."라고 대답했다. 선조는 아무 말이 없었다. 선조의 눈 밖에 나버렸다고 생각한 정여립은 두 손으로 땅을 짚고, "신이 지금부터 다시는 천안을 뵐 수 없겠습니다." 라고 말하고는 경연장을 빠져나갔다. 정여립은 그 길로 고향 전주로 내려가고 말았다. 정여립이 경연장에서 이이를 소인이라 지목하였다는 소문이 돌자 서인들이 들고일어나 성토하기 시작했다. 은혜도, 스승도 몰라보는 파렴치한 사람이라는 것이었다.

그러나 동인에게 정여립은 훌륭한 사람이었다. 하기 힘든 말을 과감하게 하는 강직한 인사로 평가한 것이었다. 비록 정여립이 전주에 낙향해 있었지만, 동인들의 신뢰에는 변함이 없었다.

정여립은 중앙의 실권을 장악한 동인들의 후원을 힘입어 전주에서 막강한 영향력을 행사하고 있었다. 스스로 후학들을 모아 가르쳤으며, 대동계를 만들어 주변에 많은 사람들을 불러 모았다. 게다가 그의 날카로운 언변은 노골적으로 세습 왕권을 비판하기도 하였다. "천하는 공적인 물건인데 어찌 정해진 임금이 있겠는가?" "두 임금을 섬기지 않는다는 것은 왕촉이 죽음에 임하여 한 말이지, 성현의 말씀이 아니다. 유하혜는 '누구를 섬긴들 임금이 아니겠는가?' 하였고, 맹자는 제나라 선왕과 양나라 혜왕에게 왕도를 행하도록 권하였다. 그런데 유하혜와 맹자는 성현이 아닌가?" 정여립은 자신의 학도들에게 이 같은 말을 서슴없이 하곤 했다. 불사이군과 충성을 최고의 가치로 여기던 당시의 분위기에서는 가히 혁명적인 발언들이었다. 결국 선조 22년(1589) 10월 2일 정여립의 역모를 알리는 고변서가 접수되었다. 고변서는 조구, 황해감사 한준, 재령군수 박충간, 안악군수 이축, 신천군수 한응인 등 다섯 명의 연명으로 된 한 통과 고수, 재령군수 박충간 등 두 명의 연명으로 된 한 통, 이렇게 두통이었다. 고변자 중에서 조구와 이수의 이름이 각각의 고변서에 제일 먼저 올라 있는 것은 이들이 정여립의 역모에 가담했다가 체포되어 실토하였기 때문이다.

재령군수 박충간은 두 통의 고변서에 모두 이름을 올렸을 뿐만 아니라 정여립 역모의 고변에서 핵심역할을 하였다. 박충간이 정여립의 역모를 처음으로 감지한 것은 구월산의 스님 의엄을 통해서였다. 당시 황해도에는 호남 지역에 성인이 일어나 만 백성을 건져내고 나라를 태평하게 할 것이라는 소문이 무성하였다. 전주의 성인은 바로 정도령으로 정여립이 그 주인공이라는 것이었다. 의엄은 이를 가지고 정여립이 역모를 도모한다고 밀고하였다.

박충간은 분명한 증거도 없이 소문만 가지고 단독으로 고변하기가 불안하였다. 박충간은 재령 옆 안악의 군수 이축에게 가서 정여립의 역모를 함께 고변하자고 종용하였다. 그러나 이축도 증거 없는 고변이 불안하기는 마찬가지였다. 이 때 이축의 친척동생 남절이 찾아와 정여립에 관한 민간의 소문을 전하였다. 이축은 남절에게 보다 구체적으로 실정을 조사하도록 지시했다.

남절은 안악의 교생 조구라는 사람이 평상시 정여립의 제자로 자처하면서 여러 사람들과 자주 어울린다는 사실을 알렸다. 이축은 조구를 엄습하여 체포하고 아울러 집안을 수색하여 정여립과 주고받은 편지들을 압수하였다.

정여립의 역모사실은 조구를 조사하는 과정에서 구체적으로 드러났다. 그에 의하면 먼저 사헌부를 이용하여 전라감사와 전주부윤을 탄핵하여 파면시키고 새 관리가 부임하기 전을 틈타 거사하는데, 거사 직전에 자객을 보내 훈련대장 신립과 병조판서를 미리 암살하고, 겨울 12월에 황해도와 전라도에서 일제히 군사를 일으켜 곧바로 한양으로 진격해 점령한다는 것이었다.

증거를 확보한 이축은 박충간을 만나 사후대책을 논의했다. 박충간은 옆 신천의 군수 한응인이 당대의 명사이므로 그와 함께 연명으로 고변서를 올리는 것이 좋겠다고 생각하였다. 박충간, 이축은 조구를 한응인에게 보내 고변서에 연명할 것을 종용하였다. 정여립의 역모에 가담했다고 주장하는 당사자가 직접 나타나 고변을 진술하자 한응인도 고변서에 연명하였다. 이 연명 고변서를 접수한 황해감사 한준은 선조에게 비밀장계로 보고하였다.

안악에서 재령으로 돌아온 박충간은 읍내에서 이수를 체포하였다. 조구의 진술 중에 그도 정여립의 역모에 가담한 사람이라고 했기 때문이다. 이수의 말도 조구와 같았다. 박충간은 지난번 의엄에게서 들었던 것까지 아울러 거론하여 아들을 시켜 먼저 고변하도록 하였다. 정여립의 역모를 확신한 박충간은 자신이 먼저 공을 세우고자 하였던 것이었다. 이 결과 박충간의 고변서가 먼저 도착하고 한준의 비밀장계는 그 뒤에야 도달하였다.

정여립의 고변에 대한 당시 사람들의 반응은 대체로 회의적이었다. 우의정 정언신은 선조를 대면한 자리에서도 믿지 못하겠다는 말을 하였을 뿐만 아니라 고변한 여섯 명의 목을 베야 한다고 공언하기까지 하였다. 특히 동인계 사람들은 이번의 고변은 황해도의 이이 제자들이 동인을 일망타진하려는 조작극이라 의심하였다. 이는 선조 22년 당시 중앙정계가 동인과 서인의 당쟁으로 갈등이 격화되어 있었기 때문이었다.

당쟁은 선조 8년(1575) 김효원과 심의겸의 갈등에서부터 시작되었다. 인사권을 좌우하는 이조전랑 자리를 놓고 두 사람 사이에 벌어졌던 알력이 후배사림과 선배사림들의 다툼으로 비화했다. 김효원을 지지하는 쪽은 동인, 심효겸을 지지하는 쪽은 서인이라 하였는데, 김효원이 한양의 동쪽에 살고 심효겸은 서쪽에 살았기 때문이다. 동인에는 경상도와 전라도 지역의 소장인사들이 많았으며 서인은 경기도와 충청도의 노장인사들이 중심이었다.

선조 8년(1575) 이후 동인과 서인은 치열한 공방을 벌이며 일진일퇴를 거듭하였다. 그러나 선조 17년(1584)에 서인의 중심인물 이이가 세상을 떠난 뒤에는 동인들이 중앙정계를 장악하여 5년여 세월을 이어오고 있었다. 이런 상황에서 정여립의 역모가 고변되었으므로 동인계 인사들은 이 사건을 서인의 조작이라 의심하는 것이었다. 게다가 정여립은 서인들에게 철천지원수와 같은 사람이기도 하였다.

하지만 정여립이 역모를 도모한다는 고변서를 받은 선조는 사실일 가능성이 크다고 생각했다. 고변서를 받은 선조 22년(1589) 10월 2일 한밤중에 왕은 3정승, 승정원의 6승지와 사관, 대궐호위병들을 지휘하는 도총관 등을 긴급 소집하였다. 그때 선조는 "정여립은 어떤 사람인가?" 하고 물었다. "그의 인품에 대하여는 알지 못합니다." 선조의 의중을 알 수 없는 영의정 유전과 좌의정 이산해가 조심스럽게 입을 열었다. "그가 독서하는 사람이라는 것만 알고 다른 것은 모릅니다." 우의정 정언신의 대답도 조심스러웠다. "독서하는 사람이 하는 짓이 이와 같단 말인가?" 선조는 갑자기 소리를 지르며 두루마리 문서를 앞으로 내던졌다. 승지가 선조의 명을 받아 문서를 집어서 읽기 시작했다. 전 수찬 정여립이 모반을 도모했다는 고변서로서 황해도에서 올라온 것이었다. "정여립이 어찌 역적이 될 수 있겠습니까? 그러나 잡아다 국문하지 않을 수 없습니다." 우의정 정언신이 고변사실을 도저히 믿지 못하겠다는 의미의 말을 했다. 그러나 이왕 고변이 들어왔으므로 정여립과 함께 고변자들까지 아울러 체포하지 않을 수 없었다. 당일로 금부도사 유담이 정여립을 잡기 위해 전라도로 내려갔다.

10월 7일 금부도사 유담이 전주에 도착하였을 때 정여립은 이미 도망가고 없었다. 안악에서 변숭복이 달려와 미리 소식을 전하였던 것이다. 정여립은 자신의 아들 정옥남, 변숭복, 박춘룡 등과 함께 별장이 있는 진안의 죽도로 피신하였다.

10월 17일. 진안현감 민인백이 관군을 이끌고 정여립의 은신처를 포위하였다. 정여립은 바위 사이의 풀 더미 속에 은신해 있었다. 군대를 뒤로 물린 민인백이 정여립을 향해 소리쳤다. "대보(정여립의 자)야. 내 말을 들으라. 조정에서 대보가 딴 마음이 없음을 알 터이니 스스로 변명하라."

민인백은 정여립을 생포하려고 하였다. 그러나 정여립은 아무 대꾸 없이 칼을 들어 변숭복을 베어 죽였다. 이어 자신의 아들 옥남을 베었으나 옥남은 칼날을 피하여 죽음을 면하였다. 정여립은 칼을 땅에 거꾸로 꽂고 목을 길게 늘여 칼날 위에 엎어졌다. 황소울음 같은 소리가 주위를 울렸다. 정여립의 나이 44세였다. 살아남은 옥남과 박춘룡은 생포되어 한양으로 압송되었다.

주모자로 알려진 정여립이 자결하자 조사는 관련자들의 진술을 바탕으로 진행될 수밖에 없었다. 10월 8일 황해도의 피의자들이 한양으로 압송되어 조사를 받았다. 이들은 대부분이 역모사실을 시인하여 사형을 당하였다. 10월 19일 선조는 생포되어온 정여립의 아들 정옥남과 박춘룡을 직접 신문하였는데, 이들도 역모사실을 시인하였다. 10월 27일에는 주모자 정여립과 변승복의 시체를 저자 거리에서 백관들이 둘러선 가운데서 찢었다. 이로써 정여립의 역모사건은 마무리 단계에 들어서게 되었다. 정여립 역모사건에 대하여 실록에서는 다음과 같은 기록하였다.

> 이보다 앞서 1백여 년 전에, 민간에 '목자木子가 망하고 전읍奠邑이 일어난다.'는 참언讖言이 있었다. 정여립이 요승妖僧 의연義衍과 모의하여 이를 옥판玉版에 새긴 다음 지리산 석굴 안에 간직하였다. 의연이 승도인 도잠道潛·설청雪淸 등과 산을 유람한다고 핑계하고 지리산에 이르러서는 '아무 방위에 보기寶氣가 있다.' 하고 같이 가게 하여 옥판을 찾아내어 여립에게 돌려주니, 여립이 같은 동아리에게 비밀히 보여주고는 그 말을 누설하지 말도록 당부하였다.
>
> 의연은 본래 운봉雲峰 사람으로서 스스로 요동遼東에서 나왔다고 일컫고 명산을 두루 다니다가 사람을 만나면 넌지시 풍자하여 말하기를, "내가 요동에 있을 때에 조선을 바라보니 왕기王氣가 있었는데, 조선에 와서 살펴보니 왕기가 전주 동문東門 밖에 있었다." 하였다. 이로 말미암아 '전주에 왕기가 있다.'는 말이 원근에 전파되었다. 여립이 또 말하기를, "내 아들 옥남玉男의 등에 왕王자의 무늬가 있는데 피기避忌하여 옥玉자로 해서 이름을 옥남玉男이라 하였다." 하였다. 정옥남은 눈 하나에 겹 동자였으므로 사람들이 또한 이상하게 여겼다.
>
> 이때 동요가 있었는데, 뽕나무에 말갈기 나자 집 주인은 왕이 되리 하였다. 여립이 의연과 몰래 집 동산 뽕나무의 껍질을 크게 벗겨내고 말갈기를 메워 넣었다. 날짜가 오래되어 껍질이 아물어지자 짐짓 인근의 친밀한 사람으로 하여금 보게 하고는 말하지 말도록 경계하고 곧 없애버렸다.

국초 이래로 참설讖說이 있었는데, "연산현連山縣 계룡산鷄龍山개태사開泰寺
터는 곧 후대에 정씨鄭氏가 도읍할 곳이다." 하였다. 여립이 일찍이 중 의연
의 무리와 국내의 산천을 두루 유람하다가 폐사廢寺의 벽에 시를 쓰기를,
손이 되어 남쪽 지방 노닌 지 오래인데 계룡산이 눈에 더욱 환하여라 무자·
기축년에 형통한 운수 열리거니 태평 성세 이루는 것 무엇이 어려우랴 하였
는데, 그 시가 많이 전파하였다. 또 무명자가無名子歌를 지었으니, 모두 백성
이 곤궁하여 난을 일으키려는 뜻을 기술한 것인데, 사람들은 어디에서 왔는
가를 알지 못하였다.[30]

　민의 폭력적 저항과 국왕 리더십관이라는 측면에서 볼 때, 정여립 역모
사건은 여러 면에서 송광유 사건과 유사하였다. 먼저 송광유 사건의 진인
과 마찬가지로 정여립에 대하여는 수많은 참설과 소문이 결합되어 있다.
다만 그 핵심은 새로운 왕조를 창업할 운명을 타고난 신비한 존재라는
보다 현실적인 모습을 띠고 있다는 사실이다. 예컨대 정여립 역모사건에
서는 '목자木子가 망하고 전읍奠邑이 일어난다.', "연산현連山縣 계룡산鷄龍山
개태사開泰寺 터는 곧 후대에 정씨鄭氏가 도읍할 곳이다." 같은 참설과 소문
이 결합되었으며 그 구체적인 인물로 정여립이 지목되었던 것이다. 이
같은 정여립의 모습 역시 궁극적으로는 민의 생존 나아가 희망을 보장해
줄 수 있는 신비한 능력을 가진 사람 즉 구원자 또는 구세주의 형태였다고
할 수 있다. 결국 조선시대 민의 비합법적, 비공식적 국왕 리더십관을
대표하는 진인, 정도령 등은 현실적인 성왕 또는 명군이 현실성을 상실한
상황에서 그 대안으로 제시된 메시아적 국왕 리더십관이었다고 할 수
있겠다.

---

[30] 『선조수정실록』 권23, 22년(1589) 10월 1일.

4부

한 · 중 · 일의 국왕 리더십 비교 및 유형

I

'유교 문화권'으로서의 동아시아[1]

유교 문화권 내에서 중국은 정치적으로나 문화적으로나 흔들리지 않는 중심세력으로 건재해왔으며,[2] 그와 더불어 유교 문화권은 오랫동안 질서와 안정을 유지할 수 있었다. 흔히 「중국 중심의 천하질서」라 부르는 것은 그 때문이리라. 이민족 발흥과 왕조 교체로 인해 급격한 변동이 전혀 없지는 않았다. 사분오열四分五裂, 군웅할거群雄割據해서 상하, 계서적인 국제질서가 혼란에 빠지는 경우도 더러 있었다[亂]. 하지만 질서와 안정을 누린 기간[治]에 비하면 극히 짧은 나날들에 지나지 않았다. 자연히 그런 사태를 바라보는 관념의 영역에서도 사분오열과 군웅할거는 역시 이례적이며, 과도기적이며, 비정상적인 것처럼 간주되었다. 질서 회복이 간절하게 희구希求되었다. 유교 문화권 속의 일원이었던 조선에서도 사정은 크게 다르지 않았다. "돌이켜 우리 歷史를 참고하면-外敵과 싸운 戰爭과 더불어 國內의 大亂를 兼算하더라도 같은 前後 400년간에 戰爭, 內亂의 總回數는 21회, 總年數는 불과 26년으로 대략 百年中의 6年半이 戰時環境이었다는 사실이 드러나니, 況且 對外戰에 限한다면 100년에 4년 未滿이 되어, 유럽에 比하여 10분의 1을 下廻"하고 있다.[3] 이는 전쟁

---

1) 이 부분의 서술은 김석근, 2002 해당 부분을 많이 참조했다.
2) 거시적으로 중국 역사를 일별해보면, 그 지리적인 중심이 황하 하류 연안에서 점차 남쪽으로 내려와 양자강 하류로 옮겨가게 되지만, 큰 차이는 없었다.

으로 점철되다시피한 같은 시기 유럽의 정치사와는 완전히 성격을 달리하는 것이었다.

하지만 19세기 후반에 접어들면서 사정이 크게 달라졌다. 유교 문화권과 마찬가지로 하나의 독자적인 문화권, 국제정치권으로 존재했던 서구 세계는 마침내 전 지구를 대상으로 야심찬 「자기 확장(팽창)」을 시작하게 되었다. 진정한 의미의 「세계사」가 구가謳歌되는 역사적 순간이었다. (이에 대한 평가는 일단 괄호쳐두기로 한다). 적극적인 감성(active sensate culture)을 타고난 19세기 서구 문명권의 「傳播」가 급격하게 이루어지기 시작했고, 그와 더불어 오해와 저항도 시작되었다. 이른바 「문명권의 충돌」이자 동시에 「세계관의 충돌」이기도 했다. 역사상 유례없는 가장 폭력적인 충돌을 치르게 되었다. 그 제일선에 섰던 것이 바로 유럽정치사의 산물이기도 한 서구의 「서구 국가체계」(the western state system)와 근대 「국제법(공법) 질서」에 다름 아니었다. 「문명과 야만」이라는 그럴듯한 도식과 담론이 분위기를 한껏 띄우고 있었고, 그 뒤에 「유럽중심주의」(eurocentrism)가 드러나지 않게 숨어 있었다.

아무튼 유교적 문화권의 국제정치 질서에서 가장 두드러지는 특징은 그 관계가 서계적인 구조, 수직적이고 불평등한 그것이라는 점이다. 그것은 심지어 적대와 무력행위에도 관철되고 있었다. 행위자들(국가) 사이의 외교와 교섭은, 원리적으로는 유교적인 「禮」에 의거해 이루어졌다. 국제정치 질서 차원에서의 「예」는 「事大字小」로 표현되고 있었다. 그 관념은 「천자-제후-배신」 구조를 보여준 주나라 봉건제도에까지 거슬러 올라가고 있다. 「사대자소」는 힘의 우열을 전제한 다음, 그 관계를 규범 차원에서, 실현되어야 할 이념으로 윤리적으로 규범화하려는 것이었다. 「사대」에 대응해 「자소」해야 한다는 것으로, 권리와 의무가 공존하고 있었다.

---

3) 이용희 1962, 126쪽. 이용희 1962는 한국 역사에서의 전쟁과 변란을 다음과 같이 세기별로 정리하고 있다. 16세기: 三浦亂, 倭寇, 兩次의 蕃胡來寇, 壬辰亂. 17세기: 光海戊午役, 李适亂, 丁卯·丙子胡亂, 援淸出軍, 柳濯亂, 兩次의 援淸出軍. 18세기-19세기: 洪景來亂, 民亂, 洋擾, 壬午軍亂, 雲揚號事件, 東學亂. (127-128쪽)

그 연장 위에서 크고 작은 행위자의 공존, 나아가서는 약소국의 상대적 독립과 자주성을 인정해주어야 했다. 내정간섭이나 정치관여는 없었다. 「屬藩의 內政不關與」 원칙이 지켜져, 외교와 내치에 있어 자주성을 유지할 수 있었다. 아울러 사대의 내역은 곧 「조공」과 「책봉」에 다름 아니었다. 「조공」 질서(관계)나 「책봉」 관계라 하는 것도 그 때문이다. 「사대」는 또한 중국의 주변국들 사이의 「교린」 관계와도 연결되고 있었다. 그들은 「사대」(「책봉」)관계를 전제로 우호적인 관계를 유지했기 때문이다. 수직적인 질서 내에서의 주변 국가들끼리의 수평적인 관계라 해도 되겠다.

1. 천하(天下) 사상[4]

중국 사상과 역사에서 천天, 즉 하늘 개념은 중요한 의미를 갖는다. 사람들이 사는 머리 위에 무한히 펼쳐져 있는 하늘, 거기에 해와 달 그리고 별들이 빛나고 있다. 광대한 하늘은 끝이 없어 보인다. 그런 하늘에 대한 원초적인 외경과 종교적 감정, 철학적 사유, 과학적 탐구 등은 '천'을 예로부터 고대 사상사의 핵심적인 개념으로 만들어주었다. 선진 시대에서 근대에 이르기까지 '천'은 가장 중요한 키워드 중의 하나였다.[5]

그런 '천'이 중국사상사에서 중요한 의미를 갖게 되는 것은 은나라 말기 주나라 시대에 걸쳐서였다고 할 수 있다. 흔히 우리는 고대 중국에서의 황금시대, 「하, 은, 주 삼대三代」라는 표현을 쓰고 있지만, 실은 상투적 표현에서 무게 중심은 당연히 「주」나라에 있다. 공자는 기꺼이 "주나라를 따르겠노라"吾從周고 명언했으며, 심지어 꿈에서 주나라의 실질적인 건국자이자 이데올로그였던 주공周公을 만나 뵐 정도였다. 그에게 주나라는 찬란한 문명 그 자체였다. 공자를 받드는 후배 유학자들 역시 그렇게 보았다. 13경에 포함되는 『주례』 자체가 방증 자료가 된다. (병자호란

---

4) 김충렬 1986; 김한규 1979; 김한규 1982; 尹乃鉉·김한규·김충열·유인선·전해종 1988; 미조구치 유조(외)/ 김석근외옮김 2011 등을 참조했다.
5) 미조구치 유조(외)/ 김석근외옮김 2011, '천'과 '천하' 항목 참조.

이후, 조선에서 尊周論이 등장하는 것 역시 하나의 방증 자료가 된다.)
사상사思想史의 흐름을 보더라도, 주나라에 이르러 봉건제는 물론이고 禮
와 刑의 관념, 그리고 「宗法制度」가 정비되기에 이르렀다.

우리가 특히 주목해야 할 것은, 은나라 시대에는 '제帝' 또는 '상제上帝'
라는 최고신이 존재했으며, 그가 기후, 재앙, 농사 등과 같은 자연계의
일과 인간세계의 모든 현상을 주재한다고 믿었다. 하지만 은나라 말기
새로운 세력으로 등장한 주나라에서는 그를 대신해서 '천' 개념이 등장하
게 되었다. 다시 말해서 「天」 개념이 등장해 은나라의 「帝」「上帝」를
대신하게 되었다는 점이다.[6] 『시경』이나 『서경』을 통해서 주나라 시대
의 '천'을 보면, 천은 덕이 있는 위정자에게는 행운을 주며, 부덕한 위정자
에게는 재앙을 내리는 강하고 선한 의지를 지닌 인격신처럼 이해되고
있다. 따라서 굳이 은나라처럼 점을 치지 않더라도 또 주술을 행하지
않더라도 천의 뜻을 알 수 있으며, 또 '덕德'을 닦음으로써 천의 호감을
얻을 수 있다는 것, 따라서 당연히 재앙을 벗어날 수 있다고 믿었다.

그렇기 때문에 주나라의 왕은 '천'으로부터 '명'을 받아서 '천' 아래의
땅, 즉 '천하天下'를 다스리게 된다. 따라서 그는 '천'의 아들子이라는 것,
즉 '천자天子'가 된다. 은나라를 정벌한 주나라가 내세운 명분에는 그러한
논리가 개재되어 있다. 그런 논리 속에서는 하늘의 뜻은 그리 어렵지
않게 예측 가능해진다. 하늘의 명을 받아서 다스리는 천자가 기본적으로
천하의 통치를 잘하면 되는 것이다. 그 부분을 자세히 보면 하늘[天]과
인간[人]이 서로 이어지고 있다는 것을 알 수 있다. 흔히 말하는 '천인상관
론天人相關論'이 그것이다.

만약 천자가 하늘의 뜻을 제대로 따르지 않고 제멋대로 혹은 포악하게
다스리면 어떻게 되는가. 이에 대해서 하늘은 경고를 내릴 수 있다. 어떻
게 하는가. 일식, 월식, 지진, 한발, 수해 등의 자연재해 현상이 나타나면
그것은 곧 하늘의 경고처럼 여겨지게 되었다. 그러니까 천견天譴, 즉 하늘

---

6) 이에 대해서는 平石直昭 1996을 참조. 그리고 은주교체(혁명)와 「天」「民」의 상
   관 관계에 대해서는 김석근 2000에서 자세하게 다룬 바 있다.

이 꾸짖는다는 것이다. 그럴 경우 천자는 하늘을 두려워하면서 스스로 행동을 삼가지 않을 수 없게 된다. 평소와는 다른 자연 현상을 보면서 무엇을 잘못해서 그런가 하면서 자신을 돌아보는 것은 아주 오래된 것이다. 조선시대에도 가뭄이나 홍수 같은 재해가 나면 왕이 몸을 삼가고 잘못된 정사가 없었는지 되돌아보는 것 역시 그런 맥락이라 할 수 있겠다.

그 같은 천견론, 그리고 천인상관론은 한漢 대의 동중서에 이르러 정리되기에 이른다. 동중서는 이렇게 말한다. "국가에 도를 벗어난 실정이 있으면 천은 먼저 재해를 내려 견고譴告한다. 그런데도 반성하지 않으면 다시 괴이怪異를 내려 두렵게 한다. 그럼에도 개선하지 않으면 마침내 파멸이 찾아온다. 이런 점에서 본다면 천의 마음은 군주를 사랑하여 그가 어지러워지는 것을 방지하려는 것임을 알 수 있다."『漢書』「董仲舒傳」. 이 같은 입장은 한 대에 이르러 유교를 국가의 공식이념으로 삼은 것과 잘 맞물려 있다.[7] 아무튼 중요한 함의는, 그런 논리를 계속 밀고 나가게 되면 '혁명'론으로 이어질 수 있게 된다는 것이다. 역사적으로 정형화된 은주 혁명이 다시 일어날 수 있다는 것이다. 이는 이미 맹자의 역성혁명론에서 드러난 바 있다.

그런데 천견과 천인상관론 같은 입장에 서게 되면, '천'에 대해서 자연 현상으로 보거나 과학적인 탐구의 대상으로 보는 것은 어렵게 된다. 그보다는 오히려 종교적인 권위 나아가서는 인격적인 위상을 부여하는 것으로 된다. 유교의 경우, 그런 천의 인격신적인 측면을 받아들일 뿐만 아니라 한층 더 도덕적인 방향으로 밀고 나가게 되었다.

예컨대 공자는 "나에게 올바르지 못함이 있다면 하늘이 나를 버릴 것이다"(논어, 용야)고 했다. 물론 공자는 또한 "하늘이 무엇을 말하였는가. 네 계절은 순조롭게 순환하고 있으며, 만물은 기운차게 생장하고 있다. 하늘이 무엇을 말하겠는가"(논어, 양화)라고 하여 자연의 이법理法처럼 파악하는 경향도 없지 않았다. 이들 두 측면 중에서 맹자는 인격적이고

---

7) 이 같은 동중서의 인식에는 선진 유가(공자, 맹자)의 천 관념, 그리고 천자에게 상서(祥瑞)나 재이(災異) 내리는 묵가의 천 관념을 종합한 것이라 할 수 있다.

종교적인 측면을 한층 더 밀고 나갔다고 할 수 있겠다. 그는 "순舜, 우禹, 익益의 아들에 현명함과 어리석음이 차이가 있었던 것은 모두 천에서 비롯된 것이다. 인간이 어떻게 할 수가 없다."(맹자, 만장 상)고 했다. 사람이 어쩔 수 없는 것, 그것을 천에서 찾아내고 있다.

같은 유학에 속하면서도 순자는 인격적인 측면보다는 '자연의 이법' 측면을 중시했다. "하늘의 운행은 일정하여 변하지 않는다. 성왕聖王 요堯가 출현했다고 해서 존재하고 폭군暴君 걸桀이 출현했다고 해서 없어지는 것은 아니다"(순자, 천론)라고 했다. 그는 하늘과 인간의 분리, 즉 천인지분天人之分을 주장했다. 객관적인 존재로서의 천, 과학적 탐구의 대상으로서의 천의 가능성을 보여주기도 하는 진보적인(?) 것이기도 했다. 하지만 그런 경향은 동아시아 유교의 주된 흐름 속에서 밀려나는 것으로 여겨진다. 특히 신유학으로서의 주자학을 거치면서 순자는 이단異端 바로 직전까지 몰려가게 된다.[8]

이처럼 은주 혁명은 '천'에 대한 인식을 만들어주는 중요한 정치변동이었다. 주나라는 천으로부터 천명을 받아서 새 왕조를 개창한다는 건국이념을 분명하게 내걸었다. 하늘의 아들이라는 의미의 '천자' 칭호가 쓰이게 된 것 역시 주나라(서주) 건국 이후의 일이다. 천명, 천자라는 관념이 급속하게 확립되었지만. 그 지배를 받는 땅위의 세계 전체를 가리키는 '천하' 관념이 곧바로 성립된 것은 아닌 듯하다. 『서경』「소고」「고명」 편에 '천하'라는 단어가 보이기는 하지만, 서주 시대의 금문金文에는 보이지 않는다. 따라서 문헌 자료는 더 후대의 것으로 여겨진다.

논리적으로는 천, 천명, 천자 관념은 거의 동시적으로 '천하天下' 관념을 상정해주지만 현실에서 일순간에 그렇게 되지는 않았을 듯하다. 단적으로 말해서 '천하통일'이 이루어지지 않았기 때문이다. 사방四方, 사위四圍, 사국四國 등의 단어, 그리고 중국中國이란 말 자체가 이미 현실에서의 일률적인 '천하'와 살짝 부딪히는 것처럼 여겨진다. "천하라는 관념이 발생하

---

8) 김석근 미발표 논문. "순자의 예: 정치와 도덕이 만나는 곳" 참조.

기 위해서는 그런 '천의 하'로 넓어진 지상세계에 존재하는 그들 이민족이 갖는 정치, 경제, 문화적 다양성이 현실에서 더 동질화되어야 할 필요가 있었던 것으로 생각된다."[9]

현실에서 '천하' 관념이 좀 더 현실성을 갖게 되는 것은 전국시대를 거치면서였던 것으로 생각된다. 대학에 나오는 '수신제가치국평천하修身齊家治國平天下'라는 명제를 보면, '국'과 '천하'라는 범주가 설정되어 있다. '천하'의 하부 단위로서의 '국'이라 해도 좋겠다. 천자와 왕의 관계도 그러하다. 진시황의 중국 통일은 그런 점에서 중요한 포인트가 된다. 다수의 '국國'을 진나라가 병합하는 형태를 취했기 때문이다. 진나라에 의한 통일 이후 왕조가 천하, 혹은 구주九州 전체를 통치한다는 형태가 정착되기 때문이다. 한나라 시대에 들어서면 중국의 외부, 즉 이적夷狄의 정치체를 '국'으로 간주하며, 그 수장을 왕王으로 임명해 천자(황제)와 군신관계를 설정하는 방식을 취하게 된다. 그것이 '책봉冊封'이라 하겠다.

아무튼 중국사상사에서 「천」의 등장과 더불어, 다소간의 시차는 있을지라도 「天命」(하늘의 명), 「天子」(하늘의 아들), 「天下」(하늘아래) 같은 개념이 생겨나게 되었다는 것을 알 수 있다. 그렇게 해서 형성된 그들 관념들은 유교 사상의 중요 부분을 이루게 되었으며, 약간의 변형은 있을지라도 기본 관념으로서는 그대로 유지되어 왔다고 할 수 있겠다. 이어 살펴보게 될 「華夷」中華와 夷狄 관념 역시 「천」「천하」 관념과 관련해, 거의 비슷한 시기에 형성되었을 것으로 여겨진다.

2. 중화(中華)와 이적(夷狄): 유교적 문화이념

유교문화권으로서의 동아시아에서 먼저 주목해야 할 것은 「중화」(「이적」)라는 관념이라 할 수 있겠다.[10] 그것은 뒤에서 보게 될 「사대」와

---

9) 미조구치 유조(외)/ 김석근외옮김 2011, 273-274쪽 참조.
10) 「中華」란 中夏, 華夏, 諸夏라 하기도 하는데, 漢民族이 四圍의 오랑캐, 「夷蠻戎狄」에 대해 자신을 지칭하는 말로서, 중국이 세계의 중심이라는 자민족중심주의(ethnocentrism)적인 지향을 담고 있다. 또한 문화적으로 우수한 자국이 금수와

연결되면서도 뉘앙스를 달리하고 있다. 서로 연결되고 있지만, 그들 두 개념 사이에는 미묘한 차이가 존재한다. 「사대」와 「중화」를 갈라보는 방식, 다시 말해 군사적, 정치적 의미가 강하게 담겨 있는 「사대」 관념과 문화 이념적인 의미를 더 강하게 띠는 「중화」 관념으로 나누어 보는 방식이 유교권 국제사회를 보다 입체적으로 포착하는 데 더 유용하지 않을까 한다.[11]

「사대」와 「중화」 관념이 서로 일치되지 않는 경우가 더러 생겨나기 때문이다. 요, 금, 원과 고려의 관계, 청과 조선의 관계가 거기에 해당한다.[12] 자기존립을 위해서 「사대」의 외형은 갖추지 않을 수 없지만 -「조공」과 「책봉」 관계는 유지하지만-, 문화적, 이념적인 차원에서는 그 위상을 인정하지 않는 관념의 분화가 일어나게 된 것이다.

그렇다면, 「사대」와 「중화」 관념의 분화는 조선 사상계에 과연 무엇을 가져다주었을까. 그에 답하기에 앞서, 하나만 짚어두기로 하자. 한반도에서 「중화」라는 용어 자체는, 그 연원을 따져보면 상당히 거슬러 올라간다는 점이다. 어쩌면 「중화」 관념이 성립되는 시점, 아니 중국과의 관계가 성립하는 시점과 거의 비슷할 수도 있겠다. 「사대」와 연결되기 때문이다. 『삼국사기』에서 다음과 같은 구절을 확인할 수 있다.

춘추가 무릎을 꿇고 이렇게 아뢰었다. "저의 나라가 멀리 바다 한 구석에 있으면서 대국天朝을 섬긴지가 여러 해가 되었는데 백제가 포악하고도

도 같은 오랑캐를 예적인 질서에 편입해서 문화의 혜택을 안겨준다는 개방적, 세계주의적 지향도 내포하고 있다. 따라서 이념적으로는 영역이나 국경을 초월한 「천하」만이 존재하게 된다. 자세한 것은 박충석 1982, 61-62쪽 및 이춘식 1998을 참조.

11) 이에 대해서는 박충석 1982, 49-50쪽의 논지에 따랐다.

12) "화이사상이 복잡한 양상을 드러내는 것은, 청나라 왕조에서이다. 청은 쥬르친 계열의 만주족 왕조이며, 침입 당초에, 한민족은 격렬하게 저항했으며, 그에 대해 만주족은 대량학살로 보복했다. 때문에 반만(反滿) 감정은, 화이사상으로 굳건한 사대부층 만이 아니라 일반 민중들에게까지 확산되어, 반만복명(反滿復明)의 비밀결사가 각지에 조직되었다. 그래서 청나라 왕조는, 한편에서는 변발(辮髮)을 강제하기도 하고 배만(排滿) 사상을 탄압하면서, 다른 한편으로 스스로 중화 왕조가 되는 것으로 지배의 정통성을 획득하려고 했다."(溝口雄三外編 2001, 157쪽).

교활하여 자주 침범을 함부로 하였으며 더구나 지난 해는 큰 부대의 군사로 깊이 침입하여 수십 성을 함락시킴으로써 입조할 길조차 막았습니다. 만약 폐하께서 군사로써 흉악한 무리들을 잘라 없애지 아니한다면 저의 지방 인민들은 남김없이 사로잡히게 될 것이며 험한 육로와 수로를 거쳐 다시 뵈올 수 없겠습니다. 태종이 깊이 동감하고 군사를 내줄 것을 승낙하였다. 춘추가 또한 관리들의 복식을 고쳐서 중국의 제도中華制를 따르겠다고 청하니 안의 대궐로부터 진귀한 복장을 내여다가 춘추와 그 수행원들에게 주었다."[13] 卷5「新羅本紀」

그 외에도 『삼국사기』에는 「중화中華」라는 용어가 두어 차례 더 등장하지만[14], 그들은 분명하게 「중국」을 가리키고 있다. 자의식과는 아무 관계가 없다. 고려에서도 마찬가지였다. 『고려사』에도 「중화中華」라는 용어가 나오지만, 모두 중국을 지칭하고 있다.[15] 어쩌면 당연한 것이라 하겠다. 조선시대에도 거의 다를 바 없었다. 『조선왕조실록』의 경우, 조선을 「소중화小中華」로 지칭한 것은 성종 3년(1472) 7월 을사조에 처음 나온다.[16] (모두 19건이 검색되었다.)

아무튼 정묘(1627), 병자(1636) 두 차례에 걸친 「호란胡亂」과 명청교체

---

13) 「春秋跪奏曰, "臣之本國, 僻在海隅, 伏事天朝, 積有歲年, 而百濟強猾, 屢肆侵凌. 況往年大擧深入, 攻陷數十城, 以塞朝宗之路. 若陛下不借天兵翦除凶惡, 則敝邑人民盡爲所虜, 則梯航述職無復望矣." 太宗深然之, 許以出師. 春秋又請改其章服, 以從中華制. 於是, 內出珍服賜春秋及其從者」.

14) 『三國史記』 卷 33 雜志 第2 「遂還來施行, 以夷易華」, 卷46 列傳 第6 崔致遠條 「文場動中華國」, 卷47 列傳 第7 薛罽頭條 「我願西遊中華國」.

15) 그런 예를 서넛 들어두기로 한다: "가만이 생각건대 본국(本國)은 동비(東鄙)에 위치(位置)하고 세세(世世)로 중화(中華)를 섬겨 천만리(千萬里)의 봉강(封疆)을 지키되" "표(表)에 이르기를 후복(侯服)을 동우(東隅)에 받아 조선(朝鮮)의 묘예(苗裔)를 조종(祖宗)으로 하여 이에 오계(五季)로부터 이미 중화(中華)를 섬겼다고 하니 말이 합당치 않음이 없도다." "최영(崔瑩)이 망녕되게 군사[師旅]를 일으켜서 중화(中華)를 소란(騷亂)할 것을 도모(圖謀)하여" "우리 나라는 고래(古來)로 문물(文物)이 중화(中華)와 같다고 일컫더니 이제 학자(學者)들이 다 불교[釋子]를 좇아서 장구(章句)를 익히는 것은 어찌된 일이냐" 등. (원문은 생략함).

16) 「吾東方, 自箕子以來, 敎化大行, 男有烈士之風, 女有貞正之俗, 史稱小中華」("우리 東方이 箕子 이래로 敎化가 크게 행해져서, 남자는 烈士의 風이 있었고 여자는 貞正의 풍이 있었으므로 歷史에도 「小中華」라 칭하였습니다").

라는 변동은 어쩔 수 없이 국제정치 영역에 충격과 변화를 가져다주었다. 「사대」와 「중화」를 모두 충족시켰던 명나라는 이제 없어졌다. 그 대신 종래 「교린」 범주에 머물러 있던 여진(청)이 「사대」 범주로 격상하게 되었다. 이전의 「예」로 보자면 있을 수 없는, 참람僭濫한 일이었다. 조선조 주자학자들의 문화적 자존심은 아주 심하게 상처 입었다. 「이적」으로 얕잡아 보던 북방의 오랑캐 여진에게 당한 굴욕-왕이 삼전도三田渡에 나아가 무릎을 꿇었다!-은 치유하기 힘든 것이었다.[17)

흔히 임진왜란과 병자호란을 통해서, 조선에서 이른바 「중화」적 세계질서 관념을 형성하게 되었다고 보는 것 역시 그와 무관하지 않다. 자존自尊 의식을 필요로 하게 되었다는 것. 하지만, 그 기저에는 16세기 후반 조선에서의 「주자학적인 세계상의 형성」이라는 요인이 깔려 있었다. "주자학적 세계상은 단지 조선조의 대내적인 통치원리로서 뿐만 아니라 난숙한 주자학적 세계상 속에서 조선조를 대외적으로 관계 지을 수 있는 보편적 지향을 이미 내재적으로 준비하고 있었던 것이다. 임진, 병자의 양대 전란은 내재적으로 준비된 이와 같은 주자학적 세계상을 조선조의 대외관에까지 확대시킨 직접적인 요인이었다고 할 수 있다."(박충석 1982, 61쪽) 바야흐로 주자학의 특질의 하나로 꼽히는 엄격한 「화이華夷의 구별」 의식이 작동하기 시작했다.[18)

이 같은 문맥을 감안해야, 그 후 조선조 주자학자들이 보여준 일련의 행동과 이념을 제대로 읽어낼 수 있다. 「복수설치復讐雪恥」를 기치로 내세운 북벌론의 발흥, 대보단大報壇 설치, 대명의리론對明義理論 정리와 존주론尊周論

---

17) 물적인 손실과 인질 문제는 물론이고, 북쪽 오랑캐 여진이 「형제의 나라」에서 다시금 「군신의 예」를 요구했다. 지난 날 명나라의 위상을 그대로 인정해달라는 것이다. 유학자들이 보기에, 그야말로 「명분」이 무너지는 대사건이 아닐 수 없었다.

18) 주자가 살았던 남송(南宋)은 「소흥(紹興)의 화의(和議)」에서, 금에 대해서 신하의 예를 취하게 되었다. 그런데 그 같은 중화의 위기는, 도리어 이데올로기 측면에서 화이 관념을 한층 더 강화시켜 주게 되었다. 존왕(尊王)을 외치고 「화이의 구별(辨: 辨別)」을 엄격하게 논하는 것이, 송학의 하나의 특징이 된 것도 그 때문이다. 당시 화의를 떠맡았던 재상 진회(秦檜)는, 현대에 이르러서도 한간(漢奸)[민족의 반역자]이라는 오명(汚名)을 뒤집어쓰고 있다.

의 등장, 그 연장선 위에 전개된 존화사상의 전개 등.[19] 특히 조선이 명나라의 「중화」를 계승하고 있다는 것, 나아가 명나라의 「정통」을 잇고 있다는 강한 자의식이, 마침내 스스로 「小中華」로 자임하게 되었다. 논란의 여지가 다소 없지 않지만[20], 이전의 「小中華」 의식이 마침내 "조선이 곧 중화"라는 「조선 중화주의」를 성립시키게 되었다는 주장도 있다.[21] 어쨌거나 이 같은 「小中華」 사상은 정통 주자학을 고집하는 일군의 주자학자들에 의해 계속 유지되었으며, 훗날의 이른바 「위정척사파」에 이어지게 된다.

그렇다고 사상계 전체가 그 같은 「중화」 사상에 사로 잡혀 있었던 것은 아니다. 그럴 수가 없었다. 무엇보다 세상이 달라지고 있었다. 「복수설치復讐雪恥」와 「북벌北伐」의 대상이었던 청나라, 이제 그 청나라의 문물을 배워야 한다고 주장하는 사람들이 나오기 시작했다. 박지원과 박제가로 대표되는 「북학파北學派」가 그들이었다.[22] 「燕行」을 통해 얻게 된 견문과 지식이 바탕이 되었다. 비슷한 무렵 전해진 「西學」과 거기에 수반된 과학 지식을 통해, 유교적 세계(문화권) 바깥에 또 다른 세계가 존재한다는 사실도 알게 되었다. 종래의 천하관과 중화질서를 떠받쳐주던 천문학적 지식, 단적으로 천원지방설天圓地方說이 받은 충격과 더불어, 중화와 이적 관념의 계서적인 가치체계는 흔들리지 않을 수 없었다. 화이질서의 상대화는 명청교체와 더불어 이미 시작되었다. 일원적이던 문화적 가치(유학의 예교) 자체가 상대화되고 있었다.[23] 그렇다, 하늘에서 보면 안팎의

---

19) 이에 대해서는 정옥자 1998이 자세하게 다루고 있다.

20) 인조 이후에도 『朝鮮王朝實錄』에는 「小中華」가 열 세 건 나오고 있다.

21) "조선 전기에 있어서 중화가 명이었고 조선이 소중화(小中華)라고 설정되었던 것이 조선 후기에 이르러 명이 망하자 조선이 그 주체가 되어 명을 계승한 적통(嫡統)이라 표방하고 나선 것은 바로 조선이 중화라는 주장 이외의 다름이 아니다." "17세기 조선사회가 차용한 존주론은 그 존중 대상을 주→명→조선으로 전환시킴으로써 조선이 곧 중화라는 조선중화주의를 성립시켰다. 이전의 소중화 의식은 조선중화의식으로 확대 진전되었던 것이다. 이제 존주론에서 주(周)는 조선이므로 존주론은 조선문화 수호 내지 발전 논리가 되어 조선문화 자존의식으로 꽃피웠다. 이에 조선은 명실공히 변방의식을 탈피하여 문화 중심국가라는 자부심으로 조선 고유문화 창달에 성공하게 되었다."(정옥자 1998, 108쪽; 281쪽)

22) 그들의 사상에 대해서는 유봉학 1995를 참조할 수 있다.

23) 그 내용과 그 사상사적 의미는 박충석 1982, 168-189쪽에서 잘 정리하고 있다.

구분이 어디에 있겠는가. 둥근 땅 위에 서 있다면 어디가 중심이고 어디가 주변이란 말인가. 마침내 홍대용은 「華夷一也」(중화와 이적이 하나다)라 선언하기에 이르렀다.[24)]

3. 「事大」와 「交隣」: 유교적 국제정치

> "이 권역의 정치양식은 유교의 정교政敎 관념에서 유래하고 있으며 국내의 법질서나 지배 질서가 唐, 明律戒나 충효사상에 입각한 가부장적인 전제이듯이, 국제정치적 질서는 禮敎를 本으로 하되, 권역을 막연히 「天下」라 하여 天命을 받드는 中朝의 天子의 덕이 미치는 범위로 관념된다. 이 「천하」는 그것이 중조의 문화가 미치는 「터」이며, 禮敎의 「명분」이 유지되어야 하는 곳이며, 또 신분적인 유교의 예 사상을 따라 그 구조가 序階的이 아닐 수 없었다."(이용희 1962, 71-72쪽)

유교적 문화권의 국제정치 질서는 나름대로 독자적인 구조와 체계, 그리고 명분과 이데올로기를 가지고 있었다. 가장 두드러지는 특징은, 기본적으로 그 관계가 서계적인 구조, 다시 말해서 수직적인 불평등 관계라는 것에 다름 아니었다. [뒤에서 보듯이, 주변국들 사이의 수평적인 「교린」 관계도 있긴 했지만, 그것은 중국과의 수직적인 「사대」를 인정한 위에서의 수평적 관계였다]. 그것은 근대 서구국가들 사이의 수평적인 관계, 적어도 형식상으로는 평등한 주권국가의 공존이라는 구조를 내세우는 서구의 근대 국제법 질서와는 확연히 구별되는 것이었다.[25)] 수직적인 관계(내지 구조)는 유교의 일반적 속성이라 해도 좋을 것이다.

심지어 그 같은 패턴은 무력 충돌 같은 적대 행위에도 관철되고 있었

---

24) 「天之所生, 地之所養, 凡有血氣, 均是人也. 出類拔萃, 制治一方, 均是君王也. 重門深濠, 謹守封疆, 均是邦國也. 章甫委貌, 文身雕題, 均是習俗也. 自天視之, 豈有內外之分哉, 是以各親其人, 各尊其君, 各守其國, 各安其俗, 華夷一也」. (『毉山問答』 21張)

25) "애당초 주변국은 중심세력에 의해 한낱 「藩籬」로 간주되었다. 말하자면 문화적, 종교 윤리적 상하질서가 바로 정치질서를 대신하였었다"(이용희 1962, 233-234쪽)

다. 승패와는 차원이 다른 것이었다. "유교권에 있어서도 전쟁은 征·討·
侵·襲·伐·戰의 여러 문자로 표시되듯이 세계적 질서에 역시 규율되는
제도적인 것으로 인정되었다."(이용희 1962, 61쪽) 원칙적으로 전戰은
동등한 정치집단 간의 무력 충돌을 지칭하며, 적국敵國이라는 용어도 제후
간의 경우에만 사용하였다. 이적夷狄에 대한 무력 행위는 전戰이라 하지
않고 토討, 벌伐, 취取, 정征의 용어로 표현하였다. 『孟子』에서도 "征이란
上이 下를 伐하는 것이고 征이라 말하는 것은 正을 일컫는 것"[26]이라
했다.

평상시의 국제정치, 다시 말해 국가들 사이의 외교와 교섭은, 원리적으
로 유교적인 「禮」 사상에 근거해 이루어졌다. 그 「禮」는 오늘날의 이른바
「法」에 가까운 것으로 볼 수도 있겠다.[27] "「禮」라고 하는 것은 오륜에
의해서 대표되는, 이른바 국내의 정치적, 사회적 규범이며, 이것이 국제
질서 규범이라는 의미에서 사용되는 것은 「예」의 확대된 의제擬制, fiction에
지나지 않는다. …… 「동아시아세계」의 제 국가 간의 국제질서 관계는
기본적으로 그러한 「예」 관념이 그 기조를 이루고 있었다."(박충석
1982, 49쪽) "예는 유가사상의 핵심인데 이것이 나라 간에 적용되는
경우, 주실周室과 제후 간, 제후와 제후 간, 그리고 중국과 이적夷狄 간에
있어야 할 규범이 되며, 그 기본원리가 큰 것을 섬기고 작은 것을 어여삐
여긴다는 사대자소事大字小인 것이다."(김용구 1997, 80쪽) 국제관계에서
의 「예」, 그것은 곧 「事大字小」로 압축, 표현될 수 있다. 춘추, 전국 시대
의 문헌에서 그런 용례를 확인할 수 있다.

　　「예라는 것은 작은 것이 큰 것을 섬기고 큰 것은 작은 것을 어여삐 여기는

---

26) 「征者 上伐下也. 征之爲言 正也」. 「盡心章」 上篇.
27) "하늘이나 귀신을 섬기는 방식을 '리'(禮)라고 했지요. 그래서 '예'(禮)를 '리'(履)-
곧 '밟을 이(履)'와 연결시킵니다. 인간이 밟아야 하는 것, 따라서 예의 원 의미는
하늘이나 귀신을 섬기는 것인데 그러다 보니까 섬기고 거동하는 방식을 '예'라고
하게 되고, 나중에는 미치어는 가지고 사람 사이의 중요한 거동의 형식도 '예'라
고 하게 된 것이지요."(이용희 1972, 26쪽)

것을 말한다」.28)『春秋左氏傳』「昭公 30年條」

「제 선왕이 물었다. "이웃나라와 사귐에 도가 있습니까." 맹자께서 대답하
셨다. "있습니다. 오직 인자仁者만이 큰 나라로서 작은 나라를 섬길 수 있습
니다. 그렇기 때문에 탕湯 임금은 갈葛나라를 섬기었고 문왕文王은 곤이昆夷
를 섬겼습니다. 오직 지혜로운 사람만이 작은 나라로서 큰 나라를 섬길
수 있습니다. 그래서 태왕太王은 훈육獯鬻을 섬겼고 구천勾踐은 오나라를 섬
겼던 것입니다. 큰 나라로서 작은 나라를 섬기는 것은 하늘의 뜻을 즐기는
것이고 작은 나라로서 큰 나라를 섬기는 것은 하늘의 뜻을 두려워하는 것입
니다. 하늘을 즐기는 사람은 천하를 편안하게 하고 하늘을 두려워하는 사람
은 자기나라를 편안하게 합니다.」29)『孟子』「梁惠王」下篇

여기서 「사대자소」의 본질과 관련해 다음과 같은 두 가지 의문을 던져
볼 수 있겠다. (1)「사대자소」는 언제부터 시작되었는가 하는 기원의 문
제, 다시 말해 그런 관계의 연원은 언제, 어디서 비롯되고 있는가, 그리고
(2)그 같은 「사대자소」는 국제정치에서 과연 어떤 의미를 함축하고 있는
가, 다른 말로 하자면 「사대자소」 관계의 정치적 의미와 함의는 무엇인가
하는 것.

먼저 (1)「사대자소」의 기원에 대하여. 다음의 서술에서 실마리를 얻을
수 있다. "(유럽의 근대질서가 병렬적인 것에 반하여) 유교권의 그것은
천자天子, 제후諸侯, 배신陪臣 등으로 이어지는 서열적이고 수직적인 질서였
다. 다시 말하자면 종주국宗主國과 조공국朝貢國 간의 불평등한 국제정치질
서였다. 이러한 불평등 관계의 명분이 곧 사대자소事大字小의 예禮였으며,
제후 간의 관계는 교린交隣의 관계로서 규율되었다."(김용구 1997, 70쪽)
"천자天子, 제후諸侯, 배신陪臣 등으로 이어지는 서열적이고 수직적인 질서",
역사적으로 그것을 가장 잘 구현했던 것은 바로 주나라의 봉건제도分封,
그리고 그 틀 안에서 맺어지는 천자와 제후의 관계(같은 패턴의 분봉

---

28) 「禮者, 小事大大字小謂」.
29) 「齊宣王問曰 交隣國有道乎? 孟子對曰有. 唯仁者能以大事小, 是故湯事葛, 文王事
昆夷, 唯智者能以小事大, 故太王事獯鬻, 勾踐事吳, 以大事小者, 樂天者, 以小事
大者, 畏天者. 樂天者保天下, 畏天者保其國也」.

제후와 배신의 관계)에 다름 아니었다.

> "事大·字小의 交隣之禮는 서주시대 주 왕실이 대소 제후 간의 우호증진
> 친목도모 및 결속강화를 위한 정책적 목적에서 장려했던 禮治의 일부였다
> 고 할 수 있다. 이러한 점에서 볼 때 춘추시대 事大·字小의 交隣之禮 기원
> 은 일단 서주 시대의 봉건제도에서 찾아볼 수 있을 것 같다."(이춘식 1997,
> 251-252쪽)
> "(주 천자와 제후 사이에는 약간의 권리와 의무가 있었는데) 주 천자가 행한
> 것은; 첫째로 제후를 분봉할 때 행하는 授民과 授疆土의 의식으로서 이때에
> 周王의 冊名과 封地의 경계 그리고 노예의 수가 선포되고 封國에 일정한
> 수량의 祭器와 귀중한 예물이 하사되었으며 侯·男·公·伯·子 등의 爵位
> 도 수여되었다. 둘째로 봉국에서도 주 왕실의 政令이 실시되도록 하였다.
> 봉국의 禮·樂·征伐에 관한 명령 및 刑罰에 이르기까지 반드시 주 왕실의
> 규정에 따라야 했는데 다른 조취를 취하여야 할 경우에는 그것을 수시로
> 주 왕실에 보고하여야만 했다. 이러한 규정에 따르지 않는 제후는 征討를
> 받았다. 셋째로 제후국의 일부 중요한 관리는 주 천자가 임명하였다. ……
> 넷째로 주 천자는 정기적으로 제후국을 순시하였는데 이것을 巡狩라고 하
> 였다. 다섯째로 제후국이 외부로부터 침략을 받거나 내란이 일어났을 때
> 주 천자는 이로부터 제후국을 보호하거나 처리하는 조치를 취하여야 했
> 다."(윤내현 1984, 111-112쪽)

중국 대륙에 그와 같은 통치질서를 처음으로 구축했다는 점에서도 주
나라는 역사적 의미를 갖는다. 하지만 그 같은 통치질서는 다시 되풀이되
지 않았다. 진秦, 한漢 이래 중국의 제국들이 모두 「군현제」를 실시했음은
다 아는 바와 같다. 그럼에도 「천자-제후-배신」이라는 서열 관념이 줄곧
유지되었다는 점에서, 주나라는 일종의 이념적 원형으로서의 위상을 누
리고 있다.

이는 유교 사상에 의해 한층 더 심화되었다. 먼 옛날에 있었던 황금시
대, 「하, 은, 주 삼대三代」라는 상투적 표현에서 무게 중심은 당연히 「주」
에 있다. 공자는 기꺼이 "주나라를 따르겠노라"吾從周고 명언했으며, 심지

어 꿈에서 주나라의 실질적인 건국자이자 이데올로그였던 주공周公을 만나뵐 정도였다. 그에게 주나라는 찬란한 문명 그 자체였다. 공자를 받드는 후배 유학자들 역시 그렇게 보았다. 13경에 포함되는 『주례周禮』 자체가 방증 자료가 된다. (병자호란 이후, 조선에서 존주론尊周論이 등장하는 것 역시 하나의 방증 자료가 된다.) 사상사思想史의 흐름을 보더라도, 주나라에 이르러 봉건제는 물론이고 禮와 刑의 관념, 그리고 「종법제도宗法制度」가 정비되기에 이르렀다. 특히 주목해야 할 것은, 「天」 개념이 등장해 은나라의 「帝」「上帝」를 대신하게 되었다는 점이다.[30] 「천」의 등장과 더불어, (시차는 있을지라도) 「天子」(하늘의 아들) 「天命」(하늘의 명) 「天下」(하늘아래) 같은 개념이 생겨나게 되었으며, 그들은 유교 사상의 중요 부분을 이루게 되었다. 확증할 수는 없지만, 「華夷」中華와 夷狄 관념 역시 「천」「천하」 관념과 관련해, 거의 비슷한 시기에 형성되었을 것으로 여겨진다.

이어 (2)「사대자소」의 정치적 의미와 함의에 대하여. 먼저, 『좌전左傳』과 『맹자』에 나오는 「사대」나 「자소」를 보자면, 거기에는 「예」 이전에 이미 대국과 소국의 차이, 어쩔 수 없는 군사적, 정치적 힘의 우열 관계가 상정되어 있다. 언제, 어디서나 그것이 현실이다. 「사대자소」는 힘의 우열이라는 전제 위에, 그들의 관계를 규범 차원에서, 실현되어야 할 이념으로 윤리적으로 규범화하려는 것이었다.

직설적으로 말해서 「사대」는 「자소」와 개념적으로 짝을 이루고 있다. 일차적으로 작은 것은 큰 것을 섬겨야 한다. 사대해야 한다. 그 같은 사대의 원형은 봉건 제후들이 주나라 천자를 모시는 것에서 찾아볼 수 있다.

> "봉국이 주 천자에 대해서 진 의무 가운데 주요한 것을 들면; 첫째로 제후 가운데는 제후의 자격을 가지고 있으면서 주 천자의 요청에 따라 주 왕실의 卿士를 겸하여 그가 주 왕실에 臣服하고 있음을 표시하였다. 이 제후는 다른 봉국에 대해서는 號令을 내릴 수 있는 권력을 가지고 있었다. 둘째로

---

30) 이에 대해서는 平石直昭 1996을 참조. 그리고 은주교체(혁명)와 「天」「民」의 상관관계에 대해서는 김석근 2000에서 자세하게 다룬 바 있다.

군대를 파견하여 주 왕실을 지키거나 주 천자를 수행하여 천자의 명령을 듣지 않는 자를 토벌하여 천자의 권위와 共主로서의 지위를 보전하여야 했다. 셋째로 제후는 일정한 기간 동안에 주 천자에 朝覲하고 업무에 대한 보고를 하여야 했는데 朝覲을 하지 않는 해에는 卿, 大夫를 파견하여 천자에게 문안하여야 했다. 넷째로 제후는 그 지역의 특산물을 주 천자에게 공납하는 것은 물론이고 進人, 獻俘, 즉 노예도 공납하여야 했다. 다섯째로 주 왕실의 필요에 따라 사람을 파견하여 주 왕실에 服役하도록 하였는데 그 가운데 가장 중요한 것은 築城과 宮殿建築이었다."(윤내현 1984, 112쪽)

작은 것이 큰 것을 섬기고, 약자가 강자에게 바치는 것은 어쩌면 자연스러운 질서에 해당한다. 정작 여기서 중요한 것은, 그 같은 「사대」에 대응해 상국 혹은 강대국은 「자소」해야 한다는 일종의 의무 같은 것이 담겨 있다는 점이다. 큰 것에게도 마음대로 하지 말고 「字小」, 즉 작은 것을 어여삐 여기라 한다.[31] 예에 의해 규율되어야 하며, 예를 따라야 한다는 것. 주 천자가 분봉한 제후들에게 베풀어준 것을 떠올리면 이해하기 어렵지 않다. 일종의 권리와 의무가 공존하는 것이다.

그 같은 쌍무적인 권리-의무 관계가 무시, 단절되거나 적나라한 군사와 무력이 횡행하게 되면, 「자소」가 설 자리는 없어진다. 원칙적으로 "큰 것이 작은 것을 어여삐 여기지 않는다면 작은 것은 큰 것을 섬기지 않는다."[32] 그렇게 되면 약육강식弱肉強食의 세계가 되고 만다. 작은 것은 살아남기 위해서, 어쩔 수 없이 「사대」하지 않을 수 없다.[33] 그 때는 이미

---

31) 자소(字小)는 작은 것을 어여삐 여긴다는 뜻인데 자(字)는 원래 젖을 먹인다(字는, 乳也) 뜻에서 유래했다 한다. "본래 자소사대의 '자'(字)는 사랑 '자'(慈)입니다. 그런데 사대의 예(禮) 모델이 형성된 선진(先秦)시대 유가(儒家)의 설을 따르면 사대는 신(信)이요, 자소는 인(仁)이라고 했어요. 대국은 인(仁)으로 관후하게 소국에 접하고 소국은 신(信)으로 대국을 대하여 배반함이 없어야 된다는 것이죠. 국제간의 신의로 해석한 셈이죠. 맹자에 보면 사대는 외천(畏天)이요 자소는 낙천(樂天)이라 했는데, 사대의 예를 상천(上天)의 뜻으로 밝히고 있는 셈이죠"(이용희 1972, 35쪽)

32) 「唯大不字小, 小不事大」. 『春秋左傳』 哀公 7年條.

33) 엄밀하게 보자면 「사대」와 「사대주의」 관념은 구별되어야 한다. 「사대」에는 힘의 우위라는 객관적인 지표에 따라 행위하는 것, 생존하기 위해 어쩔 수 없이 취

「예」가 아닌 「힘」의 지배로 변하게 되며, 「사대자소」의 「명분」 자체가 어그러지고 만다.

또한 「사대자소」는 기본적으로 크고 작은 것의 공존 관계를 인정하고 있다. 큰 것이 작은 것을 완전히 없애버리거나 자신의 일부로 만들어버리지 않는다는 것. 사대의 예만 적절하게 지켜주면 생존과 존립 자체는 걱정하지 않아도 된다, 상대적 독립과 자주성을 인정해주는 것이다. 주나라 봉건체제하에서, 분봉 제후국이 지닐 수 있었던 상대적 독립과 자주성을 떠올리면 될 것이다. 이는 「사대」 질서에서 아주 중요한 국면이라 하지 않을 수 없다. 왜 그런가 하면, "일단 예교의 명분에서 事大字小의 관계가 서면 유럽정치의 의미에서의 이른바 내정간섭이라든가 정치관여는 존재하지 아니하였다."(이용희 1962, 59쪽) "「事大字小」의 「禮」로서 거기에는 반드시 朝覲과 聘問, 貢獻과 賜賚, 奉朔과 册封 등이 따르는 것이라고 여겨졌으나 또 동시에 사대자소는 이와 같은 「朝聘禮文」일 뿐이지 其外는 藩國에 「一兵一役」을 괴롭히지 않는 것이라고도 인정되는 것이 보통이었다."(이용희, 1962, 72쪽) 일단 예교의 명분하에 사대자소 관계가 성립하게 되면 내정 간섭이나 정치에 대한 관여가 없었다는 점이다. 「屬藩의 內政不關與」 원칙이라 해도 되겠다. 이른바 외교와 내치에 있어 자주성을 유지할 수 있었다는 것. 다만 그 명분이 어그러질 때, 간섭과 정치적 압력이 가해지게 된다.[34]

이상에서 살펴본 내용이 유교 문화권의 「사대」 질서, 보다 정확하게는

하는 의례 내지 전략이라는 의미도 담겨 있다. 다시 말해 「以事大國, 所以存也」(左傳 襄公 27年). 큰 것에게 「자소」를 기대하고 또 (심정적으로 강하게) 요구하는 것으로 볼 수도 있겠다. 이에 반해 「사대주의」는 사대 그 자체를 '主義'로 삼으며, 그 자체를 목적시한다는 점에서 구분된다고 하겠다.

34) "간섭이 생기고 정치적 압력이 가하여지는 것은 대개 事大의 명분에 분규가 생긴 경우 곧 새로운 정치세력이 正統의 명분 없이 무력으로 上國의 지위를 인정시키려는 準戰時的인 분위기에서 발생하는 것이 보통으로서-예를 들면 遼·金·元과 고려 및 淸·韓間의 분규를 들 수 있다. 또 하나 干涉의 예로는 유교 사회의 명분을 어겼다고 해서(簒奪等) 譴責 또는 絕朝貢하는 것인데, 가령 洪武 年間에 安南의 黎一元이 「殺君不道」하다고 하여 絕朝貢하고 譴責한 것이 一例이다."(이용희 1962, 59쪽)

「사대자소」의 기원과 거기에 담긴 정치적 함의라 할 수 있지 않을까 한다. 「예」를 바탕으로 한 수직적이고 계서적인 국제질서, 강대국과 약소국 사이에 걸쳐 있는 명분과 윤리적 규범화, 상호적인 권리-의무 감각(특히 강대국의 의무 같은 것), 약소국의 독립과 자주성 인정, 그리고 내정간섭과 정치관여 부재 등으로 요약할 수 있지 않을까 한다. 이 같은 속성은 역시 서양의 근대 국제법 질서와 크게 뉘앙스를 달리한다.

현실에서는 이른바 「춘추전국」 시대[35]에도 「사대」(조공)가 행해지고 있었다. 그것을 어떻게 보아야 할 것인가. 주나라 봉건제에서 일단 완성된 「원형」이 시대와 세상의 변화에 따라 조금씩 달라지거나, 상황에 맞추어 변주된 것으로 볼 수 있지 않을까 한다. 주나라 봉건제 입장에서 보자면, 그들 두 시대는 그야말로 질서와 윤리가 땅에 떨어진 시대로 비칠 것이다. 같은 「사대」라 할지라도 필시 그 의미가 크게 달라졌으리라.

> "춘추 초기에 주대 봉건적 유제로서 잔존하고 있던 대소 열국 간의 공존공영을 추구하고 친선과 결속을 강조했던 事大・字小의 交隣之禮의 이행은 근본적으로 사라지고 또 대국을 중심으로 형성된 공존공영의 차등적 국제사회 속에서 會盟체제가 성립되고, 이 회맹체제 속에서 소국의 대국에 대한 朝覲・獻物・事大之禮의 이행되 붕괴되었다. 전국시대에는 약소국의 강국에 대한 사대 관계는 割地가 전제되지 않는 한 있을 수 없었다. 그리고 割地・事大가 계속되어도 약소국이 대국의 침공에 대해 항거할 수 있는 최소한의 무력기반이 전제되지 않으면 대국의 무력침임에 의해 간단없이 병합 멸망되고 말았다. …… 割地・事大 관계의 성립도 최소한의 무력 기반이 전제되지 않는 한 국명 보존의 수단이 되지 못하였던 것이다.
> …… 춘추시대와 전국시대는 다 같이 다국적 국제사회를 이루고 있었지만 그 시대적 성격은 판이하게 달랐다. 춘추시대의 각국은 영토, 주권, 독립의 개별국가로 성장하였고 무력의 강약에 의한 대・소열국으로 구성되었지만 서주 시대의 봉건적 윤리의식이 상존하였으므로 다국적 체제가 인정되고

---

35) 주나라가 도읍을 낙양(洛陽)으로 옮긴 기원전 770년을 경계로 해서, 그 이전(기원전 771년까지)을 서주(西周), 이후를 동주(東周)라 부르며, 동주 시대는 다시 춘추시대와 전국시대로 나뉘어진다. 둘을 합쳐 「춘추전국」 시대라 부르기도 한다.

대소열국의 공존이 인정되고 추구되었다. …… 다국적 국제사회 속에서 약소 열국의 霸國에 대한 朝聘·事大의 교린지례가 국제질서로 확립되었다고 할 수 있다. 그러나 전국시대는 춘추시대와 같이 다국적 국제사회를 이루고 있었으나 통일사상의 형성과 확산으로 각국 간의 대립과 항쟁은 통일전으로 변모되었기 때문에 춘추시대와 같이 대국과 소국의 공존공영을 전제로 한 것은 아니었다. 오로지 통일을 향한 공벌과 병탄전이 계속되었고 이 과정에서 수행된 약국의 강국에 대한 朝覲·割地·事大는 강국의 무력침입을 일시 모면하기 위한 또는 잠시 국명 보존을 위한 책략에 불과하였으며 엄밀한 의미에서 交隣之禮의 이행이 아니었다."(이춘식 1997, 324쪽)

흔히들 「춘추전국」 시대라 부르지만, 위의 인용문을 읽고 보면 춘추시대와 전국시대는 성격이 크게 다르니, 그들을 갈라 보아야 할 것 같다. 개념의 엄밀성 문제가 있긴 하지만 "춘추시대의 각국이 영토, 주권, 독립의 개별국가로 성장"했다는 것, "대소열국으로 구성"되었으며 또한 "다국적 체제가 인정되고 추구되었다"는 점은 우리에게 시사하는 바 크다. 19세기말 유학적 소양을 가진 지식인들이 서구 국제사회와 근대 국제법 질서를 접하고서 춘추(전국)시대를 떠올리는 것은 어쩌면 자연스러운 일이었으리라. 비슷한 맥락에서 전국시대의 비정한 약육강식 양상[割地·事大, 臣事·臣服]을 문득 기억해내고서, 어쩐지 불길한 예감에 몸서리쳤던 것은 아닐는지 ……

다시 「사대」로 돌아와서, 그러면 「사대」는 어떻게 표현되는가. 「사대」의 실제 내용은 과연 무엇이었을까. 어떤 일들이 있어야 「사대」라 할 수 있는가. 그 실체는 곧 「조공」과 「책봉」에 다름 아니었다. 「사대」 질서 대신 흔히 「조공」 질서(관계)나 「책봉」 관계라는 용어가 쓰이는 것도 그 때문이리라. [원칙적으로 「朝覲」과 「聘問」도 있지만[36]), 그들은 명분

---

36) 「朝覲」이란 제후가 천자에게 아뢰는 것을 가리킨다. 『孟子』에서 "제후가 천자에게 조하는 것을 술직이라 한다(諸侯朝於天子曰述職)"고 했다(「梁惠王 下篇」). 『周禮』「春官 大宗伯」에 의하면 "봄에 천자에게 아뢰는 것을 朝, 여름에는 宗, 가을에는 觀, 겨울에는 遇라 한다(春見曰朝, 夏見曰宗, 秋見曰覲, 冬見曰遇)"고 했다. 「聘問」이란, 국군(國君)이 직접 천자를 조근하지 않고 경(卿)이나 대부(大

과 원리론 상의 그것에 머물렀던 것 같다.] 역시 주나라 봉건체제에서 원형을 찾아볼 수 있다. 진한대 이후에는 거의 행해지지 않았다. 체제의 성격이 달라졌기 때문이다. 이역만리 멀리 떨어져 있는, 명분상의 제후국에 지나지 않는 국가의 경우, 애초에 그럴 수 없었다. 그 '정신'을 살려서 사절을 파견하는 것으로 충분했다.

이제 구체적으로 「조공」과 「책봉」에 대해 살펴보기로 하자. 그 내용은 무엇이며, 또 서로 어떻게 연결되어 있는가. 「조공」 관계의 특징은 다음과 같이 정리할 수 있겠다.

"①조공국의 국왕은 중국에 의하여 봉封해지고 조공국왕이 변경되려면 중국의 인정이 전제조건으로 되어 있었다. 조공국의 국왕들이 국왕으로서 자처할 수 있는 명분이 중국의 인정으로부터 나오는 것이었다. 이것이 책봉冊封의 관계라는 것이었다. ②조공국은 중국의 역법曆法을 받아 시행해야 된다. 이것을 봉삭奉朔이라고 하였다. ③조공국은 정기적으로 중국에 조공을 행한다. 여기에서 제후들의 국왕은 중국 황제에게 표표表와 공貢을 바치며 황제는 이들 공사貢使 일행에게 답례한다. 이것을 조공회사朝貢回賜라고 한다."(김용구 1997, 72)

굳이 따진다면 「책봉」보다는 「조공」이 의미공간이 더 넓은 것으로 볼수 있겠다. 진호進號와 가호加號 및 추증追贈 등을 제외한다면, 책봉은 한 사람에게 한번이면 족하기 때문이다.[37] 「책봉」에는 중국의 황제가 주변국의 군장君長에게 특정한 관작과 그에 상응하는 물품을 내림으로써 그 군장의 지위를 공식적으로 인정해준다는 의미가 담겨 있었다. 명분론으로 말한다면 통치를 위임한다는 것으로 볼 수 있겠다. 중국측 입장에서

夫)를 파견하여 아뢰는 것을 말한다. 이에 대해서는 이춘식 1997, 131-149쪽, 김용구 1997. 83-85쪽을 참조.

37) 책봉 형식이 획일적인 것은 아니었다. 주변국의 군장이 내조(來朝)했을 때, 직접 책봉하는 경우도 있으나 극히 드물었다. 중국에서 사신을 파견해 책봉하는 경우도 있었다. 남제가 백제에 책봉한 케이스가 여기에 해당한다. 많은 경우 순부조서(順付詔書), 다시 말해 '조서'를 보내어 책봉하는 방식으로 이루어졌다.

본다면 이민족을 간접적으로 지배하는 하나의 방식처럼 여겨질 수도 있겠다. 형식적으로 책봉 관계는 주변국이 책봉을 요청하고, 중국이 책봉함으로써 성립된다.[38] 그러기 위해서는 「조공」이 선행되어야 한다.

「조공」에는 「책봉」 「봉삭」 이외에 속국이나 제후가 종주국에 공물貢物을 바침으로써 이루어지는 물물 교역이라는 성격도 담겨 있었다. 예물로 바치는 공물에 대해 하사下賜, 상사賞賜 명목의 답례물이 있었다. 국가 사이의 공식적인 물물교환을 의미한 관무역官貿易 내지 공무역公貿易으로 여겨지기도 했다. 특히 명나라는 조공과 회사回賜 형식 이외에는 외국 무역을 일체 허락하지 않았으며, 더구나 삼 년에 한 번〈三年一貢〉으로 제한하기도 했기 때문에 더욱 그러했다.[39] 조선 정부가 해마다 정기적인 세 번의 조공〈年三貢〉賀正使, 聖節使, 冬至使과 수시로 임시 사절謝恩使, 奏請使, 陳賀使, 陳慰使, 陳香使 등을 파견한 이면에는 명나라의 앞선 문물을 받아들이려는 의도도 없지 않았던 것 같다.[40]

대체로 이 같은 원리하에 운영되었던 「사대」[보다 구체적으로는 「조공」과 「책봉」]는, 흔히 유교적 국제정치 질서의 다른 축이라 할 수 있는 「교린」과도 밀접하게 연결되어 있었다. 주변국가들끼리는 중국에 대한 「사대」(「책봉」)관계를 전제로 서로 우호적인 관계, 다시 말해 「교린」을 유지했기 때문이다. 수직적인 질서 내에서의 주변 국가들끼리의 수평적인 관계라 해도 되겠다. 「사대」가 그 같은 주변 국가들의 수평적인 관계를 지탱시켜주고, 또 보증해주는 역할을 했던 셈이다.[41]

---

38) 언제나 그런 것은 아니다. 중국이 일방적으로 행하는 경우도 있었다. 새로운 왕조가 성립된 이후, 스스로의 위신을 높이기 위한 방책으로 취해지곤 했다.

39) 현실적으로 국가무역의 실효를 거두려는 소국의 목적이 내포되어 있다고 할지리도, "그것이 上下, 序階관계라고 관념된 질서에서 恩澤, 惠賜라는 명분을 취하였다는 사실은 틀림이 없다. 심지어 공인된 교역 곧 「互市」까지도 이른바 牧四夷也에 懷柔之道, 羈縻之義가 있다고 하며 互市之設은 「其懷柔羈縻之旨」라고 하고, 互市는 또한 「和戎之一術也」라고 自尊하였다(『册府元龜』 卷之九 百九十九, 互市 條)". 이용희 1962, 74쪽. 그리고 명, 청시대의 조공국들과 그 횟수에 대해서는 김용구 1997, 101-111쪽의 〈표〉를 참조.

40) 조공품 이외에 약 40여 명에 달하는 사신 일행이 가지고 가는 물품으로 「사무역(私貿易)」이 행해지기도 했다.

요약하자면, 하나의 독자적인 세계로서의 유교 문화권 내지 유교 국제 정치권에서 「事大」 질서 내지 「事大」와 「交隣」 관계는 행위자들(국가) 사이의 관계와 질서를 유지하는 근간에 다름 아니었다.

그렇다면, 그 같은 국제정치권에 속하고 있던 조선시대의 경우에는 어떠했을까. 한반도에서 「사대」 관념의 성립은 언제 그리고 어떻게 이루어졌을까. 그 정확한 시점과 양상을 알 수는 없지만, 상당히 오랜 시점까지 거슬러 올라가는 것으로 보인다. 삼국시대에 이미 「사대」 관념의 흔적을 확인할 수 있다. 『삼국사기三國史記』에는 다음과 같은 기록이 실려 있다.

「38년 봄 2월에 포공을 보내어 마한에 예방하였더니, 마한왕이 꾸짖어 말하기를 "진한, 변한 두 한이 우리의 속국이 되어 근년에는 공물을 바치지 아니하니 대국을 섬기는 예가 어찌 이와 같으냐"고 했다.[42]卷 1 「新羅本紀」

「가을 8월에 부여왕 대소의 사신이 와서 왕을 책망하여 말하기를 "우리 선왕이 그대의 선대 임금 동명왕과 서로 사이가 좋았던 터에 지금 우리 신하들을 이곳에 도망하여 오도록 유인하여 성곽을 만들과 인민을 모아 나라를 이루려하고 있다. 나라란 크고 작은 구분이 있고 사람이란 어른과 아이의 순서가 있으니, 작은 나라로서 큰 나라를 섬기는 것은 예절이요, 아이가 어른을 섬기는 것은 도리이다. 이제 왕이 만일 예절과 도리로서 우리를 섬긴다면 하늘이 반드시 도와서 나라의 운명이 영원히 보존될 것이나 그렇지 않으면 그 왕조를 아무리 보존하려 하여도 어려울 것이다."[43]卷 13 「高句麗本紀」

---

41) "이러한 상하, 세계적인 국제사회에 있어서는 同班의 諸國間은 이른바 「교린」 「相聘」의 관계이며 상하관계는 이른바 「服屬」인데 그복속의 의의는 천명을 받든 王德에 복속한다는 것으로서 宗屬의 명분이 이로써 완결되는 것이며, 상국은 이 명분 위에 恩惠와 懷柔의 의미로 賜賚를 내리고, 互市와 交易을 허용하는 것이라고 自處하였으며 또 이 까닭에 事大·交隣은 禮部 所管의 국법으로 규율되었다." (이용희 1962, 72-73쪽)

42) 「三十八年春二月, 遣弧公聘於馬韓, 馬韓王讓弧公曰: "辰卞二韓, 爲我屬國, 比年不輸職貢, 事大之禮, 其若是乎"」.

43) 「秋八月, 夫餘王帶素使來讓王曰 "我先王與先君東明王相好, 而誘我臣逃至此, 欲完聚以成國家. 夫國有大小, 人有長幼, 以小事大者, 禮也. 以幼事長者順也. 今王若能以禮順事我, 則天必佑之, 國祚永終. 不然則欲保其社稷, 難矣"」.

이 같은 「사대」 관계는 대체로 조선조 말까지 유지되고 있었다.[44] 중국의 왕조교체기나 혼란기 같은 경우, 예컨대 잠시나마 독자적인 세계관을 주장했던 고구려, 묘청의 난, 그리고 고려 말기에는 약간의 변형과 변주가 이루어지기도 했지만 …… 여기서 특히 주목하고 싶은 것은, 고려의 경우 遼요, 金금, 元원에 대해서 「사대」 내지 「조공」 관계를 유지했다는 점이다. 명청 교체기 이후 청에 대한 「사대」 「조공」 역시 그렇다. 이를 어떻게 보아야 할 것인가. 그 같은 「사대」가 마음에서 우러나온 것이라 할 수 있을까. 군사적인 측면에서 그들의 우위를 (어쩔 수 없이) 인정했다 하더라도, 문화적인 측면에서까지 그들의 우위를 인정했을까.

그것은 "上國상국으로서 中朝중조를 계승한다는 正統정통 사상이 중요하게 되었으며 특히 趙宋조송의 史論사론이 正統정통을 통한 이래로는 사대주의라는 「예」 명분에 새로운 중대한 요소로 작용하게 되었다."(이용희 1972, 72쪽)는 지적과도 관련되어 있다. 정통이 아닌 上國상국이 中朝중조를 계승했을 때 어떻게 할 것인가. 중국 역사에서 그 같은 현상이 몇 차례 일어나기도 했다.[45] 가깝게는 청나라의 경우가 그러했다. 과연 정통인가, 정통성을 인정해줄 수 있는가.

아무튼 사대와 관련해서는 『朝鮮王朝實錄조선왕조실록』의 다음과 같은 구절에 주목하는 것이 역시 효율적이라 하겠다.

> "공손히 생각하건대, 상왕 전하上王殿下는 나라를 이루는 계책을 세우시고, 사직社稷을 안정시키는 기틀을 결행하시어, 어버이를 사랑하고 형모을 공경하다가 생민生民을 위하여 극위極位에 오르셨습니다. 교린交隣하고 사대事大

---

44) 『高麗史고려사』에도 「事大사대」라는 용어는 많이 나온다. 일일이 살펴볼 필요는 없겠다. 『朝鮮王朝實錄조선왕조실록』에 대해서는 앞에서 이미 언급했다.

45) "명(名)과 실(實) 모두 세계제국을 구축한 당이 멸망한 후, 중화 왕조와 주변 민족의 관계는 크게 바뀌게 된다. 키타이족의 요(遼) 왕조, 그 뒤를 이은 쥬르친족의 금(金) 왕조, 탄구트족의 대하(大夏: 西夏)는, 모두 강력한 정권과 독자적인 문화를 형성, 중화 왕조에 대등한 국교를 요구하게 되었다. 그 결과, 오대(五代)의 후진(後晉) 왕조는 요에 대해서 신하로 칭하지 않을 수 없게 되어, 화이의 관계는 역전되었다." 溝口雄三外編미조구치 유조 외편 2001, 156쪽.

하여 세상의 도리를 돌이켜서 평화로운 시대에 이르게 하였고, 제사를 지내는 데 신령이 살아 있는 것같이 정성을 다하시고, 정사政事를 베푸는 데 무고無告한 무리를 먼저 하시었습니다."46)『太宗實錄』(18/11/08 갑인)

"아아, 거룩하신 태조이시여. 총명하시고 신무神武하사 천명에 순응하고 인심에 호응하시니 동쪽 나라의 땅 남김없이 가지시어 백성들의 왕이 되셨네. 용감하고 굳센 태종께서는 밝은 정치 잘하시어 임금 노릇 잘하시고, 천자天子를 극진하게 섬기시니 크게 훌륭한 명성名聲은 일어나고 나라는 창성하였네. 지금 임금 즉위하여 기업基業을 이으시매 선왕의 남기신 훈업勳業을 더욱 두텁게 하시네. 정신을 가다듬어 정치를 힘쓰시니 모든 것이 마땅하여 결함缺陷이 없으시나, 겸허하여 그 광명을 드러내지 않으시네. 충심忠心으로 사대하고 성의로 교린交隣하시니, 천자는 은총을 내리고 우방友邦은 평화를 지키며 백성들은 태평하고 편안하네. 이에 전적典籍을 고증考證하여 예와 악을 일으키니 문물은 찬란하게 빛이 나고, 피리와 종경鍾磬 소리 번갈아 일어나니 화기和氣는 상서祥瑞를 불러 오네. 하늘은 도를 아끼지 아니하여 흐뭇이 감로甘露를 내리고, 땅은 보화를 아끼지 아니하여 바다에서 낭간琅玕이 나니 거듭된 내리심이 가이없구나."47)『世宗實錄』(14/04/29 정사).

「事大以忠, 交隣以誠」. 사대와 교린에 임하는 자세를 압축적으로 요약해주고 있다. 『朝鮮王朝實錄』에서 검색해보았더니, 사대와 교린을 한데 묶은 「事大交隣」이 59건, 「事大」는 1481건, 「交隣」은 374건에 이르고 있다.48) 그 시대에 분명한 「개념」으로 존재했다는 것을 말해준다. 비중은 역시 「교린」보다는 「사대」에 주어졌다. 당연하다.

---

46) "恭以聖神之妙, 雖絶名言, 臣子之情, 必崇徽號. 玆擧彝憲, 用申孝思. 恭惟上王殿下, 高明配天, 博厚齊地. 扶聖祖而啓運; 尊嫡長以守成. 德冠百王, 孚舜·文之所性; 功高萬代, 與湯·武而同符. 敦敬天愛民之誠; 盡事大交隣之道. 惟至仁之浹洽, 致斯世於隆平. 念襲重覬, 悉深祗懼. 欲昭盛美, 當極尊稱"

47) "於皇太祖, 聰明神武, 順天應人, 奄有東土, 下民之王. 桓桓太宗, 克明克君, 昭事天子, 誕有令聞, 而邦其昌. 今上繼緖, 益篤前烈, 勵精圖治, 咸中罔缺, 不顯其光? 事大以忠, 交隣以誠. 天子錫寵, 友邦輸平, 民用平康. 遞稽典籍, 興禮修樂, 文物煥然, 笙磬交作, 和氣致祥. 天不愛道, 甘露汎瀾; 地不愛寶, 海出琅玕, 申錫無疆".

48) 일일이 다 검토하지 못했으므로 약간의 오차가 있을 수 있다. 예를 들면 「事大」를 찾는데 「三事大夫」도 검색 결과로 나올 수 있기 때문이다.

제도적으로 보더라도 『經國大典』「禮典」卷 3에는 「事大」 항목과 「待使客」[49] 항목이 설정되어 있다. 「교린」 항목이 따로 없지만, 「待使客」의 日本, 琉球, 野人 등에 대한 구절은 실질적으로는 「교린」 내용에 해당한다고 해도 무방하겠다.[50] 접대에 있어 格의 차이가 있었음은 물론이다.

아울러 주목해야 할 점은, 양대 전란으로 꼽히는 임진왜란과 병자호란 이후에도 「사대」와 「교린」 관계는 계속 유지되었다는 것이다. 국제질서에 대한 관념 자체가 크게 변한 것은 아니었다. 조선은 명나라는 물론이고, 심지어 청나라에 대해서도 「조공」을 실행했다.[51] 기세등등했던 「북벌론」을 생각하면 다소 의아하게 생각될런지도 모르겠다. 하지만 현실을 무시할 수는 없었다.[52] 우여곡절 끝에 일본과도 「교린」 관계를 회복하게 되었다. 18세기 초엽 편찬된 『通文館志』가 좋은 증거가 된다. 『通文館志』의 제 2-3권은 「사대편」(상, 하), 제 4-5권은 「교린편」(상, 하)에 할애하고 있다. 1802년 편찬된 『增正交隣志』(6권 2책)는 『通文館志』의 「교린편」을 대폭 '증보하고 교정한〈增正〉' 것이었다. 내면적으로 대립과 갈등이 없지 않았지만, 1868년 「교린」 체제 형식을 무시한 메이지明治 정부의 「서계書契 사건」[53]이 불거지기 전까지는 그래도 외형상으로는 교린 관계가 유지되고 있었다.

---

49) 使臣과 客人을 접대하는 것이다. 使는 皇帝나 國王의 命을 받들어 파견된 使者, 일본의 巨酋, 對馬島主, 野人의 경우에는 한 격 낮추어 客이라 했다.
50) 조선과 유구 사이의 「교린」 관계에 대해서는 하우봉외 1999를 참조할 수 있다.
51) 명에 대한 조공: 1369년 조공 시작, 1372년 이후 3년 1공(貢), 1403년 이후 매년 1공.
  청에 대한 조공: (康熙會典) 매년 1공, 절공(節貢: 유사시 입공): (雍正會典), (乾隆會典)-(康熙會典)과 동일; (嘉慶會典), (光緒會典) 매년 4공. (김용구 1997, 101쪽 및 110쪽)
52) 거의 반사적으로 「中華」라는 자존의식은 더 강해졌을 것이다. 조선 정부가 일본에 대해 청나라의 「책봉」을 요구하지 않았다는 점은 시사적이다. 병자호란 이후 조선과 일본의 「교린」 관계는 「책봉」 체제를 벗어나 있다고 하겠다.
53) 이에 대해서는 김용구 2001, 152-158쪽에서 자세하게 다루고 있다.

II

천자와 제후 관계의 역동성:
'동이'(東夷)와 자아중심

동아시아 국가들이 근대적인 국제사회에 원만하게 편입되기 위해서 치러야 했던 사상적인 과제는 일차적으로 「중화질서」 내지 「화이질서관」의 극복이라 할 수 있다. 국가적인 평등 관념이 깃들기 위해서는 어떤 형태로건 그것의 상대화 내지 그것으로부터의 벗어남이 전제되어야 하기 때문이다.

화이질서, 그것은 동아시아세계에 있어 오랜 기간에 걸쳐 통용되었던 질서이념임과 동시에 통치이념이기도 했다.[54] 그것은 당연히 「국제관계」까지 포괄하고 있었다. 유교권의 국제질서는 "천자天子, 제후諸侯, 배신陪臣

---

54) "광역통치로서의 팍스 시니카에 있어서의 화이관은, 우선 질서이념이며 또 통치이념이었다. …… 대륙부(중심부)의 풍부한 자연적, 사회적, 문화적 조건을 둘러싸고, 주변부와의 교섭이 이루어졌다. 주변부는, 때로는 무력을 배경으로 하여, 단기적으로 대륙부에 진공해서 흡수되거나 배제당하는 결과를 낳았다. …… 이에 대해서, 대륙부에서는, 불교 등의 종교적 이념을 통치에 도입한 적도 있는데 …… 그러나 군사, 종교 그 자체가, 정권의 내용으로 된 적은 없으며, 보다 보편적인 통치이념을 추구하게 되었다. 그것이 유교에 의해 주장된 예치(禮治)라든가 덕치(德治)로 불리는 화이질서 이념이다. 그것에 기초한 천하관(天下觀)이, 주변부 전체를 포섭하는 관념으로 등장했다. 이질적인 정치 요소의 개별성을 오히려 넘어섬으로써, 이질성을 포섭하려고 한 이념이었다. 그것이 중화(中華), 화하(華夏)로 불리는 「중심세계관」이었다." (하마시타 타케시 1998, 127)

등으로 이어지는 서열적이고 수직적인 질서였다. 다시 말하자면 종주국宗主國과 조공국朝貢國 간의 불평등한 질서였다. 이러한 불평등 관계의 명분이 곧 사대자소事大字小의 예禮였으며, 제후 간의 관계는 교린交隣의 관계로서 규율되었다.”(김용구 1997, 70) 그것은 「사대」와 「중화」라는 두 개의 축에 의해 떠받쳐지고 있다고 할 수 있다. 그것은 또 「사대와 교린」, 그리고 「조공과 책봉」관계에 의해 특징 지워진다. 기본적으로 그것은 「예적禮的 질서」이며, 도덕적=문화적 레벨에서의 그것이었다. 이에 대해서는 이미 앞 장에서 자세하게 살펴보았다.

그런데 역사에서 이 같은 화이질서관의 원형은 어디까지나 이념형적인 그것이고, 현실에서는 다소간 변형되는(혹은 서서히 붕괴해가는) 모습을 보여주지 않을 수 없었다. 아니면 재해석을 시도하거나. 중국中華, 華夏과 네 변방 오랑캐四夷: 東夷, 西戎, 南蠻, 北狄라는 분류를 고집할 경우, 조선이나 일본은 동이 범주에 속하기 때문에. 그런 긴장을 어떻게 해결하는가 하는 점은 역시 다르게 나타날 수밖에 없다. 예컨대 「神州」(일본)와 「東藩」(조선) 식으로.(장인성 1998, 13-18) 또한 명나라에서 청나라에로의 왕조 교체는 화이질서의 근간에 심각한 균열을 안겨주었으며, 주변 국가들의 지식인들은 어떻든 간에, 그것을 해석, 소화해내야 했다. 그런 점에서 화이질서라는 틀 내에서 「사대」를 군사적, 정치적 의미를 내포하는 것으로. 「중화」를 문화이념적인 의미를 내포하는 것으로 갈라보는 견해가 유용하며, 또 그래야 한다고 생각한다. 그 둘은 서로 일치할 수도 있지만(명과 조선의 관계), 엇갈릴 수도 있으므로(청과 조선의 관계).[55] 명나라가 멸망한 이후의 조선조 지식인들의 정신세계, 보다 단적으로 말해서 「소중화」 관념을 풀어내는 비밀은 거기에 있다고 생각한다.

조선의 경우, 1876년의 강화도조약 및 1882년 조미수호통상조약 그리고 뒤이은 서구열강들과 조약을 체결함으로써, 「화이질서」는 현실적인

---

[55] 그런 점에서 북학파(北學派)의 존재가 갖는 의미는 한국사상사에서 크다고 하지 않을 수 없다. 姜在彦 1973, 7-54(강재언 1983, 9-51)를 참조할 수 있다. 이에 대해서는 다음 기회에 논하고자 한다.

지반 자체를 상실해가게 되었다. 하지만 그런 현실이 정신적 내면에서의 화이관념을 곧바로 전환시켰다고 볼 수는 없다. 위정척사파의 존재는 그 생생한 증거라 할 수 있다. 기존의 관념 자체와 논리를 빌어 점진적으로 해체해갈 수도 있고, 아니면 어떤 논리적 매개체를 통해서 근대적 국제질서관을 유추, 이해해갈 수도 있다. 임진왜란 이후의 명청교체, 그리고 홍대용의 유명한 「華夷一也」라는 테제는 전자에 속하며, 일본에서 바쿠한제도나 주자학을 매개로 하여 국제질서를 이해해가는 방식은 후자에 속한다.

1. 천단(天壇)

하늘로부터 하늘의 명天命을 받아서 천자가 되어 천하天下를 다스린다는 중국 황제의 정통성과 명분을 어떻게 보여줄 것인가. 그런 논리 구조를 가장 잘 보여주는 것은 '천단'이라 하겠다. 그야말로 하늘에 제사지내는 것, 그것은 천자의 특권이자 동시에 의무이기도 했다. 그런 행위를 통해서 중국 천자(황제)의 정당성을 안팎에 과시할 수 있었다.

현재 천단天壇은 중국 베이징 직할시 충웬 구에 있는 사적으로, 중국 국무원에서는 최초의 전국중점문물보호단위 중 하나로 선포했으며(1981), 유네스코 세계문화유산에 등록되기도 했다(1988). 명나라와 청나라 시대 황제(천자)가 제천의식을 행하던 거대한 제단으로[56], 매년 풍년을 기원하는 제사를 지냈으며, 비가 오지 않으면 기우제를 지냈다.

'천단'의 기원을 더듬어 보면 명나라 태조 홍무제洪武帝가 난징[南京]에 대사전大祀殿을 짓고 천지天地를 함께 제사한 데서 찾을 수 있다. 하늘에 대한 제사는 예전부터 치뤄지고 있었지만. 영락제永樂帝가 베이징으로 천도한 후 베이징 남교로 옮겼다. 영락제는 자금성을 건설했던 황제이기도 하다. 1406년에 시작하여 영락제 18년(1420)에 완공되었는데, 당시에

---

56) 대지면적은 약 273만㎡, 황궁이었던 자금성의 네 배에 해당한다.

는 '천지단天地坛'이라 불렀다. 1530년 가정제 9년 3개의 제단[동쪽 일단日
壇, 북쪽 지단地壇, 서쪽 월단月壇]을 더 추가함으로써 '천단'이라 부르게
되었다.[57] 청나라 건륭제 연간에 현재 규모로 확장되었다.

서구 열강의 침략과 더불어 중국 황실을 상징하는 천단은 심한 '수모'
를 겪기도 했다. 제2차 아편전쟁으로 영불연합군이 점령하기도 했으며
(1860), 북청사변으로 인해 8개국 열강이 점령하기도 했다(1900). 훗날
위안스카이袁世凱가 중화제국을 선포하고 천황을 칭하면서, 천단에서 대
제를 열었다(1914). 자신이 삼황오제로부터 내려오는 중국의 계승자임
을 내외에 알리는 일종의 상징이었다. 490년 동안 명나라와 청나라의
황제 22명이 천단에서 654차례에 걸쳐서 하늘에 제사를 지냈다. 중화'민
국' 정부는 제사를 금지했다(1911). 민국이 된 이상 당연한 귀결이었다.
그리고 1918년 공원으로 개관했다. 이후 일반인들에게 공개되고 있다.

실제로 천단에 가보았을 때 필자가 제일 먼저 느꼈던 것은 전체적으로
사각형의 넓은 땅, 그리고 그 안에 있는 원형 모양을 한 건물이었다.[58]
땅은 사각형, 하늘은 원형, 즉 천원지방天圓地方이라는 고대 중국인들의
생각이 반영된 것으로 여겨졌다. 세계상에 대한 그 같은 관념은 2,000년
넘도록 중국 황실의 정치적 권력과 권위를 정당화시켜 논리를 공간적으
로 표현하고 있는 것으로 여겨졌다.

천단에는 원구圜丘, 기년전祈年殿, 황궁우皇穹宇 등의 건물이 있다. 원구는
3중의 흰 대리석으로 지은 대원구大圜丘로 하늘을 본뜬 것이다. 원구는
천단의 중심에 해당한다. 하늘을 의미하는 원형이 땅을 의미하는 사각형
안에 놓여 있는 모습이다. 기년전은 푸른 유리 기와로 지은 원형 3층
건물로, 풍요로운 수확 다시 말해 풍년을 기원하는 예식을 치렀다.[59]

---

57) 1530년 가정제(嘉靖帝)는 1530년 하늘과 땅에 각각 따로 제사를 올리기로 했다.
중앙 건물 남쪽에 하늘에 제사지내는 원구단(圜丘壇)을 지었다. 하늘과 땅에 제
사지낸다는 의미의 '천지단' 역시 하늘에 제사지낸다는 의미의 '천단'으로 바뀌
었다.
58) 더 정확하게 말하자면 땅의 남쪽 두 모서리는 사각형, 북쪽 두 모서리는 원형이다.
59) 처음에는 대향전(大享殿)이라 했으나, 풍년의 수확을 기원하는 의미에서 '기년전
(祈年殿)'이라 했다.년전은 광서제(光緖帝: 재위 1874~1908) 때 소실되었으며,

황궁우皇穹宇는 황제가 '금욕의 궁' 제궁齊宮에 들어가기 전에 제사를 올리는 곳이었다.

천단의 넓이는 약 273만㎡, 자금성 즉 고궁故宮의 네 배에 달한다. 천단은 고대 중국 문명의 근간에 깔려 있는 세계상 내지 우주에 대한 인식을 생생하고 명쾌하게 보여준다고 할 수 있다. 배치와 설계 자체가 이미 지극히 상징적이다. 하늘의 아들[天子]로서의 중국 황제의 위상과 권위를 말해준다. 그야말로 하늘의 아들인 황제를 통해서 하늘과 땅이 이어지고 있다고 볼 수도 있겠다. 명나라, 청나라 황제들은 '제사' 행위를 통해서 하늘과 인간의 만남을 실제로 구현하던 성스러운 장소이기도 했다. 그런 의미에서 천단은 '천인상관', 나아가서는 '천인합일'이라는 고대 동양사상의 일단을 피부로 느낄 수 있는 중요한 상징이라 할 수 있겠다.[60]

2. 원구단(圜丘壇) : '소중화'에서 '제국'으로

1) 동이(東夷)와 소중화(小中華)

중화 질서에서 변방에 위치하는 나라들, 예컨대 조선과 일본은 지리적으로 보자면 '동이' 범주에 속한다. 하지만 자의식의 성장과 더불어, 중화 문명 안에서 자기정체성을 구성해야 할 필요성이 제기되지 않을 수 없다. 그런 틀 속에서 조선은 '소중화' 내지 '조선중화'의 길을 걸었다. 반면에 일본에서는 '神國'(카미노쿠니)이라는 의식을 통해서 중화적 질서를 상대화시키거나 거기서 벗어나고자 했다고 볼 수도 있지 않을까 한다. '神國'(카미노쿠니)에 대해서는 다음 절에서 보게 될 것이다.

우선 조선의 경우, 천하질서 특히 사방四方이나 사위四圍라는 관점에서 본다면 세계의 중심인 중국에서 동쪽에 위치하고 있다. 이른바 '동이東夷'가 되는 셈이다. 하지만 앞에서 보았듯이 역사적으로 조선이 언제나 '동

1890년에 재건했다.
[60] 박미라, "기년전과 원구: 인간이 그린 두 개의 하늘", 『종교문화비평』 제3호, 한국종교문화연구소, 2003, p.320.

이'를 자처했던 것은 아니다. 더러 동이족이라 하기도 했지만. 한반도에서는 동아시아 국제정세의 변화에 따라 스스로 황제, 즉 천자의 나라라 자임하기도 했다. 고구려나 고려 시대에 그런 모습을 볼 수 있었다.

그러다 원명 교체와 더불어, 한족의 명나라가 중국의 패권을 차지하고 제국으로서의 면모를 잡아감에 따라서, 조선으로서는 나름대로의 자기 위상을 설정하지 않을 수 없었다. 자기 아이덴티티(identity)라고 해도 좋겠다. 스스로 '동쪽 오랑캐'로 자처한다는 것은 그렇게 마음 내키는 일은 아니었을 것이다. 그렇지만 현실에서 힘에 의한 관계를 부정할 수는 없는 일이다. 이는 청나라가 명나라를 대체했을 때 그대로 드러난다. 예전에 해오던 '사대'의 예를 그대로 유지할 수밖에 없는 것이다. 그런 현실을 부정하려고 했을 때, 두 차례의 호란胡亂을 겪었으며, 인조는 삼전도에서의 굴욕을 겪어야 했다.

그 같은 복잡한 상황 속에서 조선이 택할 수 있는 관념의 해법이 없지는 않았다. 크게 다음과 같은 두 가지 방안을 생각해볼 수 있겠다. 1)'중화'와 '이적'(동이)의 관계를 '지리'적인 혹은 지정학적인 그것이 아니라 '문화'적인 것에 비중을 두어 해석해가는 방식이다. 지정학적으로는 중국의 동쪽 한반도에 있는 것은 분명하지만, 문화적으로는 고급스럽고 보편성을 지니고 있기 때문에 '중화'가 될 수 있다는 것이다. 문화 내지 문명 관점에서 보자면 지리적인 위치보다는 지니고 있는 문화가 더 중요하다는 것.

2)서로 연결되어 있는 것이기는 하지만, 중국이 '대중화'라면 조선은 '소중화'라는 식의 위상 설정도 가능할 것이다. 이런 방안은 중국에서 명청 교체가 이루어진 이후에 한층 더 와 닿았다고 하겠다. 명나라의 멸망과 더불어 지난 날 중화의 찬란했던 문명이 남아 있는 곳은 바로 조선밖에 없다. 그러니 조선은 「소중화小中華」라는 것이다. 많은 유학자들이 그렇게 생각했던 듯하다. '북벌北伐'을 주장했던 우암 송시열과 거기에 동조했던 유학자들이 그런 담론의 주창자들이었다. 현실에서 강대국 청나라에 대해서 '사대'의 예를 할 수밖에 없지만, 고대 중국의 찬란한 문명

은 여기 조선 땅에 남아 있다는 문화적 자부심인 셈이다. 그런 문화적 자부심을 끝까지 밀고 나가면 조선이 곧 중화라는 '조선중화' 관념에 이르게 된다.[61]

아무튼 '소중화' 의식은 구한말 개화기 때까지 이어지고 있다. 예를 든다면 면암 최익현에게서 그런 면모를 확인할 수 있다.[62] 그는 중화와 이적이라는 이분법—이는 서구 근대세계가 내세웠던 '문명'과 '야만' 도식과 비슷한 구조를 갖는다, 그 내역은 다르지만—을 적용하고 있다. 면암에게 서양은 서양 오랑캐, 洋夷이며, 더 심하게 말하면 그들은 금수禽獸와 같다고 한다. "서양의 족속에 이르러서는 또한 이적夷狄만도 못하니, 곧 금수禽獸로서 사람의 얼굴만 지닌 것"일 뿐이다. 그렇다, 사람의 얼굴을 한 짐승.

또한 그들의 앞잡이가 되어 있는 일본인들에 대해서도 종래의 '동이' 관념이 아니라 양적洋敵과 한 가지라고 한다. "옛날의 왜인들은 이웃나라였으나 지금의 왜인들은 구적寇賊"으로 "양적洋賊들의 앞잡이"가 되었다는 것이다. "지금 온 왜인들이 서양 옷을 입었고 서양 대포를 사용하며 서양 배를 탔으니, 이는 모두 서양과 왜가 일체인 분명한 증거"라고 한다. 양이 洋夷와 왜이倭夷는 하나인 것이다. 倭洋一體!

그러면 당시의 청나라는 어떠한가. 중화-이적 이론을 그대로 적용시키면, 청나라 역시 본래적 의미의 중화일 수는 없다. 현실적으로 강대국이긴 하지만. 면암은 그 점을 놓치지 않는다. "청나라 사람들은 뜻이 중국의 황제가 되어 사해四海를 무마하는 데에 있었기 때문에 그래도 능히 다소나마 중국의 패주覇主들을 모방하여 인의仁義에 근사한 짓을 가장하였으니, 이는 이적夷狄일 뿐입니다. 이적들도 사람이라 곧 도리道理가 어떠함은 물을 것이 없고 능히 소小로써 대大를 섬기기만 하면 피차가 서로 사이가 좋아져서 지금까지 왔고, 비록 그들의 뜻에 맞지 않는 것이 있더라도 관대하게 용서하는 아량이 있어 침해하거나 학대하는 염려가 없었습니다."

---

61) 정옥자. 1998. 『조선후기 조선중화사상연구』. 일지사 참조.
62) 자세한 논의는 김석근 1999를 참조할 것.

현실에서 면암이 인정할 수 있는 다른 나라는 없다. 관념상으로는 명나라를 높이고 있다. "우리나라가 명나라를 이미 3백년이나 신하로 섬겼고, 임진년에 다시 세워주어 또 만세에 잊지 못할 은혜가 있으므로 만세토록 기필코 갚아야 할 의리가 있습니다." 그런데 조정에서 황묘皇廟(화양동에 있는 명나라 신종과 의종의 사당)를 철거해버렸다. 그것은 "군신의 윤리가 무너진 것이요, 서원의 혁파는 사제 간의 의가 끊어진 것"이다. 따라서 그는 황묘를 복구할 것을 주장하기도 했다.

2) 원구단(圜丘壇)

조선은 강화도 조약에 뒤이어 서구 세계와 접하게 되면서 동아시아 국제질서는 급격한 변동을 겪게 된다. 근대 국제질서의 국가평등 관념을 받아들이게 될 경우, 문제가 되는 것은 조선과 중국의 관계였다. 전통적인 국제질서와 근대적인 국제질서가 병존하는 이중적인 국제질서하에서 조선의 위상과 행보는 쉽지 않았다. 다른 국가들과의 평등한 관계로 나아가고자 할 경우 중국의 반발에 부딪혔기 때문이다.

청일전쟁과 그 여파가 이어지는 속에서 조선은 다시 '전환'의 계기를 맞게 된다. 대한제국의 성립(1897)이 그것이다. 조선도 이제 어엿한 제국, 즉 황제의 나라가 된 것이다. 중화사상 및 소중화사상의 해체를 알리는 것이기도 했다. 그 같은 위상의 변화를 단적으로 말해주는 것이 원구단이라 하겠다.

그다지 알려지진 않았지만 현재 서울시 소공동 조선호텔 자리에 원구단이 자리하고 있었다. 지금도 3층 팔각정 형식의 황궁우, 3개의 돌북, 석조 대문은 남아 있다.[63] 원구단[환구단圜丘壇]은 천자天子가 하늘에 제사 지내던 곳, 제천단祭天壇을 말한다. 유교적인 세계관을 반영해서 '천원지방天圓地方'. 하늘에 제사지내는 단은 원형, 땅에 제사 지내는 단은 사각형으

---

63) 원구단은 1967년 7월 15일 사적 제157호로 지정되었다. 서울특별시 중구청에서 관리해오고 있다.

로 쌓았다. 자연스레 앞에서 본 중국의 '천단'을 떠올리게 된다.

예로부터 단을 쌓고 하늘에 기원과 감사의 제를 드리는 것은 농경문화와 더불어 행해지고 있었다. 『고려사高麗史』를 보면 983년(성종 2) 정월 왕이 환구단에서 풍년기원제豊年祈願祭를 드렸다는 기록이 보인다. 이 같은 '제천' 의례는 조선시대에도 이어졌던 듯하다. 실록에 "1398년(태조 7) 4월, 가뭄이 심할 때 종묘宗廟·사직社稷·원단圓壇과 여러 용추龍湫(폭포수 아래의 깊은 웅덩이)에 비를 빌었다"는 기사가 나온다.[64] 그리고 세조대에 환구단을 쌓게 하였다는 기록이 보인다.

하지만 『동국여지승람東國輿地勝覽』에는 환구단의 명칭이 보이지 않는다. 천자가 아닌 제후국諸侯國의 왕으로 하늘에 제사지내는 것[天祭]이 합당하지 않다는 논의 때문이었다.[65] 다시 말해서 직접적으로는 명나라와의 관계 때문이며, 게다가 유교적인 국제정치에서 명분상으로 조선은(천자국이 아니라) 제후국 위상으로 여겨지고 있었기 때문이다. 하늘에 제사지내는 예로부터의 의례가 없지 않았지만, 외교적으로 그리고 현실적으로 명나라에 대해서 내세울 수는 없었다.

하지만 19세기 후반 동아시아 정세는 급격하게 변하고 있었다. 그 와중에서 1897년(광무 1) 조선도 '대한제국'(황제의 나라)이 되었으며, 고종은 대한제국의 황제로 즉위하게 되었다. 말하자면 '천자'가 된 셈이다. 그러니 중국의 천자, 일본의 천황과 나란히 서게 된 셈이다. 따라서 천자의 특권인 하늘에 대한 제사도 지낼 수 있게 되었다. 고종은 제단이 조성된 이후(양력 1897년 10월 12일) 하늘과 땅[天地]에 제사를 올리고 황제 보위에 오르게 되었다.[66]

이는 국제질서 속에서 중국과 대등한 황제국의 위용을 과시함[67]과 동

---

64) 문헌을 통해 환단의 위치를 추정해보면, 한강 서동(西洞) 또는 남교(南郊)로 나오고 있어, 현재의 한남동 부근으로 여겨진다.

65) 그로 인해 여러 차례 제천단을 폐한 일이 있었다.

66) 1897년(광무 1) 조선도 천신(天神)에게 제를 드려야 한다는 심순택(沈舜澤)의 상소에 따라 영선사(營繕史) 이근명(李根命)이 현재의 소공동 해좌사향(亥坐巳向)에다 길지(吉地)를 정하고 제단을 쌓게 하였다.

67) 원구단은 중국에 대한 종속관계에서 벗어나 자주적인 국가로 이행하기 위한 상징

시에 서구 열강에 대해서 독립국가 이미지를 보여주고자 하는 의미도 담겨 있었다고 하겠다. 당시 원구단은 높은 언덕에 자리하고 있었다. 단층 건물들이 늘어서 있던 경관에서 시각적으로 단연 돋보이는 장소였다.[68] 그럼 원구단의 규모와 형태는 어떠했을까. 1897년 10월 12일자 『독립신문』에 자세한 기사가 실려 있어 참조가 된다.

> 이전 남별궁 터에 단을 만들었는데 이름은 환구단이라고도 하고 황단이라고도 하는데, 역군과 장사 천 여명이 한 달이 못되어 이 단을 거의 다 건축을 하였다. 단은 삼층으로 맨 아래층은 장광이 영조척으로 144척 가량인데 둥글게 돌로 3자 높이를 쌓았고, 이층은 장광이 72척인데 밑에 층과 같이 돌로 3자 높이를 쌓았고, 맨 위층은 장광이 36층인데 3자 높이를 돌로 둥글게 쌓아올렸고, 바닥에는 모두 벽돌을 깔고 맨 아래층 주위로는 둥글게 석축을 만들고 돌과 벽돌로 담을 쌓았으며, 동서남북으로 황살문을 해서 세웠는데 남문은 문이 셋이다.

당시 조선의 국가의 재정과 사회적 상황 등을 감안할 때 위와 같은 상징적인 건물을 세운다는 것은 큰 의미를 갖는 것이었다. 위치 또한 경운궁과 인접한 도성 안쪽이라는 점에서도 획기적인 것이었다. 제천과 관련된 장소는 남교라는 대부분 도성 밖의 공간이었다. 원구단을 궁궐 바로 앞에 세운 것은 이례적인 조치였다. 원구단은 건축 구성뿐만 아니라 장소에서도 그 시대를 상징해주는 건축이었다.[69]

원구단을 세운다는 것 자체가 중국의 천자와 천단 등을 원용한 것이기는 하지만, 단순하게 모방한 것이라고 할 수만은 없다. 규모에서도 차이

적인 표현이었다. 중국 사신들의 숙소였던 남별궁 자리에 세운 것 자체가 중국의 영향을 완전히 청산하려는 의도도 담겨 있었다. 정수인, 「대한제국시기 원구단의 원형복원과 변화에 관한 연구」, 『서울학연구』 27, 서울시립대학교 서울학연구소, 2006, p.117. 영은문(迎恩門) 자리에 독립문을 세운 것과 같은 맥락이라 할 수 있겠다.

68) 박희용, 「대한제국의 상징적 공간표상, 원구단」, 『서울학연구』 제40호, 서울시립대학교 서울학연구소, 2010, p.109.

69) 박희용, 앞의 글, pp. 129~130.

가 나지만, 그 구성에서도 변형된 모습을 보여주기 때문이다. 잘 계획되어 설립된 북경의 천단과는 달리 원구단은 새로 이어移御한 궁궐 경운궁을 중심으로 물색된 곳으로, 서울의 도시 구조에 입각해 선정된 것은 아니었다. 경복궁을 중심으로 동쪽의 종묘, 서쪽의 사직단으로 짜여져 있었다. 경운궁은 남서쪽 귀퉁이에 위치해 있었기 때문에, 경운궁을 중심으로 하는 새로운 구성이 필요하게 되었다. 원구단은 또한 전체 경역을 원구단이라 이름하고 하늘에 제사 지내는 원단과 신위를 모시는 황궁우만을 갖추고 있었다. 건축 형태에서도 원구단에는 원추형의 지붕이 씌워져 있다. 천단의 환구단은 대리석층단으로 되어 있다. 황궁우는 3층 지붕을 인 8각당으로, 이름은 천단의 황궁우와 같지만 겉모습은 오히려 기년전을 닮았다.[70]

아무튼 원구단은 중국의 황제만이 천자로서 하늘과 소통할 수 있다는 중국 중심의 세계관에 대해서 조선의 황제 역시 동등하다는 것을 말해주려 했다고 할 수 있겠다. 또한 당시의 격변하는 국제질서 속에서 조선 역시 다른 국가들과 동등한 독립국가임을 표방하려는 의도가 담겨 있다고 할 수 있겠다. 그런 의미에서 원구단은 단순히 유교 건축의 전통에 있다기보다는 근대국가의 표상으로서 내재적 의미가 변화된 상징적 기념물이라 할 수 있겠다.[71]

하지만 원구단에 담고자 했던 의지와 의미는 컸지만 현실은 그렇게 나아가지 않았다. 1897년 이후 몇 번의 중수와 추가 공사를 거쳐서 완성되었지만, 그 기간 동안에 대한제국의 위상은 그 공사를 따라주지 못했다. 1910년 국권의 상실과 더불어 원구단 여역은 조선총독부에 이전되었

---

70) 목수현, 「대한제국의 원구단: 전통적 상징과 근대적 상징의 교차점」, 『미술사와 시각문화』 4권, 미술사와 시각문화학회, 2005, pp.73~74. 천단처럼 황궁우와 기년전을 다 갖출 수 없는 상황에서, 기능은 황천상제와 황제의 조상 신위를 모신 북경 황궁우의 예를 따르면서도, 형상은 좁은 터에서 좀 더 웅장해 보이는 3층 건물 형태를 추구하다 보니 기년전을 본뜬 것으로 생각된다. 곡식 신에 제사 지내는 기능은 주로 사직단에서 거행되었으므로 굳이 그 기능을 추가할 필요가 없었을 것이다.
71) 목수현, 앞의 글, pp.73~74.

다. 1913년 원구단 자리에 조선호텔을 지었다. 황제국으로서의 대한제국의 상징이었던 원구단은 그 일부만 남긴 채, 일본 제국의 호텔 자리가 되어 버렸다. 제국의 식민지 지배를, 그리고 그 권력을 한층 더 돋보이게 해주는 장식물처럼 되어버린 것이다.

3. 신국(神國): 카미(神)와 코쿠가쿠(國學)[72]

조선이 '소중화' 내지 '조선중화'의 길을 걸었다면, 일본에서는 '神國'(카미노쿠니)이라는 의식을 통해서 중화적 질서를 상대화시키거나 거기서 벗어나고자 했다고 볼 수도 있지 않을까 한다.

'神國'(신코쿠)이란 자국을 신의 나라로 여기는 발상에서 나왔다. 신정 정치하에서는 어디서나 그러한 발상을 볼 수 있다. 일본의 신국 사상은 일본신화에서 원류를 찾아볼 수 있다. 특히 몽고 침략 때처럼 대외적인 위기를 맞을 때 강조되기도 한다.

아마테라스 오오카미天朝大臣의 후예인 천황天皇(일왕)이 현인신現人神(아라히토가미)으로 군림하며, 만세일계萬世一系와 아마테라스의 신칙神勅 하에 오랫동안 통치를 했으며, 그것을 계속 떠받쳐 온 황실, 나아가 거기에 신하로 배속된 제신諸神의 후예인 일본국민의 긴밀한 결합과 모든 정치는 신사神社를 제일로 여기는 이념에 의해서 카미의 가호가 영원히 약속된다. 그런 국가를 가리킨다.[73]

일본 문헌에서 '신국'이란 용어가 처음 등장하는 것은 전설상의 신공황후神功皇后의 이른바 「三韓征伐」때라 한다. 신라왕이 신공황후의 군대를 보고서 '신국의 병사兵'라고 하면서 싸우지 않고 항복했다는 기록이 『일본서기』에 보인다. 왜 그렇게 말했는지에 대해서는 말하지는 않았다. 이후 대외적인 위기나 침공이 있을 때면, 예컨대 몽고의 원정 때 흔히 인용되고는 했다. '카미카제神風'의 연원 역시 그와 무관하지 않다.[74]

---

72) 이 부분은 김석근 2003과 김석근 2015를 많이 참조했다.
73) 위키피디아(Wikipedia) 참조. https://ja.wikipedia.org.

그 같은 神國혹은 '神州'이라는 관념은 이후 일본역사에서 꾸준히 이어지게 된다.[75] 무엇보다 천황을 중심으로 하는 중앙집권국가가 성립하면서, 천황가문의 신격화를 도모하기 위해서, 천황가의 조상신 태양신太陽神·아마테라스 오오카미天照大神와 천황가의 신사神社인 이세신궁伊勢神宮을 정점으로 하는 신들의 계보 및 신사神社의 계서제가 확립되었다. 고대적인 신국 사상이라 해도 좋겠다.

'카미의 길'이라는 의미의 신도神道는 대륙에서 전래된 불교와 유교 등과도 얽히면서 수용 혹은 '습합'하는 모습을 보여주기도 한다. 신불습합神仏習合 현상도 나타났다. 불교가 일본에 전래되어 사람들을 구제하기 위해서 신들의 모습을 취했다는 본지수적설本地垂迹説이 그것이다. 그럼에도 기본적으로 신국과 천황의 관계는 이어지고 있었다. 예컨대 남북조 시대 키타바타케 사다찌카北畠親房는 『신황정통기神皇正統記』에서 「大日本は神国である」[대일본은 신국이다]라고 했으며, 그는 아마테라스 오오카미의 정통적인 후예인 천황에 의해서 일본이라는 국가가 유지되고 있다는 점을 간결하지만 강하게 서술했다.[76]

이 글의 관심사와 관련해서 특히 주목되는 시대는 역시 에도시대라

---

74) 이 같은 관념은 선민(選民) 의식과 결부되어 국수주의, 배외주의, 패권주의, 군국주의적 사상으로 전화(轉化)되기도 했다. 특히 2차 세계대전이 끝날 때까지는 대외전쟁 마다 강조되었으며, 이른바 '국가신도'를 떠받쳐주었다.

75) 몇몇 사례를 들어두기로 하자. 「日本ハ神国たる処きりしたん国より邪法を授候儀 太以不可然候事。」(豊臣秀吉『バテレン追放令』1587年 6月19日);「無気味な黒船が来て日本だけが神国でないという事を覚った」(夏目漱石『思い出す事など』1910年 10月 - 1911年 4月);「兎に角、それは、三千年の昔より、神国日本に、しばしば現れたる天佑の一つであった。」(海野十三『空襲葬送曲』1932年5月-9月);「仏徒たりとも神国の神民である以上、神孫の義務を尽くして根本を保全しなければならぬ。」(島崎藤村『夜明け前（第二部下）』1935年 11月);「日本ヨイ国、キヨイ国。世界ニ一ツノ神ノ国」「日本ヨイ国、強イ国。　世界ニカガヤクエライ国」文部省『ヨイコドモ下』1941年　[文部省『ヨイコドモ下』「十九　日本ノ国」、近代デジタルライブラリー書誌ID：000000704155];「保守的な日本官僚はあらゆる形であらゆる機会に伝統的神国精神を保守しようとしている。」(宮本百合子『今日の日本の文化問題』1949年 1月)

76) 『神皇正統記』에 대해서는 마루야마/ 김석근 2011, 「신황정통기에 나타난 정치관」을 참조.

하겠다. 불교와 유교와 같은 이른바 '외래' 사상에 대해서 지극히 비판적인 입장에서 일본의 고전이나 신도神道를 연구하는 국학國學, 즉 코쿠가쿠가 성행하게 되었기 때문이다.[77] 흔히 코쿠가쿠 운동으로 불리기도 한다. '신국'과 '국학'이 서로 이어지는 지점이라 해도 좋겠다. 흔히 코쿠가쿠의 네 사람四大人으로 불리는 카다노 아즈마마로荷田春満, 카모노 마부찌賀茂真淵, 모토오리 노리나가本居宣長, 히라타 아쯔타네平田篤胤에 의해서 크게 발전하게 된다.

그들에 조금 앞서 케이츄우契沖(1640-1701)가 있다. 진언종真言宗 승려이자 古典学者国学者로서 와카和歌 연구자였던 그는 『만엽집』 주석을 가하는 한편 연구에 몰두했다. 그는 『만엽집』에 실려 있는 시들은 유교적인 맥락에 입각해서는 이해할 수 없으며, 또 그렇게 이해해서도 안 된다고 보았다. 도덕적인 가르침의 도구가 아니라는 것. 고대 일본의 신앙에 대한 믿음에 의거해야 시에 담긴 의미를 비로소 제대로 이해할 수 있다고 했다. 와카의 고유한 형식(5, 7, 5, 7, 7) 역시 고대의 신(스사노오, the deity Susanoo)이 만들었기 때문에 사람과 사물을 감동시킬 수 있다고 보았다. 또한 그는 역사적으로 올바른 가나사용법仮名遣い에 관심을 가지고서 『만엽집』을 비롯해서 여러 고전을 연구했다.

그의 작업은 고대 일본의 문헌에 대한 관심을 불러 일으켰으며, 고대 일본어가 당대의 그것과 다르다는 것을 일러주었다. 아울러 일본 사회와 문화에 유교적인 가르침이 무슨 의미가 있는가 하는 문제를 제기해주었다. 복고신도의 주창자 히라타 아쯔타네가 코쿠가쿠의 연원을 그에게서 찾았던 것은 바로 그런 측면에 주목했기 때문일 것이다.[78]

---

[77] The term "Kokugaku," literally "the study of our country," refers to an intellectual movement that emerged in late eighteenth century Japan in explicit opposition to "Kangaku" or "Chinese Studies," the study of Confucian works. Burns, Susan, "The Kokugaku (Native Studies) School", The Stanford Encyclopedia of Philosophy (Fall 2008 Edition), Edward N. Zalta (ed.), URL = 〈http://plato.stanford.edu/archives/fall2008/entries/kokugaku-school/〉.

[78] Burns, Susan, "The Kokugaku (Native Studies) School", *The Stanford*

『만엽집』에 대한 관심은 이후 카모노 마부찌賀茂真淵(1730-1801)에게
로 이어졌다. 훗날 모토오리 노리나가는 그를 자신의 스승으로 여겼다.
한 번 정도 밖에 만나지는 못했지만. 사숙私淑한 것이라 해도 좋겠다. 마부
찌는 케이츄우의 연구와 카다노 아즈마마로의 국학을 나름대로 결합시켜
체계화된 학문으로 발전시켰다.[79] 그는 고대 일본어의 우수함을 인정하
고, 그것들이 한자로 표기됨으로써 오히려 오염되었다는 식으로 주장했
으며, 일본어의 50개 소리는 자연(nature) 그 자체에 비롯된 것이라 했
다. 때문에 그때는 자연과 인간 사이에 아름다운 관계가 유지되었다고
보았다. 외래 문자의 도래와 더불어 부자연스럽게 되었다는 것. 마부찌의
고문헌 연구는 고대 일본어를 특징짓는 주체성을 회복하고자 하는 것,
다시 말해서 옛 일본인들의 '정신'(spirit), 즉 '고도古道'를 회복하자는
것에 다름 아니었다.

그 같은 토대 위에서 더 분명하게 이데올로기적 색채를 가미하면서
고대 일본의 차이점을 일본 문화의 독특함과 우월함으로 연결시킨 사상
가가 바로 모토오리 노리나가本居宣長였다. 그는 코쿠가쿠를 집대성한 것으
로 평가받고 있다. 당시 해독이 불가능한 것처럼 여겨지던 『고사기古事記』[80]
를 정력적으로 연구, 1764년에 시작해서 약 35년에 걸친 긴 시간을 할애
해 『고사기전古事記伝』을 저술했다. 그 때까지 분명치 않았던 『고사기』
주석의 결정판이라 해도 좋겠다. 그 성과는 당시에 충격적인 사안으로
받아들여졌으며, 지금도 나름대로 그 학문적 가치를 인정받고 있다. 결국

Encyclopedia of Philosophy.

79) 카다노 아즈마마로(荷田春満)는 케이츄우의 『万葉代匠記』등을 공부했으며, 일본
의 고전과 역사를 공부하면서 고도(古道)를 해명하고자 했다. 『万葉集』『古事記』
『日本書紀』, 大嘗会 연구의 기초를 놓았으며, 복고신도(復古神道)를 주장하는 등
의 업적을 남겼다. 그는 카모노 마부찌의 스승이기도 하다.

80) 『古事記』(코지키, 후루코토후미)는 일본의 가장 오래된 역사서로서, 그 서문에
의하면 712년 太朝臣安萬侶(오보노아소미야스마로)가 편찬해서 겐메이(元明) 천
황에게 헌상한 것이다. 내용은 신대(神代)에 天地(아메쯔찌)의 시작부터 스이코
(推古) 천황 시대에 이르기까지의 다양한 사건들(신화와 전설을 포함한다)이 기
전체(紀伝体)로 서술되어 있다. 또한 많은 가요(歌謡)도 실려 있다. 『古事記』는
「高天原」라는 용어가 많이 사용되었다는 점 역시 특징적이다.

코쿠가쿠의 원류源流를 형성할 수 있었다.

모토오리 노리나가에 의하면 당연히 먼저 『고사기古事記』를 읽고, 이어 『일본서기日本書紀』를 읽으라고 한다. 두 문헌을 중시하기는 하지만, 그래도 역시 중점은 『고사기』에 주어져 있다. 일부 유학자들은 『일본서기』에 대해서 관심을 가지기도 했지만[야마자키 안사이山崎闇齋, 아라이 하쿠세키新井白石], 『고사기』에 대해서는 그러지 않았다. 필자의 개인적인 경험에 의하면 『일본서기』의 서술은 한문투에 가깝지만-그래서 어렵지 않게 읽을 수 있었다-, 『고사기』의 문장은 (마치 신라 시대의 향가처럼) 고대 일본어가 마구 뒤섞여 있어서 현대판 주석을 같이 보아야 겨우 읽어갈 수 있었다. 두 책을 다 읽었다면, 그들에 이어지는 일본의 역사서를 읽어가라고 했다.

그 같은 공부를 통해서 이른바 중국 문화에 젖어 있는 마음, 즉 '카라고코로漢意'(karagokoro)["Chinese mind"]를 벗어나서 일본에 고유한 마음, 즉 '야마토고코로大和意'(yamato gokoro)["Japanese mind"]로 되돌아가라고 한다. 고유한 일본적인 마음을 회복하라는 것이다.[81] 그것이야말로 진정한 마음, 마고코로眞心라 한다.[82] 또한 그는 『원씨물어源氏物語』에 보이는 '모노노아와래'もののあはれ라는 일본의 고유한 정서에 주목한다.[83]

---

81) "카라고코로(漢意)란 카라쿠니(漢國)의 방식을 좋아해서, 그 나라를 높이는 것만을 말하는 것은 아니다. 대체로 세상 사람들의, 모든 일의 선악(善惡)·시비(是非)를 논하고 사물의 이치(理)를 정해서 말하는 부류, 그 모든 것이 다 한적(漢籍) 취향인 것을 말한다. 그런 것은 카라부미(からぶみ: 중국의 문헌)를 읽는 사람들만이 그런 것이 아니다. 책이라는 물건을 한 번도 본적이 없는 자들까지도 마찬가지다. 애초에 카라부미를 읽지 않는 사람은, 그런 마음에는 있을 수 없는 일이기는 하지만, 무슨 일이든지 카라쿠니를 좋다고 하고 그것을 흉내 내는 세상의 습속, 이미 천년이 넘었으므로 자연히 그런 뜻이 세상에 널리 퍼져 사람들의 마음 바닥에 젖어 들어서 언제나 그런 바탕(地)이 되었기 때문에, 나는 카라고코로를 가지고 있지 않다고 생각하고, 그것은 카라고코로가 아니다, 당연한 이치라고 생각하는 것도 역시 카라고코로를 떠나기 어려운 습관이라 하겠다."(노리나가 『玉勝間』卷 1)

82) "모로코시(もろこし: 중국) 옛날 책들(古書)이 오로지 가르침과 훈계(敎誡)만을 많이 말하고 있는 것은 아주 볼썽사납다. 사람은 교육에 의해서 좋아지는 것은 아니며 애초부터 가르침을 기다려야 하는 것이 아닌데 … 가르침이 없는 것이야 말로 존경스럽다"(『玉勝間』卷 4). "일이 있으면 기쁘고 슬프게 때때로 움직이는 마음이 사람의 마고코로(진심)"(『玉鉾百首』)

83) "세상에 있었거나 있는 일들의 다양함을 눈으로 보고 귀로 듣고 몸으로 부딪히면

그런 정서야 말로 문학의 본질이라 하면서, 예로부터 전해져 내려오는 자연정서와 그런 정심을 귀중하게 여긴다. 대륙에서 전해진 유교적인 가르침을 자연에 반하는 것이라 비판한다. 중국의 문명을 참고해서 받아들인 오규우 소라이荻生徂徠에 대해서도 신랄한 비판을 가한다.

그 뒤를 이어, 히라타 아쯔타네에 의해서 '복고신도復古神道'가 분명하게 확립되면서 -그에 앞서 카다노 아즈마마로 등에 의해서 주장되기는 했지만- 종래의 신불습합적인 신국 사상에서 불교, 유교적인 요소를 폐기시키고 일본의 고대로 회귀한 신국 사상이 널리 유행하게 되었다. 막부 말기 쿠로후네黑船의 도래를 시작으로 외부의 압력이 늘어나자 양이론洋夷論으로 발전, 존왕양이운동尊王攘夷運動이 전개되기도 했다. 따라서 히라타 아쯔타네의 복고신도에 이르게 되면 이미 정치적인 의미와 종교적인 색채가 짙어져버려서 학문적, 사상적 가치는 상대적으로 약해진다고 하지 않을 수 없다.[84]

이 같은 흐름의 각 국면에 대해서는 다음 기회에 논하고자 한다. 이제 이 글의 관심사와 관련해서 코쿠가쿠에 찾아볼 볼 수 있는 몇 가지 특징을 요약, 정리해보고자 한다. 아울러 그것으로 이 절을 마무리하고자 한다.

우선 '외래' 사상에 대한 인식과 자각을 통해서, 중국 및 대륙과는 구별되는 '토착'적인 것, 즉 상대적으로 구별되는 자의식과 아이덴티티라는 문제의식을 갖게 되었다는 점이다. 특히 불교나 유교의 경전들, 불경佛經이나 오경五經, 사서四書 등을 보편적인 그것으로 받아들이기 보다는 중국에서 전래된 것, 그것에 이끌리는 마음의 자세 등을 '카라고코로漢意'로 인식하게 되었다는 점이다. 코쿠가쿠國學라는 명칭 자체가 중국 혹은 동아시아의 다른 국가들과는 구별되는 자의식을 말해준다고 하겠다. '国学'라

서, 그 수많은 일들을 마음으로 맛보면서, 그 수많은 일들의 마음을 내 마음으로 헤아려서 알게 된다. 그것이 곧 어떤 일(事)의 마음을 아는 것이다. 어떤 사물(物)의 마음을 아는 것이다. 모노노아와레를 아는 것이다."(『紫文要領』上)

84) 마루야마 마사오는 이렇게 평가한 적이 있다. "노리나가에 의해서 코쿠가쿠의 사상사적 사명은 완전히 이루어졌으며, 아쯔타네에 있어서는 방법론적으로 새로운 방향으로 나아갔지만 오히려 어떤 의미에서 유교적인 것으로 되돌아갔다고 생각하고 있다." 마루야마/ 김석근 1995, 403쪽 참조.

는 용어가 쓰이게 된 것은 케이츄우를 공부한 카다노 아즈마마로荷田春満 무렵부터고 한다.

둘째, 위에서 말한 것의 다른 측면이지만 일본적인 것, 특히 오래 전의 그것에 대한 관심과 연구를 들 수 있다. 일본의 옛 고전들, 특히『고사기』『일본서기』『만엽집』등에 대한 연구를 통해서 일본의 독자적인 문화, 사상, 정신세계를 밝혀내고, 그것을 당대에 되살리고자 했다는 점이다. 특히 와카和歌로 불리는 옛 가사나 건국 신화神話, 그리고 고대 기록들이 주요한 탐구 대상으로 되었다. 고도古道, 야마토고코로, 마고코로, 모노노 아와래 등의 개념들이 좋은 물증이 된다. 그들은 유교나 불교의 도덕이 인간적인 감정을 압살시킨다고 비판하면서 인간의 있는 그대로의 감정을 자연스럽게 표현한 것을 평가하고자 했다.

셋째, 에도시대 코쿠가쿠의 방법론은 국학자들이 일차적으로 비판의 대상으로 삼았던 이토오 진사이伊藤仁齋의 고의학古義学이나 고문사학古辭学의 방법론에서 상당히 많은 영향을 받아들였다는 점이다. 특히 코쿠가쿠는 '실증實證'에 의한 문헌고증 방식이라는 방법론을 채택하고 있다. 열심히 비판하면서도 기꺼이 받아들일 것은 받아들인 셈이다. 단순한 배척을 넘어서고자 했으며, 일본적인 것이 우수하다는 논리적 근거를 나름 정교하게 마련하고자 했다. 모토오리 노리나가만 하더라도, 호리 케이잔堀景山을 통해서 오규우 소라이荻生徂徠의 반주자학적인 학문도 접할 수 있었다.

이처럼 18세기 말 유행했던 코쿠가쿠 운동과 사상은 근대 일본 형성과정에서 중요한 한 부분을 차지하게 되었다. 당시 보편적으로 여겨지고 있던 중국 중심의 화이질서에 대해서 상대적으로 독자적인 자기 인식을 보여주었을 뿐만 아니라 나아가서는 고대 일본의 역사, 문화, 언어 등에서 아이덴티티를 구축하고 있었다. 이해를 위한 방편으로 세계정치사적인 측면에서 자리매김해본다면, 가치판단과 평가는 일단 차치해두고서 일본에서의 '전기적前期的 내셔널리즘'의 한 형태라 할 수도 있지 않을까.

III

국왕의 리더십 유형:
'정치적 상징'과 '실질적 권력'의 관계

    정치권력을 궁극적으로 그리고 최종적으로 뒷받침해주는 것은 다름 아닌 「물리적인 강제력」이다. 역시 실질적인 힘 혹은 파워가 그 핵심을 이루고 있는 것이다. 그러나 우리가 기억해야 할 것은, 그런 힘과 파워가 권력의 영속성을 언제까지나 보장해주는 것은 결코 아니라는 점이다. 그래서 어느 시대의 어떠한 정치권력도 정도의 차이는 있을지언정, 「정치적 상징」(political symbol) 혹은 「상징조작」(symbol manipulation) 이라는 측면을 완전히 간과하지는 않는다.

    역사적으로 볼 때, 정치가 「신神」이나 「종교」의 힘을 적절하게 이용한 것도 그런 맥락에서 이해할 수 있을 것이다. 그래서 좀 더 넓게 본다면 정치권력의 구조는 그 같은 「실질적인 권력」(좁은 의미의 권력)과 그런 권력을 뒷받침해주는 「정치적 상징」으로 이루어져 있다고 할 수 있다. 여기서 말하는 정치적 상징이란, 메리엄(Merriam)이 말하는 권력의 「미란다(Miranda)」와 「크레덴다(Credenda)」 개념을 빌어 말한다면[85], 그

---

85) 메리엄은 권력의 신비적이고 비합리적인 측면을 미란다라 불렀으며, 그와는 대조적인 권력의 정당화·합리화 측면을 크레덴다라고 했다(Merriam 1950, 101-132).

두 가지 측면을 다 갖춘 것이라 할 수도 있겠지만, 전근대사회에 있어서는 역시 미란다적인 측면의 비중이 훨씬 더 크다고 해야 할 것이다.

여기서 미리 지적해두고 싶은 점은, 우선 실질적 권력과 정치적 상징이란 현실적으로 분리되어 있을 수도 있고 그렇지 않을 수도 있다는 것[86], 그리고 단적으로 말해서 이들은 정치체제의 성격을 분석하는 데 있어서 유용한 하나의 개념적 도구 내지 장치로서의 활용가치를 인정할 수 있다는 것이다.

둘째로 정치적 상징은 현실적으로는 아무런 힘이 없다는 점이다. 실질적인 힘이라는 측면에서 보면 상징은 그야말로 무기력한 존재일 수도 있다. 그러나 바로 그 점, 즉 현실적으로 힘이 없기 때문에 오히려 상징일 수 있으며, 또 그런 상징이기에 언젠가는 가장 큰 힘을 발휘할 수도 있다는 것이다. 「상징」의 역설! 예컨대 실질적인 권력이 그 정도를 지나쳐서 체제 존립의 위기가 닥치거나 혹은 대외적 위기 상황이 닥쳤을 때, 다시 말해서 한치 앞을 내다볼 수 없는 급격한 사회변동 속에서는 기존의 질서를 대체할 수 있는 하나의 구심점으로 부각될 수도 있는 것이다. 상징은 그와 같은 불안한 상황 속에서 누구든지 확실하게 기댈 수 있는, 셀프-아이덴티티의 거점으로 작용하게 되는 것이다.

1. 중국형: 봉건제와 군현제, 이민족과 왕조교체

1) 봉건제와 군현제

'봉건'(봉건제)와 '군현'(군현제)은 동아시아, 보다 좁게는 중국에서 전근대 시대에 찾아볼 수 있는 두 개의 커다란 정치체제론이라 할 수 있다.[87] 설령 현실에서 그대로 시행되지 않는다 하더라도 정치구조의 원리

---

86) 오늘날 우리가 볼 수 있는 정치 현상을 빌어 말한다면, 영국의 여왕과 수상 그리고 일본의 텐노오(天皇)와 총리대신(總理大臣)의 관계는 양자가 분리되어 있다고 할 수 있으며, 대통령제 국가의 경우 양자가 일치 혹은 다 갖추어져 있다고 할 수 있겠다. 조금 사정은 다르지만 태국의 군부 수뇌부와 국왕의 관계도 같은 맥락에서 이해할 수 있을 것이다.

를 이루는 두 개의 '이념형'(ideal type)인 셈이다. 그들은 정치권력 구조 및 천자(황제)의 권력과도 밀접한 관련을 갖는다. 어느 쪽이 황제 권력의 절대화에 기여할 수 있을까. 이미 오래전에 중앙집권과 지방분권이란 사안을 함장하고 있을 뿐만 아니라 화이華夷 문제와도 긴밀하게 연결되어 있다. 동아시아의 왕권과 국왕 리더십에서 우리가 주목하고자 하는 '정치적 상징'과 '실질적인 권력'이라는 사안과도 맞물려 있는 셈이다.

(1) 봉건제

'봉건' 혹은 '봉건제' 하면, 종래에는 중국고대사에서는 군현, 군현제에 대립되는 말로 사용되었다. 하지만 19세기 이후 현대에는 주로 서양의 용어 'Feudalism'의 번역어로 이해되고 있다(『21세기 정치학대사전』 참조). 구체적으로 언제 그리고 누가 번역했는지 알 수는 없지만, 아주 잘한 번역이라 해야 할 것이다. 왜 그런가. 일반적으로 고대 중국에서 봉건제는 주周나라에서 실시된 것으로, 천자天子가 제후들에게 땅을 나누어주고 통치하도록 한 것을 말한다. 그런데 유럽에서 말하는 Feudalism 에 대한 정의는 다양하지만, 대체로 봉토封土를 제공하고 그를 바탕으로 맺어지는 주종主從관계가 핵심이라 하겠다. 완전히 같을 수는 없겠지만, 겹쳐지는 부분이 많기 때문이다. 역시 번역자로서는 궁리 끝에 한자어 '封建'을 떠올리게 되었을 것이다.

흔히 Feudalism 개념은 프랑스에서 앙시앵 레짐(구제도)하에서 생겨난 것이라 한다. 'Féodalité'(봉건제)라는 용어는 봉封을 뜻하는 라틴어 Fevum, Feodum의 형용사형 Feodalis에서 유래하며, 17세기 초엽에 이르러 프랑스어에 등장한다고 한다.[88] 한편 한자어 '封'(봉)은 천자가

---

87) 미조구치 유조(외)/ 김석근외 옮김, 『중국사상문화사전』(책과 함께, 2011) 〈군현과 봉건〉 항목 참조.

88) 중세 유럽에서 영주(주군)와 기사(가신) 계급 사이에는 충성과 헌신의 서약으로 맺어지고 있었다. 일종의 '계약'으로 볼 수도 있겠다. 주군은 영토를 지켜주는 바쌀(Vassal)에게 봉토를 주었다. 그 봉토를 페오스(feos) 혹은 피이프(fief), 라틴어로는 페오둠(feodum) 또는 페오둠(feudum)으로 불렀다. 그 용어가 프랑스어로 되면서 feudal, féodal이란 형용사로 변했으며, 마침내 페오달리떼

제후를 임명하고 토지를 하사하는 것을 가리킨다. '建'(건)은 나라를 세운다는 것. 그러니 봉건제는 토지를 하사封하여 나라를 세운다建는 의미다. 제후들에게 땅을 나눠주고 제후국을 삼는 것을 '분봉分封', 제후들에게 땅과 함께 작위를 내리는 것을 '봉작封爵'이라 했다.

다소 논란의 여지가 없지 않겠지만, 전 세계적으로 볼 때 Feudalism 내지 봉건이라 할 수 있는 사례는 그리 많지 않았다. 종래 동양사회에서는 봉건제가 존재하지 않았다는 주장도 없지 않았다. 하지만 그 핵심은 역시 '토지' 제공과 그에 대한 대가 지불을 통해서 맺어지는 일종의 쌍무적인 계약 관계라 할 수 있다. 그런 사례로 (1)중세 유럽의 Feudalism, (2)고대 중국 주(周)나라의 봉건제, 그리고 (3)일본 에도시대의 봉건제를 들고는 한다. 중앙집권과 지방분권이란 측면을 보더라도 나름 일리 있는 주장이라 생각한다.

고대 중국에서의 봉건제에 들어서기에 앞서, 에도시대의 봉건제에 대해서 잠깐 짚어두고자 한다. 뒤에서 보듯이, 에도 시대에는 쇼군의 바쿠후幕府, 그리고 300여 명의 다이묘大名와 그들이 다스렸던 한藩 등의 제도를 가리켜 '봉건'이라 불렀다. 이는 그 시대 유학자들이 당시 상황이 고대 중국의 봉건제를 닮았다고 보았기 때문이다. 필자로서는 그 점이 중요하다고 생각한다. 다이묘의 영지領地를 한藩이라 부른 것 역시 왕실의 '번병藩屛'이라는 중국적인 발상에 따른 것이었다. 덧붙여두자면 에도시대의 경우, 지배층이 두 자루 칼을 찬 사무라이 계급이었던 만큼, 중세 유럽의 기사騎士 계급과 비슷한 측면도 없지 않았다.[89] 당연히 유럽의 그것과는 달랐지만, 시대적으로나 계급적으로나마 비슷한 측면이 많았다는 것도 부인하기 어렵다.

익히 알려져 있는 것처럼 고대 중국에서 봉건제는 주周나라 때 시행되

(féodalité)라는 말로 굳어졌다. 『문학비평용어사전』(국학자료원, 2006) 참조.]
[89] 일본에서 봉토제는 은급(恩給)과 봉공(奉公)이란 형태로 헤이안(平安)시대 말기 무사단(武士團) 사이에서 생겨났다. 가마쿠라 막부(鎌倉幕府)하에서는 공적인 지배체제가 되었다. 이어 전국시대(戰國時代: 15세기 후반~16세기 후반)에는 봉건적인 형태로 나아갔다.

었다고 한다. 연원을 더듬어 보며 비슷한 유형이 없지는 않았지만, 주나라에 이르러 정치사회제도로서 정비, 실시되었다. 그것은 이른바 '은주혁명殷周革命'으로 불리는 거대한 정치변동과 맞물려 있다. BC 11세기 무렵 주나라 무왕武王이 은殷나라를 멸망시키고 국도를 산시성陝西省의 호경鎬京: 西安 부근에 정했다. 이른바 '역성혁명易姓革命'의 대표적인 사례로 꼽히는 대사건이었다. 주나라는 '천'으로부터 '천명天命'을 받아서 새 왕조를 개창한다는 건국이념을 분명하게 내걸었다. '천天'에 대한 인식도 분명해지게 되었다. 하늘의 아들이라는 의미의 '천자' 칭호가 쓰이게 된 것 역시 주나라(서주) 건국 이후의 일이다.

역성혁명과 더불어 주나라의 기초를 다지기 위해서 왕실 일족과 공신들을 중요한 지역에 봉해서, 그들을 왕실의 '번병藩屛'으로 삼고자 했다. '친척을 봉건하여 주왕실을 번영하게 한다'는 것이었다. 하지만 혁명 직후 은나라 왕족 무경록부武庚綠父와 주나라의 일족 관숙管叔 등 3감三監의 반란이 있었다. 주공周公·소공召公 등의 혁명주체 세력은 다시 동국東國을 정벌했다. 제후의 봉건을 다시 실행하고 제도를 정비했다. 허난성 뤄양洛陽 부근에 동부 낙읍洛邑을 건설했다. 황허강[黃河] 유역을 중심으로 50여 개의 주나라 왕족들의 제국이 건설되어 종래의 800여 제후를 제어하게 되었다. 왕실과 제후 사이는 권리와 의무를 수반하는 일종의 쌍무 계약 같은 관계가 성립되었다.[90] '봉건' 과정을 보면, 조정에서 '책명策命' 의식

90) "(주 천자와 제후 사이에는 약간의 권리와 의무가 있었는데) 주 천자가 행한 것은; 첫째로 제후를 분봉할 때 행하는 授民과 授疆土의 의식으로서 이때에 周王의 册名과 封地의 경계 그리고 노예의 수가 선포되고 封國에 일정한 수량의 祭器와 귀중한 예물이 하사되었으며 侯·男·公·伯·子 등의 爵位도 수여되었다. 둘째로 봉국에서도 주 왕실의 政令이 실시되도록 하였다. 봉국의 禮·樂·征伐에 관한 명령 및 刑罰에 이르기까지 반드시 주 왕실의 규정에 따라야 했는데 다른 조취를 취하여야 할 경우에는 그것을 수시로 주 왕실에 보고하여야만 했다. 이러한 규정에 따르지 않는 제후는 征討를 받았다. 셋째로 제후국의 일부 중요한 관리는 주 천자가 임명하였다. …… 넷째로 주 천자는 정기적으로 제후국을 순시하였는데 이것을 巡狩라고 하였다. 다섯째로 제후국이 외부로부터 침략을 받거나 내란이 일어났을 때 주 천자는 이로부터 제후국을 보호하거나 처리하는 조치를 취하여야 했다."(윤내현 1984, 111-112쪽)

이 거행되었다. 읍토邑土와 백성을 수여한다는 취지의 간책簡策도 수여되었다. 또한 왕실 권위의 상징으로서의 이기彝器(청동제의 제기)와 거마구車馬具, 의복과 금옥 장식, 깃발류[旗旟]와 관구官具등이 주어졌다. 제후는 그들을 가지고 새 영지로 부임해 그 주변의 여러 읍을 복속시켜 나갔다. 마찬가지로 제후는 혈족血族을 근간으로 하는 경대부卿大夫 중심의 지배조직을 편성했다. 그들에게 관직과 채읍采邑을 주어 공실公室을 수호하게 했다. 주나라 왕실과 제후의 관계, 제후와 배신들의 관계는 같은 패턴을 이루고 있었다.[91]

주나라 왕실과 제후의 관계, 그리고 다시 제후와 경대부의 관계는 모두 종족을 근간으로 하는 혈연적인 조직 원리에 의해서 구성되어 있었다宗法封建制, 주나라 봉건제는 혈연을 바탕으로 한 종법宗法 질서를 통해서 통제력을 유지할 수 있었다. 당연히 종법宗法이 중시되었다. 정치에서도 제사[종묘宗廟와 사직社稷]에 의한 유대와 결합이 중시되었다. 제후들 중에는 공신功臣 출신으로 주나라 왕실과는 다른 성씨를 가진 경우도 있었다. 제나라에 봉해진 강태공 같은 케이스가 그렇다. 그들은 혈연에 바탕을 둔 가족의 일원은 아니었지만 가족과 다름없는 일종의 의사擬似 가족처럼 간주되었다. 따라서 왕실에서 거행하는 중요 제사에 참석과 더불어 공물을 바칠 의무가 있었다. 또한 왕실에서 일으키는 군역軍役이나 토목 사업에도 종사해야만 했다.

주나라에 의한 등장한 봉건제에 의하면 천하는 주 왕실을 중심으로 잘 짜여져 있었다. '천자天子 - 제후諸侯 - 경대부卿大夫 - 사士 - 서인庶人' 식으로 내려오는 계서제階序制에 의해서 구성되어 있었다. 질서정연한 상하질서와 더불어 예禮가 잘 지켜지는 사회, 국가, 천하는 후대 유학자들이

---

91) 주나라의 봉건제도(分封), 그리고 그 틀 안에서 맺어지는 천자와 제후의 관계(같은 패턴의 분봉 제후와 배신의 관계)는 사대자소의 예에 의해 규제되고 있었다. "事大·字小의 交隣之禮는 서주시대 주 왕실이 대소 제후 간의 우호증진 친목도모 및 결속강화를 위한 정책적 목적에서 장려했던 禮治의 일부였다고 할 수 있다. 이러한 점에서 볼 때 춘추시대 事大·字小의 交隣之禮 기원은 일단 서주 시대의 봉건제도에서 찾아볼 수 있을 것 같다."(이춘식 1997, 251-252쪽)

꿈꾸는 이상세계의 모델로 여겨지기도 했다. 하지만 급격하게 변해가는 현실은 그런 이상적인 세계를 오래 허용해주지 않았다. 처음에는 가족적인 유대가 기억되었겠지만 시간의 흐름과 더불어, 그리고 몇 대를 거치면서 그 기억은 희미해지지 않을 수 없었다. 더욱이 제후들의 세력이 점차로 강대해지면서 중앙의 주 왕실은 점차로 힘을 잃어버리게 되었다. 혈연의식도 약해졌으며, 종법을 중심으로 하는 통제 체제 역시 제대로 작동하지 않게 되었다. 게다가 이민족의 침략으로 인해서 주나라는 도읍을 낙양洛陽. 洛룬으로 옮겨가게 되었다. 이른바 춘추, 전국시대의 시작이라 해도 좋겠다.

주나라가 도읍을 낙양洛陽으로 옮긴 기원전 770년을 경계로 삼아, 그 이전(기원전 771년까지)을 서주西周, 이후를 동주東周라 부르기도 한다. 동주 시대는 다시 춘추시대와 전국시대로 나뉘어진다. 둘을 합쳐 '춘추전국' 시대라 부르기도 한다. 하지만 두 시대의 지향성은 조금 달랐다. 춘추시대에는 존왕尊王이라는 전통과 대의명분大義名分의 유풍이 그래도 남아 있었다. 그래서 맹주盟主 내지 패자覇者가 제후들을 이끌고 왕실을 받드는 시늉이라도 했다. 하지만 전국시대로 들어서자 제후들은 거의 완전히 독립해서 움직여가게 되었다. 거기에 이르자 봉건제는 실질적으로 붕괴되고 말았다.

중국정치사에서 봉건제는 다시금 부활하지 못했다. 전한前漢·서진西晉·명明 등에서 봉건제가 잠깐 실시되기는 했지만, 오래 이어지지는 못했다. 그렇다고 봉건제가 완전히 잊혀져버린 것은 아니었다. 유가儒家에 의해서 주나라의 봉건제는 이상적인 제도로 여겨지기도 했다. 그래선지 중국의 역대 왕조는 황족을 제후(왕)로 책봉하는 봉건 형식을 취하기는 했지만, 그것은 어디까지나 이름뿐이었다. 분봉된 제후는 아무런 실권을 갖지 못했다. 모든 실권은 황제가 임명해서 파견한 행정관이 지니고 있었다[군현제!]. 역시 '봉건'에서 '군현'으로라는 흐름이 대세를 이루기 시작했다.

(2) 군현제

중국정치사에서 봉건과 봉건제에 대비되는 개념은 역시 군현郡縣과 군현제郡縣制라 해야 할 것이다. 그것은 진나라에서 실행된 지방행정 제도로, 전국을 군郡과 현縣으로 나누고 황제가 임명한 관리를 파견해서 다스리게 하는 것이다. 그래서 중앙집권적인 통치제도의 대표적인 것으로 널리 알려져 있다. 원칙적으로 군과 현이라는 행정 구역을 근간으로 하는 것이지만, 넓은 의미에서는, 반드시 군과 현이 아니더라도, 황제가 직접 관리를 임명해서 지역을 다스리게 하는 제도 전반을 가리킨다고 볼 수도 있겠다.

권력의 유지, 특히 세습이라는 측면에서 보면 봉건제와 군현제의 성격은 분명하게 드러난다. 봉건제하에서는 왕실의 일족과 공신들이 분봉分封받아서 통치했으며, 그 통치권을 세습할 수 있었다. 따라서 천자(황제) 내지 중앙정부에서 통제하기 어려운 측면이 없지 않았다. 반면 군현제에서는 분봉 자체가 없어졌으며, 세습도 당연히 금지되었다. 군과 현을 다스리는 행정관의 경우, 직접 임명했을 뿐만 아니라 구체적으로 임기를 정하기도 했기 때문에 중앙정부에서 쉽게 통제할 수가 있었다.

BC 221년 중국 대륙을 통일한 진秦나라 시황제始皇帝가 군현제를 채택한 것은 자연스러운 일이었다. 그야말로 '국가체제의 혁명'이라 할 수 있는 군현제의 채택은 봉건제 옹호세력과 군현제 옹호 세력 사이의 논쟁을 거쳐서 이루어졌다. 승상丞相 이사李斯가 대표적인 군현제 주창자였다. 마침내 진시황은 중국 전지역을 36개 군으로 나누어 통치했다. 군 아래 다수의 현을 설치하고 관리를 파견해서 다스렸다. 군에는 군수, 군위, 감어사, 현에는 현령, 현위, 현승이 있었다. 중앙 정부와 마찬가지로 민정, 군사, 감찰 3권을 담당했다. 이로써 중앙 집권 체제의 기초가 다져졌다. 중국 군현제의 시초라 할 수 있겠다.

엄밀하게 말하자면 진시황의 통일 이전에도 군郡과 현縣이 없었던 것은 아니다. 다만 봉읍封邑과 큰 차이가 없었다. 그러다 전국시대에 이르러 군현은 절대 군주의 권력을 뒷받침해주게 되었다. 본격적으로 진나라가 통치정책으로서의 군현제를 단행했던 것이다. 이후 시대에 따라 다소 차이는 있었지만 군현제에 의한 통치 이념은 청대淸代말에 이르기까지 거의 2000년 동안 이어져 가게 된다.

이와 관련해 중국사에서 볼 수 있는, 군현제가 약간 변형된 두 가지 형태, 즉 (1)군국제郡國制와 (2)주현제州縣制에 대해서 덧붙여두고자 한다. (1)군국제는 한漢나라 때 실시되었던 행정 제도로 봉건제와 군현제를 병용한 것이라 할 수 있다. 한漢의 고조高祖 유방은 중국을 통일하는 데 공을 세운 7명을 왕(제후)으로 봉해주었다. 또한 거병擧兵 이후의 공신들을 열후列侯로 봉하고 1개 현縣을 봉읍封邑으로 지급해주었다. 왕국王國와 후국侯國을 제외한 지역에서는 군현제郡縣制를 채택했다. 하지만 점차로 다른 성 제후들을 제거했으며, 같은 성 제후들에 대해서도 견제와 억제를 가하기 시작했다. 마침내 무제武帝는 BC 127년 '추은령推恩令'을 반포, 영지(봉토)를 제후의 모든 자제들에게 분봉分封토록 했다. 제후국의 규모와 세력을 약화시키기 위한 것이었다. 이후 군국제는 유명무실화되었으며, 실질적으로는 군현제처럼 되고 말았다.

한편 (2)주현제州縣制는 수나라, 당나라 시대에 실행된 행정제도라 하겠다. 수隋나라 문제文帝는 주州·군郡·현縣의 3등급으로 나뉘어져 있던 행정체제에서 군郡을 없애고 주州와 현縣으로 개편했다. 그러니까 주州와 현縣으로 나누어 통치한 셈이다. 589년 진陳을 평정한 뒤에는 주州의 자사刺史가 가지고 있던 병권兵權도 회수했다. 이로써 중앙집권적인 성격은 한층 더 뚜렷해졌다. 주현제는 당唐나라에 계승되었으며, 이후 통치체제의 근간이 되었다. 당나라에서는 전국을 300여 개의 주州, 1500여 개의 현縣으로 나누어 통치했다. 주와 현을 근간으로 하고 있었지만, 그 실제 내역과 이념에서는 군현제와 거의 다를 바 없었다.

기나긴 중국역사를 통해서 군현제는 실행되고 있었지만, 군현과 봉건을 둘러싼 정치이론적, 체제론적인 논의는 꾸준히 이어지기도 했다. 봉건제를 예찬하는 논자들은 체제 안정에 도움이 될 뿐만 아니라, 각 지역의 습속에도 맞으며, 교화에 적합하다고 주장했다. 당나라 소우蕭瑀의 봉건론, 유질劉秩의 「封建論『唐會要』卷 46·卷 47」, 송나라 유창劉敞의 「封建論『公是集』」 등을 들 수 있다. 반면에 유종원柳宗元은 『봉건론封建論』을 지었는데, 군현제가 더 우월하다고 했다. 봉건제는 할거와 무질서를 가져다주는 사적인 전횡의 온상이라 비판하면서, 군현제를 통해서 천하를 공공公共의 것으로 만들 수 있다고 했다.

한편 명나라 말기를 살았던 황종희黃宗羲는 봉건제와 군현제에 대해서 각각 비판을 가하고 있다. 그에 의하면, 봉건제의 폐단은 각 지역이 서로 대립하면서 약육강식의 생존경쟁을 벌여서 상호 병탄하게 된다는 것, 그래서 천자의 교화가 미치지 못하게 된다는 것이다. 군현제에서는 각 지역에서 자체적으로 군대를 두어 방어하지 않기 때문에 국경 방어가 취약하다는 점을 들었다. 그는 봉건제를 부활시키기는 것이 어렵기 때문에, 봉건의 정신을 살리는 방안의 일환으로 방진方鎭의 회복을 제안하고 있다.[92] 비슷한 시대를 살았던 고염무顧炎武는 봉건제와 군현제의 결합이 각각 분권分權과 집권集權에 있다고 했다. 아울러 그는 "봉건의 뜻을 군현에 둔다"고 했다, 즉 군현제 속에 봉건제를 포함하게 한다는 분권형 정치체제를 주장했다「郡縣論」 참조.

2) 이민족과 왕조교체

거시적으로 중국정치사를 일별해보면 수많은 왕조가 교체되었다는 것을 알 수 있다. 흔히 삼대三代로 불리는 하夏, 은殷, 주周부터 시작해서 1912년 신해혁명辛亥革命에 이르기까지 많은 왕조 교체가 있었다. 각 왕조 나름의 흥망성쇠가 있었을 뿐만 아니라 나름대로의 흐름도 찾아볼 수 있다. 맹자적인 관점에서 보면 평화와 질서, 그리고 전쟁과 혼란, 말하자면 '일

---

92) 봉건제의 폐단은 강한 것이 약한 것을 병탄해서 천자가 정치와 교화를 펼 수 없는 곳이 있다는 것이다. 군현제의 폐단은 국경지역이 약해서 고난이 그칠 때가 없다는 것이다. 이 두 가지 폐단을 제거하고 두 제도를 병행하여 어그러지지 않게 하려면, 국경지역의 방진이어야 하지 않을까! 오늘날 봉건제는 먼 과거의 일이다. 시대와 상황에 따르자면, 방진(方鎭)을 회복시켜야 한다.(「方鎭」) 황종희『명이대방록』 참조.

치－治'와 '일난一亂'의 역사가 되풀이되었다고 볼 수도 있겠다. '제국帝國'으로 불리는 시대가 치治에 해당한다면, 춘추전국春秋戰國 시대나 오호십육국五胡十六國 시대(304~439)는 난亂이라 할 수 있을 것이다.

중국 역사를 수놓은 왕조들의 존속기간은 일률적으로 말하기 어려운 측면이 있다. 그 존속 기간은 짧았지만 그 중요도가 높은 왕조가 있는가 하면, 상대적으로 존속 기간이 긴 왕조도 있었다. 단적으로 진나라(B.C. 221~B.C. 206)와 수나라(581~618)의 경우 급격하게 등장해서 아주 짧은 기간 동안 빛을 발한 후에 사라져 갔다.[93] 진나라는 춘추전국 시대[춘추시대(B.C. 770~B.C. 403). 전국시대(B.C. 403~B.C. 221)]에 종지부를 찍었으며, 수나라는 위진남북조 시대[魏晉南北朝시대: 220~589. 위魏(220~265), 진晉(265~420), 남조(420~589), 북조(386~581)]를 마감하고 새 시대를 열었다. 원元(1271~1368년)은 백년을 다 채우지 못했다. 전한前漢(B.C. 202~A.D. 8), 후한後漢(23~220), 북송北宋(960~1127), 남송南宋(1128~1279)은 약 200여 년 존속했으며, 당唐(618~907), 명明(1368~1644), 청淸(1636~1912)은 거의 300여 년에 이르고 있다.

수많은 왕조교체에 대한 깊은 통찰이나 그들의 흥망성쇠 패턴에 대한 탐구는 이 글이 다루고자 하는 범위를 훨씬 넘어서 있다. 역시 본 연구의 관심사와 관련된 제한된 범위 내에서만 말하고자 하며. 또 실제로 그렇게 할 수 밖에 없다. 이하에서는 필자가 생각하는 몇 가지 측면을 지적하는 정도에서 머물러 서고자 한다.

우선, 한나라 이전까지 역대 왕조의 흥망을 보면 국가체제의 완전하지 못한 것이 〈하나의 주요한〉 원인이었다고 볼 수도 있겠다. 효율적인 국가 체제를 갖추지 못한 것 내지 통치체제의 불완전함에서 기인한다고 해도 좋겠다. 주나라에서 질서정연하게 구상했던 '봉건제'가 제대로 작동하지 못하고 느슨해지면서 춘추전국 시대가 열리게 된 것이 나름대로 증거자

---

93) 왕망(王莽)의 신(新) 역시 지극히 짧았다. 8~23.

료가 된다. 그 시대 제후들의 경쟁과 정복은 일찍이 유례없던 난세를 부르게 되었다. 모두가 질서와 평화를 원하게 되었다. 진시황에 의한 중국 통일 이후 '군현제' 채택과 실시는 중앙집권적인 통치체제를 가능하게 해주었다. 모든 권력은 천자(황제)에게 집중되지 않을 수 없었다.

둘째, 천자 중심의 효율적인 중앙집권적인 통치체제 내지 군현제를 갖추었다고 해서 그 체제가 정치변동 내지 왕조교체로부터 벗어나 있는 것은 아니었다. 정치권력의 안정이 모든 것을 다 해결해줄 수는 없었다. 왕조의 흥망성쇠는 역시 다양하고 복합적인 요인들에 의해서 복합적으로 일어나는 정치변동이기도 했다. 견고한 체제 내에서의 통치관료들의 부패와 무능, 그리고 정치권력을 둘러싼 다툼 등은 효율적인 통치체제의 효율성을 떨어트리지 않을 수 없었다. 그런 현상은 사회적 모순과 착취 등과도 자연스레 연결되고 있었다. 그야말로 폭정暴政! 많은 왕조교체에서 '농민들의 반란'이 결정적인 변수가 되곤 했다는 점은 지극히 시사적이다.

셋째, 중국정치사와 정치변동에서 빼놓을 수 없는 중요한 하나의 변수는 '이민족'의 존재라 해야 할 것이다. 한족에 대비되는 타자他者로서의 '이민족'은 고대 중국으로 거슬러 올라간다. 중국을 통일한 진시황이 흉노匈奴의 침공을 막기 위해 만리장성萬里長城을 쌓기 시작했다는 것이 단적인 증거가 된다. 그 같은 이민족들은 아무렇게나 중원을 침입해왔던 것이다. 그런 침입은 중원 천하를 뒤흔들기에 충분했다. 그들은 심지어 자신들의 '왕조'를 세우기도 했다. 몽골족이 세운 원나라, 여진족이 세운 청나라 등이 대표적인 사례라 할 수 있겠다. 그래서 중국의 역사는 한족과 이민족의 투쟁의 역사로 바라보기도 한다는 것이다. 더 놀라운 것은 한족 왕조보다 이민족 왕조가 오히려 더 오랫동안 중국을 지배했다는 사실이다.

넷째, 이민족의 존재는 사상사 내부적으로도 중요한 사안을 제기하고 있다. 중화中華와 이적夷狄[화이華夷]이라는 대비, 그리고 중국中國과 네 변방으로서의 동이東夷·남만南蠻·서융西戎·북적北狄이라는 설정[『禮記』「王制」]은 오래된 것이다. 그런데 그렇게 야만시, 이적시했던 이민족이 중원을 점령, 거대한 중국을 지배하게 되었을 때, 중화와 이적의 관계는 어떻게 되는가, 아니 어떻게 해석되어야 하는 것이다. 현실적으로 화이華夷 관계가 더러 역전되는 사태가 벌어졌기 때문이다. 예컨대 남송南宋은 「소흥紹興의 화의和議」에서 금나라에 대해 신하의 예를 취하기도 했기 때문이다. 화의를 떠맡았던 재상 진회秦檜는, 현대에 이르러서도 한간漢奸[민족의 반역자]이라는 오명汚名을 뒤집어쓰고 있다. 더욱이 남송은 몽골족의 원元에 의해 멸망당했다. 청나라 왕조 역시 그러했다. 청은 쥬르친 계열의 만주족 왕조였기 때문이다. 한민족은 격렬하게 저항했으며, 만주족은 대량학살로 보복했다. 반만反滿 감정은 사대부층만이 아니라 일반 민중들에까지 확산되었다. 반만복명反滿復明을 내세운 비밀결사가 각지에 조직되었다. 청나라 왕조는, 한편으로는 변발辮髮을 강제하기도 하고 배만排滿 사상을 탄압하면서, 다른 한편으로 스스로 중화 왕조가 되는 것으로 지배의 정통성을 획득하고자 했다.

다섯째, 이민족의 침입과 뒤이은 이민족 왕조의 성립 등은 중국사에서 '연속성'보다는 '단절성'을 두드러지게 했다. 빈번한 왕조교체가 그런 양상을 더 가속화시켰다. 아울러 급격한 정치변동에도 불구하고 천자(황제)의 위상은 크게 달라질게 없었다. 천자를 중심이 되는 통치체제로서의 군현제 역시 거의 그대로 유지되고 있었다. 그들 두 측면이 서로 결합되면서 나름 독특한 뉘앙스가 실리게 되었다. 본래 주나라 이후 '천자'(황제)는 '하늘의 아들'이라는 뉘앙스와 정치적 함의가 강한 존재였다. 다시 말해 '정치적 상징'으로서의 의미도 지니고 있었다. 동시에 군현제에 힘입어 '실질적인 권력'으로서의 성격도 지니고 있었다. 하지만 그다지 지속되지 않는 왕조의 천자, 나아가 빈번한 왕조교체 한 가운데 서있는 천자, 게다가 한족과 이민족 사이의 갈등과 대립 등을 감안한다면, 중국의 천자에게는 역시 '실질적인 권력'이라는 측면이 한층 더 두드러질 수밖에 없었을 것이다.

2. 일본형: 텐노오(天皇)와 쇼군(將軍)의 이원구조. 바쿠한 세이(幕藩制)

천황天皇 내지 텐노오. '천황'이란 칭호는 일본에 고유한 것이라 할 수 있다. 그 칭호는 7세기 중엽 일본에서 사용되기 시작했다고 한다. 중국에서 만든 용어를 차용한 것은 아니다. 중국에서도 '천황'이란 용어를 사용한 적은 있지만, 그것은 어디까지나 잠깐 동안이었다. 뿐만 아니라 일본과는 아무 관계가 없었다. 중국에서의 군주 칭호는 역시 천자天子와 황제皇帝였다. 황제는 삼황三皇의 '황'과 오제五帝의 '제'를 합친 것이다. 잘 알려져 있듯이 '황제' 칭호를 최초로 사용한 군주는 진시황, 이른바 시황제였다. 천황은 영어로는 the Emperor of Japan 또는 the Tenno로 표기되고 있다. 덧붙여두자면 일본에서 '천자'라는 칭호가 쓰였던 적[스이코推古 천황 시대]도 있었다.

천황과 천황제는 일본의 역사, 사회와 문화의 중요한 한 부분이라 하지 않을 수 없다. 어쩌면 가장 본질적인 측면이며, 일본과 일본인의 정체성, 아이덴티티(identity)와도 밀접하게 연결되어 있다고 해야 할 듯하다.[94] 제1대 천황 진무神武에서 현재의 125대 천황 아키히토明仁(1933-)에 이르기까지 한 번도 끊이지 않고 이어져 왔다고, 많은 일본인들이 그렇게 생각하기 때문이다. 강한 '연속성'을 유지해왔다는 것이다.[95] 또한 천황은 정치[통치기구]와 권력[정치적 지배]이란 측면에서도 빼놓을 수 없는 부분이다. 일본이 고대 국가로 성립한 단계에서 시작해서, 1930, 40년대의 '초국가주의', '군국주의'를 거쳐서, 오늘날의 '상징' 천황제에 이르기까지 시대에 따라서 서로 다른 정치적 위상과 함의를 가져 왔다. 그럼에도

---

94) 위키피디아의 천황, 천황제 항목 및 고토 야스시(외)/ 이남희 옮김, 『천황의 나라 일본: 일본의 역사와 천황제』(예문서원, 2006), 후지타 쇼조/ 김석근 옮김, 『천황제 국가의 지배원리』(논형, 2009) 참조.

95) 정말 그런가 하는 의문을 제기할 수 있겠다. 실은 '그렇지 않다'고 할 수 있다. 남조와 북조로 나뉘어 싸웠던 적도 있었다. 하지만 그렇게 믿는다는 것 역시 중요하다.

정치와 권위, 권력 분야에서 '천황'이라는 존재는 중요한 하나의 변수가 되어 왔다.

특별히 여기서는 흔히 일본에서 근세近世로 불리는 시기의 천황의 정치적 위상과 의미에 대해서 주목하고자 한다. 구체적으로는 흔히 에도江戸 시대로 불리는 시기, 그러니까 이른바 센고쿠戰國 난세에 마침표를 찍으면서, 세키가하라 전투関ヶ原の戦い, Battle of Sekigahara. (1600년)[96]를 통해서 토쿠가와 바쿠후幕府가 천하를 통일하는 시점에서 메이지 유신(1868년)에 이르는 시기라 하겠다. 대략 17세기 초부터 19세기 말에 이르는 기간이다. 조선시대로 보자면 임진왜란壬辰倭亂(1592), 정유재란丁酉再亂(1597) 이후 19세기 말까지에 해당한다. 일본에서는 당연히 '임진왜란'이라 부르지 않는다. 말 그대로 "임진년에 왜인들이 일으킨 난동"이라는 의미이기 때문이다. 1910년 이전에는 豊太閤の朝鮮征伐(호타이코노 쵸오센세이바쯔), 1910년 이후에는 文禄·慶長の役(분로쿠·게이초의 에키)이라 부른다.

거시적으로 볼 때 일본 역사에서 에도시대가 갖는 몇 가지 독특한 개성과 의미가 있다고 할 수 있겠다. 에도 시대의 천황의 위상을 적확하게 이해하면서 논의하기 위해서 예비적으로 몇 가지 설명해두고자 한다.

우선, 일본에서는 대략 7세기 후반 무렵 중국의 정치체제를 본받아 율령제律令制를 도입하기 시작했다. 이어 대보율령大寶律令(701)에 의해서 율령제가 확립되었다. 국호는 일본日本, 원호元號는 대보大寶. 그리하여 천황을 중심으로 하는 중앙집권제가 확립되었으며, 천황의 친정親政이 이루어졌다.[97] 9세기 무렵부터 귀족층貴族層이 실질적인 정치적 의사결정권을 점차로 장악해가게 된다. 10세기에는 귀족층 중에서도 천황과 강한 인척 관계를 맺고 있던 후지와라[藤原氏藤原北家]가 실질적인 권한을 장악하는 섭관정치摂関政治가 성립되었다. 11세기 말에는 상황上皇(천황 지위를 물려

---

96) 전국의 다이묘들이 두 세력으로 나뉘어 벌였던 유명한 전투. 토쿠가와 이에야스가 패권을 장악해서 에도 막부 정권을 세우는 실질적인 기반이 되었다.
97) 고토 야스시(외)/ 이남희 옮김, 앞의 책, 45-53쪽 참조.

주고 물러남)이 실질적인 군주[治天の君]로 군림하면서, 정무를 살피는 '원정院政'이 시작되었다. 천황 지위에 있는 동안에는 제약이 많았기 때문이다. 양위讓位한 이후 자유로운 입장이 되어, 실질적인 군주로서 실권을 휘두를 수 있었다. 그런 원정을 떠받쳐 준 것은 중간급 귀족층이었다. 후지와라 가문[藤原氏攝關家]의 지위는 상대적으로 약해질 수밖에 없었다.

둘째, 일본정치사에서 가장 흥미로운 부분들 중의 하나는, 일정한 시점 이후 무장한 세력이 정치 무대에 등장했다는 사실이다. 이후 그들은 메이지 유신에 이르기까지 지배층을 형성하게 되었다. 칼 찬 사무라이들. 동아시아에서 보편적이라 할 수 있는 사농공상士農工商 구분에서, '사'는 선비 계급으로 알려져 있지만, 적어도 일본에서 일정한 시점 이후 '사'는 사무라이 계급을 가리키는 말이 되었다. 그들은 어느 시점에서 막부幕府(바쿠후)라는 독자적인 권력기구를 형성하게 되었으며, 무력에 바탕을 둔 실질적인 지배기구로서의 위상을 누리게 된다. 카마쿠라鎌倉 막부가 그 시작이라 할 수 있으며, 천황제 국가로서의 '고대'와 구분되는 의미에서 '중세'의 시작이라 할 수 있겠다. 카마쿠라 막부鎌倉幕府는 최초의 무사정권으로, 1185년 경 미나모토노 요리토모源賴朝가 수립했다. 약 150년간 지배했으며, 흔히 카마쿠라 시대라 부른다. 이같은 무가武家 정권은 무로마찌 막부室町幕府로, 다시 에도 막부江戸幕府로 이어지게 된다. 굳이 비슷한 예를 한국사에서 찾아보자면, 고려시대 이른바 무신의 난 이후의 '무신정권武臣政權' 시기를 들 수 있겠다. 무신정권이 실권을 장악하고 있었지만, 왕 역시 존재하고 있었다.

셋째, 카마쿠라에 무가 정권이 성립하게 되자 천황과 상황上皇을 중심으로 하는 '조정朝廷'과 '쇼군將軍'을 중심으로 하는 막부에 의한 '이중정권二重政權' 양상을 보여주게 되었다. 정권의 축이 둘이다 보니, 대립과 갈등이 없을 수 없었다. 막부 측이 승리를 거두기도 했지만[承久の乱], 천황 측 세력도 만만치 않았다. 카마쿠라 막부가 멸망하자 고다이고 천황後醍醐天皇이 천황 친정親政을 부활시키기도 했다[建武の新政]. 하지만 불만을 품은 아시카가 타카우지足利尊氏는 1338년 쿄토京都의 무로마찌室町에 막부를 열었다. 무로마찌 막부가 성립하게 되자 천황은 남조와 북조로 나뉘게 되었다. '남북조시대南北朝時代'가 그것이다. 긴 전란 끝에, 무로마찌 막부 제3대 쇼군 아시카가 요시미쯔足利義満에 의해서 남북조의 통일이 이루어졌다(1392년). 요시미쯔가 막부의 권력을 강화하는 것은 당연한 일이었다. 그는 '일본국왕「日本国王」'으로서 명나라 황제에게 조공朝貢하는 형식으로 감합무역勘合貿易98)을 하기도 했다. 8대 쇼군 아시카가 요시마사足利義政 시대에 이른바 '오오진노란応仁の乱'이 일어나게 되며, 막부의 세력이 약해지면서 바야흐로 센고쿠戦国 시대에 들어가게 된다.

넷째, 센고쿠 시대에는 막부의 세력이 약해졌을 뿐만 아니라 천황 및 조정의 세력도 역시 쇠미해져 있었다. 그야말로 난세였기 때문이다. 하지만 천황을 중심으로 조정에 문화와 전통의 계승자라는 역할은 이어지고 있었다. 센고쿠 시대를 수놓았던 수많은 무장들, 특히 오다 노부나가織田信長 토요토미 히데요시豊臣秀吉도 천황의 존재와 권위를 결코 부정하지 않았다. 오히려 정치적으로 이용함으로써 자신의 '권력'을 정당화함과 동시에 자신의 '권위'를 높이고자 했다. 말하자면 천황의 권위는 나름대로 온존시켜 두었던 것이다.99) 이 같은 흐름은 에도 막부가 성립된 이후에도 거의 그대로 유지되었던 듯하다. 특히 "천자의 모든 예능의 일들은, 그 중에 학문이 제일"「天子諸芸能ノ事'第一御学問也」이라는 금중병공가제법도禁中並公家諸法度가 정해짐으로써, 조정의 입장은 크게 제약받지 않을 수 없게 되었다. 연호年号의 제정 등 아주 근소한 예외를 제외하면 아무런 정치권력이 없었다.

이렇듯이 쇼군을 중심으로 하는 막부와 천황 및 공가 중심의 조정의 관계는 양자가 공존하면서 그 관계 여하에 따라서 권력과 권위에서 상당

---

98) 감합은 사신의 내왕에 사용되던 확인 표찰을 뜻한다. 감합무역은 사행(使行) 과정에서 부수적으로 이루어지거나 사행을 빙자해서 행해지는 무역을 말한다.

99) 물론 '천하포무'(天下布武)를 표방했던 오다 노부나가가 더 오래 살았더라면 하는 흥미로운 가정을 해볼 수는 있겠지만 말이다.

한 차이가 있었다. 막부가 처음 설립되었던 카마쿠라 시대의 쇼군과 천황의 관계가 에도 막부의 그것과 같을 수는 없었다. 카마쿠라 시대에는 그야말로 권력의 핵심이 둘로 나뉘어진 '이중정권'이라 한다면, 에도 시대의 그것은 존재는 둘이지만, 실질적인 권력은 오로지 막부 측에 있었다. 천황가의 석고石高는 1만석(나중에 3만석) 정도의 경제기반에 지나지 않았으며, 특히 금중병공가제법도禁中並公家諸法度에 의해서, 그 말과 행동은 막부로부터 엄격하게 제한받고 있었다. "에도 시대는 일본사에 있어서 천황이 정치상의 실권을 가장 갖지 못한 시대였다"는 지적은 타당하다.

이제 일본의 에도江戸 바쿠후幕府시대의 권력구조를 간략하게 살펴보기로 하자. 우선 토쿠가와德川 시대 일본의 경우는 정치적 충성이 분산되어 있었다. 그리고 그 충성의 최상층부에는 두 개의 권위가 서로 연결되고 있었다(Duus 1983. 金容德譯 1983, 33-34). 즉 쿄오토京都에 고립되어 살고 있는 반신성적半神聖的인 문文의 지배자 텐노오天皇와 에도에 근거를 둔 무武의 지배자 쇼오군將軍이 있었다.

메이지 유신明治維新에 이르기 전까지 일본을 실질적으로 지배한 것은 역시 바쿠후의 쇼오군이었다. 그리고 텐노오는 주로 상징적인 종교기능을 맡고 있었던 것이다. 다시 말하자면 메이지 유신 이전의 토쿠가와 시대의 경우 실질적인 정치권력과 정치적인 상징이 완전히 분리되어 있었던 것이다(이는 조선조의 군주 즉 왕이 두 가지 기능을 다 갖추고 있었던 것과 확연하게 구별된다!).

우선 실질적인 정치권력부터 보기로 하자. 토쿠가와 바쿠후는 다이묘오大名들을 정치적 신뢰도에 따라서 세 그룹으로 나누어 놓았다. 쇼오군의 이해와 가장 밀접하게 연결된 그룹으로, 바쿠후가 설립되기 이전의 토쿠가와 가신家臣들 중에서 승격되었거나 토쿠가와 이에야스 및 그 후계자들이 다이묘오로 봉한 한藩으로서의 후다이譜代 한藩. 이는 바쿠후의 직할령에 인접해 있어 군사적으로 바쿠후를 방어해 주는 역할을 하기도 했으며, 또 바쿠후의 높은 관직을 차지하고 있기도 했다. 가장 바쿠후에 충실한 한이며, 바쿠후로서는 가장 믿을만한 부하들이라 할 수 있겠다.

다음은 토자마外様 한藩으로서 토쿠가와 이에야스의 직접적인 가신〈直臣〉이 되기엔 너무나 강력했던 동맹세력이었거나 세키가하라關ヶ原 전투 이후에야 토쿠가와 가문의 종주권을 인정했던 다이묘오들이었다. 외형상으로는 바쿠후 치하에 있는 「오늘의 동지」이기는 하지만 역시 「어제의 적」 혹은 「경쟁자」라는 지난날의 과거(?)가 있어서 언제 다시 힘을 길러 「내일의 적」이 될지도 모르는터라, 바쿠후로서는 경계를 늦출 수 없었다. 그들은 대체적으로 후다이 다이묘오들보다 넓은 영지를 차지하고 있었지만, 영지는 자연히 대부분 에도에서 멀리 떨어져 있었다. 의도적으로 바쿠후를 공격하기 어려운 변두리 지역에 위치하게 한 것이다.

　마지막 그룹은 신판親藩으로서 토쿠가와 가문의 종가宗家, 즉 쇼오군 가문이 그 지류〈支家〉에 대해서 봉해준 한藩이다. 종가의 후사가 끊기게 될 때 그 가문을 잇기 위해서, 그리고 쇼오군의 자손 가운데에서 쇼오군의 지위에 오르지 못하는 자들을 위무하기 위해서, 다른 다이묘오들의 영지를 몰수하여 세운 한이다. 이런 한의 다이묘오들은 쇼오군과의 혈연관계로 인해 공식적인 바쿠후 관직에는 나아갈 수는 없었지만 혈연을 바탕으로 실질적으로는 상당한 영향력을 행사하고 있었다. 바쿠후 체제하에서는 이 같은 세 그룹의 다이묘오들이 있었으며, 쇼오군은 그들을 통제하면서 그들 위에서 실질적인 권력을 행사하고 있었다. 역시 현실적인 힘이 모든 것의 바탕이 되고 있으며, 그 관계를 설명해주고 있는 것이다.

　바쿠후는 그러한 실질적인 권력을 실제로 유지하고 또 더욱 공고하게 하기 위하여 산킨코오타이參勤交代 제도를 운용하였다. 이 제도는 모든 다이묘오는 가족과 일정한 수의 가신들, 그리고 경비병들을 에도에 상주常住하게 하고, 다이묘오 자신도 에도에 반, 자신의 한藩에 반씩 ―대개 일년씩 교대로― 머물게 한 것이었다.

　이는 어느 역사에서나 볼 수 있듯이 일단 유사시에 대비하는 일종의 「인질人質 정책」에서 나온 것이라 할 수 있으며, 또 어떤 측면에서는 다이묘오를 다루기 힘든 지방 군벌의 위치에서 낭비적인 쇼오군의 조정 신하〈朝臣〉로 만들려는 제도적 장치이기도 했다. 그래서 그들로 하여금 한의 행정에는 사실상 무관심하게 만들고 에도의 의식儀式과 유락遊樂에 몰두하도록 적이 유도하는 측면도 없지 않았다. 그것은 한의 재정을 오고가는 길에 뿌리고, 분산시키며, 또 체면 유지를 위한 겉치레에 허비하게 하여 고갈시키려는 고단수 정책이기도 했다. 이처럼 바쿠후의 실질적인 권력은 정치적 상징에 의해서라기보다는 오로지 「리얼한」 힘에 의해서 유지되고 있었던 것이다.

이에 반해 텐노오天皇의 경우에는 주로 상징적인 존재로서 그저 종교적인 기능을 맡고 있을 뿐이었다. 일본을 개국하였다는 아마테라스오오미카미天照大御神의 직계 후예로서, 또한 사제로서, 텐노오는 신의 세계〈神界〉와 인간세계〈人間界〉를 연결해주고 있는 것으로 간주되고 있었다.[100] 그의 가장 뚜렷한 정치적 역할은 일본 최대의 봉건 영주인 동시에 실제 통치를 맡고 있는 「쇼오군의 권력을 정당화시켜 주는 것」이었다.

「이론상으로는」 쇼오군은 텐노오로부터 권한을 위임받아 통치하고 있는 대리인에 지나지 않았다.[101] 쇼오군의 정식 명칭이 바로 텐노오의 위임을 받아 오랑캐를 정벌한다는 「세이이다이쇼오군征夷大將軍」이었던 것이다. 토쿠가와 가문은 그 같은 텐노오의 정당화에 대한 대가로서 토지를 제공해서 궁핍하지 않게 해주었을 뿐만 아니라 또한 재정 지원을 통해서 황실皇室에 딸려 있는 공경公卿들을 유지할 수 있게 해주었다. 체면을 살려 준 셈이다.

실권을 지닌 실질적 권력과 정치적인 상징이 분리되어 존재하면서도 서로 의존하고 있는 그런 양상이었다. 그리하여 텐노오는 실질적인 지배와는 전혀 무관한 것처럼 인식되었다. 이처럼 텐노오는 정치적 지배와는 관계가 없는 것으로 인식되었기 때문에, 바로 그렇기 때문에 상징적인

---

100) 그런 측면은 『古事記』 『日本書紀』에서 찾아볼 수 있다. 바로 그 점이 일본 텐노오 제도에서 가장 두드러지는 측면이라 할 수 있을 것이다.

101) 글쓴이는 「이론상으로」 그러하다는 바로 그 점에 문제를 푸는 열쇠가 있다고 생각한다. 실제 현실이 그렇지 않다고 하더라도 언제든지 그런 「이론」으로 되돌아갈 수 있는 것이다. 가능성은 언제나 열려 있는 것이다. 바로 거기에 이론과 현실의 변증법적 긴장이 자리하고 있는 것이다.

역할을 다 할 수 있는 것이다. 또 그러한 상징은 평상시보다 오히려 위기적인 상황에서 정치 행위자들의 의식에 지대한 영향을 미치게 되어, 그들로 하여금 더욱더 상징에 집착하게 만드는 것이다. 그들에게는 새로운 구심점이 필요하므로. 이런 집착에서 한 걸음만 더 나아가면 실질적인 권력이 무시되고, 오히려 그 실질적인 권력이 정치적 상징으로 귀속하게 되는 사태가 일어날 수도 있다. 상징과 권력의 변증법! 그렇게 되면 정치적 상징이 단순히 상징에 머물러 있지 않고 실질적인 권력으로 전화되어, 실질적 권력까지 갖추게 되는 것이다. 이론이 그저 이론이 아니라 현실로 구현되는 것이다. 사실 19세기 서세동점西勢東漸의 위기 속에서 메이지 유신이 일어날 수 있었던 것도, 밑바닥으로는 바로 그런 논리가 흐르고 있었기 때문이 아닐까.

그리고 텐노오의 지위를 확보해주는 이념적 기반으로는 일본에 고유한 신토오神道가 있었다. 일본의 신토오에는 예로부터 다양한 형태의 문화접촉이 있어서 그 양태는 실로 다양하게 전개되었지만, 신토오에 면면히 흐르는 특징으로 ㉠황국주의皇國主義 ㉡현실주의現實主義 ㉢명정주의明淨主義를 들기도 한다村岡典嗣(1975, 429-440).

여기서 우리의 논의와 직접적으로 관련성이 있는 것은 황국주의皇國主義, 즉 황실皇室 중심의 일본국가주의이다. 일본은 신의 자손〈神系〉이며 만세일계萬世一系의 텐노오가 통치하는 국가이며, 나아가 텐노오과 국가와는 하나이며, 텐노오가 다스리는 국가(일본)는 신의 나라〈神州〉라는 생각에 근거하고 있는 것이다. 물론 일본에서도 주자학이 전개되지 않은 것은 아니지만, 그것은 어디까지나 지배적인 지위에까지는 이르지 못하고, 또 일본의 신토오와 습합習合되는 측면까지 보여주었다.

그래서 보편주의적인 성향을 강하게 띤 주자학 자체도 일본화 되는 양상을 보여주게 되었다渡邊浩, 1985). 야마사키 안사이山崎闇齋(1618-82)가 공자孔子를 장수로 하고 맹자孟子를 부장으로 삼아 일본에 쳐들어 올 때, 그때는 그들을 쳐부수는 것이 바로 「공맹의 도道」라 한 것은, 일본이라는 개별성과 특수성에 대한 인식 위에 전개되는 주자학이라는 측면을 단적으로 보여주는 것이다.

그리고 야마가 소코오山鹿素行(1622-85)는 일본이 중국에 비해서 우월한 점이 많다는 점을 지적하고 있다. 역사적으로 볼 때 일본의 정치체계가 안정되어 있으며, 황통일계皇統一系이며, 또 군사력이 우수하다는 점 등을 들어 일본에는 지智·인仁·용勇의 세 가지 덕이 실현되어 있어서 중국보다 훨씬 낫다고 했다. 이 같은 일본의 우수성에 대한 강조는 중국 중심의 화이華夷 관념이 일본 중심의 독특한 화이관념으로 바뀔 수 있는 기틀마저 마련해주었다. 그것은 보기에 따라서는 근대 민족주의로 쉽게 전환될 수 있는 여지를 만들어내고 있는 것이다.

또한 모토오리 노리나가本居宣長(1730-1801)도 유교로 대표되는 중국 사상의 특색을 이루고 있는 도덕 중심주의, 개인 본위의 합리적 사고를 배격하고 유교와 불교가 도입되기 이전의 고대 일본의 청명한 마음으로 돌아갈 것을 주장했다. 이어 그는 중국의 경우 왕조가 자주 바뀌어 역성혁명易姓革命이 용인될 수밖에 없지만 일본은 텐노오의 조상신〈皇祖神〉인 아마테라스오오미카미의 자손인 텐노오가 예나 지금이나 신神으로서 나라를 평온하게 다스리는 나라이며, 중국보다 훌륭한 도道가 있으니 그것이 바로 일본의 도, 즉 신토오神道라고 했다.

이처럼 토쿠가와 시대 일본의 경우 실질적인 권력은 바쿠후에 있었지만, 정치적 상징으로서의 기능은 텐노오에 의해 수행되고 있었다. 바쿠후 말기 대두된 존왕론尊王論이나 후기後期 미토가쿠水戸學 등도 모두 근본적으로는 이 같은 텐노오의 상징성에 의존하고 있었으며, 또 그런 상징성의 저변에는 언젠가 위기상황이 닥치게 되면 단순한 정치적 상징으로 머물러 있는 것이 아니라 실질적인 권력마저 담당할 수 있다는 가능성이 열려져 있었던 것이다.

3. 조선형: 정치적 상징과 실질적 권력의 복합형

조선시대 정치권력의 경우, 실질적 권력과 정치적 상징은 과연 어떠했을까. 그리고 그 관계는 중국이나 일본의 그것에 비해 어떤 특성을 갖는 것이었을까. 이런 물음에 대해 단도직입적으로 들어가기보다는 역시 비슷한 관점에서 제시되어 있는 견해를 간략하게 살펴보는 것으로부터 출발하는 것이 더 나을 것이다. 그렇게 하는 과정에서 자연스럽게 문제점이 부각될 것이기 때문이다.

우선 군주와 양반관료들은 교묘한 힘의 세력 균형(balance of power) 관계에 놓여 있었으며, 또 그런 상호관계 위에서 그리고 그 때문에 조선조가 오랫동안 유지될 수 있었다는 견해가 있다(Palais 1975). 즉 왕과 의정부議政府, 육조六曹 등의 관계에서 왕권王權이 강할 때면 신권臣權이 약해지고, 반대로 신권이 강해질 때면 왕권이 미약해지면서, 그러면서도 그런 균형이 깨어지지 않고서 오랫동안 유지되어 왔다고 한다.

이런 견해는 「권력의 총량總量과 분배」라는 측면에서 일리는 있을지 모르지만, 근본적인 시각에 있어 왕과 신하들 사이의 관계를 상호 세력 균형이라는 관점에서 본다는 데 문제가 있다. 세력 균형이라는 개념은 어디까지나 동등한 행위자들 사이에서 성립가능한 관계의 한 유형에 지나지 않는다. 그래서 우리가 뒤에서 보게 될, 왕과 신하들을 연결시켜 주고 있는 요소, 특히 도덕적인 매개관념(특히 忠의 관념!)을 전혀 무시하고 있는 것이다. 조선시대에는 주자학 내지 성리학이 정치체계를 정당화시켜주는 이른바 체제이데올로기로 기능했으므로, 주자학적 윤리 특히 삼강오륜三綱五倫과 같은 계서적階序的 윤리가 자연스러운 것으로 간주되고 있었으며, 또 그런 윤리의식하에서 왕권에 대한 직접적인 도전을 생각하기란 거의 불가능했다는 점을 일단 지적해두기로 하자.

한편 왕권과 양반 계급 사이의 관계에서 왕권의 독자적인 측면에 주목하여 장기간의 체제유지를 설명하는 논리가 있다(陳德奎, 1982). 직접적으로 왕권과 신하들 사이의 관계를 다루지는 않았지만, 조선 후기의 세도정치勢道政治를 설명하는 과정에서 미약해진 왕권이 명문세가名門勢家와 제휴함으로써 왕권을 유지할 수가 있었다고 한다.

이런 견해는 앞에서 본 상호균형론적인 해석의 오류를 넘어서 정치학적 분석을 시도했다는 점에서 많은 시사점을 던져주고 있는 것이 사실이다. 그러나 실제로 세도정치에서, 미약하게 된 왕권을 짊어진 어린 왕들이 과연 주체적으로 (혹은 의도적으로) 세도가들과 제휴 내지 연합하여 정권을 유지했다고 볼 수 있는가 하는 의문을 피할 수 없다. 그보다는 오히려 나는 새도 떨어뜨리는 세도가라 할지라도 궁극적으로 (뒤에서 보게 될 매개관념 혹은 도덕률 때문에) 왕권까지 넘볼 수는 없었기 때문에, 왕권을 보호막으로 삼아 전횡을 일삼았으며 또 전권全權을 마음대로 주물렀다고 보아야 하지 않을까. 세도가문들도 왕권의 존재 그 자체는 어쩔 수 없이 인정해야만 했던 분위기였으므로, 그런 상황하에서 자기 가문의 세도를 유감없이 구가했던 것이다. 하여 세도가들은 왕권 그 자체를 결코 탈취하려고 하지 않았으며, 또 (하고 싶어도) 할 수도 없었던 것이 아닐까.[102]

다음으로 왕권과 신하들 사이의 관계에 있어서 왕은 어디까지나 정치적 상징에 지나지 않았으며 실질적인 권력은 양반관료들에게 있었으므로, 일반 백성들의 경우 양반관료나 세도가에 대해서는 적대감을 품을지라도 상징으로서의 국왕에 대해서는 완전한 적대감을 느낄 수 없었으며, 또 그 때문에 조선시대에는 정치적 혁명이 없었다고 보는 견해가 있다(문승익 1977). 그리고 그런 논지에 대한 실증實證으로 동학 농민전쟁 등에서 국왕의 어명이나 칙서에 대해 일반 백성들이-반항하던 그들이-보여준 충성스러운 태도를 들고 있다.

이런 해석은 정치적 상징이라는 개념을 도입함으로써, 조선조에서는 실제 정치권력 담당자와 정치적 상징의 담당자가 구분되어 있다-이 글의 논지와 일맥상통하고 있다!-는 측면에 주목하고 있다. 이는 상당한 설득력을 갖추고 있는 예리한 관찰이라 하지 않을 수 없다. 또 그렇게 함으로써 군주와 신하 사이의 이념적 연계성에 대해 논의할 수 있는 가능성을 열어주고 있다. 그럼에도 불구하고 이와 같은 견해는, 요컨대 조선시대의

---

102) 존재 그 자체가 일종의 「터부」(taboo) 내지 「금기시되어 있는 영역」으로 받아들여졌다는 것으로 이해해도 될 것이다.

왕권은 오로지 정치적 상징만은 아니었다는 점을 간과하고 있다고 해야할 것이다.

이 점이 바로 지금 우리가 이 글에서 개진하려고 하는 입장과 구별되는 측면이다. 곧이어 보겠지만 왕권은 정치적 상징이라는 측면도 지니고 있었지만, 실제로 중앙집권적인 계서제의 최고 정점에 서 있기도 했던 것이다. 사실 세조世祖나 연산군燕山君과 같은 경우, 왕권이라는 측면에서 본다면 상당한 정도로 「실질적인 권력」을 행사하고 있었다. 그리고 앞에서도 지적했지만 세도정치하에서도 실질적 권력을 마음대로 주무르는 세도가문 조차도 군주(왕)의 존재 그 자체를 외면할 수는 없었다. 전횡을 일삼고 있는 세도가문이지만, 그래도 왕권에 대해 직접적인 도전과 전복을 감히 단행하지 못한 것은 역시 그만한 저지력-설령 그것이 도덕적인 힘 혹은 눈에 보이지 않는 것이라 할지라도-이 있었다고 보아야 하지 않을까.

그렇다면 조선조에 있어서 실질적으로 정치권력을 행사하는 권력과 정치적인 상징은 과연 어떻게 연관되어 있었을까. 이미 위에서 조선조 정치권력 구조에 관한 몇 가지 견해를 검토하는 과정에서, 그 윤곽이 대략 드러난 것으로 생각된다. 그러나 좀 더 명확하게 그리고 결론적으로 말하자면, 조선시대 군주의 경우 실질적인 권력과 정치적인 상징이 서로 분리되지 않고서 서로 교묘하게 융합되어 있었던 것이다.

군주에게 그와 같은 권력의 두 가지 측면이 다 갖추어져 있었던 것이다. 따라서 실질적인 권력이라는 측면이 강해질 때는 상대적으로 정치적 상징이라는 측면이 미약해지고, 실질적인 권력이라는 측면이 약해질 때는 정치적 상징적인 측면이 상대적으로 오히려 더 부각되는 것이다. 권력 핵심으로서의 군주는 권력장치로서의 양반계급, 보다 좁게는 양반관료들 위에 서 있었지만 마음대로 전권을 다 행사할 수 없었으며, 또 양반관료들 역시 성리학적인 이데올로기 위에서-뒤에서 보게 될 군주와 신하 사이의 도덕적 의리 관계-실질적인 권력을 차지할 수는 있었지만 군주의 지위까지 노릴 수는 없었다(그보다는 차라리 군주를 바꾸려는 노력으로 이어졌다. 反正[103]. 그런 실질적인 권력은 그 자체의 정당성과 합리화를 얻어내기 위해서, 그리고 또 그것의 계속적인 향유享有를 위해서는 형식적으로나마 왕권의 승인을 얻어야만 했으며, 중앙집권화된 조선조 정치기구하에서는 더욱 그러했다.

따라서 군주와 신하들 사이의 관계는 얼핏 보면 상호균형적인 관계인 것처럼 보이지만 사실상의 군신관계는 실질적인 권력, 정치적인 상징, 군주와 신하를 맺어주고 있는 매개媒介 개념과 도덕률 등에 의해 복합적으로 규정지워지고 있었다. 그리고 그런 얽힘 속에서 군주는 정치적인 상징과 실질적인 권력이라는 두 가지 측면을 동시에 갖추고 있었던 것이다.

---

103) 역시 중종반정이나 인조반정이 그런 예에 해당된다고 해야 할 것이다. 올바르게 한다〈反正〉는 말 자체에 모든 의미가 함축적으로 담겨 있다.

한국, 중국, 일본 국왕 리더십 비교와 특성

한국, 중국, 일본의 국왕 리더십을 비교하면서 그 특성을 읽어내는 일은 지극히 어려운 일이다. 이들 세 나라는 흔히 '동양 3국'으로 불리면서 비교의 대상이 되곤 한다. 하지만 때로 비교는 위험하다. 자칫하면 독단과 선입견에 빠질 수 있기 때문이다. 또한 현재적인 관심을 지난 역사에 그대로 투영시키는 함정에 빠질 수도 있다. 역시 분명한 '비교의 기준'이 있어야 하는 것이다. 여기서 '한국'이라 했지만 그것은 어디까지나 조선시대를 가리키는 것이다. 조선시대에 해당하는 시기의 중국과 일본의 국왕 내지 군주의 위상과 비교하려는 것이다.

아무튼 지금까지 살펴본 내용들을 토대로 하면서 세 나라의 국왕의 리더십을 '비교'하고 '특성'을 찾아보는 것은 무의미한 작업은 아닐 것이다. 세 나라는 19세기 이전까지 하나의 '세계' 내지 '문명권'에 속해 있었기 때문이다. 그것을 '한자' 문화권이라 부르기도 하며, '유교 문화권' 내지 '동아시아 세계'라 하기도 한다. 아무래도 좋다. 그런 명칭들은 모두 후대에 명명命名된 것일 뿐이므로. 하지만 그 동아시아 세계는 19세기 이후 급격한 변동을 겪지 않을 수 없었다. 전근대前近代의 '동아시아세계'(the East Asian World)에서 지구 전체를 그 범위로 감싸 안은 '근대 세계시스템'(the Modern World System)으로 '세계'가 확대되는 과정을 겪었다. 주지하는 바와 같이 세 나라는 서로 다른 경로를 걸었다.

엄밀하게 돌이켜 보면 한자와 유교, 그리고 국가들 사이의 일정한 질서라는 나름의 공통분모를 가지면서도, 다시 말해서 하나의 문명권에 속하면서도 역사적으로 세 나라는 각각 다른 정체성과 논리를 가질 수밖에 없었다. 기본적으로 중국 중심의 세계질서는 '중화中華'와 '이적夷狄', 그리고 '사대事大'와 '교린交隣' 같은 관념적 범주에서 차별과 상하 관계를 상정하고 있었기 때문이다. 중심과 주변이라는 범주가 설정되어 있다. 또한 주나라 봉건제에서 원형을 찾아볼 수 있는 천자와 제후의 관계, 즉 천자가 제후를 분봉해준다는 식의 논리를 외형상으로 인정하지만, 그것은 어디까지나 관념 속에서의 상정에 지나지 않았다. 실제로 '조공'과 '책봉' 같은 기제가 있었지만, 나라에 따라 그에 대한 해석은 서로 달랐다. 편의적으로 이용하거나 체제 유지를 위해서 필요한 외교적 장치 같은 측면도 없지 않았다. 근대적인 '국민국가'를 단위로 하는 근대적인 국제관계와는 달리 전근대적인 국제관계는 중층적이기도 했으며, 애매모호하기도 했다. 그 자체가 크게 문제가 되지 않았다.

예컨대 '중화'와 '이적'의 엄격한 분별에 따르면, 조선과 일본은 어쩔 수 없이 '동이東夷'가 되지 않을 수 없었다. 하지만 자아중심 인식에 장애가 되지 않을 수 없다. '사대'와 '중화'를 구분해서 문화적인 측면이야말로 '중화'의 본래적인 측면이며 '사대'는 힘에 의한 군사적, 정치적 관계에 지나지 않는다는 식으로 보기도 했다. '사대'와 '중화'가 겹쳐질 수도 있겠지만[예컨대 명나라], 그들이 서로 분리될 수도 있다[청나라]. 시대가 내려오면서 자의식의 성장과 더불어 그 문제를 어떤 형태로든 해결해야 했다. 기본적으로 조선은 중화와 이적이라는 틀 자체를 버리지 않았다. 조선이 '소중화小中華'라거나 중화로서의 명나라가 없어졌으니, 이제 조선이 유일한 중화라는 식의 발상, 나아가서는 '조선 중화주의' 등으로 나아갔다. 일종의 자국중심주의는 개별국가로서의 자의식으로 이어지며 전기적인 내셔널리즘 관점에서 바라볼 수도 있을 것이다. 한편 일본에서는 『고사기』『일본서기』에 실려 있는 건국 신화를 바탕으로 일찍부터 '神國'(카미노쿠니: 신의 나라)이라는 의식을 키워왔다. 일찌감치 중국 중심의 중화적 질서를 상대화시키면서 거기서 벗어나고자 했다. 일본식 중화주의라 할 수도 있겠다. 코쿠가쿠國學가 그 이론적 뒷받침을 제공해주었다.

그와 같은 변형과 더불어 한국, 중국, 일본의 국왕 리더십 역시 각각 조금씩 다른 양상을 보여주었다. 국왕의 리더십은 권력구조와 밀접한 관련을 갖는데, 그것은 '실질적인 권력'과 그 권력을 뒷받침해주는 '정치적 상징'으로 나누어 보고자 했다. 어디까지나 비교, 분석을 위한 일종의 개념적 장치로 보아도 좋겠다.

거대한 대륙을 차지하고 있던 중국의 '천자'(황제)는 중국적 세계질서의 정점에 있었다. '하늘'[天]의 '아들'[子]이라는 위상은 천단天壇에 잘 나타난다. 그야말로 '하늘의 명'[天命]을 받아서 천자가 되어 천하天下를 다스린다는 중국 황제의 정통성과 명분을 상징적으로 말해주는 것이기도 하다. 사각형의 넓은 땅, 그리고 그 안에 있는 원형 모양을 한 건물은, 천원지방天圓地方이라는 고대 중국인들의 생각을 반영하고 있다. 그야말로 세계의 중심이었다. 천자는 말 그대로 하늘의 아들이자 대리인이었다. 그런 만큼 일차적으로 '실질적인 권력'으로 군림할 수 있었다. 영화 「마지막 황제」(The Last Emperor, 1987)에서 엿볼 수 있듯이, 황제의 권력은 더할 나위 없는 것이었다. 더구나 중국에서는 진시황 통일 이후 청나라 말기까지 '군현제郡縣制'가 실시되고 있었다. 주나라에 실행되었던 '봉건제封建制'는 춘추전국 시대 이후 이름만 유지했을 뿐이었다. 황제가 관리를 임명하고 파견해서 그 지역을 다스리게 했던 것이다. 역사적으로 볼 때 군현제는 황제의 권력을 실질적으로 뒷받침해주었다고 할 수 있겠다.

천자라는 이름과 위상은 이론적으로는 '정치적 상징'으로서의 의미도 충분히 지닐 수 있었다. 하지만 중국정치사는 보기에 따라서는 한족과 이민족의 투쟁의 역사라 할 수 있다. 실제로 이민족이 중원대륙을 지배한 시기가 한족이 지배한 시기보다 더 길다고 한다. 그런 만큼 빈번하게 왕조교체가 이루어지게 되었다. 게다가 왕조가 지속된 기간 역시 길지 않았다. 가장 긴 왕조가 300여 년 정도였으니까. 그 기간 동안 천자(황제)

는 중국을 지배하는 '실질적인 권력'으로 군림할 수 있었다. 침략과 정복을 꿈꾸는 이민족 역시 그 실질적인 권력을 차지하고자 했다. 적나라한 힘의 세계가 있을 뿐이었다. 서로 다른 민족 사이에서 '정치적 상징'은 희미해질 수 밖에 없었다. 몽골족이 세운 원나라, 여진족이 세운 청나라는 전근대 동아시아 세계에서 다양한 변혁과 해석의 계기를 제공해주기도 했다. 특히 원명 교체기, 명청 교체기는 단순히 중국 왕조의 교체에 그치는 것이 아니라 동아시아 국제질서 자체를 뒤흔들어 놓는 대사건이기도 했다. 지리적으로 가까웠던 조선의 경우, 그 여파가 특히 컸다. 여진족이 세운 청나라에 대한 반감, 즉 반만反滿 감정은 사대부층만이 아니라 일반 민중들에게까지 확산되었다. 반만복명反滿復明을 내세운 비밀결사가 등장하기도 했다. 중국에서 1911년辛亥年에 신해혁명이 일어났다는 사실은 시사적이다. '황제의 나라'['제국帝國']를 넘어서 마침내 '백성들의 나라'['민국民國']가 탄생했기 때문이다.

대륙에서 일정한 거리를 두고 떨어져 있는 섬나라 일본에서는 또 다른 측면을 보여주고 있었다. 정치사와 권력구조에서 가장 두드러지는 측면은 '천황天皇의 존재'라 하겠다. 일본 역사, 사회와 문화의 중요한 한 부분이며, 가장 본질적인 측면이라 할 수 있다. 일본과 일본인의 정체성, 아이덴티티(identity)와도 밀접하게 연결되어 있다. 제1대 천황에서 지금에 이르기까지 한 번도 끊이지 않고 이어져 왔다고, 많은 일본인들은 그렇게 생각한다. 실은 남북조의 분립과 격렬한 대립, 갈등도 있었다. 또한 천황의 존재 자체가 위험에 처했던 적도 없지 않았다. 그럼에도 지금도 이어지고 있다는 사실이 중요하다. 대략 7세기 후반 무렵 중국의 정치체제를 본받은 율령제律令制를 도입했으며, 고대 천황제 국가가 성립했다.

일본정치사에서 또 하나 두드러지는 측면은 일정한 시점 이후 무장한 세력이 정치 무대에 등장했다는 사실이다. 그들은 메이지 유신에 이르기까지 지배층을 형성하게 되었다. 그들은 막부幕府(바쿠후)라는 독자적인 권력기구를 형성하고, 무력에 바탕을 둔 실질적인 지배기구로서의 위상을 누리게 되었다. 카마쿠리鎌倉 막부를 시작으로, 흔히 일본에서는 '중세'

의 시작으로 여겨진다. 약 150년간 지배했으며, 무로마찌 막부室町幕府로, 다시 에도 막부江戸幕府로 이어지게 된다. 명분상으로 그들은 '정이대장군征夷大將軍'(세이이다이쇼군), 즉 천황의 명을 받들어 '夷'[蝦夷(에조, 에미시)]를 정벌하는 역할을 맡은 장군으로 조정朝廷의 영외관令外官의 하나였다. 하지만 무가 정권과 더불어 '쇼군'이라는 용어는 같지만, 정치권력에서 차지하는 위상은 시대에 따라 크게 달라졌다.

쇼군을 중심으로 하는 막부와 천황 및 공가 중심의 조정의 관계는 양자가 공존하면서 그 관계 여하에 따라서 권력과 권위에서 상당한 차이가 있었다. 카마쿠라 시대에는 그야말로 권력의 핵심이 둘로 나위어진 '이중 정권'이라 한다면, 에도 시대의 경우 실질적인 권력은 오로지 막부 측에 있었다. "에도 시대는 일본사에 있어서 천황이 정치상의 실권을 가장 갖지 못한 시대였다"고 한다. 오히려 그런 측면 때문에 천황의 존재는 '정치적 상징'으로서의 의미를 지닐 수 있었다고 생각한다. 그러니까 '실질적인 권력'으로서의 막부와 '정치적 상징'으로서의 천황이라는 구도야말로 에도 시대를 특징 지워주고 있었다. 에도 말기, 밀려오는 서양 세력의 위협 속에서 거대한 정치변동이 일어났다. 정치적 상징으로서의 천황이 실질적인 권력으로 나아가게 되었다.[104] 명치유신明治維新(메이지이신)이었다(1868년). '유신維新'이라는 용어를 썼다, 다른 표현으로는 '왕정복고王政復古'라 했다. 옛날의 왕정으로 되돌아갔다는 것. 영어로는 Meiji Restoration으로 적는다. 이와 같은 정치적 다이나믹스(Dynamics)야말로 지극히 일본적인 것이라 해야 할 것이다. 이후 일본은 서구화, 근대화와 더불어 '천황제 국가'의 길을 걷게 된다.[105] 이어 1930년대 중반 이후 1945년 8월 15일 이전까지 그야말로 천황제적 절대주의 내지 '초국가주의超國家主義'를 구가하게 된다.[106]

---

104) 천황 스스로 이런 변동을 가능케 한 것은 아니었다. 이른바 메이지유신 주체 세력이 천황을 엎고 또 내세우면서 막부를 타도했다는 것이 정확할 것이다.
105) 천황제 국가의 지배원리에 대해서는 후지타 쇼조/ 김석근옮김, 『천황제 국가의 지배원리』(논형, 2009) 참조.
106) '초국가주의'의 구조와 논리에 대해서는 마루야마 마사오/ 김석근옮김, 『현대

그러면 조선의 국왕의 위상은 어떠했던가. 아는 바와 같이 조선시대는 건국(1392년)에서 한일합병(1910년)으로 일본의 식민지가 될 때까지 오랜 기간 동안 체제를 유지할 수 있었다. 그래서 흔히 '조선 왕조 500년'이라 하기도 한다. 그래서 조선조 사회에서는 급격한 사회구조적인 변동[social revolution]이나 급격한 정치권력의 변혁[political revolution]이 존재하지 않았다고 하기도 한다. 그동안 몇 차례의 국지적인 변란이나 임진왜란壬辰倭亂과 병자호란丙子胡亂 등과 같은 국가적인 위기 상황이 없지는 않았다. 그럼에도 조선왕조 체제를 그대로 유지할 수 있었다.

흥미로운 사실은, 임진왜란을 계기로 하여 중국에서는 명나라와 청나라의 정권교체가 이루어졌다는 것이다. 또한 일본에서는 토요토미 히데요시豊臣秀吉(1536-1598)의 죽음과 더불어 토쿠가와 이에야스德川家康(1542-1616)의 에도 바쿠후幕府 정권이 수립되었다. 하지만 조선왕조의 경우 '체제나 정권의 변동'이 아니라 오히려 외적의 침입에 대해 모두 힘을 합해서 '위기를 극복했다'는 국면이 더 두드러졌다. 한 켠에서는 그때 조선 왕조가 멸망했어야 한다는 비판도 나와 있다. 아무튼 그런 환란을 겪었음에도 불구하고 조선 왕조 정치체제는 계속 유지되었다. (일각에서는 그런 환란을 겪고 이겨냈기 때문에 왕조 체제가 유지될 수 있었다고 보기도 한다.) 그리고 임진왜란 이전보다 더 공고화되고 보수화하는 측면마저 보여주기도 했다.

조선 왕조가 500여 년이란 긴 시간 동안 격심한 동요나 변동 없이 그 체제를 유지했다는 사실은 세계 정치사에 있어서도 비슷한 예를 찾아보기 어려운 사례임에 분명하다. 그 같은 역사적 사실에 대해서 조선조 사회는 '정체된 사회'라거나 '발전이 없는 사회'라는 식의 비판과 평가절하가 이루어지기도 했다.[107] 또한 조선 역사에 대한 멸시와 식민지 지배

정치의 사상과 행동』(한길사, 1997)에 실린 「초국가주의의 논리와 심리」에서 자세히 다루고 있다.

[107] 이 같은 평가는 헤겔의 중국에 대한 평가에서 단적으로 드러난다. 헤겔은 중국을 지속의 왕국(the empire of duration)으로 보았다. 이러한 평가는 2차 대전 이전의 일본인 학자들에게 그대로 받아들여지기도 했다.

를 정당화시키려는 논리의 일환으로 이용되기도 했다. 예컨대 반도론半島論, 농업사회론, 지방분권적인 봉건제 결여론, 당파성론黨派性論 등, 이른바 '식민사관'에 동원되기도 했다. 19세기 이후 전 세계적으로 제국주의 침탈과 식민주의 시대가 횡행했기 때문이다. 제국주의의 논리와 학문에 의해서 충분히 그렇게 해석될 수도 있었다. 하지만 그 후에 활발하게 이루어진 연구 성과에 의해서 식민사관에 대한 비판과 극복은 어느 정도 이루어진 것으로 여겨진다. 이제 그런 정체적인 역사적인 인식, 평가에서 벗어날 만큼은 되지 않았나 싶다. 더 시급하고 중요한 것은 그렇게 오랫동안 유지될 수 있었던 정치체제의 논리와 메커니즘 그 자체를 밝혀내어 설득력 있게 설명해내는 작업이라 하겠다.

사실 비교사적인 측면에서 보더라도 조선 왕조는 특이하다. 거리상으로 중국과 가까웠던 만큼 중국의 영향은 지대했다. 대륙에서의 원명교체기에 조선은 건국했으며(1392). 임진왜란壬辰倭亂과 정유재란丁酉再亂을 거쳤으며, 이후 명청교체기도 겪었다. 숭정崇禎 연호를 계속 사용한 데서 알 수 있듯이, 조선 왕조로서는 명나라에 대한 명분과 의리에 충실했다. 정묘호란丁卯胡亂(1627)과 병자丙子胡亂(1636)도 겪었다. '왜란倭亂'이나 '호란胡亂'이란 용어가 조선 왕조의 입장을 말해주기에 충분하다. 한 때 청나라를 정벌하자는 '북벌론北伐論'이 비등했지만, 다른 한 켠에서는 청나라를 배워야 한다는 '북학파北學派'도 나왔다. 언제나 그러하듯이, 현실세계는 힘이 지배했던 만큼 적어도 외형적으로라도 '사대'의 예를 갖추지 않을 수 없었다. 19세기 후반 서구 열강의 도래와 더불어 조선을 둘러싼 국제환경은 급격하게 변하게 되었다. 아편전쟁을 통해 중국은 서양에 무릎을 꿇었으며, 섬나라 일본은 국제사회의 틈새를 비집고 발 빠르게 움직였다. 조선 역시 근대적인 조약체계 혹은 만국공법萬國公法 체계에 편입되지 않을 수 없었다. 급변하는 동아시아 국제정세 속에서 조선도 '대한제국大韓帝國'으로 서게 되었다(1897). 조선도 '제국', 그러니까 '황제의 나라'가 된 것이다. 중국과 대등하게 된 것이다. 중화사상 및 소중화사상의 완전한 해체라 해도 좋겠다. 그런 의미에서 원구단은 상징적인 존재라 할 수 있겠다. 하지만 조선 왕조를 지양止揚했던 대한제국은 결국 일본의 '식민지'가 되고 말았다(1910년).

이렇게 본다면 조선시대 국왕의 위상은 중국의 '천자황제'와도 달랐고, 에도시대 일본의 천황과도 달랐다고 해야 할 것이다. 언제나 이민족의 침략에 노출되어 있던 중국의 천자는 현실세계에서는 역시 '정치적인 상징'보다는 '실질적인 권력'에 가까웠다, 아니 그 자체였다고 할 수 있겠다. 한편 에도시대 일본에서 천황天皇은 현실에서는 아주 무기력한 존재로서 문화, 종교적인 측면을 담당하는 '정치적 상징'에 머물러 있었다. '실질적인 권력'은 에도 바쿠후幕府의 쇼군將軍이 지니고 있었기 때문이다. 그러면 조선의 국왕은 어떠했을까. 조선의 국왕은, 지정학적인 위치가 그러하듯이, 중국의 천자와 일본의 천황 사이에 해당하는 위상을 보여주었다고 할 수 있지 않을까. 한편으로 '실질적인 권력'을 지니기도 하면서 동시에 '정치적 상징'이라는 측면도 아울러 지니고 있었다.

조금 부연하자면, 조선시대의 국왕은 일본의 텐노오에 비하여 완벽한 정치적 상징에까지 이르지 못했다고 할 수 있을 것이다. 다시 말해서 종교적인 숭배의 대상으로까지 되지는 않았다. 따라서 조선조의 군주인 왕은 실질적인 전권全權을 모두 장악하고 있던 전제 군주로서의 중국의 황제皇帝와 종교적 대상으로서 상징의 역할을 충분히 담당해냈던 일본 바쿠후 시대의 텐노오라는 양극 사이에, 다시 말해서 어느 한 쪽으로 치우치지 않고 있었다. 중간자적인 위치에 자리 잡고 있으면서, 따라서 그런 두 측면을 동시에 지니고 있었다. 동시에 지니고 있었던 만큼 그런 개별적인 성격은 각각[중국의 황제와 일본의 텐노오]에 비해 미약할 수밖에 없었다.[108]

그렇다면 그런 중간자적인 입장 혹은 이중적인 입장이 빚어내는 정치적 의미는 어디서 어떻게 나타났는가. 아주 독특한 것이었다(라고 생각한다). 존재의 애매함이 가져다주는 대응對應의 어려움. 이쪽인가 싶으면

---

108) 조선 왕조에서 실질적인 권력은 일부 양반관료들 역시 누릴 수 있었다. 그리고 실제로 누리고 있었다. 예컨대 '세도정치'가 좋은 예가 될 듯하다.

저쪽이 두드러지는 것 같고, 저쪽인가 싶으면 이쪽이 두드러지는 것 같아서, 어느 쪽인지 가닥을 잡을 수 없는 상황. 그리하여 실질적인 권력과 정치적 상징을 같이 지니고 있는 왕에 대한 모반謀叛이나 정면적인 도전은 그만큼 힘든 것이 되지 않을 수 없었다. 차라리 오로지 힘에 의존하고 있는 적나라한 실질적인 권력이라면 도전하기에는 사정이 훨씬 더 나았을 것이다. 또한 아주 순수한 정치적 상징이라면 굳이 도전할 필요가 없었을 것이다.

이 같은 독특한 메커니즘 때문에 조선조 왕조체제 하에서는 누구든지 왕권의 존재 그 자체는 일단 인정하고서-아예 저 너머에 있는 것으로 치부해놓고서-, 실질적인 권력을 둘러싼 치열한 권력 투쟁이 지배적인 양태로 나타나지 않을 수 없었던 듯하다. 그런 투쟁은 현실적으로는 지배 계급인 양반층 내부의 갈등[예컨대 사화士禍와 당쟁黨爭]으로 표출될 수밖에 없었던 것이다. 게다가 국왕이 갖는 그런 이중성으로 인해서 갈등과 투쟁에서 승리한 쪽도, 패배한 쪽도, 그 어느 쪽이나 모두 국왕에 대해서는 어떠한 반감이나 도전도 표면화하지 않았다. 아니 할 수가 없었던 것이다. 국왕은 그저 이미 결정 난 승부에 대해서 추인하고, 승자의 손을 들어주기만 하면 되었다. 그리하여 실질적인 권력을 둘러싼 양반 내부의 갈등이나 대립에서 빚어지는 정권 투쟁이나 제거 작업은 형식적으로는 언제나 국왕의 재가裁可나 위엄威嚴을 빌어서 시행되는 형태를 취하게 되었다. 과정이야 어떠했던 간에 이긴 쪽은 왕에 의해서 정당화되고 합리화되는 것이다.

강한 외세의 침략은 왕조 교체를 초래하는 것이 일반적이다. 하지만 임진왜란[정유재란]과 병자호란[정묘호란] 같은 큰 전란이 있었음에도 불구하고 국왕의 존재는 건재했다. 오히려 더 강해지는 측면마저 없지 않았다. 국왕의 리더십이 효율적이었던 것일까. 아니면 그 무엇 때문일까. 급진적인 왕조교체 시도가 전혀 없지는 않았지만 전체적으로 보아 지극히 미약한 편이었다. 또한 국왕의 리더십이 실격失格인 경우, 그러니까 자질과 능력도 모자라고 더욱이 도덕적으로 실패한 국왕이 없지는 않았다. 그럴 때도 새로운 왕조를 세우기보다는 정통성을 갖춘 새로운 국왕으로 교체하는 쪽을 택했다[중종반정(1506)과 인조반정(1623)]. 그야말로 '반정反正'의 정치동학(Dynamics)! 이 같은 구조적인 특성과 다이나믹스는 조선 왕조가 500여 년에 걸쳐서 장기 지속될 수 있었던 사실과도 무관하지 않은 것으로 여겨진다. 그에 대한 평가는 역시 다른 차원의 사안이라 해야 할 것이다.

참고문헌

1. 자료

『詩經』
『書經』
『老子』
『墨子』
『論語』
『孟子』
『大學』
『史記』
『小學』
『左傳』
『中庸』
『千字文』
『禮記』
『禮記集說大全』
『禮記注疏』
『漢書』
『宋史』
『貞觀政要』
『聖學輯要』
『四庫全書總目』
『太宗帝範附音註解』
『三國史記』
『高麗史』
『朝鮮王朝實錄』

『承政院日記』
『日省錄』
『御製自省編』
『列聖御製』
『經國大典』
『大典會通』
『通文館志』
『增正交隣志』
『燃黎室記述』
『國朝榜目』
『黨議通略』
『童蒙先習』
『推案及鞫案』
『栗谷先生全書』
『勉菴集』
『大學衍義』

2. 저서

국립고궁박물관. 『국립고궁박물관 특별전 종묘』, 국립고궁박물관, 2014.

강영안, 『우리에게 철학은 무엇인가』, 궁리, 2002.

權延雄, 「宋代의 經筵」『東亞史의 比較研究』, 일조각.

김문식, 『정조의 제왕학』, 태학사, 2007.

김석근, 한국전통사상에서의 평화관념, 하영선편, 『21세기 평화학』, 풀빛, 2002.

김영국 외, 『한국정치사상』, 서울: 법문사, 1991.

김영작, 『한말 내셔널리즘 연구』, 청계, 1989.

金宇基, 『朝鮮中期 戚臣政治 研究』, 集文堂, 2001.

김용구, 『세계관 충돌의 국제정치학: 동양 예와 서양 공법』, 나남, 1997.

_____, 『세계관 충돌과 한말 외교사: 1866-1882』, 문학과 지성사, 2001.

김한규, 『고대중국적세계질서연구』, 일조각, 1982.

동양사학회 편, 『東亞史上의 王權』, 한울아카데미, 1993.

문화재청엮음. 『조선의 궁궐과 종묘』, 눌와. 2010.

마루야마 마사오, 김석근옮김, 『일본정치사상사연구』, 통나무, 1995.

_____, 김석근옮김, 『일본의 사상』, 한길사, 1998.

_____, 김석근외옮김, 『충성과 반역: 전환기 일본의 정신사적 위상』, 나남, 1998.

마이클 하워드, 안두환옮김, 『평화의 발명: 전쟁과 국제질서에 대한 성찰』, 전통과현대, 2002.

목수현, 「대한제국의 원구단: 전통적 상징과 근대적 상징의 교차점」, 『미술사와 시각문화』 4권, 미술사와 시각문화학회, 2005.

미조구치 유조(외), 김석근외옮김, 『중국사상문하사전』, 책과 함께, 2011.

박충석, 『한국정치사상사』, 삼영사, 1982.

박충석, 유근호, 『조선조의 정치사상』, 평화출판사, 1995.

서울대학교 규장각 편, 『왕실 자료 해제·해설집 1-4』, 서울대학교 규장각, 2005.

서울대학교 규장각 엮음, 『조선 국왕의 일생』, 글항아리, 2009.

세계평화교수협의회(편), 『平和思想의 摸索』, 세계평화교수협의회, 1980.

신명호, 『조선의 왕』, 가람, 1998.

_____, 『조선의 공신들』, 가람, 2003.

신복룡, 『한국정치사상사(하)』, 지식산업사, 2011.

심재우 외, 『조선의 왕으로 살아가기』, 돌베개, 2011.

안병욱, 「한국의 사상과 평화」, 최상용편, 『현대 평화사상의 이해』, 한길사,

1976.

야마모토 시치헤이(山本七平) 지음, 고경문 옮김, 『帝王學 - 정관정요에서 배우는 리더의 자격』, 페이퍼로드, 2011.

연갑수, 『대원군집권기 부국강병정책 연구』, 서울대학교 출판부, 2001.

오긍 지음, 김원중 옮김, 『정관정요 - 리더십의 영원한 고전』, 글항아리, 2010.

유봉학, 『연암일파 북학사상 연구』, 일지사, 1995.

유재원, 『그리스: 신화의 땅 인간의 나라』, 리수, 2004.

윤내현, 『상주사』, 민음사, 1982.

尹乃鉉·김한규·김충열·유인선·전해종, 『中國의 天下思想』, 민음사, 1988.

윤사순, 「한국 유학의 평화사상」, 이호재편, 『한반도평화론』, 법문사, 1989.

역사학회(편), 『科擧』, 일조각, 1981.

이범직, 『韓國中世禮思想研究-五禮를 中心으로』, 일조각, 1991.

이성규, 『중국고대제국성립사연구』, 일조각, 1983.

이성무, 『朝鮮初期 兩班研究』, 일조각, 1980.

_____, 『韓國의 科擧制度』, 집문당, 1994.

_____, 『조선의 사회와 사상』, 일조각, 2004.

李善宰, 『儒敎思想과 儀禮服』, 아세아문화사, 1992.

이승희 역주, 『순원왕후 한글편지』, 푸른역사, 2010.

이 욱, 『조선시대 재난과 국가의례』, 창비, 2009.

이용희, 『일반국제정치학』(상), 박영사, 1962.

이춘식, 『사대주의』, 고려대학교 출판부, 1997.

_____, 『중화사상』, 교보문고, 1998.

이태진교수정년논총간행위원회, 『국왕, 의례, 정치』, 태학사, 2009.

이호재(편), 『한반도평화론』, 법문사, 1989.

李熙德, 『高麗儒敎政治思想의 研究』, 一潮閣, 1984.

임민혁, 『조선의 禮治와 왕권』, 민속원, 2012.

_____, 『英祖의 정치와 禮』, 민속원, 2012.

임혜련, 『정순왕후, 수렴청정으로 영조의 뜻을 잇다』, 한국학중앙연구원 출판부, 2014.

전해종, 『한중관계사연구』, 일조각, 1970.

전해종 외, 『중국의 천하사상』, 민음사, 1988.

정석종, 『조선후기의 정치와 사상』, 한길사, 1994.

정옥자, 『조선후기 조선중화사상연구』, 일지사, 1998.

정윤재, 「세종의 정치 리더십 형성과정 - 성장과정과 상왕기 정치 체험을 중심으로」『세종 리더십의 형성과 전개』, 지식산업사, 2009.

정재훈, 『조선전기 유교 정치사상 연구』, 태학사, 2005.

_____, 『조선의 국왕과 의례』, 지식산업사, 2010.

_____, 『영조의 독서와 학문』, 한국학중앙연구원출판부, 2015.

조영록 외, 『중국과 동아시아세계』, 국학자료원, 1997.

池斗煥, 『朝鮮前期 儀禮研究』, 서울대 출판부, 1994.

진덕규, 「朝鮮後期 政治社會의 權力構造에 대한 政治史的 認識」, 『19세기韓國傳統社會의 變貌와 民衆意識』, 고려대출판부, 1982.

진덕수 지음, 이한우 옮김, 『大學衍義 上』, 해냄, 2014.

천병희 옮김, 『이솝우화』, 솔, 2013.

최상용, 『평화의 정치사상』, 나남출판, 1997.

최소자, 『명청시대 중·한관계사연구』, 이화여자대학교 출판부, 1997.

최이돈, 『朝鮮中期 士林政治構造研究』, 일조각, 1994.

최진옥 외, 『장서각 소장 왕실 보첩자료와 왕실구성원』, 민속원, 2010.

풍우 저·김갑수 역, 『천인관계론』, 신지서원, 1993.

하우봉 외, 『조선과 유구』, 아르케, 1999.

한국정신문화연구원, 『장서각소장의궤해제』, 2002.

한국정치외교사학회(편), 『朝鮮朝政治思想研究』, 평민사, 1987.

한영우, 『정도전사상의 연구(개정판)』, 서울대출판부, 1984.

_____, 『정조의 화성행차, 그 8일』, 효형출판, 1998.

한우근, 『儒敎政治와 佛敎』, 일조각, 1993.

허흥식, 『高麗科擧制度史硏究』, 일조각, 1984.

池田知久 등 著, 김석근 등 譯, 「天」『中國思想文化事典』, 민족문화문고, 2003.

竹內照夫, 이남희옮김, 『사서오경: 동양철학의 이해』, 도서출판 까치, 1991.

島田虔次, 김석근외 옮김, 『주자학과 양명학』, 도서출판 까치, 1988.

田中明彦, 김석근옮김, 『현대세계시스템』, 학문과 사상사, 1990.

丸山眞男, 『丸山眞男講義錄』 제7책. 東京大學出版會, 2009.

溝口雄三外編, 『中國思想文化事典』, 東京大學出版會, 2001.

渡邊浩, 『近世日本社會と宋學』, 東京大學出版會, 1985.

浜下武志, 『近代中國の國際的契機』, 東京大學出版會, 1994.

石田雄, 『日本の政治と言葉(下): 「平和」と「國家」』, 東京大学出版会, 1989.

柳父章, 『飜譯語成立事情』, 岩波新書, 1982.

伊藤道治·貝塚茂樹, 『古代中國: 原始·殷周·春秋戰國』, 講談社, 2000.

田畑忍編, 『近現代日本の平和思想: 平和憲法の思想的源流と發展』, ミネルヴァ書房, 1993.

平石直昭, 『天』, 三省堂, 1996.

Cohen, Paul A, Discovering History in China: Ameican Historical Writing on the Recent Chinese Past, New York: Columbia University Press, 1984.

Duus, Peter, The Rise of Modern Japan, Houghton Miftlin Co, 1976(金龍德譯, 『日本近代史』, 知識産業社, 1983).

Johnson, C,A, Revolution and social system, Stanford Hoover Institution Press, 1964, (진덕규옮김, 1982, 『혁명과 사회체

계』, 서울: 학문과 사상사, 1982).

Merriam, C,E, Political Power, Glencoe, Ill,: The Free Press, 1950.

Palais, James B, Politics and policy in traditional Korea, Cambridge, MA: Havard University Press, 1975.

Trimberger, E,K, Revolution from above:military bureaucrat and development in Japan, Turkey, Egypt, and Peru, New Brunswick, N, J,: Transation, Inc, 1978(김석근옮김, 1986, 『위로부터의 혁명: 일본·터어키·이집트·페루의 군부관료와 발전』, 학문과 사상사).

3. 논문

권선홍, 「유교문명권의 국제관계: 책봉제도를 중심으로」, 『한국정치외교사논총』 31(2), 2010.

權延雄, 「宋代의 經筵」 『東亞史의 比較硏究』, 일조각, 1987.

금종우, 「한국의 전통적 평화사상에 관한 연구」, 『평화연구』 1권 1호 (1976. 4), 1976.

金暻錄, 「明代 公文制度와 行移體系」, 『明淸史硏究』 26, 2006.

김명하, 「유교의 천과 천명사상: 그 정치사상적 함의」, 『한국정치학회 추계학술회의 자료집』, 2000.

김명희, 「唐·太宗과 貞觀의 治」, 『全南史學』 19, 2002.

김문식, 「正祖의 帝王學과 『大學類義』 편찬」, 『奎章閣』 21, 1998.

_____, 「세종의 국왕권 이양 방안, 대리청정」, 『문헌과해석』 31, 2005.

_____, 「선조대의 대리청정 논의」, 『문헌과해석』 33, 2005.

_____, 「소현세자의 분조와 외교활동」, 『문헌과해석』 37, 2006.

_____, 「왕세자 경종의 대리청정」, 『문헌과해석』 38, 2007.

_____, 「왕세제 영조의 대리청정」, 『문헌과해석』 39, 2007.

_____, 「사도세자의 대리청정」, 『문헌과해석』 45, 2008.

_____, 「英祖의 國王册封에 나타나는 韓中 관계」, 『韓國實學研究』 23, 2012.

_____, 「영조의 제왕학과 『御製自省編』」, 『藏書閣』 27, 2012.

김석근, 「조선시대 군신관계의 에토스와 그 특성」, 『한국정치학회보』 제29집 제1호, 1995.

_____, 「개혁과 혁명 그리고 주자학 - '여말선초'를 산 정몽주와 정도전의 현실인식과 비젼 -」, 『아세아연구』 40, 1997.

_____, 「김옥균과 최익현: 19세기말 '개국(開國)'을 바라보는 두 시선」, 『한국정치사상의 비교연구』, 한국정신문화연구원, 1999a.

_____, 「19세기말 'individual'(개인) 개념의 수용에 대하여」, 전파연구 모임 발표논문, 1999b.

_____, 「民·民本·民本主義개념에 관한 시론」, 한국정치학회 추계학술대회 발표논문, 2000.

_____ 외, 「19세기말 'franchise'(參政權) 개념에 대한 인식과 수용」, 『한국정치학회보』 제 35집 2호, 2001.

_____, 「아마테라스와 진무(神武) : 역사의 신화화, 신화의 정치화」, 『일본연구논총』 제18호, 2003.

_____, 「전국戰國과 통일統一의 리더십 : 오다 노부나가 · 도요토미 히데요시 · 도쿠가와 이에야스」, 『오늘의 동양사상』 17, 2007.

_____, 「조선의 '건국'과 '정치체제 구상'에 대한 시론적 접근 : 몇 가지 쟁점과 관련하여」, 『한국동양정치사상사연구』 7, 2008.

_____, 「권력의 이양과 승계 그리고 정당성」, 『오늘의 동양사상』 20, 2009.

_____, 「소통과 합의를 통한 공공성 : 고대 한국에서의 민주적 전통과 그 정치적 함의」, 『양명학』 36, 2013.

_____, 「中華와 神國 그리고 國學: 근세 일본의 '코쿠가쿠'(國學)와 전기적(前期的) 내셔널리즘」. 성균관대학교 유교문화연구소 발표 논

문, 2015.

_____, 미발표 논문. 「순자의 예: 정치와 도덕이 만나는 곳」.

金宇基, 「文定王后의 정치참여와 정국운영」, 『歷史敎育論集』 23·24, 1999.

_____, 「16세기 중엽 仁順王后의 정치참여와 垂簾聽政」, 『歷史敎育』 88, 2003

김윤주, 「조선 초기 上王의 정치적 위상」, 『이화사학연구』 50, 2015.

김인호, 「여말선초 군주수신론과 『大學衍義』」, 『역사와현실』 29, 1998.

김충렬, 「중국의 「천하사상」 : 그 철학적 기조와 역사적 전통의 형성」, 『중국학논총』 3, 고려대학교 중국학연구소, 1986.

김한규, 「중국 개념을 통해서 본 고대 중국인의 세계관」, 『전해종박사화 가갑기념 사학논총』, 일조각, 1979.

민현구, 「조선 世宗代 초엽의 兩王體制와 國政運營」, 『역사민속학』 22, 2006.

박미라, 「기년전과 원구: 인간이 그린 두 개의 하늘」, 『종교문화비평』 제3호, 한국종교문화연구소, 2003.

박례경, 「德治의 상징체계로서 유교국가의 卽位儀禮」, 『韓國實學硏究』 21, 2011.

박희용, 「대한제국의 상징적 공간표상, 원구단」, 『서울학연구』 제40호, 서울시립대학교 서울학연구소, 2010.

문승익, 「한국근대 정치사상의 논리적 성격」, 『韓國民族主義의 이념』, 亞細亞政策硏究院, 1977.

신명호, 「조선시대 국왕호칭의 종류와 의미」, 『역사와경계』 52, 2004.

오석원, 「유교의 대동사회와 평화정신」, 『유교사상연구』 제11집, 1999.

禹仁秀, 「정여립 역모 사건의 진상과 기축옥의 성격」, 『역사교육논집』 (12), 역사교육학회, 1988.

윤대식, 「맹자의 천명관이 지닌 정치적 함의: 정치적 의무에 기초한 권력의 정당성 기제」, 『韓國政治學會報』 36-4, 2002.

尹民敬, 「세도정치기 安東 金門의 정치적 기반 - 국왕, 유력 가문과의 관계를 중심으로」, 서울대학교 석사학위논문, 2015.

이기대, 「한글편지에 나타난 순원왕후의 수렴청정과 정치적 지향」, 『국제어문』 47, 2009.

李範鶴, 「眞德秀 經世理學의 成立과 그 背景」, 『韓國學論叢』 20, 1997.

李焯然, 「聖人之學與帝王之學」, 『儒學國際學術討論會論文集, 齊魯書社, 1987.

李迎春, 「哲宗 初의 辛亥祧遷禮訟」, 『朝鮮時代史學報』 1, 1997.

이용희, 「대담: 사대주의」, 『知性』 2월호, 1972.

任敏赫, 「조선시대의 廟號와 事大意識」, 『朝鮮時代史學報』 19, 2001.

_____, 「朝鮮時代 宗法制하의 祖·宗과 廟號 論議」, 『동서사학』 8, 2001.

林惠蓮, 「朝鮮時代 垂簾聽政의 정비과정」, 『朝鮮時代史學報』 27, 2003.

_____, 「19세기 垂簾聽政 연구」, 숙명여자대학교 박사학위논문, 2008.

정수인, 「대한제국시기 원구단의 원형복원과 변화에 관한 연구」, 『서울학연구』 27, 서울시립대학교 서울학연구소, 2006.

정윤재, 「세종의 정치 리더십 형성과정 - 성장과정과 상왕기 정치 체험을 중심으로」, 『세종 리더십의 형성과 전개』, 지식산업사, 2009.

정재훈, 「조선중기의 經筵과 帝王學」, 『歷史學報』 184, 2004.

조광수, 「당 태종의 군주역할론: 『貞觀政要』를 중심으로」, 『21세기 정치학보』 17-3, 21세기 정치학회, 2007.

趙南旭, 「조선초 太宗의 政治哲學 연구」, 『東洋學』 27, 1997.

_____, 「세종의 정치이념과 『大學衍義』」, 『儒教思想研究』 23, 2005.

池斗煥, 「朝鮮前期 『大學衍義』 이해 과정」, 『泰東古典研究』 10, 1993.

최성환, 「정조대의 정국 동향과 辟派」, 『朝鮮時代史學報』 51, 2009.

최세현, 「'한' 사상과 한국의 전통사상: 평화를 중심으로」, 『공군평론』 96호, 1995.

하영선, 「근대한국의 평화 개념 도입사」, 2003.

韓春順, 「明宗代 垂簾聽政期(1545년~1553년)의 '勳戚政治'成立과 運營構造」, 『韓國史研究』 106, 1999.

한충희, 「上王期(세종 즉위, 1418~세종 4, 1422) 太宗研究」, 『大丘史學』 58, 1999.

황선엽, 「경기도 백성에게 내리는 윤음」 『정조대의 한글 문헌』, 문헌과해석사, 2000.

李焯然, 「聖人之學與帝王之學」, 『儒學國際學術討論會論文集, 齊魯書社, 1987.

川島藤也, 이남희역, 「조선중기 山林의 傳記: 朴彌周年譜를 중심으로」, 『청계사학』 7, 1990.

색인

(ㅇ)

(ㅈ)

조선 국왕의 리더십과 소통 ❶
조선시대 국왕 리더십 관(觀)

지 은 이 김석근, 김문식, 신명호
초판 1쇄 발행   2019년 2월 28일

발 행 인 박종서
발 행 처 역사산책
출판등록 2018년 4월 2일 제25100-2018-000060호
주   소 (10477) 경기도 고양시 덕양구 은빛로 39, 401호(화정동, 세은빌딩)
전   화 031-969-2004
팩   스 031-969-2070
이 메 일 historywalk2018@daum.net
페이스북 https://www.facebook.com/historywalkpub/

ISBN 979-11-964076-4-3 94900
      979-11-964076-3-6 [세트]

값 27,000원

이 저서는 2014년 대한민국 교육부와 한국학중앙연구원(한국학진흥사업단)을 통해
한국학 총서사업의 지원을 받아 수행된 연구임(AKS-2014-KSS-1230005)

국립중앙도서관 출판예정도서목록(CIP)

조선시대 국왕 리더십 관(觀) / 지은이: 김석근, 김문식, 신
명호. -- 고양 : 역사산책, 2019
    p. ;   cm. -- [조선 국왕의 리더십과 소통 ; 1]

참고문헌 수록
ISBN 979-11-964076-4-3 94900 : ₩27000
ISBN 979-11-964076-3-6 [세트] 94900

조선시대[朝鮮時代]
리더십[leadership]

911 . 05-KDC6
951 . 902-DDC23   CIP2019003878